田所美治序
澀谷德三郎編纂
明治四拾四年發行

明治四十四年 改正小學校法規要義

日本立法資料全集 別巻 1441

信山社

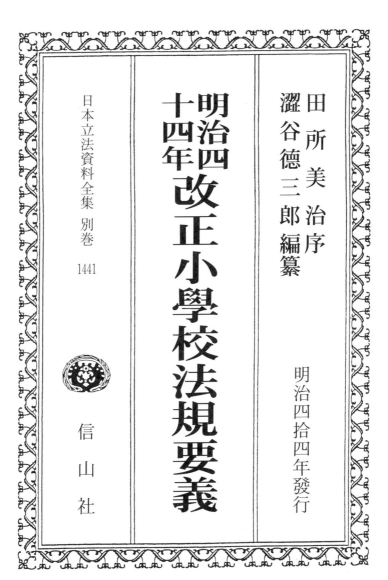

文部省普通學務局長法學士田所美治序

文部省普通學務局第壹課長澀谷德三郎編纂

明治四十四年

改正小學校法規要義

附伺指令照會回答通牒並小學校關係法規

東京
大阪
寶文館藏版

精華

張書旂

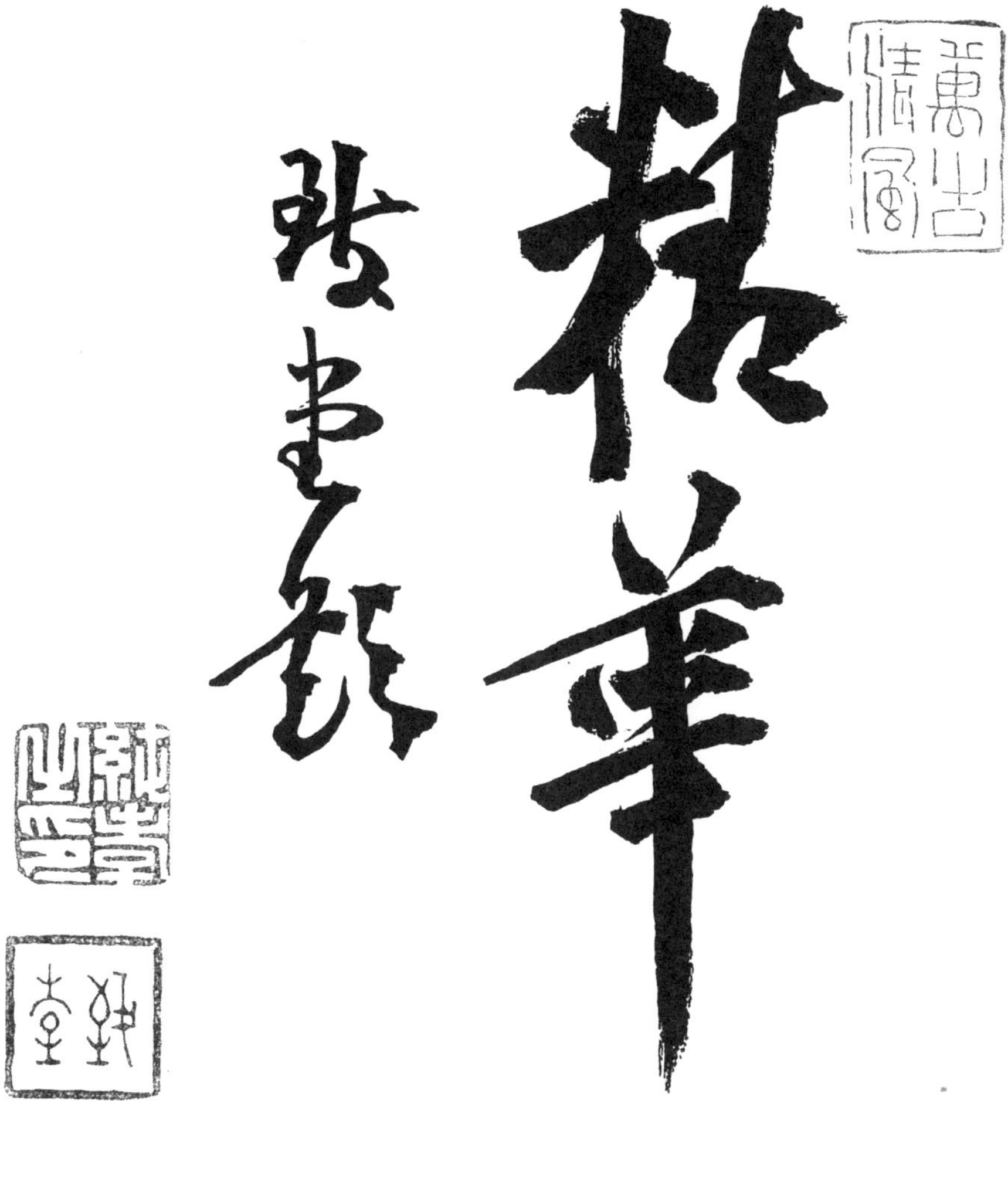

○勅語

朕惟フニ我カ皇祖皇宗國ヲ肇ムルコト宏遠ニ德ヲ樹ツルコト深厚ナリ我カ臣民克ク忠ニ克ク孝ニ億兆心ヲ一ニシテ世々厥ノ美ヲ濟セルハ此レ我カ國體ノ精華ニシテ敎育ノ淵源亦實ニ此ニ存ス爾臣民父母ニ孝ニ兄弟ニ友ニ夫婦相和シ朋友相信シ恭儉己レヲ持シ博愛衆ニ及ホシ學ヲ修メ業ヲ習ヒ以テ智能ヲ啓發シ德器ヲ成就シ進テ公益ヲ廣メ世務ヲ開キ常ニ國憲ヲ重シ國法ニ遵ヒ一旦緩急アレハ義勇公ニ奉シ以テ天壤無窮ノ皇運ヲ扶翼スヘシ是ノ如キハ獨リ朕カ忠良ノ臣民タルノミナラス又以テ爾祖先ノ遺風ヲ顯彰スルニ足ラン

斯ノ道ハ實ニ我カ皇祖皇宗ノ遺訓ニシテ子孫臣民ノ倶ニ遵守スヘキ所之ヲ古今ニ通シテ謬ラス之ヲ中外ニ施シテ悖ラス朕爾臣民ト倶ニ拳々服膺シテ咸其德ヲ一ニセンコトヲ庶幾フ

明治二十三年十月三十日

御名御璽

○詔書

朕惟フニ方今人文日ニ就リ月ニ將ミ東西相倚リ彼此相濟シ以テ其福利ヲ共ニス朕ハ爰ニ益々國交ヲ修メ友義ヲ惇シ列國ト與ニ永ク其ノ慶ニ頼ラムコトヲ期ス顧ミルニ日進ノ大勢ニ伴ヒ文明ノ惠澤ヲ共ニセムトスル固ヨリ内國運ノ發展ニ須ツ戰後日尚淺ク庶政益々更張ヲ要ス宜ク上下心ヲ一ニシ忠實業ニ服シ勤儉産ヲ治メ惟レ信惟レ義醇厚俗ヲ成シ華ヲ去リ實ニ就キ荒怠相誡メ自彊息マサルヘシ

抑々我カ神聖ナル祖宗ノ遺訓ト我カ光輝アル國史ノ成跡トハ炳トシテ日星ノ如シ寔ニ克ク恪守シ淬礪ノ誠ヲ輸サハ國運發展ノ本近ク斯ニ在リ朕ハ方今ノ世局ニ處シ我カ忠良ナル臣民ノ協翼ニ倚藉シテ維新ノ皇猷ヲ恢弘シ祖宗ノ威德ヲ對揚セムコトヲ庶幾フ爾臣民其レ克ク朕カ旨ヲ體セヨ

御名御璽

明治四十一年十月十三日

内閣總理大臣侯爵　桂　太　郎

序

小學教育施設ノ良否ハ、國民智德ノ普及上最重大ナル關係ヲ有シ延イテ、國運ノ消長ニ關スルコト固ヨリ論ヲ俟タス。是レ國家カ、斯ノ教育ニ關シテ夙ニ最詳密ナル法令ヲ制定シ、又時勢ノ進歩ニ應シ常ニ益〻其ノ改善整備ヲ期スル所以ナリ。教育ノ局ニ當ル者、須ク此等關係法規ノ旨趣ヲ闡明シ、立法ノ精神ヲ知悉シ、以テ其ノ實際ニ於ケル運用ヲ適切ナラシメサルヘカラス。顧ミレハ、我國小學校ニ關スル諸法規ハ、小學校令ヲ始メトシ、公布以來、何レモ數次ノ改正アリ、特ニ小學校令施行規則ノ如キ前後殆ト二十有餘回ノ改廢ヲ見、條規漸ク複雜ヲ來シ、施行上往々正鵠ヲ誤リ、支吾ヲ來スノ虞ナシトセス。澁谷君曾テ永ク小學校長及縣郡視學等ノ職ニ在リ、今又現ニ予カ局內ニ在リ、第一課長トシテ小學教育ニ關スル事務ヲ擔任シ、自ラ小學教育ノ實際ニ經驗ヲ有シ、又克ク法規ノ意義ニ通曉ス。常ニ一般當事者ノ爲ニ關係法規ヲ解說スルノ必要ヲ認メ、進テ本書ヲ著ハスニ至レリ。頃日、來リテ其ノ書ヲ示シ、序ヲ予ニ徵ス。依テ之ヲ閱スルニ、條文ノ說明煩簡明ナルノミナラス、擧例亦適切ニシテ、一目瞭然タルハ最予ノ意ヲ得タルモノナリ。庶幾ハ世ノ本書ヲ繙ク者、小學教育ニ關スル法律勅令ノ根本要義ハ勿論、省令訓令等施行運用ニ關スル細目ノ事項ニ至ルマテ、明確簡易ニ了解シ、國家立法ノ精神全國ニ貫徹シ、小學教育ノ圓滿ナル施設ヲ見ルニ至ランコトヲ。本書ノ發刊ニ際シ、聊カ所感ヲ陳ヘテ序言ニ代フ。

明治四十四年十月

田所美治

原版ノ序 （明治四十年）

小學校ニ於ケル義務教育年限ノ延長及小學校教員ノ待遇改善等ハ我國多年ノ宿題ナリシモ我國情ハ容易ニ其ノ實行ヲ許ササルモノアリシカ日露戰役後國力ノ發展ト共ニ小學教育ニ關スル世論大ニ進ミ時機亦漸ク熟シタルヲ以テ政府ハ遂ニ本年ヲ以テ義務教育年限ノ延長ヲ斷行シ尋テ小學教員退隱料ノ率ヲ高メ尚進ミテ其ノ俸給額ヲ增シ同時ニ府縣費補助ノ制ヲ設ケテ加俸及住宅費等ニ使用スルノ途ヲ開ク等小學校教員ノ待遇ハ茲ニ其ノ面目ヲ一新スルニ至レリ而シテ是等法規ノ實施ニ關シテハ豫メ其ノ旨趣ヲ明ニシ其ノ精神ノ存スル所ヲ知ルニアラサレハ施設或ハ

當ヲ失スルナキヲ保セス特ニ小學校令及同施行規則ノ如キ發布以來各々數回ノ改正アリテ其ノ條文頗ル複雜ナルモノアルノミナラス今回ノ改正ハ學制頒布以來未曾有ノ大變革ニシテ之カ實施ニ就テハ多大ノ經費ト努力トヲ要スルヤ固ヨリ論ヲ俟タサル所ナリ而シテ施設其ノ宜シキヲ失ヒ經營其ノ當ヲ得サルカ如キコトアランカ啻ニ義務教育年限延長ノ効果ヲ擧クルヲ得サルノミナラス或ハ市町村ノ經濟ヲ紊亂スルニ至ルノ虞ナキヲ保セス是ヲ以テ苟モ局ニ當ル者ハ能ク法規ヲ研究シ改正ノ旨趣ヲ闡明シテ其ノ實施ヲ圓滿ナラシメ以テ國運ノ進歩發展ニ貢獻スルノ覺悟ナカルヘカラス頃日編者來リテ予ニ序ヲ徵ス予之

ヲ閲ミスルニ法規ノ旨趣ヲ說クヤ簡ニシテ要ヲ得加フルニ明治二十四年以來ノ伺指令其ノ他先例トナルヘキ事項ヲ網羅シ一目瞭然トシテ頗ル予ノ意ヲ得タルモノアリ特ニ編者ハ多年小學校長郡視學縣視學等ノ職ニ從事シ小學校ノ實際ニ通曉スルノミナラス現ニ文部省普通學務局ニ在リテ小學校ニ關スル事務ニ從事スルノ人其ノ說ク所頗ル穩健ナルノ感アリ局ニ當ル者本書ニ依リテ尋思硏鑚セハ法規ノ施行ニ於テ或ハ其ノ旨趣ヲ誤ルカ如キコトナカランカ果シテ然ラハ本書カ當局者ノ爲メ裨補スル所尠カラサルハ予ノ信シテ疑ハサル所ナリ今其ノ發刊ニ當リ一言ヲ陳ヘテ序トナス

明治四十年九月

白仁武

凡例

一、本書の原著は、明治四十年九月脱稿し同年十一月出版したるものにして、其の後、法規の改廢頗頻繁を極め、條文錯雜を來したるのみならす、解釋及ひ例規等の變更せられたるものも亦鮮からす。特に本年に至り小學校令並同施行規則に著しき改正ありて、原著は、殆んと其の用をなさゝるに至れり。是れ今回新に本書を刊行する所以なり。

一、本書は、主として小學校に關する法規（特に小學校令及同施行規則改正）の旨趣を明にし、以て小學校教育に關係する者の參考に資せしめんことを目的とす。故に極めて簡單に條文を解釋し專ら實用に適せしめんことを期し、其の意義の明瞭なるものに至りては、概ね是か解說を省略せり。

一、本書中、小學校令及同施行規則に就ては、各條毎に明治二十四年以來の文部省に於ける伺、指令、照會、回答、通牒等の中、現に先例となるへき事項の要領を摘載し、以て當事者の執務に便ならしめんことを期せり。

一、前項の伺、指令其の他の文章中、明治三十三年八月以前のものに小學校令の條目を擧けたるものあるは、明治二十三年中に發布の小學校令を指したるものなるを以て、其の事項は條目に拘はらす實質上之れに該當する條項中に記載せり。

一、小學校に關係ある法規は、概ね之を輯錄して附錄と爲せり。

一、本書の原著は、前文部省參事官松本順吉君の懇篤なる校閲を經たるものなり。今本書を出版するに當り、特に其の厚誼を謝す。

明治四十四年十月

著者識す

明治四十四年 改正小學校法規要義

目次

頁
第一編 小學校令……一
第一章 總則……一
第二章 設置……五
第三章 敎科及編制……三二
第四章 設備……四四
第五章 就學……四五
第六章 職員……五二
第七章 費用負擔及授業料……六七
第八章 管理及監督……七九
第九章 附則……八五
第十章 雜件……九四

第二編　小學校令施行規則

第二編　小學校令施行規則……一〇〇
第一章　教科及編制……一〇二
第一節　教則……一〇二
第二節　學年、休業日及式日……一三一
第三節　編制……一三六
第四節　補習科……一四七
第五節　教科用圖書……一五一
第二章　設備準則……一五六
第三章　就學……一五九
第四章　教員檢定及免許狀……一七一
第一節　教員ノ檢定……一七一
第二節　教員ノ免許狀……一八六
第五章　職員……一九六
第一節　學校長及教員ノ進退……一九六
第二節　學校長及教員ノ職務及服務……二〇七

第三節　懲戒處分、業務停止及免許狀褫奪……二一一
第四節　俸給、旅費及諸給與準則……二一五
第五節　代用教員……二二三
第六章　授業料……二二四
第七章　學務委員……二三〇
第八章　代用私立小學校……二三一
第九章　幼稚園及小學校ニ類スル各種學校……二三一
第十章　附則……二三八
第四號表……二四七
第五號表……二四八
第六號表……二五〇
第九號表……二五一
第十號表……二五二
第十一章　雜件……二五四
第三編　教員優待ニ關スル諸法規……二七九

一、市町村立小學校敎員退隱料及遺族扶助料法……二七九
二、市町村立小學校敎員退隱料及遺族扶助料支給規則……三一一
第一章　退隱料ノ請求……三一二
第二章　扶助料ノ請求……三一四
第三章　退隱料扶助料ノ支給及停止……三一七
第四章　雜則……三二二
市町村立小學校敎員退隱料等ノ支給上ニ關スル在職年數算定方　明治二十五年二月八日勅令第十八號
市町村立小學校廢止ノ際即日他ノ市町村立小學校敎員ニ任セラルルモノノ勤續方　明治二十七年二月十日文部省令第三號
敎員退隱料又ハ遺族扶助料ニ關シ權利ヲ傷害セラレタルモノノ救濟方　明治二十五年四月二日勅令第三十二號
府縣小學校敎員恩給基金管理規則　明治二十四年十月九日文部省令第七號
市町村立小學校敎員退隱料及遺族扶助料法ノ納金收入規則地方長官ニ於テ規定方　明治二十四年十月九日文部省訓令第三號
小學校敎員恩給國庫給與金豫算調書式　明治三十二年五月十八日文部省訓令第六號
小學校敎員退隱料及遺族扶助料證書等書式　明治二十五年二月十二日文部省訓令第二號
三、市町村立小學校敎員俸給ニ關スル規定……三三一
四、市町村立小學校敎育費補助ノ爲北海道地方費及府縣費支出ニ關スル規定……三四三
五、市町村立小學校敎員住宅費補助ニ關スル規程……三四六

第四編　關係諸法規 …… 三五四

御影及及勅語謄本等 …… 三五四

教育ニ關スル勅語謄本頒布ニ付文部大臣訓示　明治二十三年十月三十一日 文部省訓令第八號

御影並　勅語謄本奉置方　明治二十四年十一月十七日 文部省訓令第四號

行幸啓ノ節學生生徒敬禮方　明治四十三年八月二十六日 文部省訓令第十八號

通則 …… 三五五

小學校令改正ノ要旨及其ノ施行上要領　明治二十三年八月二十二日 文部省訓令第十號

小學校令及同施行規則中改正ノ要旨並其ノ施行上ノ注意事項　明治四十年三月二十五日 文部省訓令第一號

同　前　明治四十四年七月三十一日 文部省訓令第十三號

戰後教育上ノ心得　明治三十八年十月十八日 文部省訓令第三號

地方學事通則　明治二十三年十月二日 法律第八十九號

私立學校令　明治三十二年八月二日 勅令第三百五十九號

私立學校令施行細則　明治三十二年八月三日 文部省令第三十八號

市制町村制ヲ施行セサル地方ノ小學教育規程　明治二十五年四月二十八日 勅令第四十號

市町村立小學校費府縣郡費補助注意方　明治三十年二月十六日 文部省訓令第二號

教科及編制等……………………三七五

小學校教授用假名及字體等削除ノ趣旨　明治四十一年九月七日文部省訓令第十號

小學校修身科教授上ニ關スル注意方　明治二十六年八月二十三日文部省訓令第九號

修身教科書編纂ノ要旨　明治四十三年三月二十八日文部省訓令第二號

高等小學校加設科目ニ關スル注意方　明治四十三年十二月廿四日文部省訓令第二十六號

小學校生徒ノ體育及衛生ニ關スル注意方　明治二十七年八月二十九日文部省訓令第六號

改正條約實施ニ關シ生徒教養方　明治三十二年七月一日文部省訓令第十號

官立公立學校及學科課程ニ關シ法令ノ規定アル學校ニ於テ宗教上ノ教育儀式施行禁止　明治三十二年八月三日文部省訓令第十二號

學校生徒喫烟禁止方　明治三十三年三月二十六日文部省訓令第五號

學校樹栽奬勵ニ關スル件　明治三十七年八月六日文部省訓令第七號

學校ノ紛擾ニ關係シタル職員及生徒處分方　明治三十五年七月九日文部省訓令第五號

學生々徒ノ使用スル紫鉛筆禁止方　明治三十七年八月九日文部省訓令第八號

設備……………………三八二

小學及師範教育等ニ關シ男女區別教育方　明治三十年十二月十七日文部省訓令第十二號

學校施設ニ關スル注意　明治四十二年九月四日文部省訓令第十一號
有租地ヲ公立學校地トシ又ハ其校地ニ變更ヲ生シタルトキ稅務署ヘ通知方　明治三十二年四月十三日文部省訓令第五號
府縣郡市町村其ノ他ノ公共團體ノ所有地免租ニ關スル規定　明治三十三年二月二十四日法律第十九號
職員名稱待遇資格及任免等……三八五
市町村立小學校職員名稱及待遇　明治二十四年十一月十六日勅令第二百十八號
公立學校職員名稱及待遇　明治十九年十二月二十八日閣令第三十五號
公立學校職員等級配當　明治二十五年四月二十八日勅令第三十九號
師範學校及市町村立小學校職員ヲ文官ト同一待遇方　明治二十五年十一月十七日文部省訓令第六號
公立學校職員ノ同等官又ハ同等級內ニ於ケル席次　明治二十六年十二月九日文部省訓令第七號
公立學校職員ト敎官其ノ他敎育ノ事務ニ從事スル文官トノ間ノ轉任ニ關スル件　明治三十二年十二月十九日勅令第四百五十六號
小學校敎員私宅敎授及贈遺受領者ニ關スル取締方　明治二十八年四月二十七日文部大臣訓令
小學校敎員心得　明治十四年六月十八日文部省達第十九號
小學校敎育效績狀規程　明治三十八年六月二十一日文部省令第十一號

外國政府ニ聘用セラレタル官吏ニ關スル規定　明治三十七年八月十七日勅令第百九十五號
官吏ノ待遇ヲ受クル在職者ニシテ外國政府ニ聘用セラレタルモノニ關スル規定　明治三十七年十二月十七日勅令第二百三十七號
敎員加俸……三九四
市町村立小學校敎育費國庫補助法　明治三十三年三月十五日法律第六十三號
市町村立小學校敎育費國庫補助法第三條ノ小學校本科正敎員算出ニ關スル規定　明治四十二年三月三十一日文部省令第九號
市町村立小學校敎員加俸令　明治三十三年三月三十日勅令第百三十三號
市町村立小學校敎員加俸令中改正要旨　明治四十四年四月一日文部省訓令第四號
敎育基金……三九八
敎育基金特別會計法　明治三十二年三月二十日法律第八十號
敎育基金令　明治三十二年十一月十一日勅令第四百三十五號
敎育基金令施行規程　明治三十六年三月三十一日文部省令第十八號
師範學校……四〇一
師範敎育令　明治三十年十月六日勅令第三百四十六號

師範學校官制　明治二十四年十一月十六日勅令第二百十七號
府縣立師範學校長特別任用令　明治二十六年十月三十日勅令第百九十三號
師範學校職員着服ノ定方　明治二十一年九月十五日文部省訓令第二號
師範學校規程　明治四十年四月十七日文部省令第十二號
師範學校規程制定ノ要旨及施行上注意事項　明治四十年四月十七日文部省訓令第六號
師範學校訓育教授管理等ノ諸規程ニ關シ開申方　明治二十五年七月十一日文部省訓令第六號
師範學校生徒定員　明治三十年十月六日勅令第三百四十七號
學校衛生……四三一
學生生徒身體檢査規程　明治三十三年三月二十六日文部省令第四號
學校清潔方法　明治三十一年一月十一日文部省訓令第一號
學校傳染病豫防及消毒方法　明治三十一年九月二十八日文部省令第二十號
公立學校ニ學校醫設置方　明治三十一年一月八日勅令第二號
學校醫ノ資格　明治三十一年二月二十六日文部省令第七號
學校醫職務規程　明治三十一年二月二十六日文部省令第六號
官吏恩給……四四三

官吏恩給法　明治二十三年六月二十日法律第四十三號
官吏遺族扶助料法　明治二十三年六月二十日法律第四十四號

附錄

小學校建築圖案……一
小學校建築(日本式木造平家建)仕樣書概要……八
小學校敎員住宅圖案……一五
小學校敎員住宅建築(日本式木造平家建)仕樣書概要……二〇

明治四十四年改正小學校法規要義目次終

明治四十四年改正小學校法規要義

第一編

小學校令

現行小學校令は、明治三十三年勅令第三百四十四號を以て發布せられ、九章七十三條より成る。後三十六年勅令第六十三號を以て第二十條、第二十三條、第三十二條、第七十條中を改正し、尋て同年、勅令第七十四號を以て第二十四條、第五十六條中を改正し、第二十五條、第二十六條を削除せられ。同四十年に至り勅令第五十二號を以て第十八條、第十九條、第二十條、第二十三條、第三十六條中を改正し、第十三條を削除せられしが、本年に至り勅令第二百十六號を以て第二十條、第二十三條及第三十九條中を改正し、第七十條の二を削除せらるゝに至れり。

第一章　總則

第一條　小學校ハ兒童身體ノ發達ニ留意シ道德教育及國民教育ノ基礎並其ノ生

活ニ必須ナル普通ノ知識技能ヲ授クルヲ以テ本旨トス

本條は、小學校教育の本旨に關し規定したるものにして、兒童身體の發達に留意し、道德教育及國民教育の基礎と生活に必須なる普通の知識技能とを授くるを以て要點とす。而して玆に所謂生活に必須なる普通の知識技能とは、國民の生活に必須なる普通の知識技能の意に外ならさるへし。

第二條　小學校ハ之ヲ分テ尋常小學校及高等小學校トス

尋常小學校ノ教科ト高等小學校ノ教科トヲ一校ニ併置スルモノヲ尋常高等小學校トス

市町村、町村學校組合又ハ其ノ區ノ負擔ヲ以テ設置スルモノヲ市町村立小學校トシ私人ノ費用ヲ以テ設置スルモノヲ私立小學校トス

本條は小學校の種類を列擧したるものにして、之を教科の方面より分類するときは、尋常小學校、高等小學校、尋常高等小學校の三となり、之を經費負擔の方面より分類するときは、市町村立小學校(町村學校組合又は其の區及市に屬する區の負擔を以て設置したるものを含む)及私立小學校の二となるものとす。

(三十三年九月某縣照會)負擔區域を異にせる某尋常小學校舍の一部を借り某高等小學校を設

置するときは其校舍は某尋常小學校と稱せす全く別段のものとし單に某高等小學校と稱し可然乎

（三十三年九月普通學務局回答）御意見の通

第三條　尋常高等小學校ニ於テ尋常小學校ノ教科ヲ授クヘキ部分ニ對シテハ尋常小學校ノ規定ヲ準用シ高等小學校ノ教科ヲ授クヘキ部分ニ對シテハ高等小學校ノ規定ヲ準用ス但シ文部大臣ニ於テ別段ノ規定ヲ設ケタル場合ハ此ノ限ニ在ラス

尋常高等小學校は、尋常小學校の教科と高等小學校の教科とを一校に併置したる特殊の一小學校にして、各別に獨立したる尋常小學校と高等小學校とを同一の場所に置きたるものにあらさるは勿論なれとも、其の教科は實質上尋常小學校及高等小學校と同一なるを以て、本條の如く各〻相當の規定を適用せしむるの必要あり、これ本條の規定ある所以なり。

（尋常高等小學校の位置選定方に關し先例あり第九條を參照すへし）

第四條　町村組合ニシテ其ノ町村一切ノ事務ヲ共同處分スルモノハ之ヲ一町村ト同視ス

町村組合に二種あり。一は特定の事務を共同處分するものにして、一は一切の事務を共同處分するもの之れなり。而して本條は一切の事務を共同處分する町村組合に關して規定したるなり。

（二十四年六月某縣伺）郡制第七條及小學校令第二十五條第二項に町村組合にして組合會を設け其町村一切の事務を共同處分するものは（中略）之を一町村と同視云々と有之候處本縣に於て町村制實施の際同制第百十六條第二項に依り設けたる町村組合の儀は其組合に一の町村役場を置き（町村長以下吏員も毎町村に置かす）組合會を設け役場費等は同會に於て議決し（單に各町村の負擔額を定め其賦課は町村會の議決に付する向もあり）而して組合內には毎町村會を設け、該町村限りの土木衞生勸業等の事項を議決すれとも其執行は總て組合町村長之を爲し又條例（收入督促常設委員に關する件等）の如きも組合に通して之を設くるものある等實際上恰も組合會は町村會にして各町村會は區會の如き狀況に有之候就ては衆議院議員選擧法施行規則第十條の例に倣ひ該町村組合は右郡制第七條の場合並小學校令に關しては一町村と同視すへき儀と存候得共聊疑義を生し候に付相伺候目下差懸り候儀も有之候條急速に御指揮相成度候也

（二十四年八月文部内務兩書記官通牒）本年六月日號を以て伺出相成候郡制及小學校令に關し町村制第百十六條第二項に依り設けたる組合云々の件は御意見の通尤同條第一項に依る組合と雖其町村全體の事務を共同處分するものに在りては同しく一町村と看做すへき方に有之候右は別段指令に及はさるに付此段及通牒候也

（前記の外學校の設置等に關し先例あり第五十二條を參照すへし）

第五條 幼稚園盲啞學校其ノ他小學校ニ類スル各種學校ノ規程ニ關シテハ本令中別段ノ規定アルモノヲ除クノ外文部大臣之ヲ定ム

幼稚園及盲啞學校等は純然たる小學校にはあらされとも、其の關係密接なるを以て便宜上本令中に規定せられたるなり。

本令中文部大臣の定むる如く規定せられたる事項は、大體に於て小學校令施行規則中に規定せらる。以下皆同し。

第二章　設置

第六條 市町村ハ其ノ區域內ノ學齡兒童ヲ就學セシムルニ足ルヘキ尋常小學校ヲ設置スヘシ

國家は、其の生存發達を期するか爲めに、一般國民をして少くとも尋常小學校の教育を受けしむるを必要とせり。既に之を必要とせる以上は、國家か其の義務(就學義務)を盡すに便利なる施設を爲すを可とす。之れ本條に於て尋常小學校の設置を市町村の義務と定め、其の區域内の學齡兒童を就學せしむるに足るへき校舍を設置せしむる所以なり。

第七條　郡長ハ一町村ノ資力尋常小學校設置ニ關スル費用ノ負擔ニ堪ヘストト認メタルトキハ其ノ町村ヲシテ尋常小學校設置ノ爲他ノ町村ト學校組合ヲ設ケシムヘシ

本條は、町村の資力薄弱にして尋常小學校を設くへき費用の負擔に堪へさる場合の規定にして、かかる場合に於ては、郡長は、數町村の聯合に成る學校組合なる團體を設けしめ、學事に關しては、恰も、一町村の如く其の事務を共同處辨せしむへきなり。

一、(二十四年五月某縣伺)町村學校の組合には(中略)地方學事通則第一條第二項に依り町村制第百十七條を適用すへき筈に有之候も町村若は町村組合の一部にして小學校令第二十八條の事情あるときは他の町村又は町村組合と學校組合をなすは同條に依り差支なき儀に可有之然るときは町村若は町村組合の一部と他の町村又は

町村組合の一部と學校組合をなすも亦差支無之儀に有之候哉聊疑義相生候に付何分の儀至急御明示相成度此段相伺候也

（二十四年五月文部大臣指令）本年月日號伺町村若くは町村組合の一部と他の町村若くは町村組合の一部と學校組合を設くるの件は不相成儀と心得へし

二、（二十四年五月某縣伺）町村學校組合は地方學事通則第一條に基き小學校令の規程に依り設置すへき處令中二郡以上に渉る町村學校組合設置の規程無之然に郡制第五十五條に依れば町村制の規程に依り二郡以上の町村に交渉するものあるとき町村組合を設置するは固より差支無之儀に付教育事務に就ても本縣下の如きは郡に跨る町村學校組合設置の必要並に希望の町村も有之候に付右等の町村に對しては町村學校組合（尋常小學校又ハ高等小學校ノ爲）を設置せしめ其設置の手續は關係郡長協議の上小學校令の規程に依り取扱度右御差支無之哉電報御指令を仰き候也

（二十四年八月内務文部兩大臣指令）本年月日付伺二郡に跨る町村學校組合を設くる件は當該郡長の協議を以て之を處理すへし、但該組合に關する郡參事會の職務は關係郡參事會の協議を以て之を行はしむへき儀と心得へし

三、（二十五年三月某縣照會）二ケ町村を組合せ一尋常小學校を設置せんとする場合に於て令

第二十九條に依り同時に校數並位置をも各町村會に諮問し知事の許可を受け之を定めたる後町村制第百十七條に依り組合をなさしめ可然順序に候哉

（二十五年四月縣治局長普通學務局長回答）月日號御照會の件御見解の通（電報）

四、（二十七年七月縣治局長照會）町村學校組合は町村制第百十六條第一項の所謂數町村の事務を共同處分するものと異なることなく、其事務の範圍は、特に教育に直接なる事務を處理するのみに限らす教育事務執行上必要なる村税を賦課し若くは授業料を徴收し又經常の收入を以て其支出を支ふることと能はさる場合に於ては市町村制の規定に依り起債を爲すの權能を有するものと被存候得共貴省の御意見如何に候哉承知致度此段及照會候也

追て御參考として別紙理由書添付候也（理由書は略す）

（二十七年八月普通學務局長回答）町村學校組合の事務範圍に關し月日號を以て御照會の趣了承右は御意見の通町村制の規定に依り起債を爲すの權能を有するは勿論の儀と存候經伺の上此段及回答候也

追て町村學校組合に於て起債を爲すの場合學事通則第十二條に依り内務大藏文部三大臣の許可を要するは當然と存候爲念此段申添候也

五、（四十二年九月某縣照會）小學校設置上に關し左記事項疑義相生し候間至急何分の御指示相成度及御照會候也

記

一、小學校令第七條に依り設置せる學校組合あり目下兩村經濟上各々獨立して併置校を設くるの餘力なきも當組合に於て高等科を併置するは負擔上別に差したる困難を感せす且當施設は敎育上最も有効のものと認むへきものあり今回右併置方申請せしも何等據るへき規定無之如何取扱可然か

二、前項高等科を併置することは能はざるものとせは當該組合に於て小學校令第十四條に依り別に組合を設けて高等小學校を設置し得へき儀に候や果して然らは右尋常小學校と高等小學校とを一箇所に置くときは其校長は之を兼務せしむるも妨なき儀に候や

（四十二年十一月普通學務局回答）月日號を以て小學校設置に關する件御照會相成候處小學校令第七條に依る學校組合に於て便宜其の設置に係る尋常小學校に高等小學校を併置するは差支無之其の手續は同令第十三條に依り認可を受くへき筋と存候條御了知相成度此段及回答候也

第八條　郡長ハ一町村ニ於テ就學セシムヘキ兒童ノ數一尋常小學校ヲ構成スルニ足ラスト認メタルトキ又ハ適度ノ通學路程内ニ於テ一尋常小學校ヲ構成スルニ足ルヘキ數ヲ得ルコト能ハスト認メタルトキハ左ノ例ニ依ルヘシ

一　其ノ町村ヲシテ尋常小學校設置ノ爲他ノ町村ト學校組合ヲ設ケシムルコト

二　其ノ町村ヲシテ就學セシムヘキ兒童ノ全部若ハ一部ノ教育事務ヲ他町村町村學校組合又ハ其ノ區ニ委託セシムルコト

郡長ハ町村ノ一部ニシテ前項ノ事情アルモノ其ノ町村ノ尋常小學校ニ對シ適度ノ通學路程内ニ在ラスト認メタルトキハ亦前項ノ例ニ依ルヘシ

郡長ハ町村學校組合ノ一部ニシテ前項ニ準スヘキ事情アリト認メタルトキハ第一項第二號ノ例ニ準スヘシ

本條は、一町村の學齡兒童數過少にして一尋常小學校を構成するに足らざるか、又は人口稀疎にして適當の通學路程内に一尋常小學校を構成するに足るへき學齡兒童數を得ること能はさる場合に就き、規定したるものなり。かかる場合に於ては、郡長は學校組合を設けしむるか、又は兒童教育事務を委託せしむるを得るものとす。而して兒童敎育事務は、本來自町村に於て處辨せさるへからさるものなれとも、本條の如き場合に於ては、其の事務を他町村等に委託するを得るものとす。

玆に注意すへきは、本條及前條に規定せられたる學校組合は、總て强制的の組合にして、郡長か其の職權を以て强制し得るものなること之なり。

一、(二十四年九月某縣照會)山間海濱等の僻地にして町村の一部若くは全部か數部落に散在し毎部落の距離遠隔若くは道路險惡にして一小學校を設置するも各部落の兒童をして通學せしむることを得す且毎部落兒童の數一學校を構成するに足らす資力上に於ても一學校を維持する能はす到底第三十一條により尋常小學校の設立又は兒童敎育事務の委託に關る義務を免せさるを得さる場合に於ては毎部落に分敎室の如きものを設置し一人の敎員をして輪番數ヶの分敎室を巡回し尋常小學校を授業せしむるも妨けなきや

(二十四年九月普通學務局長回答)御見解の通と存候

二、(二十四年五月某縣伺)二郡に亘る町村學校組合及學齡兒童敎育事務委託の義は小學校令第二十七條第二十八條等により實際必要なりとするときは之を指定し得へく其場合に於ては明治二十二年本縣庶第八十五號伺内務省御指令の旨により二郡

長連帶を以て之を指定し之を監督し其郡參事會の職務の如きも郡制實施迄は亦二郡長連帶を以て之を行ふへき儀と存居候處本年某縣號伺文部省御指令に依れは右等の儀は不相成哉の疑義を生し候然る處本縣には小學校令實施に際し右等二郡に亘る町村學校組合殊に學齡兒童敎育事務委託の必要を感するもの有之之を指定し得すとなすときは實際不都合不少候に付右內務省御指令の旨趣に基き施行致度此段相伺候也

（二十四年八月內務文部兩大臣指令）本年五月日號伺二郡に亘る町村敎育事務の件伺の通但本件は監督を除くの外明治二十二年某縣庶第八十五號伺內務省指令の旨に依るの限に在らさる儀と心得へし

（參照）某縣伺庶第八十五號　町村制第百十六條に依り數町村の事務を共同處分するの協議を爲すに當り其區域甲乙二郡に跨かる場合に於ては其監督は二郡長連帶の下に屬する儀と相心得可然哉此段相伺候也

右に對する內務省指令　町村組合監督上の件伺の通

三、（二十四年二月某縣照會）小學校令第二十八條一小學校を構成するに足るへき兒童數は何人以上の御見込なるや解示を乞ふ

（二十四年三月總務局長回答）小學校令第二十八條一小學校を構成するに足るへき學齡兒童の數は事故あり就學せさる者既に就學を終へたる者等を除き現に就學すへき者凡そ三十人以上ありと認むる場合を標準とする見込なり尤も時勢と場所とに應し斟酌を加ふるは勿論なり

四、（二十五年三月某縣照會）縣下某郡に別紙圖面の如き六ヶ村を以て自治組合のもの有之右組合の内甲村は校地校舍並學校基本財產を所有せるを以て一設置の負擔區域と定め乙村の兒童敎育事務をして之に委託せしめ度見込に候得共乙村は自治組合内のものなれは令第二十五條第二項に依り一町村と同視せらるへきものなるを以て令第二十八條第一項第二の他町村にあらさるに付自治組合内の甲村へ委託する事を得さる儀に候哉目下差懸り承知致度に付折返し何分の御回答相成度此段及照會候也

（二十五年四月普通學務局長回答）本年月日號を以て自治組合の村へ敎育事務委託の儀に付御照會の趣了承右は御見解の通と存候此段及御回答候也

五、（二十五年七月某縣伺）小學校令第二十八條第二項に依り學齡兒童敎育事務を委託せしむるを必要と認むるの事情あるにあらすして數町村の協議に依り兒童通學の便

利を圖り甲町村は幾分の報酬金を給して一部の學齢兒童敎育事務を乙町村に委託し尋常小學校の敎科を修めしめんとするときは郡長に於て之を許可し然るへくや

（三十五年九月普通學務局長回答）月日號を以て學齢兒童敎育事務委託の件御伺出相成候處御伺出の通差支無之と存候（中略）尤も郡長より知事の指揮を受け知事に於て其要否を甄別し許否せられ可然右は別段指令に及はれす候條此段及御通牒候也

六、（四十四年五月某縣照會）市町村境界變更の結果某市に編入したる一部兒童にして小學校令第八條後段の事情あるも市の敎育事務委託に關しては何等規定無之候へ共此場合に於ては關係郡市長の協議を以て委託せしめ差支無之哉何分の儀御回示相成度候

（四十四年五月普通學務局回答）月日號を以て市町村境界變更の結果小學校令第八條第一項後段の事情を生したる市內兒童の敎育事務委託に關し御照會相成候處右は關係市町村に於て協議の上貴官の指揮を受け便宜委託するは差支無之と存候條御了知相成度此段及回答候也

（第七條、第十四條に關係先例あり參照すへし）

第九條　市立尋常小學校ノ校數並位置ハ府縣知事ニ於テ市ノ意見ヲ聞キ之ヲ定ムヘシ

町村立尋常小學校ノ校數並位置ハ郡長ニ於テ町村又ハ町村學校組合ノ意見ヲ聞キ之ヲ定メ府縣知事ノ認可ヲ受クヘシ

本條に於て、府縣知事、郡長か校數及位置指定に際し、市町村の意見を聞くことに定めたるは、校數及位置は市町村等に最も直接の利害關係あるか爲なりとす。而して府縣知事郡長は必すしも市町村等の意見に拘束せらるへきものにあらさるは勿論なり。

一、(二十四年三月某縣伺)小學校令第二十六條(中略)に依り市町村、町村學校組合及區又は市參事會の意見を聞くへき場合に於て其意見を申出てさるときは市制第百十九條町村制第百二十三條に依り府縣參事會又は郡參事會の意見を聞き然るへきや又町村長の意見を聞くへき場合に於て意見を申出てさるときは意見なきものと見做し處分すへきや

(二十四年文部大臣指令)總て意見なきものと見做して處分すへし

備考。本件に就ては四十三年五月某縣の照會に對し、町村立尋常小學校數並位

置變更指定に關し町村の意見答申延期は意見なしと看做し處理せしむへき趣旨を以て普通學務局より回答せる例あり。

二、(二十五年三月某縣伺)尋常小學校の校數位置を定むるに當り市町村の意見知事郡長の意見と合はさるときは其事由を示して再ひ意見を聞き尙合はさるときは知事郡長の意見通定むるも問へなきや折返し御指揮を乞ふ(電報)

(二十五年三月文部大臣指令)月日電報伺尋常小學校數位置を定むるの件伺の通

三、(四十一年八月某府照會)左記事項差しかゝり處分を要し候條至急何分の御回報を煩し度此段及照會候也

記

小學校令第九條に依り町村立尋常小學校の校數竝に位置を指定したる後日に至り郡長の諮問に對し町村會の意見を聞かす町村長限り答申したることを發見したるもの有之、右の場合に於ても其指定は尙効力を有するや將又其効力を有するものとするも更に町村會の意見を問ふへきものなるや

(四十一年八月普通學務局回答)月日付を以て市町村立尋常小學校位置指定に關する件御問合の趣了承右前段は其の指定を取消さゝる限は當然効力を有するものに有之後段は

町村會の意見を聞くへき筋に無之儀と存候へとも其の違法處分に對しては相當御措置相成可然此段及御回答候也

四（三十一年三月某縣照會）來る月日より某町に市制施行の義指定相成候處從來の小學校は校數並位置を變更するの必要なきも小學校令に基き更に指定せさるへからさる義に候哉果して然りとせは其手續を了する迄の間從來の儘一時存續の義令達し可然哉

又は市と云ひ町村と云ひ自治の實體に於て異なることなけれは自然市立小學校に變更したるものにして改めて指定の手續を爲すに及はさる義に候哉右差懸り疑義に涉り候條至急何分の御回示を得度此段及照會候也

（三十一年三月普通學務局回答）月日付を以て某町に市制施行に關し小學校々數位置指定方等の件に涉り御照會の趣了承右は後段御見込の通と存候此段及回答候也

五、（二十五年六月某縣伺）尋常小學校の位置は通學の便ある場合其他適當の土地を得難きときは他の町村に指定するも妨なきか（電報）

（二十五年六月普通學務局通牒）月日尋常小學校の位置を他の町村内に指定するの件は雙方に故障なき限は差支なしと存す

六、（某縣四十二年九月伺）甲町村の尋常小學校の位置乙町村に跨り指定せんとするに其土地は甲の所有なるも乙に故障あるときは指定する能はさるか（電報）

（普通學務局回答四十二年十一月）尋常小學校位置指定の件法律上差支なし（電信）

七、（某縣照會三十三年十二月）尋常小學校の校數並位置指定に關しては小學校令第九條に規定有之高等小學校の設置廢止に關しては同令第十五條に規定有之候へとも尋常小學校又は高等小學校の分敎場に關しては何等の規定も無之に付尋常小學校の分敎場は同令第九條に依りて其位置を指定し高等小學校の分敎場は同令第十五條に依りて其設置廢止を認可し其地所を選定し若くは變更せんとするときは小學校令施行規則第七十六條に依り認可すへき儀と存候右にて差支無之哉

（普通學務局回答三十四年一月）年月日號を以て（中略）小學校分敎場位置指定の儀に關し御照會の趣了承右は左記の通御了知相成度此段及回答候也

記

一時の假設に係るものの外は本校の例に準すへきものなるに依り御見込の通

八、（某縣照會三十四年四月）既設の市町村立尋常高等小學校の校地を更定するに方り其手續は尋常小學校の例に據るへき義と被存候得共之か指定に際し某尋常高等小學校

の名を用ひ候ときは高等小學校の部分に對し小學校令施行規則第七十六條の規定に適合せさる樣被考候右の場合は如何取扱可然哉
（三十四年五月普通學務局回答）尋常高等小學校の設廢に關しては尋常小學校の教科を授くへき部分に對しては小學校令第九條の例に、高等小學校の教科を授くへき部分に對して同令第十五條の例に依るへきものなれは其位置即ち校地を變更する場合に於ても亦同一の手續に依らさるへからす

九、（三十四年十月某縣照會）一、町村の合併して新に町村を置きたる場合は小學校令第九條第二項に依り小學校數位置の指定を要し候處舊町村の全部を合併したるものにして新置の町村に指定すへき校數位置舊來と異動なきときは新に指定の手續をなさすして校數位置を指定したるものと看做し差支なきや

一、前項の場合に於て費用負擔の爲舊町村を各一區となさんとするときは小學校令第十一條第二項の區に關する指定の手續をなさすして區を設定したるものと看做し差支なきや

右差懸り疑義に涉り候條至急何分の御回示を得度此段及照會候也

（三十四年十月普通學務局回答）月日號を以て町村を合併して新に町村を置きたる場合に於ける

小學校數及位置等に關する件御照會の趣了承右は第一項及第二項とも新に其手續を要する義と存候此段及回答候也

（第二條第七條及施行規則第二十九條下に關係先例あり參照すへし）

第十條　第七條又ハ第八條ニ依リ郡長ニ於テ町村學校組合ヲ設ケシメ若ハ其ノ組合ヲ解カシメムトスルトキハ關係町村ノ意見ヲ聞キ府縣知事ノ認可ヲ受クヘシ

第八條ニ依リ郡長ニ於テ兒童教育事務ヲ委託セシメ又ハ其ノ委託ヲ止メシメムトスルトキハ關係町村、町村學校組合及區ノ意見ヲ聞キ府縣知事ノ認可ヲ受クヘシ

本條第一項及第二項に於て『意見を聞き』とあるは、之を以て必要條件となすは、固より言を俟たさる處なれとも必すしも其の意見に從ふを要せさるは前條に同し。

（第七條下に關係先例あり參照すへし）

第十一條　府縣知事ハ市ニ於テ設置スヘキ尋常小學校數校アルトキハ市內ノ一區若ハ數區ニ對シ又ハ市ヲ分畫シテ數區ト爲シ其ノ一區若ハ數區ニ對シ小學

校設置ニ關スル費用ノ負擔ノ爲其ノ使用スヘキ小學校ヲ指定スルコトヲ得此ノ場合ニ於テハ關係市及區ノ意見ヲ聞クヘシ其ノ之ヲ止メムトスルトキ亦同シ郡長ハ町村若ハ町村學校組合ニ於テ設置スヘキ尋常小學校數校アルトキ、兒童教育事務ノ委託ヲ要スル場所數箇所アルトキ又ハ其ノ設置スヘキ尋常小學校ト兒童教育事務委託ヲ要スル場所トアルトキハ町村内若ハ町村學校組合内ノ一區若ハ數區ニ對シ又ハ町村若ハ町村學校組合ヲ分畫シテ數區ト爲シ其ノ一區若ハ數區ニ對シ小學校設置ニ關スル費用ノ負擔又ハ兒童教育事務委託ノ爲其ノ使用スヘキ小學校ヲ指定スルコトヲ得此ノ場合ニ於テハ關係町村町村學校組合及區ノ意見ヲ聞キ府縣知事ノ認可ヲ受クヘシ其ノ之ヲ止メムトスルトキ亦同シ

本條は、府縣知事又は郡長は市町村等に於て設置すへき尋常小學校數校ある場合に、其の市町村等の内の一區若は數區に對し、又は之を分畫して數區となし、其の一區若は數區に對し、小學校設置に關する費用負擔等の爲めに、其の使用すへき小學校を指定するを得ることを規定したるものにして、此の場合に於ては、關係市町村及區の意見を聞くことを要するなり。

一、(二十五年三月某縣照會)一町村を二區として各區各別の經濟を以て尋常小學校二校を設置せんとするときは郡長は該全町村會の意見を聞くへきは勿論に候處區會又は區總會なき場合に於ては郡長は便宜區となすへき各區域內人民の意見を聞き可然哉將た區會條例を設け區會又は區總會組織の上該會に諮問すへき哉

(二十五年四月縣治局長普通學務局長回答)(前略)町村會の意見を聞くに止まるものと存す(電報)

二、(三十年一月某縣照會)(前略)茲に甲乙兩村學校組合を三區に分畫し第一區は甲村の大部分を占め第二區は乙村の大部分を占め第三區は甲乙兩村の小部分を併せ占むる場合に於て其第一區の敎育事務を甲村長に管理せしめ第二區の敎育事務を乙村長に管理せしめ而して第三區の敎育事務を兩村學校組合長に於て管理せしむることゝするは差支なきや否哉

(三十年二月普通學務局長回答)(前略)組合長をして敎育事務の全部を管理せしむへき儀に有之後略

三、(三十一年三月某縣照會)(前略)町村を分畫して區を設け其區に一個の尋常小學校を設置し區限り其費用を負擔し居れる場合に於て當該郡長が其既設小學校の位置指定換を爲さんとするときは明治二十三年法律第八十九號地方學事通則第三條により

此等の區に對し市町村に關する法律の規程を適用するとを得るを以て右の場合に於ては區の意見を聞くに止め候て可然儀と存候然しなから是等の如きも猶或は小學校令第二十六條に依りて其全部の町村の意見を聞くことを要するや(後略)(三十一年五月普通學務局回答)(前略)右小學校の位置を變更するに就ては町村の意見を聞くは勿論該小學校位置の變更は自然其區に於て使用すへき小學校を變更するに至るへきに付區の意見をも併せて聞くを要する儀と存候(後略)

四、(四十三年一月普通學務局決定)(前略)某縣某郡某村に尋常小學校五校あり今回村内に三區を設け各專用の一尋常小學校の費用を負擔せしめんか爲村條例區會條例を設定せんとするものにして其の結果他の二校は村全體を通して之か費用を負擔し區の設定ある部分の村民は小學校の費用を二重に負擔することとなるも小學校令第十一條の規定上差支なしと認めたり

第十二條　府縣知事ハ第七條及第八條第一項ノ事情アルモ同條及第五十三條並第五十四條ニ依ルコトヲ得スト認メタルトキハ其ノ町村ヲシテ尋常小學校ノ設置又ハ兒童教育事務ノ委託ニ關スル義務ヲ免レシムルコトヲ得

府縣知事ハ第八條第二項又ハ第三項ノ事情アルモ同項及第五十三條並第五十

四條ニ依ルコトヲ得スト認メタルトキハ其ノ町村若ハ町村學校組合ヲシテ其ノ一部ニ關シテハ尋常小學校ノ設置又ハ兒童教育事務ノ委託ニ關スル義務ヲ免レシムルコトヲ得

本條は、町村等の義務免除に關し規定したるものなり。蓋町村等に於て尋常小學校を設置すること能はさるときは、學校組合又は委託教育の法に依ることを許し、尚郡費を以て補助せしむ(第五十三條、第五十四條)るの規定あれとも、此等の方法にも依ること能はさる場合は、其の町村等の義務を免除する外なきなり。

一、(三十三年十月某縣問合)左記疑義の件差掛り必要之儀有之候に付至急何分の御回答相成度及御問合候也

記

一、舊小學校令第三十一條に依り尋常小學校設置の義務を免除せられたる町村は新に小學校令實施後に於ても尚免除の效力を有するものと見て可然哉

二、前項に於て尚免除の效力を有するものとせは舊小學校令第三十一條第三項に依り設置したる尋常小學校は新小學校令中には設置の途なきを以て自然廢滅に歸せしものとして可然哉

三四（略之）
五、前第一項の場合に於て免除の効力を失ふたるものとせは其町村既設の尋常小學校は普通の尋常小學校と同一の取扱をなし可然哉
六、前項若し然りとせは其學校にして從來郡費の補助を受けたるもの尙引續き其補助を與へんには新小學校令第五十三條の手續を經さるも可然哉
七、尋常小學校設置の義務を免除せられたる町村にして其免除を解くの必要を生したる場合の取扱手續は如何にすへきや
（三十四年十二月普通學務局回答）年月日號を以て小學校令に關する疑義の件御問合の趣了承右は左記の通御承知相成度此段及回答候也
一、新令第十二條に該當するものにして免除の必要あるときは同條に依り更に其手續を行ふへし
二、新令第十二條に依り免除したるときは御見込の通
三、四（略之）
五、新令第十二條に該當せすして免除の効力を失ひたる場合に於ては更に新令第九條の手續を行ふへし

六、新令第五十三條に依り補助を與ふるには更に其手續を經さるへからさるも都任意の補助なるときは御見込の通

七、知事の職權に依り之を解き更に新令第九條の手續を行ふへし

二、(三十二年三月某縣問合)本縣師範學校附屬小學校は來る月日より新校地即某町に移轉開校可致に付ては某町立尋常小學校現在兒童は勿論將來同町内に就學すへき學齡兒童を教養するに足るへき設備なるを以て右開校の上は町立尋常小學校は設置之必要無之候斯る場合は小學校令第二十八條を援引し同令第三十一條により設置義務の免除を許可致し可然哉(中略)此段及問合候也

(三十二年三月普通學務局回答)(前略)右は同町の學齡兒童の師範學校附屬小學校に入學したる結果一尋常小學校を構成するに足るへき兒童數を得ること能はさる場合に限り御見解の通御取扱相成可然と存候經伺の上此段及回答候也

第十三條　削除(四十年三月勅令第五十二號)

第十四條　市町村ハ市町村又ハ其ノ區ノ負擔ヲ以テ高等小學校ヲ設置スルコトヲ得

町村ハ數町村ノ協議ニ依リ町村學校組合ヲ設ケ高等小學校ヲ設置スルコトヲ

得

前項町村學校組合ヲ設ケ又ハ之ヲ解カムトスルトキハ郡長ノ認可ヲ受クヘシ

郡長ハ前項ノ場合ニ於テハ府縣知事ノ指揮ヲ受クヘシ

尋常小學校の設置は、市町村の義務なれとも、高等小學校の設置は、市町村の隨意事務に屬するか故に、本條に規定したる學校組合の如きも、此旨趣に依り强制的のものにあらさるや勿論なり。

一、(二十四年五月某縣伺)(前略)高等小學校を設置せんとするに一郡(固有郡)全町村の協議に依り町村學校組合を設け數區に分畫せす共同經濟を以て數箇の高等小學校を設置することを得へきや右は差懸り候次第有之に付電報を以て御指揮相成度此段相伺候也

(二十四年五月文部大臣指令)月日伺町村立高等小學校設置の義は伺の通

二、(二十四年五月某縣伺)町村學校組合の高等小學校にして地勢上不得止其位置を市内に定めんとする場合(中略)に於て他に故障なき限りは特別許可するも差支無之哉

(二十四年六月文部大臣指令)月日伺高等小學校の件(中略)伺の通(電報)

三、(二十八年三月某縣伺)町村學校組合解除の件

（伺は長文に付略之）

（二十八年三月普通學務局長縣治局長通牒）去る日付御伺町村學校組合解除の件其組合規約に別段の規定ある場合は兎も角關係町村の協議に依らされは解除するを得す、尤も解除か公益上必要なるにも拘らす强て協議に應せさる町村あらは其協議を拒むの町村會の議決に對し町村制第六十八條第二項一の規定を適用するも妨けなしと存す別に指令せられす依命通牒す

四、（三十二年五月某縣照會）甲乙丙三ヶ村學校組合を設け高等小學校を設置せり之に丁村を加へ又は之より丙村を除きたるときは舊組合は之を解止し同時に新組合を設置するものに候處此場合に於て高等小學校亦廢設の手續をなすへきや將た組合に廢設あるも學校は依然存續するものと認め設置並校舍充用學級編制敎員任用等の手續は更に之をなすに及はさるや

右は去る三十年六月某中學校長辭令効力の件に關し某縣照會に對し貴省秘書課回答の次第等有之聊か疑義に涉り候間貴見承知致度此段及照會候也

（三十二年五月普通學務局回答）年月日號を以て組合立高等小學校廢設に關し御照會の趣了承右は前段意見の通に有之候條此段及回答候也

追て某中學校長辭令效力の件は御照會第一項の場合に適用致し難く候條爲念申添候也

（參照）某中學校長辭令効力の件とは町村組合立中學校を郡立に改めたる場合に學校長の辭令は其儘に繼續し効力あるの件なり

五、（三十三年十月某縣問合）高等小學校組合内の或町村合併して新に町村を置きたる場合は其施行の日より其高等小學校組合は自然消滅すへき義に可有之哉

前項果して然らは右消滅の場合に於ても更に組合を設定する迄の間特に稟請して其組合及小學校を存續することを得る哉

（三十三年十月普通學務局回答）見解の通但新に町村を置くも其内容に於て變更なく且町村に異議なきときは知事に於て其手續を省略する等便宜處分せらるるも妨なかるへし又は存續に付ては稟請せしむるに限らす知事に於て便宜處理せらるゝも妨なかるへし

六、（二十三年十二月某縣照會）縣下某市は某國各部の中央に位し自然交通の便其宜を得且其資力の關係も不尠從來各郡聯合の小學校を某市に置き（中略）追々進捗罷在候處（中略）雙方協議上市に於て町村の委託に應するも法律上差支は之なかるへく被存候

果して然らは新令實施の日は某市へ一の高等小學校を置かしめ近接各郡町村より高等小學校敎育事務の委託をなさしむることに致さしめ差支無御座候哉何分御回報を煩し度此段及照會候也

（二十四年二月總務局長回答）年月日付を以て町村の高等小學校敎育事務を市に委託するの件に關し御照會の趣は御意見の通と存候尤も監督官廳より命令して委託せしむることは不相成義と存候此段及回答候也

七、（三十四年五月某縣照會に對する普通學務局回答）高等小學校敎育事務委託の件

町村協議の上高等小學校敎育事務委託に關する件御照會の趣了承本件に付ては二十四年中及御通牒置候次第も有之候へとも自今知事の許可を要せさる義と御承知相成度遂省議此段及回答候也

（第七條下に關係先例あり參照すへし）

第十五條　市町村立高等小學校ノ設置及廢止ハ府縣知事ノ認可ヲ受クヘシ

（第七條及第十四條に關係先例あり參照すへし）

第十六條　私立小學校ノ設置ハ設立者ニ於テ府縣知事ノ認可ヲ受ケ其ノ廢止ハ之ヲ府縣知事ニ屆出ツヘシ

本條は、私立小學校設置の手續を規定したるものにして、其の設置は市町村立高等小學校と同しく設立者に於て府縣知事の許可を受けさるへからす、唯其の廢止は屆出を要するのみ。而して其の敎科目等に關しては、市町村立小學校と同しく本令の規定に據るへきこと固より明なり。

第十七條 前三條ノ規定ハ幼稚園、盲啞學校其ノ他小學校ニ類スル各種學校ニ關シ之ヲ準用ス

幼稚園、盲啞學校其ノ他小學校ニ類スル各種學校ハ之ヲ小學校ニ附設スルコトヲ得

本條第二項に依り、小學校に各種學校を附設したるときは、特別に該各種學校の校地校舍校具等を設けす、小學校の設備を共同使用するは、小學校の敎育に妨けなき限り差支なきものとす。又小學校長及其の敎員か、他の小學校長及其の敎員を兼務するは從來の取扱振に於て之を認めさる處なるも、小學校に附設したる學校に對しては、各其の本務に妨けなき限りは、之を兼務するも差支なきものとす。而して專科敎員及補助敎員は一學級を全然擔任するものにあらさるか故に、事情に依りては他の學校敎員を兼務するを妨けさるものとす。

（三十二年十月專門普通兩學務局通牒）（抄出）

一、尋常小學校の敎科を備へて各種學校（小學校類似）と稱し認可を願出てたるときは認可し差支なし

二、尋常小學校の敎科の外に宗敎の一科目を加へ各種學校と稱し認可を願出てたるときは認可し差支なし

三、外國人の設立する幼稚園に保姆養成所を併置し宗敎に關する科目を加設するものは各種學校として取扱ふへし但幼稚園には宗敎上の儀式を用ひさる筈なり

第三章　敎科及編制

第十八條　尋常小學校ノ修業年限ハ六箇年トス

高等小學校ノ修業年限ハ二箇年トス但シ延長シテ三箇年ト爲スコトヲ得

尋常小學校の修業年限は、元來四箇年なりしを明治四十年に至り六箇年に延長せられしなり。これ四箇年にては到底義務敎育の効果を完ふすること能はさるを以てなり。高等小學校の修業年限も、尋常小學校修業年限の延長に伴ひ、從來二箇年、三箇年又は四箇年なりしを二箇年に改め、尙三箇年に延長するを得ることと

なれり。蓋尋常小學校の修業年限は、今回の改正を以て十分なりと言ふこと能はさるを以て、他日再ひ之を延長せらるゝことあるへく、又尋常小學校を卒業せるも進みて中學校高等女學校等に入ること能はさる者に適切なる普通敎育を施すか爲、尙此種の施設を必要とするの事情あるを以て、斯く改正せられたるは最も時宜に適したるものなりしなり。

高等小學校の修業年限は、二箇年を本體とするも、三箇年に延長し得へきを以て、同一の兒童に對しても、尙二樣の修業年限を設け得るか如く論する者なきにあらすと雖、是れ決して正當の見解にあらす。蓋し修業年限なるものは、學校を本位として之を定むへく、兒童各別に之を定むへきものにあらざるは、言を俟たさるところなり。故に本條但書に所謂延長して三箇年となすことを得とは、其の學校の修業年限を三箇年に延長することを得るの意義に解するを妥當とす。されは、高等小學校の修業年限は二箇年を常例とし、必要に應して三箇年にも延長することを得るものにして、兒童に依り之を異にすへきものにあらす。然れとも同一學校に於て男兒部の修業年限を三箇年とし、女兒部の修業年限を二箇年とするか如く、延長したる部分と然らさる部分とを置くことは必すしも不可なることなかるへきなり。

一、(二十五年四月某縣照會)小學校の修業年限は(中略)同一の學校に於て男子と女子と其年限を異にするも妨け無之哉何分の御回示有之度此段及照會候也

(二十五年四月普通學務局回答)月日付を以て照會相成候小學校修業年限の儀は御意見の通にて差支無之候此段及御回答候也

二、(四十年五月文部次官通牒)二、同一の市町村、町村學校組合内の公立尋常小學校は其の修業年限を異にすることを許さゝること

三、義務教育の年限を延長せさる市町村又は小學校の設備不完全なる市町村には新に其市町村立實業學校(實業補習學校にして夜間休業日其他正科時間以外に教授するものを除く)中學校高等女學校等の設置を許さゝるは勿論に付此等の學校を設置せんとするものあらは十分審査を要すること

町村組合又は郡に於て前記の學校を設置せんとする場合に於ても前記の旨趣に準し審査を爲すへきこと

十一、小學校令改正實施後修業年限四箇年の尋常小學校を卒業するものに與ふる卒業證書は適宜の方法に依り一般尋常小學校の卒業證書と區別する方便利なる

へきこと

十二、修業年限六箇年の尋常小學校同一市町村内に二校以上ある場合に於て特別の事情あるときは當分其内の一校又は數校に第五六學年の兒童を收容するも妨けなきこと

第十九條　尋常小學校ノ教科目ハ修身、國語、算術、日本歴史、地理、理科、圖畫、唱歌、體操トシ女兒ノ爲ニハ裁縫ヲ加フ

土地ノ情況ニ依リ手工ヲ加フルコトヲ得

尋常小學校の教科目は、從來修身國語算術體操を必須科とし、土地の情況に依り圖畫唱歌手工の一科又は數科を加ふるを得るの制なりしか、明治四十年の改正に於て必須科として日本歴史、地理、圖畫、唱歌を加ふるに至れり。これ修業年限の延長に伴ふ必然の結果に外ならす。

第二十條　高等小學校ノ教科目ハ修身、國語、算術、日本歴史、地理、理科、圖畫、唱歌、體操トシ女兒ノ爲ニハ裁縫ヲ加フ

前項教科目ノ外手工、農業、商業ノ一科目又ハ數科目ヲ加ヘ其ノ數科目ヲ加ヘタル場合ニ於テハ兒童ニハ其ノ一科目ヲ課スルモノトス

明治四十年の本條改正以前は、修業年限三箇年以上の高等小學校に於ては、男兒の爲に手工、農業、商業の一科目若は數科目を加ふることとし、其の數科目を加ふる場合に於ても、兒童には其の一科目を學習せしむる規定なりしを、同年の改正に依り女兒にも此等の科目を課し得ることとし、尙手工を農業又は商業の一科目と共に學習せしむることとなれり。蓋此等の科目は必すしも男兒のみに必要なるものにあらす、又手工は敎育上の價値一般的にして、農業又は商業の如く土地の狀況に依り加設すへき性質のものにあらされはなり。然るに今回又々本條に改正を加へられ、一大變更を來すこととなれり。改正の要點は、第一、農業、商業を必修科目となしたること第二、手工を三十六年の改正と同しく實業科として農業又は商業と兼修することを禁し第三、英語を廢し僅に商業の内に於て之を授くるを得しめたることと是なり。而して第一は、多年奬勵の結果今や是を確實に施行し得るの時機に達したるを以て實施上に於ても別に支障なかるへきも、第二は、手工を課する兒童には、農業又は商業を課するを得さるを以て、現在に於ける施設を著しく變更するの要あるに至るへく、第三は商業地方の外は、自ら英語を授くる能はさる結果を來すへきものなり。

一、（三十年四月某縣照會）土地の狀況により簡易なる機織を高等小學校女生徒の正敎科に加設し差支なきや返電を乞ふ（電信）

（三十年四月普通學務局回答）高等小學校女生徒の正敎科に機織を加設するを得す

二、（三十五年八月某縣問合）尋常小學校若くは高等小學校に於ける加設の敎科目は隨意科目と爲さゝる限りは當該小學校相當學年の兒童には男女を問はす一體に之を課するは當然の義と考へられ候へとも土地の情況に依りては同一學校內の男兒のみに之を課し女兒には之を課せさる等便宜施行致候て差支無之や御意見至急承知致度此段及御問合候也

（三十五年九月普通學務局回答）年月日付を以て（中略）尋常小學校若は高等小學校に於ける加設の敎科目を隨意科目と爲さゝる場合に關し問合之趣了承右は後段御意見の通と存候此段及回答候也

三、（四十一年七月某縣照會）（前略）小學校令改正の結果尋常小學校及高等小學校に於ける手工科は隨意科目となし得さる儀に付右手工科を加設する場合は各學年男女共課すへきものにして、或學年に限り又は男兒のみに限り課するか如き取扱は爲し得さるものと相認め候得共前記某々縣へ御回答の次第も有之疑義相生し候間何分の

御回答相願度候也

四十一年八月普通學務局回答）月日號を以て小學校加設科目の件に關し御照會の處右は男女共に之を課すへき筋に有之候へとも土地の情況に依りては男兒のみに之を課する等便宜施行候も差支無之候條御了知相成度此段及回答候也

四、（四十三年十二月普通學務局通牒）今般文部省訓令第二十六號を以て高等小學校の實業に關する教科目の施設に關し訓令の次第も有之候處近時各地方の高等小學校に於て農業科を加設するものの中約半數は實習地を設け此等は其の成績概ね佳良なるも實習地の設けなきものにありては、成績も亦十分ならさるの實況に有之候就ては農業科を加設する場合に於ては自今必す便宜の方法に依り教員自ら兒童を率ひて實習を爲さしむる樣御施設相成度尚此等實業に關する教科目を擔任する教員の養成に關しては既に夫々御計畫相成居候儀とは存候得共將來益々師範學校に於ける實業科の教授を改善せらるるは勿論或は教員の爲に特別講習の方法を講せらるる等十分該科加設の効果を完うせんことを期せられ度依命此段及通牒候也

第二十一條　小學校ニ補習科ヲ置クコトヲ得

補習科ニ關スル規程ハ文部大臣之ヲ定ム

（三十年六月某縣伺）修業年限三ヶ年以上の高等小學校に於て女子の數一學級を組織するに足る場合に女子部と男子部とを區分し女子部の修業年限を二ヶ年とし且女子部に限り補習科を設置せしむる儀は差支無之哉否何分の御指令相成度此段相伺候也

（三十年七月文部大臣指令）月日號伺高等小學校男生徒と女生徒と修業年限を異にするは特別の事情と認むる場合に限り伺の通り

第二十二條 小學校ノ教科目中兒童身體ノ情況ニ依リ學習スルコト能ハサル教科目ハ之ヲ其ノ兒童ニ課セサルコトヲ得

兒童身體の情況にしてもし教科目中の某科目を學習するに堪へさるときは、學校長は其の當然の職權として某科目を其の兒童に課せさることを得へし。これ兒童の健康を傷害するの虞あるを以てなり。

第二十三條 小學校ノ教科目ヲ加除シ又ハ第二十條第二項ノ教科目ヲ定メムトスルトキハ市町村立小學校ニ在リテハ管理者、私立小學校ニ在リテハ設立者ニ於テ府縣知事ノ認可ヲ受クヘシ

補習科ヲ設置シ若ハ之ヲ廢止シ又ハ高等小學校ノ修業年限ヲ延長セムトスル

トキハ市町村立小學校ニ在リテハ市町村若ハ町村學校組合、私立小學校ニ在リテハ設立者ニ於テ府縣知事ノ認可ヲ受クヘシ

本條第一項に關する事項は管理者、第二項に關する事項は市町村等に於て、府縣知事の認可を受けしむるは、後段の場合に於ては市町村等の經濟に關係あるを以て市町村會等の議決を經るの要あれはなり。

今回の改正に於て、第一項中『隨意科目と爲し』を削りたるは、第二十條改正の結果隨意科目となすことを廢止せられたるに依るものなり。

(施行規則第四十六條下に關係先例あり)

第二十四條　小學校ノ教科用圖書ハ文部省ニ於テ著作權ヲ有スルモノタルヘシ

前項ノ圖書同一ノ教科目ニ關シ數種アルトキハ其ノ中ニ就キ府縣知事之ヲ採定ス

文部大臣ハ第一項ノ規定ニ拘ラス修身、日本歴史、地理ノ教科用圖書及國語讀本ヲ除キ其ノ他ノ教科用圖書ニ限リ文部省ニ於テ著作權ヲ有スルモノ及文部大臣ノ檢定シタルモノニ就キ府縣知事ヲシテ之ヲ採定セシムルコトヲ得

補習科ノ教科用圖書ニ關シテハ文部大臣ノ定ムル所ニ依ル

一、（三十七年三月某縣照會）一、小學校令第二十四條第二項第三項に依り採定すへき小學校敎科用圖書は同一敎科目に就きては如何なる場合を問はす二種以上を採定することを得さる儀なる哉將た學校の種類男女の區別所在地の情況に依り二種以上を採定するも妨けなき哉

二、高等小學校敎科目中の唱歌農業商業三科目の敎科用圖書は敎師用のみを採定し兒童用を採定せさるも差支なき哉

（三十七年三月圖書課回答）一、小學校令第二十四條第二項の採定及客年文部省令第二十二號を以て改正したる小學校令施行規則第五十三條本文に依り小學校令第二十四條第三項の採定をなすへき場合に於ては後段御見解の通

二、御見解の通

二、（三十七年三月某縣問合）單級小學校にては兒童用修身書を持たしめさるも差支なきや（電信）

（三十七年三月普通學務局回答）兒童用修身書の件差支なし二十六年文部省訓令第九號參看せられたし

（參照）（二十六年八月文部省令第九號）修身科の敎育に於けるは神經の全身に貫通し其の作用を

靈活ならしむるに同しく他の科目と例視すへきにあらす教員たる者は時を以て諄々訓告し兒童の年齢及男女の別に從ひ都鄙の風習各地人文の發達及生活の程度を察し又各人各個の性質に依り精密なる注意を用ゐ此重要なる教科の目的を達することを力むへし故に修身の教は專ら師道に由て擧ることを得へく一篇の教科書に依頼し數時間の誦讀を以て滿足すへきにあらさるなり因ては教科書は教員の資料を助くる爲に必要とすへしと雖地方の狀況に從ひ或は生徒の繁費を省く爲に尋常小學校に在りては各市町村學務委員の注意に依り生徒用教科書を用ゐすして專ら口授法を用ゐることを妨けさるへし

教科書中に參照として引擧する所の古今の人の善行は兒童をして感奮興起せしむるの益ありと雖或は矯激に流れ中庸を失ひ又は變に處するの權道にして歷史上の美談となすへきも以て教育上の常經と爲すへからさる者あり各教員は教授の際普通教育の適當なる範圍に注意し及ふ丈け偏弊を避くるを要す

（此外施行規則第五十三條下に關係先例あり參照すへし）

第二十五條　削除（明治三十六年勅令七十四號）

第二十六條　削除（同　上）

第二十七條　小學校ノ休業日ハ日曜日ヲ除クノ外每年九十日ヲ超ユルコトヲ得ス但シ補習科ハ此ノ限ニ在ラス

特別ノ事情アルトキハ府縣知事ニ於テ文部大臣ノ認可ヲ受ケ前項ノ日數ヲ增加スルコトヲ得

傳染病豫防ノ爲必要アルトキ其ノ他非常變災アルトキハ監督官廳ニ於テ臨時小學校ノ閉鎖ヲ命スヘシ其ノ急迫ノ事情アル場合ニ於テハ市町村立小學校ニ在リテハ管理者、私立小學校ニ在リテハ設立者ニ於テ之ヲ閉鎖スルコトヲ得此ノ場合ニ於テハ直ニ監督官廳ニ屆出ツヘシ

（二十四年六月某縣照會）小學校令第二十三條の傳染病は法令上所定の六傳染病を指すに非すして苟も傳染性を有する病は一切を包有する乎

（二十四年八月普通學務局回答）御見解の通と存候

第二十八條　小學校教則及小學校編制ニ關スル規程ハ文部大臣之ヲ定ム

本條の事項は小學校令施行規則第一章中に規定せらる。

第四章　設備

第二十九條　小學校ニ於テハ校舍、校地、校具及體操場ヲ備フヘシ

本條に於て、校舍校地の外別に體操場を備ふへきことを規定したるは、一見奇異の感なきにあらさるも、これ體操場は教育上最も重要なる設備なるにも關はらず、一般に之を輕視するの傾向あるを以て、特に之を掲けたるものにして、必すしも體操場を以て校舍校地以外全く別異のものと見做すの旨趣にあらさるへきなり。

第三十條　校舍、校地、校具及體操場ハ非常變災ノ場合ヲ除クノ外小學校ノ目的以外ニ之ヲ使用スルコトヲ得ス但シ已ムヲ得サル事情ニ依リ監督官廳ノ認可ヲ受ケタル場合ハ此ノ限ニ在ラス

一、（三十年八月某縣照會）小學校敷地内に於ける紀念碑等建設は學校管理上關係不尠且墓碑招魂碑等とは全く趣旨を異にするものに付明治十七年太政官布達第二十五號墓地及埋葬取締規則中建碑の條項に準據せす管理の都合に依り學校設備の點より許否し可然筋と被存候得共御省議は如何可有之歟差掛候義有之候條至急承知致度此段及照會候也

（三十年十一月普通高等兩學務局回答）月日號を以て御照會相成候小學校敷地内へ紀念碑建設に關す

る件は御見込の通と存候尤も學校敷地内に於ける建碑のことは自然學校設備上に障害を來すの虞も有之候間濫りに建設せしめさる樣御取締相成度御回答旁此段申進候也

二、(三十六年十二月總務局官通牒)貴縣管內公私立學校々舍非常變災等の爲破壞したる場合に於ては爾後其都度狀況を具し報告可相成依命此段及通牒候也

三、(三十六年十一月普通學務局通牒)小學校の校舍校地等の使用に關しては小學校令第三十條の規定有之候處公衆體育の爲體操場を公開し又は公の集會に校舍を使用する等の場合に於て敎育上障害を來すの虞なきときは相當取締の下に便宜認可を與ふるの方針を執られ可然又小學校以外の學校に就きても敎育上障害なき限りは便宜公衆の利用に供せられ可然候依命此段及通牒候也

第三十一條 小學校ノ設備ニ關スル規程ハ文部大臣ニ於テ定ムル準則ニ基キ府縣知事之ヲ定ム

第五章　就學

第三十二條 兒童滿六歲ニ達シタル翌日ヨリ滿十四歲ニ至ル八箇年ヲ以テ學齡トス

學齡兒童ノ學齡ニ達シタル日以後ニ於ケル最初ノ學年ノ始ヲ以テ就學ノ始期トシ尋常小學校ノ教科ヲ修了シタルトキヲ以テ就學ノ終期トス

學齡兒童保護者ハ就學ノ始期ヨリ其ノ終期ニ至ル迄學齡兒童ヲ就學セシムルノ義務ヲ負フ

學齡兒童保護者ト稱スルハ學齡兒童ニ對シ親權ヲ行フ者又ハ親權ヲ行フ者ナキトキハ其ノ後見人ヲ謂フ

本條に於て、特に注意すへきは就學義務の何たるやにあり。蓋し就學義務とは學齡に達したる兒童をして、尋常小學校の教科を修了せしむへき義務を指すものにして、學齡兒童保護者即親權者又は後見人の負ふ所なりとす。

一、(三十三年九月某縣照會)學齡兒童にして公簿上の年齡と實際の年齡と相違せる者若くは無籍の者等あるとき戸籍法の手續に依りて取扱はしむるときは就學督責上其時期を失する等の差支有之候に付是等は醫師の證明によりて直に學齡簿を調理する細則を設け差支無之哉

(三十三年九月普通學務局回答)戸籍法に依り取扱ふへき儀と存候

二、(三十四年二月某縣照會)學齡兒童保護者其兒童を就學又は出席せしめさるときは小學校

令施行規則第九十四條を以て與へられたる督促權能に依り郡長に於て就學又は出席せしむへき命令を發し之を强制する爲行政執行法第五條第一項第二號行政執行法施行令第四條第三號に依り郡長に於て强制處分を爲し差支無之儀と存候得共疑議相生し候に付御省議御指示成度此段及御照會候也

（三十四年二月普通學務局回答）月日號を以て學齡兒童保護者を行政執行法に依り强制處分に關する件御照會の趣了承右は郡長に於て必要と認めたるときは御見込の通に有之候此段及回答候也

三、（三十五年十二月普通學務局通牒）今般法律第五十號發布相成候に就ては學齡の終期及就學の始期の計算方に自然影響を及ほし候處左記の通御取扱相成可然本件に關し往々問合せの向も有之候に付爲念此段及通牒候也（追書略之）

記

一、四月二日より同月末日までの間に出生したる兒童に就きては滿六歲に達したる翌年に於ける學年の始を以て就學の始期とす（五月一日より翌年四月一日までの間に出生したる兒童就學の始期は從前の通）

二、學齡の終期は本文の法律に依りて計算し兒童滿十四歲に達したるときとす

第三十三條　學齡兒童瘋癲白痴又ハ不具廢疾ノ爲就學スルコト能ハスト認メタルトキハ市町村長ハ監督官廳ノ認可ヲ受ケ學齡兒童保護者ノ義務ヲ免除スルコトヲ得

學齡兒童病弱又ハ發育不完全ノ爲就學セシムヘキ時期ニ於テ就學スルコト能ハスト認メタルトキハ市町村長ハ監督官廳ノ認可ヲ受ケ其ノ就學ヲ猶豫スルコトヲ得

市町村長ニ於テ學齡兒童保護者貧窮ノ爲其ノ兒童ヲ就學セシムルコト能ハスト認メタルトキ亦前二項ニ準ス

本條は、就學義務の免除及猶豫に關する規定にして、此等の處分は市町村長か學齡兒童保護者に對して、之を爲すものなることは特に注意すへき點なり。

一、(二十五年八月某縣照會)學齡兒童就學の義務を猶豫又は免除するは市町村長に於て監督官廳の許可を受くへきものに有之候處市に限り事務措辦の都合に依り其處分方を市長に委任するを便利なりと認むるときは之を委任するも敢て不都合は無之哉御意見承り度此段及御照會候也

(二十五年十月普通學務局回答)月日付を以て學齡兒童就學猶豫若くは免除許否の權を市長へ委

任する件に付御照會の趣了承右は不相成義と存候此段及御回答候也

二、（三十五年十二月某縣照會）（前略）私立學校令第八條但書に「小學校令第二十一條及第二十二條ニ依リ市町村長ノ許可ヲ受ケタル兒童ハ此ノ限リニアラス」と有之候處該小學校令とあるは現行法を指したる義にあらさるは勿論なるか上に其後改正せられたることなきを以て見れは同條但書は何等の効力を有せさるものと考へ候へ共亦法の精神より推すときは現行小學校令第三十三條乃至第三十六條等に依り市町村長の認可を受けたる學齡兒童は（中略）尙私立學校令第八條但書に準し取扱をなし差支無之哉差當り疑義相生し候條至急何分の御回示相成度此段及照會候也（三十五年十二月普通學務局回答）月日號を以て私立學校令第八條但書に關し御照會の趣了承右私立學校令第八條但書の規定は小學校令改正の結果自然現行小學校令第三十三條第三十四條及第三十六條に依り猶豫免除又は認可せられたる兒童に對し適用可相成候條御了知相成度此段及回答候也

第三十四條 第十二條ニ依リ尋常小學校ノ設置又ハ兒童教育事務ノ委託ニ關スル義務ヲ免セラレタル區域內ノ學齡兒童保護者ハ其ノ義務ヲ免除セラレタルモノトス

就學義務の免除は、前條に該當する場合即保護者又は兒童に存する事情に依るものの外、尙第十條に依り町村等の義務免除の場合にも生ずるものとす。蓋しかかる場合には就學せしむるの途なければなり。

第三十五條　尋常小學校ノ敎科ヲ修了セサル學齡兒童ヲ雇傭スル者ハ其ノ雇傭ニ依リテ兒童ノ就學ヲ妨クルコトヲ得ス

義務敎育の普及は、國家の要求する所なるか故に、設令學齡兒童を雇傭し之を勞務に服せしむるの權利ある雇傭者といへとも、之か爲に就學を妨くるを得しめさることとするは當然なり。これ本條の規定ある所以にして、雇傭者は便宜の方法に依り敎育を受けしむることを要するなり。

第三十六條　學齡兒童保護者ハ就學セシムヘキ兒童ヲ市町村立尋常小學校ニ入學セシムヘシ但シ市町村長ノ認可ヲ受ケ家庭又ハ其ノ他ニ於テ尋常小學校ノ敎科ヲ修メシムルコトヲ得

官立又ハ府縣立學校ニ於テ尋常小學校ノ敎科ヲ授クヘキ部分ハ兒童就學ニ關シテハ市町村立尋常小學校ト同視ス

一、(二十四年二月某縣照會)(前略)家庭又は其他に於てとあり其他とは市町村立小學校に代用せさる私立小學校へ就學せしむるの外尙親族朋友に依頼して尋常小學校の敎科

を修めしめんとする場合をも含蓄するや又は私立學校のみを指すや
（二十四年三月普通學務局回答）（前略）前段御見解の通と存候尤も此他尚尋常小學校の教科と同視することを得へき教科を修めしめんとする場合をも包含する儀と存候

二、（三十二年十月專門普通兩學務局通牒）（摘要）義務教育を卒へさる者尋常小學校の教科の外に宗教の一科目を加へ各種學校と稱するものに入學せんとするときは小學校令第二十二條に依り市町村長に於て許可を與へ然るへし但し此者は就學者中に算入するは勿論なり

第三十七條 兒童ノ年齡就學ノ始期《しき》ニ達セサル者ハ之ヲ小學校ニ入學セシムルコトヲ得ス

學齡を滿六歲以上に限定したるは、主として衞生上の理由に基き、兒童身心の發達を阻害せさらしむるの旨趣に外ならさるへし。果して然らは學齡に達したる兒童は、たとひ就學の始期に達せさるも之を就學せしむること當然なるに似たれとも、之を就學せしむることとするときは、教授上管理上多大の困難あるのみならす、經濟上に於ても尠からさる影響あるへし。これ本條の規定ある所以なり。

第三十八條 小學校長ハ傳染病ニ罹リ若ハ其ノ虞アル兒童又ハ性行不良ニシテ

他ノ兒童ノ教育ニ妨アリト認メタル兒童ノ小學校ニ出席スルヲ停止スルコトヲ得

性行不良なる兒童も、他の兒童の教育を妨くるに至らさる場合及懲戒其の他教育上の方法に依り矯正するを得へきものなるときは猥りに其の出席を停止すへきものにあらす。これ特に注意すへき點なり。

（傳染病の範圍に關し先例あり第二十七條を參照すへし）

第六章　職　員

第三十九條　小學校ノ教科ヲ教授スル者ヲ本科正教員トシ其ノ教科目中圖畫、唱歌、體操、裁縫、農業、商業又ハ手工ノ一科目若ハ數科目ヲ限リ教授スル者ヲ專科正教員トス

本科正教員ヲ補助スル者ヲ准教員トス

本條に於て、特に注意すへきは本科正教員と專科正教員との區別に關することとなり。本科正教員とは、小學校の教科全體を教授する者の名稱にして、專科正教員は其の一部即某教科目に限り教授する者の名稱なりとす。故に本科正教員は、本條に掲けたる圖畫以下を除きたる教科を教授する者と解すへからす、又本科正

敎員と專科正敎員との某科目に對する學力の程度に何等の差異あるへきものにもあらさるなり。

今回の改正に於て、第一項中より英語を削除したるは、第二十條第三項削除の結果小學校の敎科目より英語を除かれたるに依る。

第四十條 小學校敎員タルヘキ者ハ免許狀ヲ受クヘシ

免許狀ハ普通免許狀及府縣免許狀ノ二種トス

普通免許狀ハ文部大臣之ヲ授與シ全國ニ通シテ有効トス

府縣免許狀ハ府縣知事之ヲ授與シ其ノ府縣限リ有效トス

(三十六年十月某縣照會)小學校敎員普通免許狀所有者は小學校に於ける凡ての敎科目裁縫手工、農業等をも敎授し得るものと認め可然や(電信)

(三十六年十月普通學務局回答)本科の普通免許狀所有者は小學校に於ける凡ての敎科目を敎授し得る資格あり(電信)

第四十一條 府縣免許狀ヲ受クルニハ師範學校若ハ文部大臣ノ指定シタル學校ヲ卒業シ又ハ小學校敎員ノ檢定ニ合格スルコトヲ要ス

前項ノ檢定ヲ施行スルカ爲メ府縣ニ小學校敎員檢定委員會ヲ置ク

免許狀及小學校敎員檢定委員會ノ組織權限其ノ他檢定ニ關スル規定ハ文部大臣之ヲ定ム

本條に於て特に注意すへきは、師範學校若は文部大臣の指定したる學校の卒業者は檢定の手續に依らすして免許狀を受くるを得ることなり。蓋し是等の學校は小學校敎員養成を目的とするか、若は小學校敎員に適當なる敎育を施すものなるを以て、檢定の必要を認めさるに依るものなり。而して現在に於ては本條に依り文部大臣の指定したる學校は一も之あるを見す。

小學校敎員檢定を行ふか爲には、小學校敎員檢定委員會を設け、該會に於て行ひたる檢定の成績に依り、府縣知事は其の合格者に免許狀を授與すへきものとす。而して委員會に於て合格と認めたる者にても、府縣知事に於て敎員に不適當と認めたるときは、其の者に對し免許狀を授與せさることを得へし。

一、(三十三年九月某縣照會)小學校敎員檢定を受くる者の年齡品行體格等に付明文上何等制限なきも右等に關しては(例へは不具、不品行、未成年者等)敎員檢定會に於て到底敎員に不適當と認むるものにありては斟酌を加へ差支なきや

(三十三年九月普通學務局回答)敎員檢定會に於て斟酌を加ふへき者にあらす但小學校令第四十

九條第二項に該當すへき者には免許狀を授與するは不可然義と御承知相成度候

注意。此の先例は、本年小學校令施行規則改正の結果、四十五年四月より全く無用となるへし。

二、（三十八年十二月某縣問合）（前略）小學校令第四十九條第一項第三號に該當せし者免許狀の効力を失ひし者其後復權せしときは（中略）無試驗檢定を行ひ又は小學校令施行規則第百十三條第四號に準し試驗檢定の際從前授與免許狀記載學科目に關しては其試驗を缺除するも差支無之哉聊疑義に涉り候に付及御問合候條何分の儀御回報相煩し度候也

（三十八年十二月普通學務局回答）年月日號を以て小學校教員免許狀の効力を失ひたる者の檢定方に關し、御問合の趣了承右は小學校令施行規則第百七條又は第百十三條の明文に該當せさるときは無試驗檢定を行ひ又は試驗科目を缺除するを得さる儀と存候此段及回答候也

第四十二條　特別ノ事情アルトキハ免許狀ヲ有セサル者ヲ以テ小學校准教員ニ代用スルコトヲ得

代用教員ニ關スル規定ハ文部大臣之ヲ定ム

本條に依るときは、代用教員なるものは、小學校准教員に代用すへきものにして、何等の免許狀をも有せさる無資格者の名稱なり。故に小學校正教員其の他の免許狀を有する者を或期間代用教員に任用するか如きは、本條の旨趣に副はさるや勿論なるへし。

代用教員にして、本科正教員を補助する准教員の代用たる場合は、專科正教員の教授すへき某教科目のみを教授するも敢て妨けなしとす。

第四十三條　市町村立小學校長ハ其ノ學校ノ本科正教員ヲシテ之ヲ兼ネシムヘシ

一、(三十三年九月某縣照會)改正小學校令には學校長を置くへき學級數に制限なしと雖凡一校二學級以上又は教員二名以上ある場合には學校長を置かしめ可然乎

(三十三年九月普通學務局回答)何れの小學校にも學校長を置くを要す

二、(三十三年十月某縣照會)(前略)從來小學校長をして乙小學校長を兼ねしめたること有之右は新令に於ても兩校の學級十二以下にして且近接し兼務せしむるを得策と認むる場合は兼任を命し差支なきや果して差支なしとせは專科正教員同樣其俸給を分割支給せしめ可然乎

(三十三年十一月普通學務局回答)小學校令施行規則第三十五條及第二百十三條の本科正教員なら

は兼務することを得す其他の場合に於ける本科正教員ならは兼務は差支なきも俸給の分割支給は然るへからす

三、（三十一年三月某縣問合）郡視學に小學校長を兼ねしむるを得るや（電報）

（三十一年三月普通學務局回答）郡視學に小學校長を兼ねしむるは相成らす（電報）

四、（三十四年三月某縣照會）尋常高等小學校長に小學校本科正教員を得難き場合に於ては尋常小學校本科正教員を以て兼ねしめ差支無之哉

（三十四年四月普通學務局回答）小學校長に關する件御意見の通（電報）

五、（三十五年八月某縣照會）一、尋常小學校に高等小學校を併置したる場合は其尋常小學校長は當然尋常高等小學校長となりたるものと見做すへきか

二、尋常小學校の教員は當然尋常高等小學校尋常科の教員となりたるものと見做すへきか

（三十五年九月普通學務局回答）一、御意見の通り

二、尋常小學校の教員は當然尋常高等小學校の教員と見做すへきも尋常科の教員と見做すへき筋にあらす

第四十四條　市立小學校長及教員ノ任用ハ市長ノ申請ニ依リ町村立小學校長及

教員ノ任用ハ郡長ノ申請ニ依リ府縣知事之ヲ行フ
市町村立小學校長及教員ノ解職ハ府縣知事之ヲ行フ

本條に於て、敎員任用の場合は、郡市長の推薦に依ることとし、解職の場合は郡市長の申請を要せさることと定めたるは、彼是權衡を得さるの感あるも、これ任用の際は郡市長の申請を必要缺くへからさる手續と定め、解職の場合は其の申請を必要條件とせさるまでのことにして、必すしも郡市長の内申等を禁止するの意にあらさるは勿論なるへし。

一、(三十一年六月某縣照會)(前略)准敎員に對し諭旨退職を命し差支無之候哉差掛候儀有之至急何分の御見込承知致度此段及照會候也

(三十一年六月普通學務局回答)月日號を以て小學校准敎員諭旨退職の義に付御照會の趣了承右は便宜御處理相成可然と存候此段及御回答候也

二、(三十一年九月某縣照會)小學校准敎員(中略)諭旨を拒み辭表を差出ささるとき一般官吏の例に準し懲戒處分を以て免職するを得る儀に可有之哉(後略)

(三十一年九月普通學務局回答)(前略)便宜處理相成可然旨及回答候儀に有之候得共必すしも諭旨を要する儀には無之且諭旨に從はさる場合に於ても其儘退職を命するを得る儀

と存候に付諭旨に從はさる廉を以て懲戒免職に處するは稍穩當ならすと存候經省議此段及回答候也

三、（三十三年九月某縣照會）小學校令第四十四條第二項の解職の文字中には免職退職等を廣く包含せるや又は解職の文字には他に意味の存する義に候哉且校長及教員の解職に限り郡市長の申請を要せす府縣知事直に之を行ふこととせるは如何なる趣旨に候哉

（三十三年十月普通學務局回答）前段は御見込の通後段は郡市長の申請を必要條件と爲すに及はすと認められたるに依る義に可有之隨て解職の場合に於て意見を内申せしめらるゝ如きは差支無かるへし

第四十五條 市町村立小學校教員ノ俸給旅費其ノ他諸給與並其ノ支給方法ハ文部大臣ニ於テ定ムル準則ニ基キ府縣知事之ヲ定ム

本條の事項は、小學校令施行規則第五章第四節に規定せらる。

第四十六條 小學校及教員ノ進退職務及服務ニ關スル規定ハ文部大臣之ヲ定ム

本條の事項は、小學校令施行規則第五章第一節及第二節等に規定せらる。

第四十七條 小學校長及教員ハ教育上必要ト認メタルトキハ兒童ニ懲戒ヲ加フ

ルコトヲ得但シ體罰ヲ加フルコトヲ得ス

本條に所謂體罰なるものは、兒童の身體に直接の苦痛を與ふる懲罰を指すものにして、最も狹義に解すへきものとす。蓋し之を廣義に解して間接に苦痛を與ふることをも、體罰中に含むものとするときは、敎員は懲戒を施すの途なきに至り、其の懲戒權は、殆と無意義のものとなるへけれはなり。

（二十四年八月某縣照會）學校に於て生徒に課する處罰に或は校舍の内外を掃除せしめ或は若干時間を限り敎場の一隅に直立せしむるものあり右は校令第六十三條の體罰に包含すへきものにして敎授時間後留置の如きは體罰にあらすと解釋可然や

（二十四年九月普通學務局回答）御質問の如き事柄は總て體罰に屬せさるものと存候

第四十八條　市町村立小學校長及敎員職務上ノ義務ニ違背シ若ハ職務ヲ怠リタルトキ又ハ職務ノ内外ヲ問ハス體面ヲ汚辱スルノ所爲アリタルトキハ府縣知事ニ於テ懲戒處分ヲ行フ其ノ處分ハ譴責減俸及免職トス

私立小學校長及敎員ニシテ前項ニ準スヘキ所爲アリタルトキハ府縣知事ハ其ノ業務ヲ停止ス

市町村立小學校長及敎員か懲戒に處せらるる場合三あり、（一）義務違背（狹義）（二）

職務怠慢(三)體面汚辱これなり。小學校長敎員の職務及服務上の義務は、文部大臣の定むる所にして、施行規則第五章第二節に規定せり。而して義務違背(狹義)とは、施行規則第百三十三條、第百三十七條、第百三十八條等に掲けたる職務上當然盡くさゝるへからさる義務に違背するを云ひ、職務怠慢とは、兒童敎育其の他職務上爲さゝるへからさる任務を怠るを云ふ。此二者は事實上に於ては、殆と區別するを得さるへし。體面汚辱とは、所謂敎育者たる體面を汚辱するの所爲にして、職務の内外を問はさるものとす。彼の素行修らすして敎育上不良の影響を及ほすものの如きは、たとひ職務外の所爲なりとするも、懲戒するの必要あるや明なるへし。

一、(三十一年五月某縣照會)(前略)

一、當縣に於ては傷痍疾病等に依り職務を缺くこと六十日を超へるときは俸給の支給を停止するの規定に有之候處停給中と雖懲戒處分をなすの必要に依りては罰俸に處するの宣告を爲し得へきや

二、前項罰俸の宣告を爲し得へきものとせは其罰俸の徵收は他日復給したるときより起算し徵收すへきや將た停給中と雖懲戒處分の時より起算し停給中に屬する分は之を徵收せすして可なるや

(三十一年六月普通學務局回答)月日號を以て小學校敎員罰俸處分に關し御照會の趣了承右第一項は御見解の通第二項は前段御見解の通と存候此段及回答候也

二、(三十二年四月某縣照會)小學校敎員にして罰俸處分を受け其全部の執行を終らさる內免許狀の有効期限滿了の爲自然退職となりたる者有之候處右にして他日再ひ敎職に就きたるときは其際に於て殘部を追奪し得へきものに有之候哉將又退職と同時に其處分消滅せるものと心得可然哉聊か疑義に亘り候(後略)

(三十二年四月普通學務局回答)小學校敎員退職者罰俸の件は免除せられ然るへし

三、(三十二年一月某縣開申)(前略)

某縣某郡某小學校訓導何某

明治三十一年二月八日を以て行たる賞與を辭するに依り懇篤辭退すへからさる旨を示諭せしめたるも之に服せす更に辭退書を提出し暴慢詬罵以て無禮を極めたるは職務上遵奉すへき指命に違背したるものにして不都合に付免職す

(三十二年二月普通學務局伺定)本件は訓導某か(一)賞與を辭退したると(二)辭退書中敬禮を缺きたる字句あるか爲に小學校令に照し懲戒免職に處したるものなり

仍て審按するに

(一)該賞與は知事か法令の規定に依り教員に授與したる給與なり民法上の贈與は受贈者に於て之を受けさることを得るも公法上の給與は命令に依り職務上特別の義務ある者に對し贈與をなすものなるか故に受給者は之に對し辭退すへからさるものとす從て其辭令を受領するを肯んせさるは職務上遵奉すへき指命に違背したるものと見做ささるを得す

二辭退書中敬禮を缺きたる字句を用たるは小學校令第六十四條に該當するものとす

右の事由に依り懲戒處分は適法と認む

第四十九條 小學校教員免許狀ヲ有スル者左ノ各號ノ一ニ該當シタルトキハ免許狀ハ其ノ効力ヲ失フ

一 禁錮以上ノ刑ニ處セラレタルトキ

二 信用若ハ風俗ヲ害スルノ罪ヲ犯シテ罰金ノ刑ニ處セラレ又ハ監視ニ付セラレタルトキ

三 破產若ハ家資分散ノ宣告ヲ受ケタルトキ

小學校教員免許狀ヲ有スル者不正ノ所爲其ノ他教員タルヘキ體面ヲ汚辱スル

ノ所爲アリテ其ノ情狀重シト認メタルトキハ文部大臣又ハ府縣知事ニ於テ其免許狀ヲ褫奪ス

本條第一項は、免許狀の失効に就きて、第二項は其の褫奪に就きて規定せり。卽ち第一項各號の一に該當したるときは。免許狀は當然其の効力を失ひ、第二項に該當したるときは、免許狀を褫奪せらるへきものとす。蓋し本條に該當する者は、何れも敎育者として兒童を訓陶せしむへからさるものなれは、其の資格を喪失せしむること固より當然なれはなり。

本條第一項第一號に該當するものにして、刑の執行を猶豫せられたる場合に於て、免許狀は當然其の効力を失ふへきや否に就ては、之を否とする議論なきにあらされとも、免許狀の効力は、其の刑に處せられたる瞬間に於て、當然之を失ふものと解するを至當とす。本件に關する先例も亦然りとす。

本條に於て、特に注意すへきは、免許狀褫奪を以て前條の懲戒處分中に規定せさることとこれなり。蓋し懲戒處分は、學校長敎員をして規律を維持せしめ、其の義務を强制するを以て主眼とするものなれば、其の職務を免し、これを敎職者以外に排斥するを以て足れりとすへけれはなり。これ免許狀褫奪を以て懲戒處分となさすして、一種の行政處分となしたる所以なるへし。而して本條の適用は、在職者と否とを問はさるは勿論なりとす。

一、(三十七年十二月某縣照會)去る明治二十八年十月日號通牒某縣よりの照會に對する貴省御回答によれは中學校教員免許狀を褫奪する場合には普通免許狀及他府縣知事の授與したる免許狀をも併せて褫奪すへき義に有之候得共右は舊小學校令規定懲戒處分に際し適用すへきものにして現行小學校令規定の行政處分には適用すへきものに無之義と存候尤も右御通牒を今尙適用すへきものとすれは甲府縣知事は情狀重しと認め文部大臣又は乙府縣知事は斯く迄は重しと認めさる場合に於ても甲府縣知事に於て普通免許狀及乙府縣の免許狀を褫奪するの場合も有之甚た穩當ならさる義とも被存候條右御通牒は無論現行規定施行に際しては適用すへからさるものと被存候得共某府より該通牒を適用の褫奪方照會の次第も有之候條至急何分の御回報相成度此段及照會候也。

(三十八年三月普通學務局回答)年月日號を以て小學教員免許狀褫奪處分の件に關し御照會の趣了承右は免許狀褫奪を要する場合には當該府縣に於て授與したるものと文部大臣又は他府縣に於て授與したるものとを問はす併せて褫奪し然るへき儀と存候

條御了知相成度此段及回答候也。

追て他府縣に於て授與したる免許狀を褫奪したる場合に於ては其旨該府縣へ通知せられ可然此段申添候也。

二、（四十三年二月某府照會）小學校敎員にして禁錮の刑に處せられ小學校第四十九條により小學校敎員免許狀の効力を失ひたるもの有之候處刑の執行を猶豫され其猶豫期間滿了に付刑法第二十七條に依り刑の言渡は其効力を失ひ候に付ては其免許狀は刑の言渡の効力を失ひたると共に効力を生すへきものなるや又は小學校令施行規則第百四條に牴觸せさるものとして檢定の上更に免許狀を授與すへきものなるや聊か疑義に涉り候に付御意見承り度此段及照會候也。

（四十三年四月普通學務局回答）月日號を以て小學校令第四十九條第一項第號に該當の者刑の執行を猶豫せられ其の猶豫期間滿了の者の免許狀の効力に關し御照會相成候處後段御見解の通と存候條御了知相成度此段及回答候也。

三、（四十四年五月某縣照會）小學校敎員にして家資分散の宣告を受け抗告の結果宣告を取消されたる者あり免許狀失効なりや（電信）

（四十四年五月普通學務局回答）月日付電報照會の小學校敎員免許狀に關する件は其の効力を失

はざるものと認む

第五十條　府縣知事ニ於テ行ヒタル免職若ハ業務停止又ハ免許狀褫奪ノ處分ニ不服アル者ハ文部大臣ニ訴願スルコトヲ得

學校長敎員に對して行ひたる府縣知事の懲戒處分若くは行政處分中、其の事態の重きものに對しては、之が救濟權を認めたり。本條に規定したる訴願これなり訴願とは、官廳の爲したる行政處分に依り、利益を侵害せられたる場合に、其の上級官廳に對し行政處分の取消又は變更を求むる手續にして、自己の權利として請求するを云ふ。故に官廳は、此の請求を受けたるときは、これを審査し裁決せさるへからさる義務あるものとす(訴願法參照)。

本條に依る訴願は、府縣知事の爲したる免職、業務停止、免許狀褫奪の處分に不服あるときの外は、提起するを得さるものにして、其の處分を受けたる日より六十日以内に、文書を以て當該府縣知事を經由し、文部大臣に提起すへきものとす。而して訴願の結果は、裁決又は却下に依り決定すへく、其の裁決に對しては更に之を訴ふるの途なきものとす。

第七章　費用負擔及授業料

第五十一條　市町村立小學校ノ設置ニ關スル費用ハ市町村、町村學校組合又ハ其ノ區ノ負擔トス其ノ概目左ノ如シ

一　設備及其ノ維持ノ費用

二　職員ノ俸給、旅費、其ノ他諸給與

三　校費

兒童教育事務委託ニ關スル費用ハ町村、町村學校組合又ハ其ノ區ノ負擔トス

市町村立小學校は、國の營造物なるや否やに關し、議論あれとも、本條の旨趣及先例に徵するに其の國の營造物たること疑ふへからす。蓋し小學校は國の敎育事務を行ふへき主なる手段たることと明なれはなり。而して小學校を以て國の營造物と定むる以上は、其の設立及維持に關する費用の負擔に關して、明文を設くるの必要あるへし。これ本條に於て特に市町村等の負擔と定めたる所以なるへし。

本條第一項第二號中の『其の他諸給與』とは如何なるものを指すやといふに、小學校令施行規則中に規定せられたる手當慰勞金、賄料療治料住宅料等は勿論被服料等の如き職員に對し職務上必要と認むへき諸種の給與をも包含するものと解す

るも敢て不當にあらさるへきなり

一、（二十四年三月某縣伺）小學校令第四十三條第三の小學校に關する諸費とは小學校全部の費額中同條第一の校舍校地校具體操場練習場の供給支持に關する費金と同條第二の教員俸給旅費等とを除きたる他の費金例へは諸雇給郵便電信費消耗品費等の類を指稱したるものにして乃ち法律上市町村に於て負擔の義務あるものなれは市町村會は之を全廢するを得さるは勿論なりと雖前顯第一第二には同令第十九條第六十條に於けるか如き制裁なきを以て若し市町村會に於て痛く之を減少し實際差支ありと認むるときは所謂公衆の利益を害するものとし市制第六十四條第二項町村制第六十八條第二項に據り處分せしめ然るへきや

（二十四年三月文部大臣指令）伺の通但消耗品費の如きは小學校令第四十三條第一の校具費中に包含す

二、（二十四年六月某縣伺）小學校は國の教育を執行する場所なりと雖其執行する事柄のみ國の事務にして校舍校地等は純然たる市町村の營造物に可有之果して然れは地方學事通則第九條第十條に依り學校基本財產を設くるも右は市町村か之を設くる義にして假令學校其物に向ひ寄附金等あるも學校自體の財產としては之を設

くるを得さるへきか

(二十四年九月文部大臣指令)前段小學校の校舍校地等は市町村の營造物にあらすして市町村の財產とす後段伺の通

三、(二十七年八月某縣問合)市町村立尋常高等小學校は市町村の營造物と云ふを得へきものなるや市町村制の正文上疑義有之候に付御意見承如致度此段及御問合候也

(二十八年縣治局長回答)年月日號を以て市町村立尋常高等小學校は市町村の營造物なるや否や御問合の件了承右所屬の如何を研究するは學問上重要の問題とは存候へとも行政上に於ては强て其如何を論せさるも差支有之間敷畢竟現行の法令上に於ては市町村の營造物に關する規定を以て市町村立小學校に適用するの限りに無之に付其旨趣に依り御處理相成候はゝ實際の取扱上毫も支障を感するの點無之義と被存候經伺の上此段及回答候也

四、(二十八年四月某縣伺)町村立小學校の設置に關する經費は町村及町村學校組合並區に於て負擔すへきは勿論之義に有之候處某郡某村大字某地は(中略)資力極めて薄く(中略)特に風俗生活の狀態は他の大字と全く其趣を異にするに依り之を分畫して同大字竝他の大字を以て各一區となし每區に對し小學校設置に關する負擔の爲

其使用すへき小學校を指定せしめんとするも同大字は前陳の事情あるを以て經費の全部を負擔するを得す依て全村を二區に分て大字某區に係る經費を三分し一部は該區をして負擔せしめ一部は他の大字の區より一部は全郡町村組合費より補助し以て設立維持せしめ度右は小學校令規定以外の件に候得共事情不得止義に付特に允許致度至急何分の御指揮相成度此段相伺候也

（二十八年四月文部大臣指令）年月日號伺一郡町村組合費及一町村内の某區費を以て他の區立尋常小學校に補助する件允許す可らさる儀と心得へし

第五十二條 郡長ハ町村學校組合ニ於テ設置スヘキ尋常小學校數校アルトキ又ハ兒童教育事務ノ委託ヲ要スル場所アルトキハ其ノ學校組合内ノ某町村ヲシテ其ノ數校中ノ一校若ハ數校ノ設置又ハ兒童教育事務委託ニ關スル費用ヲ一町村限リ負擔セシムルコトヲ得

前項ノ處分ヲ爲シ又ハ之ヲ止メムトスルトキハ關係町村及町村學校組合ノ意見ヲ聞キ府縣知事ノ認可ヲ受クヘシ

（二十四年七月某縣照會）甲乙二村組合にして組合會を設け其村一切の事務を共同處分するものと丙なる獨立一村とより成立せる學校組合に於て校令第四十五條に據り甲

村若くは乙村に對し獨立なる丙村と等しく學校設置又は委託の事を其一村限り負擔せしむるも校令第二十五條第二項に抵觸せさるや

（二十四年九月普通學務局回答）甲若くは乙の如き獨立せさる町村に對しては小學校令第四十五條を適用するの限に在らすと存候

第五十三條　郡長ニ於テ左ノ各號ノ一ニ該當スルモノアリト認メタルトキハ郡ハ町村又ハ町村學校組合ニ相當ノ補助ヲ與フヘシ

一　町村ニシテ第七條ノ事情アルモ同條ニ依ルコトヲ得サルトキ

二　町村學校組合ノ資力尋常小學校設置ニ關スル費用ノ負擔ニ堪ヘサルトキ

又ハ町村學校組合ノ一部タル町村ノ資力其ノ學校組合費ノ分擔ニ堪ヘサルトキ

三　町村又ハ町村學校組合ノ資力兒童敎育事務委託ニ關スル費用ノ負擔ニ堪ヘサルトキ

前項ノ認定ニ付テハ郡長ハ郡參事會ノ意見ヲ聞キ府縣知事ノ指揮ヲ受クヘシ

尋常小學校の設立維持は、町村等の義務なれとも、町村の資力薄弱にして之をなす能はさるときは、學校組合若は委託敎育の方法に依らしむへく、尙其の負擔にも堪へさるときは、先つ第一に郡をして之を補助せしむ。是當然の順序なれはなり。

第五十四條 府縣知事ニ於テ左ノ各號ノ一ニ該當スルモノアリト認メタルトキハ府縣ハ郡又ハ市ニ相當ノ補助ヲ與フヘシ
一　郡ノ資力第五十三條ノ補助ノ負擔ニ堪ヘサルトキ
二　市ノ資力尋常小學校設置ニ關スル費用ノ負擔ニ堪ヘサルトキ
前項ノ認定ニ付テハ府縣知事ハ府縣參事會ノ意見ヲ聞キ文部大臣ノ指揮ヲ受クヘシ
本條は郡の資力か、第五十三條の補助の負擔に堪へさるとき、又は市の資力か、尋常小學校設置に關する費用の負擔に堪へさるときに於て、府縣か、これに補助を與ふへき規定にして、是亦當然の順序なり。
(二十七年七月某縣照會)小學校令第四十八條第一項に依り縣費を以て市に相當の補助を與へんとするに當り同條第二項に依り文部大臣の指揮を受けたる補助金額は議會に於て其支出方法を議定するに止り之を增減することを得さるものと認められ候果して然る哉差懸りたる儀有之候條至急電報を以て何分の御回答相成度此段及御照會候也
(二十七年七月普通學務局回答)去る何日照會小學校補助金の件は縣會に於て相當議決すへきものとす(電報)

（右に對する普通學務局通牒）月日號を以て御照會相成候小學校補助の件に對し本日電報を以て御回答に及候處該照會書中文部大臣の認可を受けたる補助に半額云々と有之右は校令第四十八條第二項の場合補助金額をも認可を要するか如き御見解には無之や果して然らは其金額は調査上の參考として具申書に添付せらるゝは可然も大臣の認可を要するものには無之候條御了知相成度爲念此段及御通牒候也

追て本日電報回答の趣意は縣會に於て補助金額に關し不相當の議決を爲したるときは府縣制第八十四條に依り相當處分を爲し得へきを以て原案金額の增減を議決せしむるも實際上は差支無之筈と存候爲念申添候也

第五十五條　區長及其ノ代理者並學務委員ニ於テ國ノ敎育事務ヲ執行スルカ爲ニ要スル費用ハ市町村又ハ町村學校組合ノ負擔トス但シ區長及其ノ代理者並區ノ學務委員ニ關スル費用ハ市町村會又ハ町村學校ノ組合會ノ議決ヲ以テ之ヲ區ノ負擔ト爲スコトヲ得

（二十四年三月某縣伺）（前略）學務委員には區長及他委員と同く市制第六十二條町村制第六十六條に據り勤務に相當する報酬を給するを得へきや又此場合に於ても敎員より加はる者には之を給する限りにあらさるものと心得然るへきや

（二十四年三月文部大臣指令）前段伺の通但國の教育事務取扱上に關しては此限にあらす後段報酬の給否に就きては教員より出つる所の學務委員も他の學務委員と異なることとなし

第五十六條　小學校教員檢定及府縣免許狀ニ關スル費用ハ府縣ノ負擔トス

（三十六年勅令第七十四號ヲ以テ本條「檢定」ノ下「並小學校教科用圖書審査」ノ十一字削除）

一、（三十五年六月某縣照會）令第五十二條教員檢定委員に關する費用は府縣の負擔とすとあり右費用には委員出張旅費も包含せるや然らは屬官より委員の資格を以て出張する時も該旅費より支辨し差支なきや直く御答を乞ふ（電報）

（三十五年六月普通學務局回答）月日電報教員檢定委員に關する件は都て御意見の通と存す

二、（三十五年八月某縣問合）小學校教員檢定期日等を定むるは一般の廳務とし其廣告料は令第五十二條に依らす廳費より支辨すへきや直く御示を乞ふ（電報）

（三十五年八月普通學務局回答）月日發小學校教員檢定に關する廣告料等は令第五十二條に依り縣費より支辨すへき儀と存す

三、（三十四年十一月某縣照會）小學校令實施に就ては同令第五十二條の費用（中略）は左記の取扱に依り議案編製の積りに有之（後略）

記

一敎育費中尋常師範學校費の次位へ小學校敎員及敎科用圖書檢査費の費目を設くること

一（略す）

一右委員中縣官の旅費は廳費師範學校長及其敎員の分は同校、費小學校敎員の分は第一項の費目中より支辨すること

（二十四年十一月縣治局長普通學務局長回答）月日號を以て小學校令第五十二條豫算編製之件に付照會相成候處第一項は敎員の下へ檢定の二字を加へ可然（以下略之）

四、（廿四年十二月某縣照會）（前略）御回答之趣了承（中略）小學校敎員檢定委員たる縣官の旅費に就ては御明示無之を以て右は廳費より支出すへきや又第三項中の師範學校長云々以下は總て意見の通りと御認相成候義に候哉御回答に對し疑義相生し候間折返御明答を煩はし度此段及御照會候也

（二十四年十二月縣治局長普通學務局長回答）月日號を以て小學校令第五十二條中費用支出の件再照會相成候處縣官にして小學校敎員檢定委員たるものの旅費は府縣の負擔に屬すへきものに有之又師範學校長及小學校敎員にして小學校敎員檢定及敎科用圖書審

査委員たるものの旅費は小學校敎員檢定及敎科用圖書審査費中より支辨し可然と存候此段及回答候也

第五十七條 市町村立尋常小學校ニ於テハ授業料ヲ徵收スルコトヲ得ス但シ補習科ハ此ノ限ニ在ラス

特別ノ事情アルトキハ府縣知事ノ認可ヲ受ケ市町村立尋常小學校ニ於テ授業料ヲ徵收スルコトヲ得

授業料は、小學校なる營造物の使用に對し、兒童の保護者か支拂ふ所の報償にして、從來市町村は之を徵收して主なる財源となし來りたるも、之を徵收すると否とは義務敎育の普及に大なる關係あるを以て、本令發布に當り斷然之を徵收せしめさるを本則とするに至れり。蓋し無月謝主義は、近世義務敎育制度の强行と共に各國に行はるるの傾向あり。法律を以て之を定めたる立法例も亦尠からす。

(三十三年九月某縣照會)小學校令第五十七條第二項の授業料を徵收することを得へき特別の事情とは凡そ如何なる場合を指示せるものに候哉或は御省より追て一定の標準を垂示せらるへきか將た縣に於て適宜其標準を定めしむるの御意見に候哉

(三十三年十月普通學務局回答)總て貴官の認定に依る義なるへし

附記。四十年三月文部省令第六號附則第五項を以て、當分の內市町村等は府縣知事の認可を受け同令施行の際現に高等小學校に於て徵收する授業料と同額以內に於て授業料額を定め之を徵收することを得しめらる。尙該項を參照すへし。

（小學校令施行規則第百七十四條下の通牒參照すへし）

第五十八條　市町村立小學校ノ授業料ハ市町村、町村學校組合又ハ其ノ區ノ收入トス

（二十六年八月縣治局長照會）小學校令第四十四條に市町村の收入云々とあり然るに學事通則第三條に依れは組合又は區は市町村と同一なるを以て授業料徵收の事に就ても同通則第三條に所謂敎育事務に外ならさる義に付市町村制第百二條を適用し可然と存候得共一應御意見承知致度此段及照會候也

（二十六年八月普通學務局長回答）市町村內の區及町村學校組合若くは其區に於て徵收する授業料に關し市町村制第百二條の適用方に付第號を以て御照會の趣了承右は御見込の通と存候此段及回答候也

第五十九條　授業料ニ關スル規程ハ文部大臣之ヲ定ム

（小學校令施行規則第六章を參照すへし）

第八章　管理及監督

第六十條　市町村長又ハ町村學校組合長ハ市町村又ハ町村學校組合ニ屬スル國ノ教育事務ヲ管掌シ市町村立小學校ヲ管理ス

本令及本令施行規則を通覽するに、敎育事務中、市町村長、町村學校組合長の職權と定めたるものと、市町村會、町村學校組合會の決議を經市町村、町村學校組合自體に於て行ふへき事務と定めたるものとの別あり。後者は小學校の設置設備等の如く、主として物に關する事務にして、前者は敎授訓練及就學事務の如く主として人に關する事務なりと概言することを得へし。而して本條に所謂國の敎育事務とは、即ち前者を指すものなり。此語に對して後者を自治團體の敎育事務と謂ふを得へし。蓋し前者は國家か直接に行ふへき事務にして、後者は國家か自治團體に委任し、該團體の事務として之を行はしむるものなれはなり。

市町村長又は町村學校組合長は本條所定の如く國の敎育事務を管掌し小學校を管理するの權能あれとも、國の敎育事務の最も重要なる部分即ち敎授訓練等の如き小學校敎育の內容に關するものは、本令第六十五條に依り小學校長及敎員の職權に屬するか故に市町村長等の干涉を許さゝるは勿論なりとす。而して本條に所謂管掌とは、主として事務に對し、管理とは人又は物に對していふなり。

一、(二十五年六月某縣伺)本縣下町村の內には町村制第六十九條二項及第七十條二項に依り町村長に於て管掌すへき敎育事務を助役に分掌せしめ居候もの有之候處明治二十三年勅令第二百十五號小學校令第七十條に市町村長は市町村に屬する國の敎育事務を管掌云々と有之に付該令施行後國の敎育事務は町村制第六十九條に依り國の行政事務と同樣に分掌せしむることを得さる義と相考候得共聊か疑義に涉り候條何分の御訓示相成度此段相伺候也

(二十五年八月文部內務兩大臣指令)年月日號伺國の敎育事務に關する件町村制第六十九條に依り助役に分掌せしむるを得へき義と心得へし

二、(二十五年一月某縣伺)一郡總町村の協同を以て學校組合を設け經濟を共通し數個の高等小學校を設置する場合に於て町村の協議に依れは其組合長の管理すへき一切の事務を郡長に委託するを得るや直く御指揮を乞ふ(電報)

(二十五年一月文部內務兩大臣指令)月日電報伺町村學校組合事務管理郡長に委託の件伺の通

三、(二十六年一月某縣回答)町村學校組合會を設け組合內の一町村長をして組合長となし組合內の敎育事務を掌らしむる場合該組合各町村より之に報酬金を給せんとする

者有之右に關して法令中明文も無之候得共其事務鮮少ならさる儀に付之を給する事を得る儀に候哉果して然らは組合長諸費の費目を設け可然哉此段及御問合候也

（二十六年二月縣治局長普通學務局長回答）月日付號を以て町村學校組合長に報酬金を給する義に關し御問合の趣了承右は惣て御意見の通と存候此段及回答候也

追て御問合文中組合各町村よりとあるは即ち組合內全體よりの義と認め候右爲念申添候也

第六十一條　府縣知事ハ市町村又ハ町村學校組合ノ區長及其ノ代理者ヲシテ市町村長又ハ町村學校組合長ノ指揮命令ヲ受ケテ區ニ屬スル國ノ教育事務ヲ補助執行セシムルコトヲ得

本條は、第六十條に對する一の便法なり。蓋し區長及其の代理者をして、其の區內に生する國の敎育事務を補助せしむることは、場合に依り事務執行上極めて適切なるものあれはなり。

第六十二條　市町村ハ教育事務ノ爲市制第六十一條町村制第六十五條ニ依リ學務委員ヲ置クヘシ但シ市會町村會ノ議決ニ依ルノ限ニ在ラス

町村學校組合ハ教育事務ノ爲條例ノ規定ニ依リ學務委員ヲ置クヘシ

市町村又ハ町村學校組合ハ教育事務ノ爲條例ノ規定ニ依リ其ノ區ニ學務委員ヲ置クコトヲ得

學務委員ニハ市町村立小學校男教員ヲ加フヘシ

委員中教員ヨリ出ツル者ハ市町村長又ハ町村學校組合長之ヲ任免ス

本條に於て、特に注意すへき點三あり、(一)市町村、町村學校組合に於ては必らす學務委員を置かさるへからさるも、市町村又は町村學校組合の區は之を置くと否とは其の任意なること、(二)市町村の普通の委員は市町村制の規定に依り、市町村會の議決を經されは之を置くことを得さるも、市町村の學務委員は其の要否に關し議決を要せさること、(三)學務委員中には、必す市町村立小學校の男教員を加ふへきことゝこれなり。蓋し學務委員は教育事務上特別の必要あるか故に、かくの如く規定せられたるものなるへし。

一、(二十四年七月某縣照會)一、町村學校組合內の區の學務委員をして其區に屬する國の教育事務に就き町村內の區の學務委員と同しく學校組合內町村の區長並に其代理者を補助せしむるを得へきや

一、學校組合內町村の區長並其代理者をして町村の區長並其代理者の町村長に於けると等しく組合長の機關となり其指揮命令を受けて區に屬する國の敎育事務を補助執行せしむるを得へきや

（二十四年九月普通學務局長回答）不相成儀と存候

二、（三十年一月某縣照會）茲に甲乙兩村學校組合を三區に分畫し第一區は甲村の大部分を占め第二區は乙村の大部分を占め第三區は甲乙兩村の小部分を併せ占むる場合に於て（中略）學務委員の選擧に關しては第一區に屬するものは甲村會に於て第二區に屬するものは乙村會に於て第三區に屬するものは兩村學校組合會に於て夫々選擧せしむるも差支なきや否や

（三十年二月普通學務局回答）（前略）學務委員は組合會若くは其區會に於て選擧すへき義と存候（後略）

三、（三十四年五月某縣照會）組合立尋常小學校に於ては小學校令第六十二條第一項及第二項に依り町村及町村學校組合に學務委員を置くへき儀に候哉果して二重に置くときは町村は同條第五項に依り町村組合長の管理に屬する敎員に任命するの不都合を生したりとて町村學校組合のみに置くときは兒童就學督勵等に關し同組合

か選出若は任命したる學務委員か町村長の就學事務を補助執行するの點に不都合有之候得共單に町村學校組合のみに學務委員を置き便宜町村長の事務を補助執行せしめ差支なきや(後略)

(三十四年十月普通學務局回答)月日號を以て町村學校組合及ひ該組合内に於ける町村の學務委員設置方に付御照會の趣了承右は前段御見解の如く町村學校組合及該組合内の町村は各學務委員を置くへく且教員より加ふへき學務委員には共に組合立小學校男教員に就き組合長及町村長に於て之を任免すへき儀と存候此段及回答候也

第六十三條　學務委員ノ職務其ノ他學務委員ニ關スル規定ハ文部大臣之ヲ定ム

本條の事項は小學校令施行規則第七章中に規定せらる。

第六十四條　市町村吏員ニ對スル懲戒處分ニシテ國ノ教育事務取扱ニ關スルモノニ就キテハ市制第百二十四條、町村制第百二十八條ノ規定ニ依ル

本條は、地方學事通則第八條に基き規定せられたるものにして、市町村制に依り譴責過怠金、解職等の處分あるものとす。

第六十五條　市立小學校長及教員ノ執行スル國ノ教育事務ハ府縣知事之ヲ監督シ町村立小學校長及教員ノ執行スル國ノ教育事務ハ郡長之ヲ監督ス

市町村立小學校長及敎員の執行する國の敎育事務とは、兒童敎育に關する直接の事務即ち敎授訓練等に關する事項を主とし、尙學校長としては兒童就學に關する事務をも之を含むものとす。而して是等の事項に就ては、府縣知事郡長は市町村立小學校長及敎員を監督すへく、彼市町村長又は學務委員等に何等容喙の權能あるものにあらす。

第六十六條 私立小學校ニシテ市內ニ在ルモノハ府縣知事之ヲ監督シ町村內ニ在ルモノハ郡長之ヲ監督ス

第九章　附則

第六十七條 本令ハ明治三十三年九月一日ヨリ之ヲ施行ス但シ小學校ノ敎科目並ニ敎則及授業料ノ徵收ニ關シテハ明治三十四年三月三十一日ニ至ル迄仍從前ノ例ニ依ル

第六十八條 本令ハ市制町村制ヲ施行シタル地ニ之ヲ施行ス

(四十一年三月某縣照會)本縣某郡は四月一日より(中略)島嶼町村制を施行す小學校令第六十

八條町村制施行地と認むへきものと存す如何至急回答を乞ふ(電信)

(四十一年四月文部次官回答)某郡は小學校令第六十八條町村制施行地と認むへきものにあらす(電信)

第六十九條　明治二十三年勅令第二百十五號小學校令第三十三條ニ依リ設ケタル町村學校組合ハ明治三十八年三月三十一日ニ至ル迄之ヲ存續スルコトヲ得

第七十條　明治二十三年勅令第二百十五號小學校令第三條及第四條ニ依リ小學校ニ於テ加設シタル教科目中本令ノ規定ニ抵觸スルモノ又ハ同令第六條ニ依リ高等小學校ニ於テ專修科ヲ置キタルモノハ明治三十三年九月一日ニ於テ現ニ學習スル兒童ノ卒業スルニ至ル迄仍從前ノ例ニ依ルコトヲ得

明治二十三年勅令第二百十五號小學校令第三條ニ依リ體操科ヲ闕ケル尋常小學校ニ於テハ明治三十六年三月三十一日迄仍從前ノ例ニ依ルコトヲ得

第七十條ノ二　削除　(明治四十四年勅令第二百十六號)

第二十條第三項(現在は第二項)の教科目即ち手工、農業、商業は、本條の規定に依り當分の内之を闕くことを得たりしか、今回本條を削除せられたるを以て、高等小學校に於ては、自今如何なる事情あるも、必す其の内の一科目を加設せさるへからさることとなれり。是れ時機既に到り亦例外の規定を存置するの要なきに至りたればなり。

第七十一條 既設ノ尋常小學校ニシテ體操場ノ設備ナキモノハ明治三十八年三月三十一日迄其ノ設備ヲ猶豫ス

前項ノ場合ニ於テハ其ノ猶豫ノ期間內體操科ヲ闕クコトヲ得

第七十二條 本令施行前ニ授與シタル小學校教員免許狀ハ本令施行後仍其ノ効力ヲ有ス但シ小學校專科准教員ノ免許狀ハ此ノ限ニ在ラス

（三十三年九月某縣問合）本縣に於ては從前授與したる小學校教員地方免許狀の効力を延期して明治三十五年三月迄繼續せしめたるもの尠からす右は改正小學校令第七十二條に據り同令施行後仍其効力を有するは疑なき所なれとも其効力の範圍程度に關し左記の通疑義に涉り候條至急御省議承知致度此段及御問合候也

記

第一　地方免許狀中其學科目の本科に屬するものには從來之に依りて小學校本科正教員たるを得へき効力を與へ其專科に屬するものには其學科目に限り小學

校專科正教員たるを得へき効力を與へ來りたる儀に付本年九月一日以後は前者に對しては新令に由りて授與したる小學校本科正教員の免許狀と同一の効力あるものとし後者に對しては小學校專科正教員の免許狀と同一の効力あるものとし取扱ひ可然哉

第二　地方免許狀は小學校令施行規則第二百十七條規定の範圍外に屬するものにして隨て其効力は該免許狀固有の範圍程度に據るへく乃ち其有効期限內新令に據りて授與したる小學校本科正教員及小學校專科正教員の免許狀と同一の効力を有するものとして取扱ひ可然哉

（三十三年十月普通學務局回答）（前略）

第一　御見込の通

第二　施行規則第二百十七條の規定に依るへきものと存す但免許學科本科に屬する學科を悉く具へさる者に就ては御見込の通

第七十三條　明治二十六年勅令第百四號及明治三十年勅令第三百十六號ハ之ヲ廢止ス

明治二十六年勅令第三十四號及明治三十年勅令第四百七號ハ明治三十四年四

月一日ヨリ之ヲ廢止ス

本條に依り廢止せられたる勅令左の如し

一、二十六年勅令第百四號　小學校圖書審査委員の組織に關する規程

一、三十年勅令第三百十六號　市町村立小學校敎員任用法

一、二十六年勅令第三十四號　市町村立尋常小學校に於ける授業料不徴收に關する規程

一、三十年勅令第四百七號　市町村立尋常小學校授業料に關する規程

尚二十三年勅令第二百十五號小學校令は本令發布に依り當然改正せられたるなり

明治三十六年勅令第六十三號附則

本令ハ明治三十七年四月一日ヨリ之ヲ施行ス但シ第三十二條ニ關スル改正ハ明治三十六年四月一日ヨリ之ヲ施行ス

第三十二條は學齡の計算法に關する規定なり

明治三十六年勅令第七十四號附則

本令ハ明治三十七年四月一日ヨリ之ヲ施行ス但シ第二十四條第二項及第三項ハ

此ノ限ニ在ラス
明治三十七年四月一日前第二十四條第二項又ハ同條第三項ニ依リ採定ヲ爲ス場合ニ於テハ審査委員會ノ審査ヲ經ルヲ要セス
本令施行前ニ於ケル審査採定及本令施行前ニ採定シタル教科用圖書ニ關シテハ從前ノ罰則其ノ他ノ規定ヲ適用ス但シ使用ヲ始メタル後四箇年ヲ經タル圖書ハ採定効力ヲ失フ

明治四十年勅令第五十二號附則

本令ハ明治四十一年四月一日ヨリ之ヲ施行ス但シ第十三條及第三十六條第一項ノ改正ハ明治四十年四月一日ヨリ之ヲ施行ス

第十三條及第三十六條第一項の改正とは、代用小學校制度廢止の規定之なり。代用小學校制度廢止は四十年四月一日より實施せらるゝものとす。其の廢止の理由等に就ては訓令を參照すへし。

市町村立尋常小學校ニ代用シタル私立小學校ニ關シテハ其ノ代用期間ノ滿了スルニ至ル迄仍其ノ代用ヲ存續スルコトヲ得

代用小學校の廢止は、前項に依り四十年四月一日より實施するも、其の代用期間の滿了せさるものは、本項に依り其の期間の滿了するに至る迄、仍存續することを認められるなり。

特別ノ事情ニ依リ第十八條第一項ニ依リ難キ場合ニ於テハ市町村立小學校ニ在リテハ市町村又ハ町村學校組合ニ於テ私立小學校ニ在リテハ設立者ニ於テ期間ヲ定メテ府縣知事ノ認可ヲ受ケ當分ノ內尋常小學校ニ關シテハ仍從前ノ規定ニ依ルコトヲ得此ノ場合ニ於テハ高等小學校ニ關シテモ仍從前ノ規定ニ依ルコトヲ得

本項は、義務年限延長實施に對する除外例を認めたるものにして、特別の事情ありて年限を延長し能はさる町村に於ては、府縣知事の認可を受け、當分の內仍從前の例に依ることを許されたるなり。　而して所謂特別の事情なるもの〻認定は、固より府縣知事の意見に依るの外なきも、學級整理、二部敎授實施等あらゆる便宜の方法を講し、尚且之を施行するを得さる場合に限るものなることは、訓令の旨趣に徵して明なり

尋常小學校にして既に從前の規定に依る以上は、高等小學校に關しても亦然らさるを得す。　これ本項末段の規定ある所以なり。

一、（四十年五月文部次官通牒）一、修業年限四箇年の尋常小學校を卒業したる者及將來卒業する者は義務修了者にして四十一年度には義務ある尋常小學校第五第六學年兒童なし而して右卒業者か假令六箇年の尋常小學校の設ある市町村に轉住するも義務を負はさること

十一、小學校令改正實施後修業年限四箇年の尋常小學校を卒業する者に與ふる卒業證書は適宜の方法に依り一般尋常小學校の卒業證書と區別する方便利なるへきこと

十二、修業年限六箇年の尋常小學校同一市町村內に二校以上ある場合に於て特別の事情あるときは當分其內の一校又は數校に第五第六學年の兒童を收容するも妨なきこと

十三、從來の高等小學校に於て敎室に餘裕あるときは當分の內尋常小學校第五、第六學年兒童の敎室に假用するも妨なきこと

二、（四十年五月某縣照會に對する普通學務局回答）一、修業年限六箇年の尋常小學校同一市町村內に二校以上あるとき其一尋常小學校に於て他の學校の第五第六學年兒童を收容するは轉學の手續に依るへきものとす

二、從來町村組合立の高等小學校に於て敎室に餘裕あるか爲之を假用するは必すしも其學校所在地の尋常小學校に限らす但し數校の混合學級を編制するは然へからず(後畧)

前項ニ依ル尋常小學校ノ敎科目ニ關シテハ文部大臣ノ定ムル所ニ依ル第十九條ノ敎科目中唱歌及第二十條第二項ノ敎科目ハ當分ノ内之ヲ闕クコトヲ得

本令施行ノ際現ニ在學スル高等小學校ノ兒童ニ關シテハ其ノ卒業スルニ至ル迄仍從前ノ規定ニ依ルコトヲ得

(四十年五月普通學務局通牒)(前略)

本規定は本令施行の際既に舊令に依りて高等小學校の敎科の一部を修了せる兒童に對する除外例なるか故に明治四十一年三月末に於て在學せる兒童に適用すへきものとす從て三月中に尋常小學校を卒業し直に高等小學校に入學するの手續を爲すとも本項の適用を受くへきものにあらす

明治四十四年勅令第二百十六號附則

本令ハ明治四十五年四月一日ヨリ之ヲ施行シ

本令施行ノ際現ニ高等小學校ニ在學スル兒童ニ關シテハ其ノ卒業ニ至ル迄仍從前ノ規定ニ依ルコトヲ得

今回改正せられたる規定は、明治四十五年四月一日より施行するの定めなるか故に、實業科目の必設及必修、英語科の廢止、同一兒童にして手工科を修むる者の實業科目履修廢止等は、同日より施行せらるるを原則とするも、斯くては從來の關係上不便尠からさるを以て、特に本則第二項に於て現に在學する兒童に限り、仍從前の規定に依ることを得しめられたるなり。

第十章　雜件

一、(四十一年四月某縣問合に對する祕書課回答) 一町村内數校奉戴の御影等一校に奉置の件

一町村内に數學校に奉戴せる兩陛下御影竝勅語謄本を取締上の必要よりして一校に集め奉置するの儀に付御照會の趣了承右は差支無之に付式日等に奉遷の際十分注意相成度此段及回答候也

二、(二十四年九月某縣伺に對する指令) 小學校職員席次に關する件

市町村立小學校職員席次の件は總て職務上監督を爲すものを以て上席とすへし但し吏員校員等性質の異なるものは席次を各別に爲す樣取計ふへし

三、（二十四年七月某縣照會に對する普通學務局回答）小學校の名稱指定に關する件

尋常小學校名稱之儀に付御照會の趣了承右は尋常小學校の校數並位置を指定すると同一の手續に依り指定せらるへき筋のものに無之と存候此段及御回答候也

四、（三十一年四月某縣の照會に對する普通學務局回答）軍刀佩用に關する件

高等小學校に於て遠足運動等の節敎員をして軍刀を佩用せしむることに關し差支の有無御照會の趣了承右は當省直轄學校及府縣立學校の外は學校の内外を問はす佩用不相成儀に候條御了知相成度此段及御回答候也

五、（三十五年二月某縣の照會に對する普通學務局回答）准訓導と訓導との轉任に關する件

准訓導を訓導に又は訓導を准訓導に轉任せしむるは然るへからす

六、（三十八年九月普通學務局通牒）小學校敎育内容改善に關する件

小學敎育の内容に關し其發達改善を圖るに將來益々切要に有之貴官に於て夫々御督勵相成居候儀と存候處過般小學校兒童學業成績の一斑調査致候槪況は客月二十二日官報揭載の通りに有之右調査の結果に依れは各校平均の上に於ては先以普通の成績と認められ候へ共各校各敎科につきて精細に比較するときは優

劣の差著しく中には學年相當の實力を認めかたきものも往々有之遺憾に存候若し全國に涉りて調査致候はゝ一層甚敷不成績のものも少からさるへきやに推想致候就ては爾後可成視學視察の度數を增加し且視察の際は特に敎授訓練等に付指導を爲さしめ或は適當の時機に於て相當の方法に依り兒童の學力を調査する等諸種の手段を用ひ內容の改善統一を促され候樣致度依命此段及通牒候也

七、(三十八年四月文部次官通牒)敎育上の施設經營報告方の件

貴管內に於ける敎育に關する施設經營にして其成績顯著なるもの又は他の參考に資するに足るへきものは其時々本省へ報告相成度依命此段及通牒候也

八、(四十年五月文部次官通牒)尋常小學校敎員學力補習の件

尋常小學校敎員の學力を補習せしむることは改正令實施に關し最も緊要なるを以て成るへく速に公設又は私設の講習方法を設け獨り正敎員のみならす准敎員をも講習せしむること

九、(四十一年九月文部次官通牒)視學官の視察方に關する件

今般當省視學官は視察上必要と認めたるときは學校の日課を變更し又自ら生徒の學力を試驗し得ることを大臣より訓示有之候就ては自然學校視察の際敎員

に日課を變更して授業をなさしめ又自ら生徒の學力を試驗する場合可有之と存候に付各學校職員に對して便宜其旨御示達置相成度此段及通牒候也

一〇、（四十三年六月普通學務局通牒）小學校本科正教員講習に關する件

小學校教育の主腦たる小學校本科正教員の學力を補習せしむることは現下極めて緊要の施設と被認候に付貴縣（府道廳）に於て先年來御施行の尋常小學校本科正教員の講習結了相成候はゝ左記の要項に依り小學校本科正教員の講習を開設せられ候樣致度尙御計畫を定められ候はゝ其施設要項を具し御開申相成度依命此段及通牒候也

記

一、小學校本科正教員にして免許狀受得の日より凡五箇年以上を經過したる者に就き成へく順次に講習を行ふこと

二、講習は師範學校に設くる講習科及巡回講習の二種とし其の一又は二を設置すること

三、巡回講習は講習員の通學し得るを度とし各郡市適宜の場所に設け師範學校教員を講師とし順次巡回せしむること

四、講習開設の爲必要に應し師範學校の教員を增置すること
五、講習人員は一學級凡四十人とすること
六、講習の學科目は小學校教科目中より便宜選擇すること
七、講習の期間は一箇月以內とし學科目の數に依りて之を定むること
八、講習終了の際其の成績を考査すること
九、講習員には俸給の外成るへく相當の旅費又は手當を給すること但し旅費又は手當は通學し得さる場合に限ること
一〇、免許狀受得後五箇年以內の者に對しては每年一回一週間師範學校に召集し教育上の指導を與ふること
追て本文講習に關し必要あるときは本年月日號通牒の趣旨に依り教育資金の一部を使用し得る筈に有之候爲念此段申添候也
一一、(四十三年十月普通學務局通牒)小學校教員等講習會講師囑託方に關する件
小學校教員等講習會開催の爲本省直轄學校等より講師招聘の場合に於て本省へ御申出相成候はゝ自今右囑託方に關し可成便宜の取計を爲すへき見込に有之候條御承知相成度尙右の場合は左記事項を具し遲くも開會六十日前に御申出相

成度依命此段及通牒候也

記

一、講習期間　日時を詳記すること

二、講習會場　府縣廳所在地以外の場合は其道順竝路程をも記載すること

三、講習學科目　講師の都合に依り學科目を變更するも差支なきときは其見込をも記載すること

四、講師　囑託すへき人員竝希望(第一希望何某、第二希望は何某の類)

五、講習會經費豫算　講師の報酬及旅費額を明記すること

六、講習員資格

七、其他必要なる事項

第二編

小學校令施行規則

小學校令施行規則は、明治三十三年八月文部省令第十四號を以て發布せられ、十章二百二十三條より成る。而して發布後明治四十四年七月に至るまでに前後凡そ二十一回の改正あり左の如し。

一、三十四年文部省令第二號を以て第六十三條の二及三の二條を追加す。
二、三十五年文部省令第三號を以て、第六十條及第六十三條中を改正す、
三、三十五年文部省令第十五號を以て、第九號表及第十號表中を改正す。
四、三十六年文部省令第十一號を以て、第十三條、第十七條、第十八條の二、第十九條、第二十九條、第三十三條、第三十四條、第三十五條、第三十九條、第四十條、第百九條、第百八十三條、第百九十條、及第五號表、第七號表中添删改正す。
五、三十六年文部省令第二十二號を以て、第一章第五節を全部改正す。
六、三十六年文部省令第三十四號を以て、第四號表、第六號表、第七號表中を改正す。

七、三十七年文部省令第一號を以て、第六十四條を改正し第六十五條乃至第七十四條及第七十八條を削除す。

八、三十七年文部省令第十九號を以て、第四條及第四號乃至第七號表中を改正す。

九、三十八年文部省令第七號を以て、第九十九條を改正す。

一〇、四十年文部省令第六號を以て、第三條乃至第十一條、第十七條乃至第十九條、第二十九條、第三十一條、第四十條、第四十八條、第五十二條、第五十三條、第百八條乃至第百十四條、第百十六條、第百五十九條、第百七十六條、第百八十三條及第四號乃至第六號並第十號の各表中を改正し、第九十七條及第八章を削除す。（第七號表は消滅す）

一一、四十年文部省令第二十號を以て、第百四十八條月俸額表中を改正す。

一二、四十年文部省令第二十四號を以て、第九十九條を改正す。

一三、四十一年文部省令第八號を以て、第三條第八項を改正す。

一四、四十一年文部省令第十五號を以て、第五十三條を改正す。

一五、四十一年文部省令第十八號を以て、第二十九條及第百五十四條を改正す。

一六、四十一年文部省令第二十六號を以て、第十六條及第一號表乃至第三號表を削除す。

一七、四十二年文部省令第十二號を以て、第二十五條、第七十九條、第八十條、第八十一條、第八十五條及第百七條を改正す。
一八、四十三年文部省令第四號を以て、第十七條第四號表中を改正す。
一九、四十三年文部省令第二十一號を以て、第五十三條中を改正す。
二〇、四十四年文部省令第十五號を於て、第百四十八條俸給表を改正す
二一、四十四年文部省令第二十四號を以て、第六條、第七條、第十二條、第十四條、第十五條、第十八條、第二十七條、第三十三條、第八十五條、第百五條、第百十條、第百六十八條、第百六十九條、第百七十條、第百七十二條、第百九十八條、乃至第二百二條、第二百四條乃至第二百七條第二百十一條並第五號表及第六號表を改正す。

第一章　教科及編制

第一節　教　則

第一條　小學校ニ於テハ小學校令第一條ノ旨趣ヲ遵守シテ兒童ヲ教育スヘシ
道德教育及國民教育ニ關聯セル事項ハ何レノ教科目ニ於テモ常ニ留意シテ教授センコトヲ要ス
知識技能ハ常ニ生活ニ必須ナル事項ヲ選ヒテ之ヲ教授シ反覆練習シテ應用自

在ナラシメンコトヲ務ムヘシ
兒童ノ身體ヲ健全ニ發達セシメンコトヲ期シ何レノ教科目ニ於テモ其ノ教授ハ兒童ノ心身發達ノ程度ニ副ハシメンコトヲ要ス
男女ノ特性及其ノ將來ノ生活ニ注意シテ各々適當ノ教育ヲ施サンコトヲ務ムヘシ
各教科目ノ教授ハ其ノ目的及方法ヲ誤ルコトナク互ニ相聯絡シテ補益センコトヲ要ス

第二條　修身ハ教育ニ關スル勅語ノ旨趣ニ基キテ兒童ノ德性ヲ涵養シ道德ノ實踐ヲ指導スルヲ以テ要旨トス
尋常小學校ニ於テハ初ハ孝悌、親愛、勤儉、恭敬、信實、義勇等ニ就キ實踐ニ適切ナル近易ノ事項ヲ授ケ漸ク進ミテハ國家及社會ニ對スル責務ノ一斑ニ及ホシ以テ品位ヲ高メ志操ヲ固クシ且進取ノ氣象ヲ長シ公德ヲ尚ハシメ忠君愛國ノ志氣ヲ養ハンコトヲ務ムヘシ
高等小學校ニ於テハ前項ノ旨趣ヲ擴メテ一層陶冶ノ功ヲ堅實ナラシメンコト

ヲ務ムヘシ
女兒ニ在リテハ特ニ貞淑ノ德ヲ養ハンコトニ注意スヘシ
修身ヲ授クルニハ嘉言善行及諺辭等ニ基キテ勸戒シ常ニ之ヲ服膺セシメンコトヲ務ムヘシ

第三條　國語ハ普通ノ言語、日常須知ノ文字及文章ヲ知ラシメ正確ニ思想ヲ表彰スルノ能ヲ養ヒ兼テ智德ヲ啓發スルヲ以テ要旨トス
尋常小學校ニ於テハ初ハ發音ヲ正シ假名ノ讀ミ方、書キ方、綴リ方ヲ知ラシメ漸ク進ミテハ日常須知ノ文字及普通文ニ及ホシ又言語ヲ練習セシムヘシ
高等小學校ニ於テハ稍々進ミタル程度ニ於テ日常須知ノ文字及普通文ノ讀ミ方、書キ方、綴リ方ヲ授ケ又言語ヲ練習セシムヘシ
讀ミ方、書キ方、綴リ方ハ各々其ノ主トスル所ニ依リ教授時間ヲ區別スルコトヲ得ルモ特ニ注意シテ相聯絡セシメンコトヲ要ス
讀本ノ文章ハ平易ニシテ國語ノ模範トナリ且兒童ノ心情ヲ快活純正ナラシムルモノナルヲ要シ其ノ材料ハ修身、歷史、地理、理科、其ノ他生活ニ必須ナル事項ニ取リ趣味ニ富ムモノタルヘシ

女兒ノ學級ニ用フル讀本ニハ特ニ家事上ノ事項ヲ交フヘシ
文章ノ綴リ方ハ讀ミ方又ハ他ノ教科目ニ於テ授ケタル事項兒童ノ日常見聞セル事項及處世ニ必須ナル事項ヲ記述セシメ其ノ行文ハ平易ニシテ旨趣明瞭ナランコトヲ要ス
書キ方ニ用フル漢字ノ書體ハ尋常小學校ニ於テハ楷書行書ノ二トシ高等小學校ニ於テハ尙草書ヲ加フ
國語ヲ授クル際ニハ常ニ其ノ意義ヲ明瞭ニシ且既修ノ文字ヲ以テ通常ノ人名地名等ニ應用セシメ單語、短句、短文ヲ書取ラシメ若ハ改作セシメテ假名及語句ノ用法ニ習熟セシメンコトヲ務ムヘシ
他ノ教科目ヲ授クル際ニ於テモ常ニ言語ノ練習ニ注意シ又文字ヲ書カシムルトキハ其ノ字形及字行ヲ正シクセシメンコトヲ要ス

四十年の改正に際し本條第二頁の改正中「近易ナル」を削りたるは、修業年限延長の結果、尋常小學校に於ては、必すしも近易なる普通文のみを授くへきにあらされはなり。又四十一年中第八項を改正したるは高等小學校に於て草書を授くるの必要を認められたるに外ならす。

（三十四年一月某縣照會）小學校令施行規則第三條中普通文とあるは單に普通の漢字交り文を指すの義なるか候文等の日用文は含まさるか

（三十四年二月普通學務局回答）普通文中には日用の候文をも包含す

第四條　算術ハ日常ノ計算ニ習熟セシメ生活上必須ナル知識ヲ與ヘ兼テ思考ヲ精確ナラシムルヲ以テ要旨トス

尋常小學校ニ於テハ初ハ十以下ノ數ノ範圍內ニ於ケル數ヘ方、書キ方及加減乘除ヲ授ケ漸ク其ノ範圍ヲ擴メテ百以下ノ數ニ及ホシ更ニ進ミテ通常ノ加減乘除並ニ小數、諸等數及簡易ナル分數、步合算ヲ授クヘシ

高等小學校ニ於テハ分數、步合算ヲ授ケ比例ニ及ホシ學校ノ修業年限ニ應シ更ニ求積ヲ授ケ又土地ノ情況ニ依リテハ日用簿記ノ大要ヲ授クヘシ

算術ハ筆算ヲ用フヘシ土地ノ情況ニ依リテハ珠算ヲ併セ用フルコトヲ得

算術ヲ授クルニハ理解ヲ精確ニシ運算ニ習熟シテ應用自在ナラシメンコトヲ務メ又運算ノ方法及理由ヲ正確ニ說明セシメ且暗算ニ習熟センメンコトヲ要ス

算術ノ問題ハ他ノ教科目ニ於テ授ケタル事項及土地ノ情況ヲ斟酌シテ日常適

切ナルモノヲ選フヘシ

四十年の改正に於て、本條第二項及第三項を改正したるは、尋常小學校修業限年延長の爲、從來高等小學校第一第二學年に於て授けたる事項を、尋常小學校第五第六年に於て授くるを要するか爲にして、高等小學校の部分も、其の影響を受けたるなり。而して高等小學校に於て、修業年限を三箇年に延長する場合には求積を加ふることゝなれり。

一、（三十三年九月某縣同答）（前略）算術は筆算を用ふへし土地の情況に依り珠算を併用することを得と規定せり右珠算併用の場合は小學校長に於て定むへき義か將郡市長若くは知事に於て定むへき義に候や

（三十三年十月普通學務局回答）（前略）小學校長に於て之を定めしむる精神に有之候但定めたる上は市立小學校に在りては知事に町村立小學校に在りては郡長に屆出しめられ候方然るへし

二、（三十四年一月某縣照會）第四條第二項に於て百以下の數に及ほし更に進みとあるは數の範圍をも進むる義なるか若し進むとすれは其最高程度如何

（三十四年二月普通學務局回答）無論數の範圍をも進むる趣意なり而して別に其の最高程度の制

限なきも兒童の能力に應せさるか如き大數は之を避くるを至當とす。

第五條　日本歷史ハ國體ノ大要ヲ知ラシメ兼テ國民タルノ志操ヲ養フヲ以テ要旨トス

尋常小學校ニ於テハ建國ノ體制、皇統ノ無窮、歷代天皇ノ盛業、忠良賢哲ノ事蹟、國民ノ武勇、文化ノ由來、外國トノ關係等ノ大要ヲ授ケ以テ國初ヨリ現時ニ至ルマテノ事歷ヲ知ラシムヘシ

高等小學校ニ於テハ前項ノ旨趣ヲ擴メテ稍ヽ詳ニ我國發達ノ蹟ヲ知ラシムヘシ

日本歷史ヲ授クルニハ成ルヘク圖畫、地圖、標本等ヲ示シ兒童ヲシテ當時ノ實狀ヲ想像シ易カラシメ特ニ修身ノ教授事項ト聯絡セシメンコトヲ要ス

四十年中本條を改正したるは、尋常小學校にも日本歷史を加へたるか爲にして、尋常小學校に於ては、國初より現時までの事歷の大要を授け、高等小學校に於ては、稍ゝ詳に其の事歷を授け、我國發達の蹟を知らしむるものとす。

（三十三年月某縣問合）（前略）日本歷史及地理を教授する場合に於ては鄉土の地理歷史に係る教科書は兒童に持たしめさる趣旨と被存候處右樣相心得可然哉

（三十三年十月普通學務局回答）（前略）地理歷史に就ては御見込の通にて可然と存候此段及御回答候也

第六條 地理ハ地球ノ表面及人類生活ノ狀態ニ關スル知識ノ一斑ヲ得シメ又本邦國勢ノ大要ヲ理會セシメ兼テ愛國心ノ養成ニ資スルヲ以テ要旨トス

尋常小學校ニ於テハ本邦ノ地勢、氣候、區劃、都會、產物、交通等並ニ地球ノ形狀、運動等ノ大要ヲ理會セシメ且滿洲地理ノ大要ヲ授ケ兼テ本邦トノ關係ニ於テ重要ナル諸國ノ地理ニ關スル簡單ナル知識ヲ得シムヘシ

高等小學校ニ於テハ各大洲ノ地勢、氣候、區劃、交通等ノ概略ヨリ進ミテ本邦トノ關係ニ於テ重要ナル諸國ノ地理ノ大要及本邦ノ政治經濟上ノ狀態並ニ外國ニ對スル地位等ノ大要ヲ知ラシメ又地文ノ一斑ヲ授クヘシ

地理ヲ授クルニハ成ルヘク實地ノ觀察ニ基キ又地球儀、地圖、標本、寫眞等ヲ示シテ確實ナル知識ヲ得シメ特ニ歷史及理科ノ教授事項ト聯絡セシメンコトヲ要ス

四十年に於ける本條の改正は、尋常小學校に地理を加へ、同時に韓國及滿洲地理の大要を授くるを以て主眼とす。蓋し韓國及滿洲は、我國に密接の關係あるを以

て、本邦の地理と同しく特に之を授くるの必要あるは言を俟たさる處なり。而して尋常小學校に於て本邦及滿韓地理の外外國の地理を授くるは、義務敎育を完結する上に於て、本邦と重要の關係ある是等諸國の地理に關し、簡單なる知識を得しむるは實に止むを得さるものありしなり。

本年の改正に於て、『韓國及』の三字を削りたるは、韓國は、昨年中既に我が國に併合せられたる結果、當然我が領土となり、朝鮮と稱して、臺灣及樺太と同しく本邦の地理中に於て之を授くることとなりたれはなり。

高等小學校に於ては、外國地理の要領を授け本邦の政治經濟上の狀態並に外國に對する地位等を會得せしめ、尙地文の一斑をも授くることとなれり。

第七條 理科ハ通常ノ天然物及自然ノ現象ニ關スル知識ノ一斑ヲ得シメ其ノ相互及人生ニ對スル關係ノ大要ヲ理解セシメ兼テ觀察ヲ精密ニシ自然ヲ愛スルノ心ヲ養フヲ以テ要旨トス

尋常小學校ニ於テハ植物、動物、鑛物及自然ノ現象ニ就キ主トシテ兒童ノ目擊シ得ル事項ヲ授ケ特ニ重要ナル植物、動物、鑛物ノ名稱、形狀、效用及發育ノ大要ヲ知ラシメ又通常ノ物理化學上ノ現象及人身生理ノ初步ヲ授クヘシ高等小學校ニ於テハ前項ニ準シ漸ク其ノ程度ヲ進メ特ニ重要ナル元素及化合物、簡易ナル器械ノ構造、作用、人身ノ生理衞生ノ大要ヲ授ケ兼テ植物、動物、鑛物ノ相互及人生ニ對スル關係ノ大要ヲ理會セシメ女子ノ爲ニハ家事ヲ併セ授クヘシ

理科ニ於テハ務メテ農事、水產、工業、家事等ニ適切ナル事項ヲ授ケ特ニ植物、動物等ニ就キ教授スル際ニハ之ヲ以テ製スル重要ナル加工品ノ製法、效用等ノ概略ヲ知ラシムヘシ

理科ヲ授クルニハ成ルヘク實地ノ觀察ニ基キ若ハ標本、模型圖畫等ヲ示シ又簡單ナル實驗ヲ施シ明瞭ニ理會セシメンコトヲ要ス

四十年に於ける本條の改正も、亦尋常小學校に理科を加へたるか爲にして、植物、動物、鑛物及自然の現象を授くるを主とし、兼ねて通常の物理化學上の現象及人身生理の初步をも授くるは、義務教育完結の上に於て止むへからされはなり。

高等小學校に於ては、尋常小學校に準して漸く其の程度を進め、物理及化學上の事項、人身生理衞生の大要並に植物、動物、鑛物の相互及人生に對する關係の大要を理會せしむへきものとす。

家事は、女子の敎育上最も重要なる科目なるも、從來之を授くるの途なかりしか、本年の改正に依り、高等小學校に於ては、女兒の爲めに理科の每週敎授時數を增加し以て家事に關する事項を授くることとなれり。是れ實に適切なる改正といふへきなり。

(三十七年一月某縣照會)縣下(中略)大部分蠶業地方にして初期の飼育は專ら女子の手に委するは一般の習慣なるを以て斯る地方の高等小學校の女兒の爲蠶業を加ふるは頗る有益なる儀と被認候然るに小學校令第二十條に依れは女兒の爲め之を加設すへき途なき樣被存候得共甚遺憾不少と存候に付他に御詮議の道無之哉御意見承知致度候條御回示煩度此段及照會候也

(三十七年二月普通學務局回答)年月日號を以て高等小學校女兒の爲めに蠶業を加設する件御照會の趣了承右には詮議中の次第有之候得共差向き理科の一部とし敎授せしめられ差支無之儀と存候此段及回答候也

備考。高等小學校の女兒にも農業を授け得ることは、四十年の改正令に於ても認むる處なれは、高等小學校に於ては、女兒に養蠶を加ふるの途開けたりといふへし。但し尋常小學校に於ては、尙本文回答の旨趣に係るの外蠶業を授くるの途なかるへし。

第八條 圖畫ハ通常ノ形體ヲ看取シ正シク之ヲ畫クノ能ヲ得シメ兼テ美感ヲ養フヲ以テ要旨トス

尋常小學校ニ於テハ單形ヨリ始メ漸ク簡單ナル形體ニ及ホシ實物若ハ手本ニ就キ又時時自己ノ工夫ヲ以テ畫カシムヘシ

高等小學校ニ於テハ前項ニ準シ漸ク其ノ程度ヲ進メテ諸設ノ形體ヲ畫カシムヘシ土地ノ情況ニ依リテハ簡易ナル幾何畫ヲ授クルコトヲ得

圖畫ヲ授クルニハ成ルヘク他ノ教科目ニ於テ授ケタル物體及兒童ノ日常目擊セル物體中ニ就キテ之ヲ畫カシメ兼テ清潔ヲ好ミ綿密ヲ尙フノ習慣ヲ養ハンコトニ注意スヘシ

尋常小學校に於ける圖畫科は、從來必須科にあらさりしか、四十年の改正に依り必須科となりしのみならす、尋常小學校の修業年限も亦延長せられたるを以て、本條の改正を要することとなりたるなり。

第九條 唱歌ハ平易ナル歌曲ヲ唱フコトヲ得シメ兼テ美感ヲ養ヒ德性ノ涵養ニ資スルヲ以テ要旨トス

尋常小學校ニ於テハ平易ナル單音唱歌ヲ授クヘシ

高等小學校ニ於テハ前項ニ準シ漸ク其ノ程度ヲ進メテ授クヘシ又便宜簡易ナル複音唱歌ヲ授クルコトヲ得

歌詞及樂譜ハ平易雅正ニシテ兒童ノ心情ヲ快活純美ナラシムルモノタルヘシ

四十年に於ける本條の改正は、其の旨趣前條に同し、而して右の旨趣に依る改正の外、第二項に於て『譜表を用ふることなく』を削りたるは、尋常小學校に於て初より必す譜表を用ひしめんとするの旨趣にあらすして、修業年限延長の結果其の第五第六學年等にありては、譜表を用ふること必すしも不可ならさるに依り、かくの如き規定を設くるを不適當となしたるに依るものなるへし。

（二十八年十二月某縣照會）歌舞音曲停止の節は各學校に於ける唱歌敎授も自然廢すへき筋に可有之哉伺出の向も有之候に付御省議承知致度此段及御照會候也

（二十九年一月普通學務局回答）年月日號を以て歌舞音曲停止の節各學校に於ける唱歌敎授廢止すへきや否に關し御照會の趣了承右各學校に於ける唱歌は歌舞音曲と視るへき筋のものに無之省議に候條右樣御了知相成度此段及御回答候也

第十條　體操ハ身體ノ各部ヲ均齊ニ發育セシメ四肢ノ動作ヲ機敏ナラシメ以テ

全身ノ健康ヲ保護增進シ精神ヲ快活ニシテ剛毅ナラシメ兼テ規律ヲ守リ協同ヲ尚フノ習慣ヲ養フヲ以テ要旨トス
尋常小學校ニ於テハ初ハ適宜ニ遊戯ヲ爲サシメ漸ク普通體操ヲ加ヘ又男兒ニハ兵式體操ヲ加ヘ授クヘシ
高等小學校ニ於テハ普通體操ヲ授ケ又遊戯ヲ爲サシメ男兒ニハ兵式體操ヲ加ヘ授クヘシ
土地ノ情況ニ依リ體操ノ教授時間ノ一部若ハ教授時間ノ外ニ適宜ノ戸外運動ヲ爲サシメ又水泳ヲ授クルコトアルヘシ
體操ノ教授ニ依リテ習成シタル姿勢ハ常ニ之ヲ保タシメンコトヲ務ムヘシ

本條の改正は、尋常小學校修業年限延長の結果、兵式體操を男兒に加ふることとなりたるに依るものとす

一、（二十七年十二月某縣伺）市町村立小學校の兵式體操には概ね生徒に木銃を用ひしめ居候に付該科教授者中正教員にして正當の資格を有する者に限り軍刀を以て指揮刀となさしめ度此段相伺候也

（二十七年十二月文部大臣指令）年月日號伺小學校兵式體操指揮刀の件聞屆け難し

二、(二十八年十月 某縣照會)(前略)男子には主として兵式體操を授け云々と有之候處右程度は發火演習は勿論包含せさる主意と思考致候得共聊疑義に涉り候に付御意見承知致度候條至急御回報を煩し度此段及御照會候也

(二十八年十月 普通學務局回答)(前略)御見解の通と存候此段及回答候也

三、(三十四年四月 普通學務局通牒)小學校令施行規則第十條第十七條及第十八條に依り小學校兒童に授くへき體操の課程は左表に準據せしめられ度此段依命及御通牒候也

		每週時數	同回數	遊戲	普通體操	兵式體操
尋常科	第一學年	四	六回以上	每回三十分若は一時		
	第二學年	四	六回以上	每回三十分若は一時 每週三時	每回三十分 每週一時 體操準備	
	第三學年	四	六回以上	每回三十分若は一時 每週二時	每回三十分 每週二時 整容法、呼吸運動 身體矯正術	
	第四學年	四	六回以上	同	同 徒手體操(第一演習) 啞鈴初步	
高等科	第一學年	三		每回三十分若は一時 每週一時	每回三十分 每週一時 復習、啞鈴	每回三十分 每週一時 各個教練 柔軟體操
	第二學年	三		同	同 復習、球竿初步	同
	第三學年	三		同	同 復習、球竿初步	同 柔軟體操 分隊教練

男	第四學年	三		同	同 復習、球竿體操	同 小隊教練 器械體操初步
同	第一學年	三		每回三十分若は一時 每週一時半	每回三十分 每週一時半 復習、啞鈴	
	第二學年	三		同	同 復習	
女	第三學年	三		同	同 復習、球竿初步	
	第四學年	三		同	同 復習、球竿體操 豆嚢體操	

一、兵式體操に於ては兒童をして銃を執らしむるを要せす

一、二學年の高等小學校に在りては本表高等科第二學年までを課し三學年の高等小學校に在りては本表高等科第三學年までを課すへし

一、戸外運動又は水泳を授くるときは本表時間の內外に於て之を課すへし

四、(四十一年五月某縣照會)小學校體操科課程準據方につき明治三十四年四月號御通牒の次第有之候處今後猶一定の方針に準據せしめらるゝ儀に候はゝ小學校令改正の結果自然御訂正可相成とは存候得共差掛り必要の儀有之候條何分の御意見御回報相成度此段及照會候也

(四十一年五月普通學務局回答)月日號を以て小學校體操科課程準據方に關し御照會の處右通牒

は小學校令施行規則に牴觸する部分を除き大體に於て準據せしめられ候樣御取計相成度此段及回答候也

五、(三十七年五月某縣問答)客年貴省御開設の體操科講習會に於て講習せられたる輕體操美容術は小學校令施行規則第十條第十七條及第十八條に依り小學校兒童に授くへき普通體操矯正術の內容幾分を改正したるものと認め明治三十四年四月六日御通牒の課程を斟酌し直に實施候ても差支無之哉將た又右は名稱の異なるを以て適宜に實施するは公認すへからさる儀に候哉伺出の向も有之差懸居候間何分至急御回示相煩し度此段及御問合候也

(三十七年五月普通學務局回答)年月日號を以て輕體操美容術に關する件御問合の趣了承右は前段御意見の通に候條御了知相成度此段及回答候也

六、(三十九年七月某縣問合)今回貴省開設の體操科講習會に於て講習の體操法は小學校令施行規則第十條第十七條及第十八條に依り小學校兒童に授くへき普通體操として直に實施候ても差支無之哉明治三十四年六月二日付普通丙六號御通牒の次第も有之聊か疑義に涉り候條何分の御回答相成度此段及御照會候也

(三十九年七月普通學務局回答)年月日號を以て今回本省開設の體操講習會に於て講習せる體操

法を普通體操として小學校に實施の件に付御照會の趣了承右は御意見の通に有之候尙右實施の際は新式體操の旨趣を失はさる樣精々御注意相成度御回答旁依命此段及通牒候也

追て新式體操を課する場合に於て明治三十四年四月六日普通丙六五號通牒に準據しかたき部分につきては右通牒の趣旨に準し便宜配當相成差支無之候此段申添候也

七、（三十九年六月普通學務局通牒）小學校に於て體操科を敎授するに每回の時間を長くし每週の回數を減少するもの有之又屋內體操場の設備を缺くか爲に體操を課せすして聯絡なき談話を爲すに止るもの亦往々有之哉の趣に候處右は何れも體操敎授の旨趣に反し不都合の儀に候條尋常小學校に在りては少くも每日一回高等小學校に在りては可成敎授回數を多からしめ且屋內體操場を缺く場合に在りては敎室又は廊下等に於て相當の運動（例へは首及胸、上下肢、肩及背等各部の運動）を行ひ敎授を缺くこと無之樣夫々御注意相成度依命此段及通牒候也

八、（四十一年六月普通學務局通牒）小學校中學校等の敎科目中に片假名信號法を加ふるは敎育上裨益不尠と被認候に付自今小學校中學校實業學校等の體操科中に於て便宜之を

敎授候樣致度依命此段及通牒候也

第十一條　裁縫ハ通常ノ衣類ノ縫ヒ方及裁チ方等ニ習熟セシメ兼テ節約利用ノ習慣ヲ養フヲ以テ要旨トス

尋常小學校ニ於テハ運針法ヨリ始メ漸ク通常ノ衣類ノ縫ヒ方ヲ授ケ又便宜裁チ方繕ヒ方等ヲ授クヘシ

高等小學校ニ於テハ初ハ前項ニ準シ漸ク其ノ程度ヲ進メ通常ノ衣類ノ縫ヒ方裁チ方、繕ヒ方ヲ授クヘシ

裁縫ハ其ノ材料ヲ日常所用ノモノニ取リ之ヲ授クル際用具ノ使用方、材料ノ品類、性質及衣類ノ保存方、洗濯方等ヲ敎示スヘシ

　四十年に於ける本條の改正は、裁縫は、從來尋常小學校に於ける必須科にあらさりしを、必須科と定められたるに依るものとす。

（三十九年三月普通學務局通牒）近來小學校を始め其の他の學校に於て裁縫敎授の際雛形によりて敎授し生徒をして雛尺又は雛形尺（鯨尺七寸を全長とし最小目盛を其の二百分の一となしたるもの）と稱する法律の認めさる特種の度器を使用せしむるもの不少哉に被見受候處元來土地の情況により實物の材料を得かき場合又は實物敎授

に入るへき準備の爲等特別の必要ある場合の外は勉めて實物を用ひて敎授し其の技能に習熟せしむること必要に有之又假令雛形敎授を爲す場合に於ても雛尺を使用せしむるは距離の觀念を混亂せしむる虞有之候に付普通の法定度器(曲尺若は鯨尺)に依り便宜其の二分の一等に換算して使用せしめ現に雛尺を使用する學校に在りては當該學校の本學年度限り斷然廢止致候樣夫々御示達相成度依命此段及通牒候也

追て主として裁縫を修むる學校に在りては敎授上特に必要と爲す場合に於ては必しも本文に依らさるも妨なき儀に有之候尚農商務省に於て度器取締上不日雛形尺の發賣禁止相成候事と存候へ共敎授の目的の爲法律の範圍内に於て使用致候丈は勿論差支無之候條此段申添候也

第十二條 手工ハ簡易ナル物品ヲ製作スルノ能ヲ得シメ工業ノ趣味ヲ長シ勤勞ヲ好ムノ習慣ヲ養フヲ以テ要旨トス

手工ハ紙、絲、粘土、麥稈、木、竹、金屬等其ノ土地ニ適切ナル材料ヲ用ヒテ簡易ナル製作ヲ爲サシメ高等小學校ニ於テハ簡易ナル製圖ヲ併セ授クヘシ

手工ヲ授クル際ニハ用具ノ使用方、材料ノ品類性質等ヲ敎示スヘシ

手工は、普通教育上の効果顯著なるを以て、之を實業に關する教科目の一と觀るよりも、圖畫と同しく寧ろ普通教育の一教科目と認むるの傾向あり。是れ四十年の小學校令改正の際、手工を農業及商業と區別し、同一の生徒に對し手工と農業若くは商業を併せ授くることを認められたる所以なり。然に今回小學校令第二十條改正の結果四十年以前の規定を復活し、手工を純然たる實業科と看做され、農業若くは商業と併せ課するを得さることとなれり。本條の改正は、如上改正の結果に基くものにして、第一項中に工業の趣味を長すへきことを規定し、第二項に於ては細工を製作と改め高等小學校に於ては、其の製作の外簡易なる製圖をも併せ授くることなれり。蓋し細工は、其の意義狹きに失するを以て製作と改められたるものなるへく、手工の意義漸く一變して著しく工業の意義に傾きたるや知るへきなり。

(三十七年三月某縣照會)(前略)

高等小學校に於て手工の一部として染色を加へ教授するは差支なきや

(三十七年五月普通學務局回答)(前略)簡易なる細工を授くる爲め材料調製上必要なる範圍に於て教授せられ候は差支無之候條御了知相成度此段及回答候也

第十三條　農業ハ農業ニ關スル普通ノ知識ヲ得シメ農業ノ趣味ヲ長シ勤勉利用

ノ心ヲ養フヲ以テ要旨トス

農業ハ土地ノ情況ニ依リ農業若ハ水產ヲ授ケ又ハ農事、水產ヲ併セ授クヘシ

農事ハ土壤、水利、肥料、農具、耕耘、栽培、養蠶、養畜等ニ就キ土地ノ情況ニ適切ニシテ兒童ノ理解シ易キ事項ヲ授クヘシ

水產ハ漁撈、養殖、製造等ニ就キ其ノ土地ノ業務ニ適切ナルモノヲ授クヘシ

農業ヲ授クルニハ特ニ地理、理科等ノ教授事項ト關聯シ時々其ノ土地實際ノ業務ニ就キテ示教シ其ノ知識ヲ確實ナラシメンコトヲ務ムヘシ

第十四條 商業ハ商業ニ關スル普通ノ知識ヲ得シメ勤勉敏捷ニシテ且信用ヲ重スルノ習慣ヲ養フヲ以テ要旨トス

商業ハ學校所在ノ地方ニ於ケル賣買、金融、運輸、保險其ノ他商業ニ關スル重要ナル事項ニシテ兒童ノ理會シ易キモノヲ選ヒ國語、算術、地理、理科等ノ教授事項ト關聯シテ之ヲ授ケ且簡易ナル商用簿記ヲ授クヘシ又土地ノ情況ニ依リ英語ヲ併セ授クルコトヲ得

英語は、元來高等小學校に於ける獨立の一教科目なりしか、今回小學校令第二十條改正の結果教科目中より削除せられ、商業科中に於て僅に之を授くることを得

るに至れるなり。而して本條の改正實施後は、農業又は手工のみを課する學校に於ては英語を授くるの途なきこと勿論なりとす。

第十五條　削除　（明治四十四年文部省令第二十四號）

本條の削除は、今回小學校令第二十條を改正し、英語を削除せられたる結果、最早單獨の英語科は消滅したるを以て、施行規則中に其の敎授に關する規定を存するの要なきに至りたるか爲に外ならす。

第十六條　削除　（明治四十一年文省令第二十六號）

本條を削除せるは、假名は大體に於て、從來の規定に依るを適當とするも、尙普通に行はるゝ變體假名等を併せ授くるの必要あり。漢字の數も亦義務敎育年限延長の結果相當の增加を要するを以て、本條存置の必要なきに至りたるか爲めなるへし。

（四十一年九月普通學務局通牒）今般省令第二十六號を以て小學校令施行規則中小學校に用ふる假名及其字體等に關する規定を削除せられ同時に右改正の趣旨を訓令相成候に就ては小學校職員等に於て左記事項相心得敎授上不都合無之樣特に御注意相成度依命此段及通牒候也

記

一、小學校令施行規則中假名及其字體並に字音假名遣に關する規定廢止せられたるも此際俄に舊來慣用の假名遣に依り敎授を爲し又は敎科書中の假名遣を舊來のものに更正して敎授を爲すは敎授上及學習上混雜を惹起するの憂なしとせさるに付現在の敎科書使用中は尙從來の字音假名遣に依り敎授を爲すを妨けす但上級の兒童に對しては適宜古來慣用の字音假名遣を授け其一斑を知得せしむること

二、改正敎科書使用後は小學校の國語敎授は當然古來慣用の字音假名遣に依らしむへきは勿論なるも强ひて下級の兒童に對して之を學習せしむるを要せす且一般の兒童に對しても從來の字音假名遣等の使用を許容し之を訂正せしむるを要せさること

第十七條 尋常小學校各學年ノ敎授ノ程度及每週敎授時數ハ第四號表ニ依ルヘシ

手工ヲ加フルトキ又ハ第一學年、第二學年ニ於テ圖畫ヲ課スルトキハ其ノ每週敎授時數ハ學校長ニ於テ他ノ敎科目ノ每週敎授時數ヲ減シ之ニ充ツヘシ

唱歌ヲ闕クトキハ其ノ毎週教授時數ハ學校長ニ於テ他ノ教科目ニ配當スルコトヲ得

四十年に於ける本條の改正は、從來尋常小學校に於て加設することを得へかりし圖畫、唱歌、裁縫の三科か、必須科となりたるか爲にして、手工を加ふるとき又は第一學年、第二學年より圖畫を課するとき並唱歌を闕くときの毎週教授時數の加除配當は、學校長に於て之を爲すへきなり。

（三十九年一月某縣伺）尋常小學校に手工科及裁縫科を加設する場合に於て手工科は各學年の男兒と第一二學年の女兒とに課し裁縫科を課せる第三、四學年の女兒には之を課せさることゝなすも差支無之候哉至急御回示相煩し度此段相伺候也

（三十九年一月普通學務局回答）年月日號を以て尋常小學校の加設科目の件に關し御伺出の趣了承右は差支無之候條御了知相成度此段及回答候也

（小學校令第二十條下に關係先例あり參照すへし）

第十八條　高等小學校各學年ノ教授ノ程度及毎週教授時數ハ第五號表又ハ第六號表ニ依ルヘシ

手工、農業、商業ノ三科目ヲ闕クトキハ學校長ニ於テ男兒ニ就キテハ毎週四時

以内ヲ他ノ教科目ニ配當スヘシ

四十年に於ける本條の改正は、高等小學校修業年限の變更に基くものなり。蓋し高等小學校修業年限は、從來二箇年、三箇年又は四箇年なりしを、二箇年とし、尚三箇年に延長し得ることゝなれり。これか爲めに第七號表は其の必要なきに至り、又第二項第三項科目の省闕若くは加設の場合に於ける教授時間加除配當の規定を改めさるへからさるに至りしなり。

今回本條第一項の第五號表及第六號表は、全部改正せられたり。蓋し理科及實業科は其の內容に變更を來したる處あるのみならず、他の教科目に於ても亦每週教授時數等著しく增減せられたるを以て、一部分の改正にては、却りて混雜を惹起すへきか故に、寧ろ全部の改正を適當とするに依るなり。又第二項の改正は、第五號及第六號表の每週教授時數改正の結果にして、第三項の削除は、英語科を削除せられたる當然の結果に外ならす。

（三十八年九月某縣照會）小學校令施行規則第六號表第七號表の附記に依れは手工は第一學年第二學年に於て每週二時之を課することを得とあり右は第一學年第二學年に於ては每週二時間以下之を課するも差支なき儀なるか又は苟も之を課する以上は

毎週必ず二時を課せさるへからさる儀なるか聊疑義有之候條御回示相煩度（後略）

（三十二年九月普通學務局回答）年月日號を以て小學校令施行規則第六號表第七號表附記に關し御照會の趣了承右は後段御解釋の通に有之候條御了知相成度此段及回答候也

第十八條ノ二　第三十四條ノ規定ニ依リ二部教授ヲ爲ス場合ニ於テハ教科目ノ毎週教授時數ハ管理者又ハ設立者ニ於テ之ヲ定メ府縣知事ノ認可ヲ受クヘシ

（本條は三十六年文部省令第十一號を以て追加せられしものなり）

第十九條　第十七條及第十八條ノ規定ニ依リ難キ事情アルトキハ管理者又ハ設立者ハ其ノ事情ヲ具シ府縣知事ノ認可ヲ受ケ左ノ制限內ニ於テ其ノ時數ヲ增減スルコトヲ得

一　尋常小學校ノ毎週教授時數ハ三十時ヲ超エ又十八時ヲ下ルコトヲ得ス

二　高等小學校ノ毎週教授時數ハ三十二時ヲ超エ又二十四時ヲ下ルコトヲ得ス

第三十四條ノ規定ニ依リ二部教授ヲ爲ス場合ニ於テハ毎週教授時數ハ各部十八時以上トス但シ尋常小學校ニ於ケル年少ノ部ニ在リテハ之ヲ十二時マテニ減スルヲ得

四十年の改正に於て、本條第一項第一號中二十八時を三十時に改めたるは、尋常小學校第五、第六學年に於て、かく增加するの必要あるか爲にして、同項第二號中三十時を三十二時に改めたるは、高等小學校に於ては、改正令の結果三十二時まて敎授すへき場合あるに至りたるか爲なり。

（三十九年七月某縣照會）小學校令施行規則第十九條は敎科加設の爲め若くは特別の施設を要する場合に於て各敎科每週敎授時數を增減すへき手續の規程とは存候へとも更に本條に依り例へは土地の狀況に依り算術の知識を增進せしむる必要ある場合は特に同科每週敎授時數を增すか或は他の敎科の時數を減し之に充つるか如く各敎科規定の敎授時數を增すことを得へき樣被解候へとも聊疑義有之候條至急何分の御回示相煩度此段及御照會候也

（三十九年七月普通學務局回答）月日號を以て小學校令施行規則第十九條疑義の件御照會の處右第十九條は本則の規定に依り難き特別の事情ある場合に於て各敎科目每週敎授時數を增減することを得しめたるものに有之候へとも御申越の事由の爲めに同條に依らるるは不可然儀と存候此段及回答候也

第二十條 學校長ハ夏季冬季休業日ノ前後各々二十日以內ニ於テ每日ノ敎授時

數ヲ減スルコトヲ得

前項ノ規定ニ依リ教授時數ヲ減スルトキハ學校長ニ於テ便宜各教科目ノ毎週教授時數ヲ斟酌スヘシ

本條夏冬季休業日の前後に於て毎日の教授時數を減することは、學校長の見込に任すへきものにして、府縣知事に於て府縣令等を以て、豫め其の時間數を定むるは本條の旨趣に反するものとす。（此點に就ては三十四年中某縣に於て縣令を取消さしめられたる例あり）然れとも學校長は本條を楯として、實際これを減するの必要なき場合（例へは西南溫暖の地方に於て冬季の前後其の時間を減し東北寒冷の地方に於て夏季の前後其の時間を減するか如き）に於て、猥りに毎日の教授時間を減するか如きは、本條の旨趣を誤まり之を惡用するものにして、不穩當の處置と云はさるへからす。學校長たるもの深く此の點に注意すへきなり。

第二十一條　尋常小學校若ハ高等小學校ニ於テ數學年ノ兒童ヲ一學級ニ編制スルトキハ各學年ノ程度ニ拘ラス全部又ハ一部ノ兒童ヲ同一ノ程度ニ依リ教授スルコトヲ得

第二十二條　學校長ハ其ノ小學校ニ於テ教授スヘキ各教科目ノ教授細目ヲ定ムヘシ

第二十三條　小學校ニ於テ各學年ノ課程ノ修了若ハ全教科ノ卒業ヲ認ムルニハ別ニ試驗ヲ用フルコトナク兒童平素ノ成績ヲ考査シテ之ヲ定ムヘシ

第二十四條　學校長ハ修業年限ノ終ニ於テ尋常小學校若ハ高等小學校ノ教科ヲ修了セリト認メタル者ニハ卒證書ヲ授與スヘシ
學校長ハ學年末ニ於テ各學年ノ課程ヲ修了セリト認メタル者ニハ修業證書第二十一條ノ規定ニ依リ一學年間學習セシ者ニハ學習證書ヲ與フルコトヲ得

學校長缺員の場合は、上席の敎員に於て學校長の職務を取扱ふへきものとす。故に或場合に於ては一時准敎敎員をして學校長の事務を取扱はしむることあるへし。尚ほ第百三十四條を參照すへし。

第二節　學年、休業日及式日

第二十五條　小學校ノ學年ハ四月一日ニ始リ翌年三月三十一日ニ終ル

前項ニ依ル學年ノ外土地ノ狀況ニ依リ九月一日ニ始リ翌年八月三十一日ニ終ル學年ヲ置クコトヲ得
小學校ノ學期ハ府縣知事之ヲ定ムヘシ

小學校の學年は、本條第一項に依り、從來四月一日に始り翌年三月三十一日に終るの規定なりしか四十二年の改正に依り、土地の情況に依りては、九月一日に始り翌年八月三十一日に終るの學年を置くことを得しめられたるなり。其の改正の要旨及注意は、左の通牒に明かなり。

（四十二年四月普通學務局通牒）今般文部省令第十二號を以て小學校令施行規則中に改正を加へられ候處右の內第二十五條の改正は義務年限の延長に際し學齡兒童の就學に便ならしめ其の卒業の期を早めしむるの趣旨に外ならす候に就ては之か爲に俄に校舍建築其他特別の設備をなし市町村の經濟を困難ならしむるか如きは固より其本旨に無之候條市又は大なる町村等同一學年の兒童を二學級以上に編製する小學校の外は漫に之を實施せしめさる等便宜取捨其宜を得候樣適當の監督方特に御注意相成度依命此段及通牒候也

第二十六條　每日ノ敎授終始ノ時刻ハ府縣知事之ヲ定ムヘシ

第二十七條　小學校ノ休業日ハ左ノ如シ但シ第三號乃至第六號ノ休業日ハ學年ニ依リ之ヲ異ニスルコトヲ得

一　祝日、大祭日
二　日曜日
三　夏季休業日
四　冬季休業日
五　學年末休業日
六　其ノ他府縣知事ノ定ムル休業日

前項第三號乃至第五號ノ休業日數ハ府縣知事之ヲ定ムヘシ

小學校の休業日は、元來學校を本位として定められたるものなるか故に、土地の情況に應し、全校兒童の一部例へは幼年生若くは長年生のみを休業せしむるか如きことは、從來規定の解釋上之を認めさる所にして、實際の施設に於ては、極めて不便を感したる次第なり。是れ今回第一項に但書を加へられたる所以なり。而して但書の効果は、夏季冬季及學年末の休業は勿論、其の他地方長官の任意に定むる休業日に至るまて、學年に依り各別に之を定むることを得るの點にあるか故に、學校長は地方の情況を斟酌し最も適切に實行するを得へし。

(三十七年八月某縣問合)小學校の休業日に就ては規則第二十七條の規定有之本縣に於ては同條第一項第六號に依り土地の情況上農家挿秧の季節には一定の期日を限り臨時休業差許居候處若し同季節に際し一定の期間每日の教授時數を二時間乃至三時間まて短縮するを得しめ候はゝ强て臨時休業を要せさるものも少なからす候右は府縣知事に於て適宜休業日を定め得る精神より推定するときは臨時休業に代ふへき時間短縮を行はしむるは敢て差支なき儀とは存候得共小學校の教授時數に關しては規則第十七條乃至第二十條の規定あるも本件の如き場合に適用し得るの條項無之疑義に涉り候條一應御省議承知致度此段及御問合候也

(三十七年八月普通學務局回答)年月日號を以て小學校休業日に關し御問合の趣了承右は前段御意見の通に有之候尤も此場合に於ける各敎科目の每週敎授時數は學校長に於て便宜斟酌して之を定めしめ可然候條御了知相成度此段及回答候也

第二十八條　紀元節、天長節及一月一日ニ於テハ職員及兒童、學校ニ參集シテ左ノ式ヲ行フヘシ

一　職員及兒童君カ代ヲ合唱ス
二　職員及兒童ハ
天皇陛下
皇后陛下ノ御影ニ對シ奉リ最敬禮ヲ行フ
三　學校長ハ教育ニ關スル勅語ヲ奉讀ス
四　學校長ハ教育ニ關スル勅語ニ基キ聖旨ノ在ル所ヲ誨告ス
五　職員及兒童ハ其ノ祝日ニ相當スル唱歌ヲ合唱ス
御影ヲ拜戴セサル學校及特ニ府縣知事ノ認可ヲ受ケ複寫シタル御影若ハ府縣知事ニ於テ適當ト認メタル御影ヲ奉藏セサル學校ニ於テハ前項第二號ノ式ヲ闕ク又唱歌ヲ課セサル學校ニ於テハ第一號及第五號ノ式ヲ闕クコトヲ得

（四十一年十月某縣照會に對する秘書課回答）御影奉掲位置に關する件

月日號を以て兩陛下及皇太子殿下御眞影奉掲方御照會相成候處右は御申越の通（甲號及乙號の通）にて差支無之候間右樣御了承相成度此段及回答候也

甲號 皇后陛下 天皇陛下

乙號 皇太子殿下 皇后陛下 天皇陛下

第三節 編制

第二十九條 小學校ノ學級數ハ十八學級以下トス

特別ノ事情アルトキハ市町村立小學校ニ在リテハ市町村又ハ町村學校組合ニ於テ、私立小學校ニ在リテハ設立者ニ於テ府縣知事ノ認可ヲ受ケ前項ノ制限ニ依ラサルコトヲ得

特別ノ事情ニ依リ小學校ニ於テ分教場ヲ設クルトキハ一分教場ノ學級數ハ三學級以下トシ第一項ノ制限外ト爲スコトヲ得

四十年の改正に於て、本條第二項の但書を削り、府縣知事に於て豫め文部大臣の指揮を受くるを要せさることゝしたるは、學級數の制限超過を認容せんとするの旨趣にあらすして、繁文を省略し行務を敏活ならしめんとするに外ならさるへし。故に本條制限の精神に至りては、毫も變更せさるものといふへし。

四十一年に至り、第一項の學級數を十八以下とし、第三項の學級數を三學級以下としたるは、尋常小學校に於ける修業年限を六箇年に延長したる結果學級數の制

限を擴張するの必要を生したるか爲に外ならさるへし。

一、(二十六年十月某縣伺)(前略)郡長は其職權を以て分敎場に於て四年級迄敎授すへき旨を指定することを得へきや且右指定をなせし場合に於て村會か其費用の支出を豫算に載せさる場合に於ては郡長は町村制第百二十二條に依り理由を示し强制支出をなさしむるも差支無之哉

(二十六年十二月普通學務局長通牒)月日號を以て町村尋常小學校分敎場に於て敎授すへき學年指定の儀に付御伺相成候處郡長は學年を指定するの職權を有せす從て制强支出をなさしむへからさる義と御承知相成度大臣の命に依り此段及御通牒候也

二、(三十六年四月普通學務局通牒)今般小學校令施行規則第二十九條改正相成候處右は市町村學齡兒童の員數市町村の負擔等の關係により萬不得已場合に限り適用すへき儀に有之候條市町村等にして該條に依り學級制限超過の申請をなすもの有之候はゝ右の御含を以て御精査相成尚當省大臣の指揮を請はるゝ場合に於ては事情詳細具陳相成候樣致度此段爲念及御通牒候也

三、(三十六年五月某縣問答)小學校に於ける加設の敎科目は土地の狀況によりては本校の兒童にのみ之を課し分敎室の兒童には之を課せさる等便宜施行候て差支無之哉御

意見至急承知致度此段及御問合候也

（三十六年五月普通學務局回答）年月日號を以て小學校加設科目を本校の兒童にのみ之を課し分教場の兒童に課せさるの件御問合の趣了承右は御意見の通にて差支無之と存候此段及回答候也

追て御問合には分教室と有之候へとも右は分教場の誤寫と認め本文及回答候條御了知相成度此段申添候也

四、（四十年五月文部次官通牒）學級數の制限超過の場合に文部大臣の指揮を要せすとせるは繁文省略の旨趣にして猥に制限外の認可を寛容ならしむるの方針にあらさるを以て之か認可を與ふるに當りては愼重審査を遂け且成るへく期間を限るへきこと

第三十條 一學級ノ兒童數ハ尋常小學校ニ在リテハ七十人以下、高等小學校ニ在リテハ六十人以下トス

特別ノ事情アルトキハ前項ノ制限ヲ超過シテ各々十人マテヲ増スコトヲ得

（三十七年四月普通學務局通牒）尋常小學校の教科を修むる兒童と高等小學校の教科を修むる兒童とを合せて學級を編制する件に關し本月四日官報彙報官廳事項中掲載の通某縣よりの伺に對し差支なき旨回答致候處右は必しも同縣伺出の場合に限らす特

別の事情あるときは右に準し編制せしめられ差支無之候條御了知相成度依命此段及通牒候也

追て本文の場合に於ける一學級の兒童數は高等小學校の學級に準し候義と御承知相成度此段申添候也(第三十四條參照)

第三十一條 尋常小學校若ハ其ノ分教場ニ於テ同一學年ノ女兒ノ數一學級ヲ編制スルニ足ルトキハ男女ニ依リ該學年ノ學級ヲ別ツヘシ

第一學年及第二學年ニ在リテハ前項ノ規定ニ依ラサルコトヲ得

高等小學校若ハ其ノ分教場ニ於テ全校女兒ノ數一學級ヲ編制スルニ足ルトキハ男女ニ依リ學級ヲ別ツヘシ

特別ノ事情アルトキハ市町村立小學校ニ在リテハ市町村又ハ町村學校組合ニ於テ、私立小學校ニ在リテハ設立者ニ於テ府縣知事ノ認可ヲ受ケ第一項又ハ第三項ノ規定ニ依ラサルコトヲ得

本條には、從來第二項の外除外例なかりしを以て、第一項又は第三項に依り男女學級を別つこと能はさる場合に於ても、之を認容するの途なく、實際上頗る困難なる事情ありしか、四十年中第四項を追加せられて、特別の事情あるときは、市町村立

小學校に在りては、市町村又は町村學校組合に於て、私立小學校に在りては設立者に於て、府縣知事の認可を受け、第一項又は第三項の規定に依らさることを得しめられたり。故に府縣知事は、本條第四項に依り便宜の處分をなすことを得へし。而して玆に注意すへきは、本條第四項の追加は實際止むを得さる場合に處するの例外規定にして、之か爲に本條の精神たる男女共學否認の主義を改更したるものにあらさるへきことこれなり。

一、（三十年十二月文部省訓令第十二號）（前略）小學校に於て男兒と女兒とは務めて學級を別ち敎室を異にし尙便宜學校を別にし各其の性質慣習と生活の必要とに應し最も適切なる方法を以て之を敎育せんことを要す（中略）故に公立小學校及師範學校の施設に關して左の要項に依り計畫する處あるへし

一、市町村、町村學校組合又は其の區に於て二個以上の尋常小學校若くは高等小學校又は尋常小學校の敎科と高等小學校の敎科とを併置する小學校を設置する場合に於て通學に妨けなく且女兒の員數一學校を構成するに足るへしと認むるときは女兒の爲に學校を別にする事

（後略）

二、(三十一年一月某縣照會)客年十二月御省訓令第十二號第一項第一欵女兒の員數一學校を構成するに足るへしと認むへき員數(尋常高等に區別)(中略)等に就き御省の御見込一應承知致度此段及照會候也

(三十一年三月普通學務局回答)(前略)右は左記の各項にて御承知相成度尤も小學校に就ては單級に編制すへき兒童數にても一學校を構成するに足るの員數と認め得へく候得共特に單級學校を設けしむるか如きは該訓令の精神に無之又二學級以上に編制する場合に於ても通學の便否及經濟上の得失等詳細の調査を遂け施設宜しきを得る場合に於て成るへく男女學校を別にせしむる旨趣に候條是亦御承知相成度遂省諸此段及御回答候也

一、尋常小學校に就きては女兒の員數凡百人以上高等小學校に就きては同凡八十人以上

(他略之)

(四十三年六月某縣問合)小學校令施行規則第三十一條第一項及第三項に所謂一學級を編制するに足る同一學年及全校女兒の數は其の學校の學級編制狀況に依り多少の斟酌を要すへき義なれは劃一の數を定めす當該學校現在一學級平均兒童數を凡の

標準數と看做し同一學年又は全校の男女兒を分ちて學級を編制するも之か爲に學級數の增加を來さゝる場合を指すものと解釋し可然乎將又右一學級を編制するに足る人員の標準を三十人內外と見るへき乎(後略)

(四十三年六月普通學務局回答)(前略)小學校令施行規則第三十一條の一學級を編制するに足る兒童の員數に關し御問合相成候處右は學級編制の狀況等に依り斟酌を要するは勿論の儀に有之候へとも凡三十人以上と看做すの例に有之候條御承知相成度此段及回答候也

(他略

第三十二條　正教科ノ兒童ト補習科ノ兒童トヲ合シテ學級ヲ編制スルコトヲ得ス但シ特別ノ事情アルトキハ此ノ限リニアラス

第三十三條　修身、體操、唱歌、裁縫、手工、農業、商業ハ數學級ノ全部又ハ一部ノ兒童ヲ合セテ同時ニ之ヲ教授スルコトヲ得但シ裁縫、手工、農業、商業ニ就キテハ兒童ノ數七十人ヲ超エサル場合ニ限ル

本條中『又は英語』の四字及『英語』の二字を削除せられたるは、小學校令第二十條改

正に伴ふへき當然の結果なり。

第三十四條 左ノ各號ノ一ニ該當スルトキハ小學校若ハ其ノ分教場ニ於テ全部若ハ一部ノ兒童ヲ前後二部ニ分チテ教授スルコトヲ得

一 一學級毎ニ本科正教員一人ヲ置クコト能ハサルトキ

二 兒童ヲ同時ニ容ルルニ足ルヘキ校舍ノ設ケナキトキ

三 兒童ノ就學上又ハ教授上特別ノ必要アルトキ

一、(三十七年三月某縣伺)(前略)二學級の尋常小學校に二箇年の高等小學校を併置するも其高等小學科の兒童數僅少にして之を尋常小學科に合し學校の全體を二學級となし得へき兒童數ある場合及單級の尋常小學校に二箇年の高等小學校を併置したる場合に於ては尋常小學科の兒童に高等小學科の兒童を合し尋常一、二、三學年を以て一部とし尋常四學年高等一、二學年を以て一部とする等過宜之を二部に分ちて教授する儀差支之なき哉(後略)

(三十七年三月普通學務局通牒)二部教授學級編制法の件伺の通

二、(四十年五月普通學務局通牒)二部教授は教育上の効果を著しく減少せさる範圍内に於て之を實行し爲に義務教育年限を延長することを得る場合に於ては寧ろ之を奬勵す

へきこと

第三十五條　小學校ニ於テハ各學級ニ本科正教員一人ヲ置クヘシ

小學校ニ於テ各學級ニ置クヘキ本科正教員ヲ得難キトキハ二學級毎ニ本科正教員一人及准教員一人ヲ置クコトヲ得此ノ場合ニ於テハ准教員ハ正教員ノ指揮ヲ承ケ兒童ヲ教授スヘシ

特別ノ事情アルトキハ前二項ノ規定ニ依ル外尚准教員ヲ置キ兒童ノ　授ヲ補助セシムルコトヲ得

前條ノ規定ニ依リ二部教授ヲ爲ス場合ニ於テハ前後二學級毎ニ本科正教員一人ヲ置クヲ常例トス

本條第二項及第三項の決定は、何人か是をなすへきものなるやに關しては、別に明文上の規定なきも、補助教員の要否、二部教授の場合に於ける教員の配置等の如きは、畢竟市町村の情況と必要とに應し便宜決定すへきものなるか故に、是か決定權は當然管理者に存すへきものとす。　第三十六條に依り補助教員を置くこと並第三十七條に依り專科正教員を置くことも亦本條と同しく管理者是を決定すへきは勿論なりとす。

一、（三十七年四月某縣照會）（前略）

一、尋常高等の兒童を合級編制したる場合は其學級擔任敎員は高等科敎員の資格あるものに限り且俸給義務額は高等科によるへきや

一、尋常高等の兒童を合級編制し得へきものとせは小學校令施行規則第三十五條二項及同規則二百十三條第一項の敎員配置方は尋常高等の學級數を通算して配置することを得へきや

一、尋常高等小學校の敎員俸給は兩科の各義務額を合算し其金額は兩科共通支出するを得へきや

（三十七年五月普通學務局回答）（前略）

一、御意見の通

二、同

三、尋常高等小學校に在りても流用せさるを本則とするも特別の場合に限り相互流用するは差支なし。

二、（三十八年十二月某縣照會）小學校令施行規則第三十五條第一項第二項及第二百十三條の敎員には他校を兼務せしめさる御省議の旨年月日號を以て御回答の次第も有之

候處右小學校長をして同一構内若くは其學校隣接の幼稚園長を兼任せしむるは教育的連絡上裨益不尠と相認候條是等の場合に於ける兼任は強て差支無之儀に候哉(後略)

(三十八年十二月普通學務局回答)年月日號を以て小學校長の幼稚園長兼任に關する件に就き御照會の趣了承右は當該小學校に附設したる場合の外は然る可らさる儀と存候(後略)

第三十六條　六學級以上ノ小學校ニ於テハ學校長ノ擔任スル教授ヲ補助スル爲正教員若ハ准教員一人ヲ置クコトヲ得

第三十七條　小學校ニ於テハ適宜專科正教員ヲ置クコトヲ得

(第三十五條下を參照すへし)

(第三十五條下を參照すへし)

第三十八條　補習科ノ學級數ハ第二十九條ニ規定シタル學級數ノ制限外トス但シ其ノ教授時間ヲ正教科ノ教授時間内ニ定メタルトキハ此ノ限ニアラス

第三十九條　全校兒童ヲ一學級ニ編制スル學校ヲ單級小學校トシ二學級以上ニ編制スル學校ヲ多級小學校トス

第四十條 第三十二條但書ノ規定ニ依リ正教科ノ兒童ト補習科ノ兒童トヲ合シテ學級ヲ編制スルトキ及第三十四條ノ規定ニ依リ二部教授ノ編制ヲ爲サントスルトキハ市町村立小學校ニ在リテハ市町村又ハ町村學校組合ニ於テ府縣知事ノ認可ヲ受クヘシ

四十年の改正に於て、本條中私立小學校に關する事項を削除したるは、代用小學校に關する制度を全廢せられたる結果に外ならす。

第四十一條 小學校ノ學級ヲ編制シ又ハ變更シタルトキハ遲滯ナク管理者又ハ設立者ニ於テ府縣知事ニ屆出ツヘシ

（三十三年十一月某縣照會）施行規則第一章第三節に學級編制を決する者を明示せさるも右は第四十條の法文より推測解釋し無論町村に於て決定するものとは被存候得共明文なき以上は町村の負擔に關することとは云へ管理者の意見に依り決定するを得るやの感も有之法令の主旨は何れに有之候哉

（三十四年一月普通學務局回答）特別の規定ある場合の外學級の編制は管理者の意見に依り決定すへき儀に有之候

第四節 補習科

第四十二條　補習科ハ分テ尋常小學校補習科及高等小學校補習科トス
尋常小學校補習科ハ尋常小學校ヲ卒業シタル者及之ト同等以上ノ學力ヲ有スル者ヲシテ尋常小學校ノ教科目ヲ補習セシムルヲ以テ目的トス
高等小學校補習科ハ高等小學校ヲ卒業シタル者及之ト同等以上ノ學力ヲ有スル者ヲシテ高等小學校ノ教科目ヲ補習セシムルヲ以テ目的トス

第四十三條　補習科ノ教科目ハ管理者又ハ設立者ニ於テ之ヲ定ムヘシ
前項ノ規定ニ依リ定メタル教科目ハ管理者又ハ設立者ニ於テ之ヲ隨意科目ト爲スコトヲ得

第四十四條　補習科ノ教科用圖書ハ學校長ニ於テ之ヲ定ムヘシ
(三十三年十月某縣照會)補習科の教科用圖書は文部省檢定の圖書外を採用するも差支なきや
(三十三年十一月普通學務局回答)御見込の通

第四十五條　補習科ノ教科ヲ授クルニハ其ノ土地ノ業務ニ適切ナル事項ヲ交フ

ヘシ

第四十六條　補習科ノ修業年限ハ二箇年以下トシ市町村、町村學校組合又ハ設立者ニ於テ之ヲ定ムヘシ

（二十六年一月某縣問合）（前略）設置に關する負擔の爲め設區の上區會を設け若くは既設の區會ある場合に於て（中略）敎科の設置廢止及修業年限等は負擔と密接の關係ある儀に候得共區會に於て議決せしむるも强て差支無之哉にも被存（後略）

（二十六年一月縣治普通學務兩局回答）月日號を以て區會權限に付御問合の趣了承右は御意見の通と存候此段及回答候也

（小學校令第二十一條下に關係先例あり參照すへし）

第四十七條　補習科ノ敎授ハ一定ノ季節ヲ選ヒテ之ヲ爲スコトヲ得

第四十八條　補習科ノ敎授日、敎授時間及每週敎授時數ハ兒童ノ便宜ヲ圖リ管理者又ハ設立者ニ於テ之ヲ定ムヘシ

本條は四十年の改正に依り、第一項中に『每週敎授時數』を加へ第二項を削除せり。
蓋し第二項は每週敎授時數を三時以上十二時以下に制限し、裁縫の爲に尚每週十

二時以下を增すことを得るの規定にして、補習科本來の性質より見て必要の規定なりしならんも、かかる制限あるか爲に、大なる不便あることを免れす。例へは前條に依り一定の季節を選ひて敎授する場合の如きは、每週の敎授時數を多からしむるの必要あるも、從來は之を十二時以上となすこと能はさるか如きこれなり。これ第二項を削除したる所以なるへし。而して特に注意すへきは右の改正を機として猥に每週敎授時數を增加し、高等小學校に摸擬せんとするか如き間違を來ささることとこれなり。

尙ほ第一項の改正は、第二項を削りたる結果に外ならすとす。（四十年五月普通學務局通牒）補習科の敎授時數に關する制限を廢したるは猥に其の敎授時數を多からしめんとするの旨趣にあらさるを以て之を認可するに當りては（三十三年訓令第十號參照）補習科の目的に反せさる樣注意すること

第四十九條　高等小學校補習科ノ學級ハ男女ヲ合シテ之ヲ編制スルコトヲ得ス
但シ其ノ敎授時間ヲ正敎科ノ敎授時間內ニ定メタルトキハ此ノ限ニアラス

第五十條　補習科ノ敎場ハ正敎科ヲ授クル校舍外ニ之ヲ設クルコトヲ得

第五十一條 補習科ノ教授ハ正教科ヲ教授スル教員又ハ代用教員ニ於テ之ヲ擔任スヘシ

補習科ノ教授時間ヲ正教科ノ教授時間内ニ定メタルトキハ前項ノ規定ヲ適用セス

特別ノ事情アルトキハ前二項ノ規定ニ依ラサルコトヲ得

第五十二條 第四十三條第一項、第四十四條、第四十六條及第四十八條ノ場合ニ於テハ府縣知事ノ認可ヲ受クヘシ

四十年の改正に於て、本條第四十八條の下『第一項』を削りたるは、第四十八條の第二項は削除せられ、第一項の外條項なきに至りたる結果なり。而して同條の毎週教授時數は、從來制限の規定ありしか故に、府縣知事の認可を必要とせさりしも、其の制限を廢止したる結果、府縣知事の認可を受けさるへからさることとなれり。當然の改正と云ふへきなり。

第五節　教科用圖書

（本節は圖書審查及採定と題したるものなりしか三十六年四月之を改め尙本節全部に大改正を加ふ）

第五十三條　小學校敎科用圖書中修身、國語、算術、日本歷史、地理、理科、圖畫ヲ除キ其ノ他ノ圖書ニ限リ文部省ニ於テ著作權ヲ有スルモノ及文部大臣ノ檢定ヲ經タルモノニ就キ府縣知事之ヲ採定ス但シ體操、裁縫、手工、尋常小學校第四學年以下ノ唱歌ニ關シテハ兒童ニ使用セシムヘキ圖書ヲ採定スルコトヲ得ス又國語書キ方、算術、理科、圖畫ノ敎科用圖書及小學校地理附圖ハ學校長ニ於テ之ヲ兒童ニ使用セシメサルコトヲ得

本條但書は、四十一年文部省令第十五號を以て改正せられ、兒童に使用せしめさることを得るものの內に小學地理附圖を加ふることとなりしか、四十三年に至り更に文部省令第二十一號を以て本文及但書中を改正し、理科を修身國語等と同しく國定の部に編入せられたるなり。

一、（三十七年五月某縣問合）尋常小學校に於ける單級學校の如きは修身敎授に於て各學年毎に兒童用敎科書を使用せしむるは敎授上頗る困難の點有之候處（中略）二十六年訓令第九號生徒用敎科書不使用の特例は自然消滅と相成如何なる場合に於ても修

身教科書は兒童に使用せしめさるを得さる儀に候哉（後略）

（三十七年五月文部次官回答）（前略）客年省令第二十二號を以て改正の小學校令施行規則第五十三條但書後段は記載の教科目に限り府縣知事の決定を待たす直に學校長に於て使用せさることを得へき規定に有之府縣知事の取計を以て處理せらるへき明治二十六年文部省訓令第九號の趣旨は尙引續き有効に有之候條御承知相成度此段及回答候也

二、（四十一年一月某縣照會）小學校に於て數學年の兒童を一學級に編制したる場合に於て小學校令施行規則第二十一條に依り敎授せしむるときは學年不相當の敎科用圖書を使用することに可相成も右にて差支なしとの御省議に有之候哉差懸りたる儀も有之候に付至急御回示を煩し度此段及照會候也

（四十一年二月圖書課回答）（前略）御照會の趣了承右は別段差支無之と存候へとも現行敎科書中小學校令第二十一條に依り敎授するを目的として編纂したるもの乏しきに付其の無き場合には夫々學年に相當せる圖書を使用候方可然と存候此段及回答候也

第五十四條 小學校令第二十四條第二項又ハ前條ニ依リ敎科用圖書ヲ採定シタルトキハ之ヲ使用セントスル學年ノ開始ヨリ九十日前ニ其ノ旨ヲ公布スヘシ

此ノ場合ニ於テハ五日以內ニ文部大臣ニ報告スルコトヲ要ス

特別ノ事情アルトキハ府縣知事ハ文部大臣ノ認可ヲ受ケテ前項ノ公布期限ニ依ラサルコトヲ得

第五十五條 文部大臣ノ檢定ヲ經タル小學校教科用圖書ノ定價ヲ增加シタルトキハ其ノ採定ハ效力ヲ失フ

第五十六條 小學校教科用圖書ハ使用ヲ始メタル後四箇年ヲ經ルニアラサレハ之ヲ變更スルコトヲ得ス

小學校教科用圖書ヲ變更シタル場合ニ於テハ其ノ圖書ハ最下學年ノ兒童ヨリ用ヒシメ其ノ他ノ兒童ニハ從來ノ圖書ヲ襲用セシムヘシ

特別ノ事情アルトキハ府縣知事ハ文部大臣ノ認可ヲ受ケテ前二項ノ規定ニ依ラサルコトヲ得

第五十七條 小學校教科用圖書ノ採定ニ關シ其ノ前後ヲ問ハス左ノ各號ノ一ニ

該當スル所爲アル者ハ二十五日以下ノ重禁錮又ハ二十五圓以下ノ罰金ニ處ス

一　直接又ハ間接ニ金錢物品手形其ノ他ノ利益若ハ公私ノ職務ヲ官吏、學校職員若ハ運動者ニ供與シ又ハ供與センコトヲ申込ミタル者又ハ供與若ハ申込ヲ承諾センコトヲ周旋勸誘シタル者並供與ヲ受ケ若ハ申込ヲ承諾シタル者

二　直接又ハ間接ニ酒食遊覽等其ノ方法及名義ノ何タルヲ問ハス人ヲ饗應接待シ又ハ饗應接待ヲ受ケタル者又ハ旅費若ハ休泊料ノ類ヲ代辨シ及其ノ代辨ヲ受ケタル者並此等ノ約束ヲ爲シ又ハ約束ヲ受ケタル者

三　官吏、學校職員又ハ其ノ關係アル學校法人等ニ對スル利害ノ關係ヲ利用シ直接若ハ間接ニ官吏、學校職員ヲ誘導シ又ハ威逼シタル者及其ノ誘導威逼ニ應シタル者

四　官吏又ハ學校職員ニ暴行脅迫ヲ加ヘ若ハ之ヲ拐引シタル者

五　採定ヲ妨クル目的ヲ以テ新聞紙雜誌張札其ノ他何等ノ方法ヲ以テスルニ拘ラス官吏又ハ學校職員ニ對シ虚僞ノ事項ヲ流布シタル者

第五十八條乃至第六十三條ノ三削除

第二章　設備準則

第六十四條　校地、校舍、體操場及校具ハ學校ノ規模ニ適應スルヲ要ス
校地ハ道德上並ニ衞生上害ナク且兒童ノ通學ニ便利ナル場所ヲ選フヘシ
校舍ハ教授上管理上並ニ衞生上適當ニシテ質朴堅牢ナランコトヲ要ス

本條は、三十七年文部省令第一號を以て改正したるものにして、本章中同時に削除せられたる條項少からず。

一、(三十五年五月文部總務長官通牒)近來學校々舍往々不時の破損倒壞を來し爲に死傷者を生するもの有之事態容易ならさる儀にして殊に右等の事變か新築校舍に多きを見るに至りては畢竟建築上の粗漏と使用上の不注意とに起因するものと認め候就ては自今校舍建築の際は勿論舊來の校舍に對しても相當技術官吏をして實地に就きて檢閱せしめ其の危險の虞あるものは便宜改修を加へしめ場合に依りては全部又は一部の使用を禁止し或は收容人員に制限を加ふる等緩急を圖り夫々御措置相成度又非常變災に處すへき豫防及避難の方法に關しても併て御注意相成度依命此段及通牒候也

二、(三十六年十月文部總務長官通牒)貴縣管內公私立學校々舍非常變災等の爲め破壞したる場合

に於ては爾後其都度狀況を具し報告可相成依命此段及通牒候也

三、（三十八年十一月普通實業兩學務局通牒）學校の兒童生徒をして動植物の愛護育成に從事せしめ天然の風光に浴せしめ努めて自然に接觸せしむるは高尙なる趣味の助長、品性の陶冶、美的觀念の發暢、勞働勤勉の習性を養成する等の點に於て頗る有效と認め候而して學校園の施設は此等の目的を達するに優良なる一方法にして歐米諸國に於ては旣に之を實施して好果を收めつゝあり本邦に於ても近年其必要を認むるに至れるか如きも其施設の尙微々たるは頗る遺憾とするところに候依て學校に於ては土地の情況に應し便宜の方法により成るへく學校園の施設をなし以て自然物の觀察研究と品性の陶冶養成に資し敎育の效果を圓滿ならしめ候樣致度依命此段及通牒候也

四、（四十二年九月普通學務局通牒）今般訓令第十一號を以て學校の建築及設備に關し訓令相成候處校舍の建築に就ては敎授上衞生上適當の注意を要するは勿論の儀に付經費の許す範圍に於て相當施設相成度候尙本年二月御參考の爲配布致候學校建築設計圖案は其凡例に記載せるか如く單に一二の事例を示したるものに有之候へは町村に於て工事實施之際には能く實際の事情に適當する樣取捨採擇其宜しきを

得しむることに御配慮相成度依命此段及通牒候也

（追書略）

第六十五條乃至第七十四條削除

第七十五條 土地ノ情況ニ依リ成ルヘク教員ノ住宅ヲ設クヘシ

第七十六條 校舍ヲ新築、增築、改築シ若ハ市町村立高等小學校及私立小學校ノ校地ヲ選定シ又ハ變更セントスルトキハ市町村、町村學校組合又ハ設立者ニ於テ府縣知事ノ認可ヲ受クヘシ

（第六十四條下に關係の通牒あり參照すへし）

第七十七條 本章ノ規定中校舍ノ新築、改築、校具等ノ新調等ニ際スルニアラサレハ適用シ難キモノハ其ノ時ヲ待テ之ニ依ルコトヲ得

第七十八條 削除

第七十九條 削除

第三章　就學

第八十條　市町村長ハ其ノ市町村内ニ居住シ翌年四月ニ於テ就學ノ始期ニ達スヘキ兒童ヲ調査シ第九號表ノ様式ニ依リ毎年十二月末日マテニ其ノ學齢簿ヲ編製スヘシ但シ第二十五條第二項ニ依ル場合ニ於テハ其ノ年九月ニ於テ就學ノ始期ニ達スヘキ兒童ヲ調査シ毎年六月末日マテニ學齢簿ヲ編製スヘシ

四十二年中本條に但書を附加せられたるは、九月學年新設の途を開きたる結果、是を實施する市町村長に於ては、毎年六月末日迄に、其の年九月に於て就學の始期に達すへき兒童を調査し以て學齢簿を編製するの必要を生したるに依るものなり。

(三十三年十月某縣照會)學齢簿學籍簿の様式を一定せられたるも族籍の欄を加へ又就學猶豫を二回以上許可したるとき又は同一學年に二回以上在學する者あるとき等の爲め便宜其欄を加ふる等多少斟酌變更せしむる所あるも差支なきや

(三十三年十一月普通學務局回答)様式中に規定の事項(族籍を加ふる如き)を變更することを得さるも其規定の事項に關する欄數を増加するは差支なし

第八十一條　市町村長ハ學齢簿編製後三月三十一日マテニ其ノ年四月ニ於テ就

學ノ始期ニ達スヘキ兒童ニシテ其ノ市町村ニ來住シタル者アルトキハ遲滯ナク之ヲ學齡簿ニ記入スヘシ但シ第二十五條第二項ニ依ル場合ニ於テハ市町村長ハ學齡簿編製後八月三十一日マテニ其ノ年九月ニ於テ就學ノ始期ニ達スヘキ兒童ニシテ其ノ市町村ニ來住シタル者ヲ遲滯ナク學齡ニ記入スヘシ

市町村長ハ學齡期間中ニ在ル兒童ニシテ其ノ市町村ニ來住シタル者アルトキハ遲滯ナク其ノ兒童就學ノ始期ニ達シタル年ノ學齡簿ニ記入スヘシ

市町村長ハ學齡簿ニ登載ノ兒童ニシテ左ノ各號ノ一ニ該當スル者アルトキハ遲滯ナク之ヲ抹消スヘシ但シ第二號ニ該當スル者アルトキハ市町村長ハ之ヲ抹消スルト同時ニ學齡簿ノ謄本ヲ兒童ノ轉住地ノ市町村長ニ送付スヘシ

一　兒童死亡シタルトキ

二　兒童市町村外ニ轉住シタルトキ

三　兒童ノ居所一箇年以上分明ナラサルトキ

前二項ノ外學齡簿ニ記載ノ事項ニ異動ヲ生シタルトキハ遲滯ナク之ヲ加除訂正スヘシ

本條第一項及第三項の但書は、四十二年中に附加せられたるものにして、第一項の但書は、九月學年新設の途を開きたるか爲め、學齡簿整理上其の必要を生したるものなり。而して第三項の但書は、從來兒童の市町村外に轉住したる場合に於て、其の市町村に於ては、遲滯なく之を抹消するも其の學齡簿の謄本を轉住地の市町村に送付するの規定なかりしを以て、轉住地に於て之を登錄するの便乏しかりしを以て、其の不備を補はれたるなり。

(四十三年十二月某縣照會)尋常小學校在籍兒童(就學義務ある者)中本人竝其保護者共居所不明にして到底出席を督促すへき途なき爲市町村長に於て居所不明者と認定したる者は一年以上の者は無漏學齡籍を抹消するも未滿の者は尚該事由を以て不就學兒童とし處理せしめ同時に學校長をして學籍簿を抹消整理せしめ可然哉至急何分の御回報に預り度此段及照會候也

(四十四年一月普通學務局回答)客年月日號を以て居所不明兒童の學籍處分方に關し御照會の處右は小學校令施行規則第八十條第三項の手續を終了するまては其儘差置しめられ可然と存候條御了知相成度此段及回答候也

第八十二條 市町村長ハ兒童ヲシテ市町村立尋常小學校ニ入學セシムヘキ期日ヲ豫メ其ノ保護者ニ通知スヘシ

市町村、町村學校組合又ハ區ノ使用ニ係ル尋常小學校二校以上アル場合ニ於テハ市町村長ハ前項ノ通知ヲ爲スニ當リ兒童ノ入學スヘキ尋常小學校ヲ指定スルコトヲ得但シ兒童ノ保護者ハ其ノ兒童ヲ入學セシメントスル尋常小學校ヲ選定シテ之ヲ市町村長ニ申立ツルコトヲ得

第八十三條　市町村長ハ前條ノ規定ニ依リ通知シタル兒童ノ氏名及入學期日ヲ關係學校長ニ通知スヘシ其ノ通知ヲ爲シタル後兒童ノ就學ニ關シ異動ヲ生シタルトキ亦同シ

第八十四條　就學スヘキ兒童又ハ其ノ保護者ニシテ小學校令第三十三條ニ掲クル事由アルトキハ其ノ保護者ハ就學義務ノ免除又ハ就學猶豫ヲ市町村長ニ申立ツヘシ但シ貧窮ニ因ル場合ヲ除ク外醫師ノ證明書ヲ添フルコトヲ要ス

第八十五條　就學猶豫ノ期間ハ其ノ年四月ニ於テ就學ノ始期ニ達スヘキ兒童ニ在リテハ一箇年トシ既ニ就學ノ始期ニ達シタル兒童ニ在リテハ一箇年以下ト

ス

第二十五條第二項ノ學年ヲ置キタル場合ニ於テハ前項ノ期間ハ其ノ年四月ニ於テ就學ノ始期ニ達スヘキ兒童ニ在リテハ五箇月、其ノ年九月ニ於テ就學ノ始期ニ達スヘキ兒童ニ在リテハ七箇月トシ既ニ就學ノ始期ニ達シタル兒童ニ在リテハ各五箇月以下又ハ七箇月以下トス

本年の改正に於て、本條第一項中より『又は九月』を削り、新に第二項を加へたるは、九月學年を置きたる場合の就學猶豫の期間に關する規定は、從來不備にして稍明確ならさるの嫌ありたるか爲、的確なる規定を設けられたるに外ならさるへし。而して九月學年を設けられたる利益の一は、兒童の就學を早め、翌年四月を待たさらしむるに存するを以て、其の年四月又は四月以後に於て、就學を猶豫せられたる兒童の期間は五箇月以內とするを適當とすへく、又九月又は九月以後に於て就學を猶豫せらるる兒童の期間は七箇月以內とするを當然とすへし。是れ本條を改正せられたる所以なり。

第八十六條 市町村長ハ小學校令第三十六條第一項但書ノ規定ニ依リ尋常小學校ノ教科ヲ修ムル兒童ノ教育ヲ監督スヘシ必要ト認メタルトキハ其ノ兒童ニ

就キ試驗ヲ行フコトヲ得

一、(三十三年十一月某縣伺に對し普通學務局通牒)年月日號を以て兒童特別敎授の件御伺相成候處一旦就學の免除又は猶豫をなしたる者に施行規則第八十六條を適用するは妥當ならす依て御伺の如き特別の敎授を受け得る者に候は丶就學を猶豫若くは免除せすして小學校令第三十六條第一項但書に依り市町村長の認可を受け其特別敎授を受けしめられ候方可然と存候(後略)

二、(四十三年八月某縣伺)小學校義務年限延長の結果學齡兒童中尋常小學校第四學年修了後に至り貧困の事由に依り往々缺席者を出し種々督勵を加ふるも實効を擧け難き遺憾有之候處殊に本縣には特殊部落多く如上の狀況は概して該部落に於て之を見る次第に候就ては嚴重なる監督の下に左記の方法を施行し是等兒童學習の途を開き實効を擧け候樣致度候間何分の御指揮相成度此段相伺候也

尋常小學校特別敎授施行方法

一、尋常小學校第四學年を修了したる學齡兒童に付就學猶豫を申立てたるときは郡市長に於て正則の敎授を難しと認むる者に限り當該學校をして特別敎授を行はしむることを得

二、特別教授の修業期間は二箇年とす但し年齢滿十二年以上の者に就ては六箇月迄に短縮することを得

三、特別教授は放課後又は夜間其の他便宜の時間に之を施行し其の毎週教授時數は十二時以上とす

四、郡市長に於て土地の情況に依り特別教授を施行せしむる必要ありと認むる學校に於ては豫め其の事由を具し知事の認可を受くへし

(四十三年九月普通學務局通牒)本年月日號を以て小學校特別教授施行の件御伺出相成候處右は特に聞置かれ候條御了知相成度依命此段及通牒候也

追て本文施行に就ては事情不得止者に限り收容せしめられ度尚施行方法第二項中『二箇年』を『二箇年以上』に『六箇月』を『一箇年』に御訂正の上御施行相成度此段申添候也

備考。本件の如き特別教授の施行は、小學校令竝同施行規則の明文上に於ては、之を認めさる處なるも、某縣に於ては、特殊の事情あるか爲め、特に稟請の上、文部大臣より聞置かれたるものなれは、何れの府縣に於ても、當然之を施行し得へきものにあらす。故に某縣と同樣の事情ありて、特別教授を必要とする府

縣に於ては、詳に其の事情を具して文部大臣の指揮を請はさるへからす。而して施行方法の如き本件の方法を最低度と認め成るへく完備せる方法を講するを適當とす。

第八十七條　市町村長ハ前條ノ兒童ノ教育ヲ不適當ナリト認メタルトキハ小學校令第三十六條第一項但書ノ規定ニ依リ與ヘタル認可ヲ取消スヘシ

第八十八條　兒童ノ保護者ニ於テ其ノ兒童ヲ當然入學セシムヘキ學校以外ノ市町村立尋常小學校ニ入學セシメ又ハ官立、府縣立學校ニ於テ尋常小學校ノ教科ヲ修メシメントスルトキハ其ノ學校ノ管理者又ハ學校長ノ承認書ヲ添ヘ關係市町村長ニ屆出ツヘシ

第八十九條　市町村立尋常小學校長ハ第十號表ノ樣式ニ依リ學年ノ始ニ於テ入學シタル兒童ノ學籍簿ヲ編製スヘシ

學籍簿ハ入學ノ兒童ニ異動ヲ生シタルトキハ遲滯ナク加除訂正スヘシ

第十號表は四十年中其の學業成績及身體の狀況の各欄に多少の改正あり。即

ち前欄には教科目及學年の數を增し、後欄には胸圍中より常時及盈虛の差を削れり。蓋し前者は修業年限延長の結果にして、後者は小學校の體格檢查に於ては常時及盈虛の差を別々に測るを要せさるを以てなり。

一、(三十四年四月普通學務局通牒)小學校令施行規則第八十九條の第十號表中身體の狀況の欄へ記入方に關し往々伺出候向有之候處右は別記の通省議決定相成候條爲御心得此段及通牒候也

記

小學校令施行規則第八十九條の第十號表に規定の通りの欄數なるときは三十三年當省令第四號に依り檢查したる四月の成績を記入するものとす但し縱線を施し欄數を增したるときは必すしも本文省令第四號に於ける四月の成績のみに限らす十月又は臨時のものを記入するも妨けなし

(第二項は省く)

二、(三十七年五月某縣照會)尋常小學校兒童の學籍簿樣式につきては小學校令施行規則第八十九條に規定有之候處今般管下小學校長より別紙樣式の通變更使用致度旨伺出つるもの有之右は差支無之候哉(後略)

（別紙樣式略但し十號表樣式氏名の欄の前に番號の欄及學業成績の欄に成績の欄を挿入したるものなり）

（二十七年五月普通學務局回答）月日號を以て尋常小學校兒童の學籍簿樣式に關する件御照會の趣了承右は差支無之候條御了知相成度此段及回答候也

第九十條　市町村立尋常小學校長ハ在學兒童ノ出席簿ヲ作リ其ノ出席缺席ヲ明ニスヘシ

第九十一條　市町村立尋常小學校長ハ第八十三條ノ規定ニ依リ通知ヲ受ケタル兒童中入學期日後七日以內ニ其ノ小學校ニ入學セサル者アルトキハ其ノ氏名ヲ關係市町村長ニ報告スヘシ

（三十四年三月某縣照會）小學校令施行規則第九十一條の規定に依るときは入學とは兒童の始めて出校したるときを指したるものなるへきを以て同規則第十號表中入學年月日欄には即ち前記兒童の始めて出校したる月日を記入すへき義と被存候處市町村長の通知したる入學期日後無謂十數日出校せさるものあるときは其間其市町村の學齡人員中には就學猶豫免除の許可を受けさる不就學者を生し若又此種

の兒童を就學者とするときは小學校に入學せさる就學者を生する等何れの取扱をなすも妥當を缺くの嫌有之學齡簿整理上疑訝に渉り候條至急何分の御回示相成度此段及御照會候也

（三十四年三月普通學務局回答）月日號を以て學齡兒童入學期日後無謂十數日出校せさる者施行規則第八十九條の第十號表取扱に關する件御照會の趣了承右は同規則第九十三條又は第九十四條の手續を終了する迄は其儘差置可然此段及回答候也

第九十二條 在學兒童ニシテ正當ノ事由ナク引續キ七日間缺席シタルトキハ關係學校長ハ遲滯ナク其ノ保護者ニ對シ兒童ヲシテ出席セシムヘキ旨ヲ通知シ仍引續キ七日間以上出席セシメサルトキハ其ノ旨ヲ關係市町村長ニ報告スヘシ

第九十三條 市町村長ニ於テ前二條ノ規定ニ依リ報告ヲ受ケタルトキハ關係兒童ノ保護者ニ對シ其兒童ノ就學又ハ出席ヲ督促スヘシ

前項ノ規定ニ依リ二回以上ノ督促ヲ爲スモ仍就學又ハ出席セシメサルトキハ市町村長ハ其旨ヲ監督官廳ニ報告スヘシ

第九十四條 郡長又ハ府縣知事ニ於テ前條第二項ノ規定ニ依リ報告ヲ受ケタルトキハ關係兒童ノ保護者ニ對シ其ノ兒童ノ就學又ハ出席ヲ督促スヘシ

（三十四年二月某縣照會）學齡兒童保護者其兒童を就學又は出席せしめさるときは小學校令施行規則第九十四條を以て與へられたる督促權能に依り郡長に於て就學又は出席せしむへき命令を發し之を强制する爲行政執行法第五條第一項第二號行政執行法施行令第四條第三號に依り郡長に於て强制處分を爲し差支無之儀と存候得共疑義相生し候に付御省議御指示相成處此段及御照會候也

（三十四年二月普通學務局回答）月日號を以て學齡兒童保護者を行政執行法に依り强制處分に關する件御照會の趣了承右は郡長に於て必要と認めたるときは御見込の通に有之候此段及御回答候也

第九十五條 市町村立尋常小學校長ハ毎學年ノ終ニ卒業シタル兒童ノ氏名ヲ遲滯ナク關係市町村長ニ報告スヘシ

第九十六條 第八十八條ノ規定又ハ小學校令第三十六條第一項但書ノ規定ニ依

リ當然入學スヘキ學校以外ニ於テ尋常小學校ノ教科ヲ修ムル兒童ニシテ其ノ教科ヲ卒リタルトキ又ハ其ノ教科ヲ卒ラスシテ退學シ若ハ廢學シタルトキハ關係學校長又ハ兒童ノ保護者ハ其ノ旨ヲ關係市町村長ニ届出ツヘシ

第九十七條 削除

本條は、代用私立尋常小學校に關する規定につき、四十年の改正に依り削除せらる。

第四章 教員檢定及免許狀

第一節 教員ノ檢定

第九十八條 小學校教員檢定委員會ハ左ノ職員ヲ以テ之ヲ組織ス

一 會長
一 常任委員
一 臨時委員

(三十四年五月某縣照會)小學校令施行規則第百十三條に依り試驗檢定を行ふとき常任委員のみにて行ひ得へき場合は同委員のみを以て組織したる小學校教員檢定委員會に於て其試驗檢定を行ひ差支なきか將た臨時委員を加へたる委員會に非らされ

は行ふことを得さるか

（三十四年五月普通學務局回答）前段御見解の通

第九十九條　會長ハ府縣ニ在リテハ內務部長タル府縣事務官、北海道ニ在リテハ第二部長タル道廳事務官ヲ以テ之ニ充ツ

常任委員及臨時委員ハ府縣知事之ヲ命ス

臨時委員ハ試驗施行ノ際之ヲ命ス

本條第一項は、地方官々制改正の結果前後二回の改正あり。會長は遂に府縣に在りては、內務部長たる事務官を以て之に充つるに至れり。これ第二部長廢止に伴ふ自然の結果なり。

第百條　會長ハ會務ヲ整理シ檢定ノ成績ヲ府縣知事ニ報告ス

會長事故アルトキハ府縣知事ノ指名シタル委員其ノ職務ヲ代理ス

第百一條　常任委員會ハ會長ノ指揮ヲ承ケ教員檢定ニ關スル事ヲ掌ル

臨時委員ハ會長ノ指揮ヲ承ケ試驗檢定ニ關スル事ヲ掌ル

第百二條　小學校教員檢定委員會ニ書記ヲ置キ府縣判任官ヲ以テ之ニ充ツ

書記ハ會長ノ指揮ヲ承ケ庶務ニ從事ス

第百三條 會長、常任委員、臨時委員及書記ニハ手當ヲ給スルコトヲ得

第百四條 左ノ各號ノ一ニ該當スル者ハ教員ノ檢定ヲ受クルコトヲ得ス

一 禁錮以上ノ刑ニ處セラレタル者但シ國事犯ニシテ復權シタル者ハ此ノ限ニアラス

二 信用若ハ風俗ヲ害スル罪ヲ犯シテ罰金ノ刑ニ處セラレ又ハ監視ニ付セラレタル者

三 破產若ハ家資分散ノ宣告ヲ受ケ復權セサル者又ハ身代限ノ處分ヲ受ケ債務ノ辨償ヲ終ヘサル者

四 免許狀褫奪ノ處分ヲ受ケ三箇年ヲ經過セサル者

第百五條 教員ノ檢定ハ分テ無試驗檢定及試驗檢定トシ學力、性行及身體ニ就キ之ヲ行フ

從來の解釋に依れは、教員檢定は、主として學力を檢定するものにして、性行及身體の如きは、採用の場合の詮衡に讓るの方針なりしか如し。蓋し、教員の檢定は、教員檢定委員會に於て、之を行ふものにして、性行及身體の如きは、的確に之を檢定するの便乏しきか故に、之を檢定せさるは、實際上止むを得すと認められたるものなるへきも、斯くては、教員檢定の主たる一要件を審査するに過きすして、性行及身體の如き教員として最も重要なる要件の檢定を逸するの憾みあり。是れ今回本條の改正ある所以なるへし。

性行の調査は、教員檢定委員會としては、之を實行すること實際困難なるへきも、府縣知事に於て、其の管下の市町村長又は郡長をして調査せしめ、他府縣に係る分は、當該府縣知事に委託して調査を求め、其の報告書を教員檢定委員會に提出し、委員會をして該書類に依り審査せしむるときは、性行の檢定も亦之を行ふこと敢て難きにあらさるへし。身體の檢定は、學校醫の作成したる體格檢査書を檢定願書に添付せしめ、醫師をして之を審査せしめ、尚ほ各本人の體格を檢査せしむるときは、比較的正確に之を行ふことを得へきなり。

第百六條　試驗檢定ハ毎年少クトモ一回之ヲ行ヒ無試驗檢定ハ隨時之ヲ行フ

第百七條 無試驗檢定ハ左ノ各號ノ一ニ該當スル者ニ就キ第百八條乃至第百十二條ノ規定ニ對照シテ之ヲ行ノ

一 師範學校、中學校、高等女學校教員免許狀ヲ有スル者

二 他ノ府縣ニ於テ授與シタル小學校教員免許狀ヲ有スル者

三 文部省直轄學校ニ於テ某科目ニ關シ特ニ教員ノ職ニ適スル教育ヲ受ケテ卒業シタル者

四 中學校又ハ高等女學校ヲ卒業シタル者

五 公立私立學校認定ニ關スル規則ニ依リ認定セラレタル學校ヲ卒業シタル者

六 其ノ他府縣知事ニ於テ適任ト認メタル者

前項第四號及第五號ニ該當スル者ニ對シ小學校本科正教員ノ檢定ヲ行フ場合ハ卒業後二箇年以上小學校教育ニ從事シタル者又ハ高等女學校ヲ卒業シ修業年限一箇年以上ノ補習科ニ於テ小學校教員ニ適スル教育ヲ受ケ卒業シタル者ニ限ル

本條第一項は、無試驗檢定に該當すへき資格に關する規定にして、第二項は、第一項の該當者中第四號及ひ第五號の卒業者に對し、小學校本科正教員の檢定を行ふ場合に於ける特別の制限に就き規定せるなり。　蓋し中學校高等女學校等を卒業したるのみの者は、教員に關する理論及ひ實際に通せさるのみならす、教授上の經驗をも有せさるを以て、之れに對し直ちに小學校本科正教員の無試驗檢定を行ふことは、極めて不適當なるのみならす、之れを師範學校第二部卒業者に對しても、著しく權衡を失するは明なるを以て、此の如き制限を付するは、穩當の措置たるへきこと、言を俟たすして明なり。

一、（三十五年六月某縣回答）高等女學校技藝專修科卒業生は小學校令施行規則第百七條第五號に依り無試驗檢定施行致候而差支無之哉及御問合候也

（三十五年六月普通學務局回答）（前略）御問合の趣了承右は差支無之候此段及御回答候也

二、（四十一月一月某縣照會）小學校令施行規則第百七條第二號に他の府縣に於て授與したる小學校教員免許狀を有する者の規定有之候處臺灣總督府に於て授與したる小學校教員免許狀所有者も右に依り取扱可致哉至急何分御回報相煩度此段及照會候也

（四十一年二月普通學務局回答）月日號を以て小學校教員無試驗檢定の件に關し御照會相成候處

右小學校令施行規則第百七條第二號の府縣中には臺灣總督府を含まさる儀と存候條御了知相成度此段及回答候也

本條第六號に該當すへきものの調査標準に就ては第百十八條下を參照すへし

第百八條　小學校本科正教員ノ試驗科目及其ノ程度ハ男子ニ在リテハ師範學校男生徒、女子ニ在リテハ師範學校女生徒ニ課スル學科程度ニ準ス但シ手工、農業、商業、英語ノ一科目若ハ數科目ハ之ヲ闕クコトヲ得

本條ニ小學校本科正教員トアルハ尋常小學校及高等小學校ニ於テ本科正教員タルコトヲ得ヘキ者ヲ謂フ

四十年の改正に依り、本條第一項但書中より圖畫、音樂の二科及女子の爲に體操を闕くことを得るの規定を削れり。蓋し是等の敎科目たるや、小學校本科正教員としては、敎授上極めて必要にして、苟も之を闕くか如きものは、小學校の敎科目全體を敎授すへき最高の資格あるものと云ふこと能はされはなり。

（三十七年十一月某府へ普通學務局通牒）年月日三甲號第七五九八號を以て小學校教員免許狀授與の件御稟申相成本日認可相成候處某は曩に貴府に於て授與相成たる小學校本科正教員免許狀を有する者に有之而して檢定に際し小學校令施行規則第百八條但書に

依り某科目の檢定を闕きたりとするも同但書は單に檢定に缺くことを得へき科目を規定したるに止れは免許狀の效力は檢定を缺きたる科目にも及ふへき儀に有之從て特に本人に對し商業科の免許狀を授與するに及はさるものと認められ認可不相成次第に候條御了知相成度此段及通牒候也

第百九條　小學校准敎員ノ試驗科目及其ノ程度ハ左ノ如シ但シ農業商業及體操中ノ兵式體操ハ男子ニ限リ裁縫ハ女子ニ限ル

修身　道德ノ要旨
教育　教授法ノ大要
國語　普通文及小學校教科用讀本ノ講讀並ニ作文、習字
算術　整數、分數、小數、諸等數、步合算、比例、求積
歷史　日本歷史ノ大要
地理　日本地理及外國地理ノ大要
理科　博物、物理、化學ノ大要
圖畫　自在畫及簡易ナル幾何畫
音樂　唱歌、樂器使用法

體操　普通體操及兵式體操
裁縫　通常ノ衣類ノ裁チ方、縫ヒ方、繕ヒ方
手工　手工ノ大要
農業　農業ノ大要
商業　商業ノ大要
圖畫、音樂、手工、農業、商業ノ一科目若ハ數科目ハ之ヲ闕クコトヲ得
本條ニ小學校准教員トアルハ尋常小學校及高等小學校ニ教員タルコトヲ得ヘキ者ヲ謂フ

本條第一項及第二項は四十年中全部改正せられたれとも、實質上の變更は、(一)算術中に求積を加へ、(二)唱歌に樂器使用法を加へ單音を削り、(三)手工、農業、商業を加へ、(四)以上の科目を闕くことを得しめ。女子の爲に體操を闕くことを得さらしめたる等に過きす。而して、(一)は高等小學校に求積を加ふることとなりたる自然の結果、(二)は單に唱歌のみにては不十分なるか故に樂器使用法をも加へたる爲め、自然音樂と改むるを要し、(三)は高等小學校の加設科目たるか爲、手工以下を加ふる必要を認め、(四)は是等の科目は之を闕くことを得しむるの必要あると、女子に限り體操

を闕くへき理由なきと等に依り、かく改められたるものなるへし。

第百十條　小學校專科正教員ノ試驗科目ハ圖畫、音樂、體操、裁縫、手工、農業、商業ノ一科目若ハ數科目トス但シ商業ハ之ヲ商業英語ニ分ツコトヲ得

前項試驗科目ノ程度ハ師範學校生徒ニ課スル各科目ノ程度ニ準ス

第一項ニ規定シタル各科目ノ試驗ハ教育ノ大要及受驗科目ノ教授法ヲ附帶シテ之ヲ行フ

小學校專科正教員ノ試驗ハ小學校教員檢定委員會ニ於テ修身、國語、算術ニ關シ普通ノ學力ヲ有スト認メタル者ニアラサレハ之ヲ行ハス

本條ニ小學校專科正教員トアルハ尋常小學校及高等小學校ニ於テ專科正教員タルコトヲ得ヘキ者ヲ謂フ

四十年の改正に於て本條第二項中に教育の大要を加へたるは、單に受驗科目の教授法を試むるのみを以て足れりとすへからす、必すや一般教育の理論及管理法等の大要にも通曉するを要すと認められたるか爲なるへく、最も適切の改正と云ふへきなり。

今回の改正に於て、本條第一項中を改正し、尚新に一項を設くるに至りたるは、小

學校の教科目中より英語を削除し、之を商業中に於て授け得ることとなしたる結果、小學校專科正教員の試驗科目中より英語を削り、之を商業中に含ましめたるか故に、便宜上商業を商業と英語とに分ちて試驗を受けしむるの必要を認められたるか爲に外ならさるへし。

第百十一條 尋常小學校本科正教員ノ試驗科目及其ノ程度ハ左ノ如シ但シ體操中ノ兵式體操ハ男子ニ限リ裁縫ハ女子ニ限ル

修身　道德ノ要旨
教育　教育、教授法及學校管理法ノ大要
國語　普通文及小學校教科用讀本ノ講讀並ニ作文、習字
算術　整數、分數、小數、諸等數、步合算、比例、求積
歷史　日本歷史ノ大要
地理　日本地理及外國地理ノ大要
理科　博物、物理、化學ノ大要
圖畫　自在畫
音樂　唱歌、樂器使用法

體操　普通體操及兵式體操
裁縫　通常ノ衣類ノ裁方、縫ヒ方、繕ヒ方
音樂ハ之ヲ闕クコトヲ得

本條は、四十年中全部改正せられたるものなり。蓋し同年以前に於ては、試驗科目及程度は、師範學校簡易科に準するの規定なりしも、師範學校規程改正の結果として、簡易科は廢止となりたるのみならす、尋常小學校の修業年限も亦延長せられ、其の程度も高まりたるを以て、新に科目及程度を定むるの必要あるに至りたるなり。

第百十二條　尋常小學校准教員ノ試驗科目及其ノ程度ハ左ノ如シ但シ體操中ノ兵式體操ハ男子ニ限ル

修身　道德ノ要旨
教育　教授法ノ大要
國語　小學校教科用讀本ノ講讀並ニ作文、習字
算術　整數、分數、小數、諸等數、步合算、比例
歷史　日本歷史ノ大要

地理　日本地理及外國地理ノ大要
理科　博物、物理、化學ノ初步
圖畫　簡易ナル自在畫
唱歌　單音唱歌
體操　普通體操及兵式體操
圖畫唱歌ノ一科目若ハ二科目若ハ之ヲ闕クコトヲ得

本條は四十年中全部改正せられたるものにして、其の要點は、算術の程度を進めて求積まてとし、歷史と地理とを分割して外國地理をも加へ、體操中に兵式體操を加へ、圖畫、唱歌の外は、之を闕くことを得さらしめたる等にあり。何れも尋常小學校修業年限の延長に伴ふ結果なりとす。

（四十三年四月某縣へ普通學務局通牒）年月日號を以て貴縣令第何號尋常小學校准敎員養成所に關する規程御申報相成候處右規程第四條養成期間六箇月のものに對し無試驗檢定にて尋常小學校准敎員の免許狀を授與せられ候は明治四十四年四月文部省令第十二號師範學校規程第七十條に照し期間短きに失し候に付相當御變更相成度依命此段及通牒候也

第百十三條　左ノ各號ノ一ニ該當スル者ニ就キ試驗檢定ヲ行フトキハ小學校教員檢定委員會ニ於テ第百八條乃至第百十二條ノ規定ニ對照シテ某科目ニ關シ同等以上ノ學力アリト認メタル者ニ對シテハ其ノ科目ノ試驗ヲ闕クコトヲ得

一　師範學校、中學校、高等女學校教員免許狀ヲ有スル者

二　小學校教員免許狀ヲ有スル者

三　文部省直轄學校ニ於テ某科目ニ關シ特ニ教員ノ職ニ適スル教育ヲ受ケテ卒業シタル者

四　小學校教員免許狀又ハ小學師範學科卒業證書ヲ有シ其ノ有効期間滿チタル者

五　小學校教員講習科ヲ卒リタル者

六　中學校又ハ明治三十二年文部省令第三十四號ニ依リ文部大臣ニ於テ中學校ト同等以上ト認メタル學校ヲ卒業シタル者

七　高等女學校ヲ卒業シタル者

四十年の改正に於て本條第二號中『他の府縣に於て授與したる』を削除したるは、本條に依り某科目の試驗を闕くことは、必すしも他府縣に於て授與したる教員

免許狀を有する者のみに限らす、其の府縣に於て授與したる教員免許狀を有する者にても可なるへき道理なれはなり。例せは他府縣に於て體操の免許狀を有するものと當該府縣に於て同科の免許狀を有するものとありて、齊しく試驗檢定を受くる場合に當りて、前者のみは試驗を闕くことを得るも、後者は之れを闕くことを得すとするは、極めて不道理たるを免れさるへし。これ今回の改正を要する所以なり。

尚本條に於て注意を要するは、第五號の小學校教員講習科は師範學校内に設置したるものに限り、其の以外の公私設講習會等を含まさることこれなり。蓋し講習科なるものは、師範學校を除くの外、現行の法令に於て公に認めたる者なけれはなり。（檢定委員會の組織に就ては第九十八條下を參照すへし）

第百十四條 試驗檢定ヲ受ケタル者ニシテ其ノ試驗ニ合格セサルモ某科目ニ關シ成績佳良ナルトキハ府縣知事ハ其ノ科目ノ成績ニ關シ證明書ヲ授與スルコトヲ得

前項ノ證明書ヲ受ケタル者ニシテ更ニ試驗檢定ヲ出願スルトキハ其ノ證明書ニ記載シタル科目ノ試驗ヲ闕ク

本條第二項は、從來三箇年以内に更に出願したる場合に限る規定なりしを四十年の改正に於て『三箇年以内』なる文字を削り無期限に効力あらしむることとしたるなり。これ一は今回試驗の學科目及程度を變更したる結果、全科目を三年以内に受驗し及第すること頗る困難なるへきを以て、受驗者の便宜を圖るの旨趣なるへく、又一は成績佳良なる學科か、三箇年を經過して効力を失ふは、頗る不道理なる感あれはなるへし。

第百十五條　府縣知事ハ檢定手數料ヲ徵收スルコトヲ得

第二節　教員ノ免許狀

第百十六條　府縣知事又ハ高等師範學校長、女子高等師範學校長ハ左ノ各號ノ一ニ該當シ其ノ成績佳良ナル者ニ就キ普通免許狀ノ授與ヲ文部大臣ニ申請スルコトヲ得

一　小學校正教員府縣免許狀ヲ有シ十箇年以上市町村立小學校、高等師範學校、女子高等師範學校、師範學校ノ訓導ノ職ニ在ル者

二　高等師範學校又ハ女子高等師範學校ヲ卒業シ三箇年以上市町村立小學校、

高等師範學校、女子高等師範學校、師範學校ノ訓導ノ職ニ在ル者

三　文部省直轄學校ニ於テ某科目ニ關シ特ニ教員ノ職ニ適スル教育ヲ受ケテ卒業シ三箇年以上市町村立小學校、高等師範學校、女子高等師範學校、師範學校ノ訓導ノ職ニ在ル者

本條は四十年中全部改正せられたれとも、これを實質上より見る時は、從來市町村立小學校在職者に限られしを、高等師範學校、女子高等師範學校、師範學校在職者をも加へたるに過きす。これ從來の如く市町村立小學校在職者のみに限りて之を授與するの理由極めて薄弱なれはなり。而して從來の規程に依れは、第一號乃至第三號に該當する者は、府縣知事又は直轄學校長に於て普通免許狀の授與を文部大臣に申請することを得るの制なりしも。舊規程の如く市町村立小學校在職者に限るときは、府縣知事の外之を申請すへき場合なく、又之を新規程に依るものとするも、府縣知事又は男女兩高等師範學校長の外申請し得へき場合なし、畢竟直轄學校長なる文字は無意義たるを免れす。これ兩高等師範學校長と改められたる所以なるへし。尚從來は第一號該當者に限り成績佳良なるを要したりしか、これ必すしも此の種の該當者のみに限るへきものにあらす、各號該當者とも成績の

佳良を要するは毫も異なることなかるへし。故に此の點も同時に改正せられたるなり。

一、（三十八年三月普通學務局通牒）小學校令施行規則第百十六條に依り普通免許狀の授與方申請相成候節は來る四月一日より一箇年每に左記員數以內に於て御精選相成申請書には履歷書と共に實地視察に基き成績佳良と認められたる理由具申相成候樣致度依命此段及通牒候也

追て員數計算方に關する三十年十二月十八日付酉文甲八九七號文書課通牒（三十年文部省例類纂揭載）の省議は依然襲用候條御了知相成度此段申添候也（本件は每年の定員を合算し一時に數年分を上申するを得るの件なり）

記

一、前々年度文部省年報揭載貴道廳府縣市町村立小學校本科正教員員數及師範學校訓導數の六十分の一

二、（三十八年八月某縣照會）小學校教員普通免許狀授與申請は從來小學校本科正教員に就き調査候處小學校令施行規則第百十六條第一號の小學校正教員（小學校本科正教員と尋常小學校本科正教員とを含有せるものと認められ候に付ては尋常小學校本

科正教員にして該當の者有之候時は普通免許狀授與方申請候も差支無之哉御廳議の程承知致度此段及照會候也

（三十八年九月普通學務局回答）月日號を以て小學校令施行規則第百十六條第一號の小學校の範圍に付御照會の趣了承右は尋常小學校本科正教員を包含する儀に有之候へ共目下取扱上小學校本科正教員に限り詮議相成候次第に候條御了知相成度此段及回答候也

三、（四十三年六月普通學務局通牒）小學校令施行規則第百十六條に依り普通免許狀を授與可相成員數に就ては去る三十年十二月十八日付酉文甲八九七號通牒に基き算出候處小學校本科正教員數算出上に關し當省年報改正の結果正確なる數を得難きことと相成候に付本年度以降に於ては左記に依り計算することと變更相成候條可然御了知相成度依命此段及通牒候也

記

一、前々年度文部省年報掲載貴道廳（府縣）小學校本科正教員（尋常小學校本科正教員を含む）員數の二百分の一

第百十七條 師範學校長ハ師範學校ヲ卒業シタル者ニ對シ小學校教員府縣免許

狀ノ授與ヲ府縣知事ニ申請スヘシ

（四十一年六月某縣照會）左記の事項差懸りたる儀有之候に付至急何分の御省議承知致度此段及照會候也

記

一、本縣女子師範學校生徒にして目下第三學年の者去三十九年五月大腿下端膿瘍症に罹り延て膝關節炎を續發し早速治癒難致候に依り昨一學年休學を命し專ら治療爲致候處數回手術の結果全治致候に付本學年に至り休學を解除し教養中の處骨端面癒著の爲右膝關節屈折不十分にして修身の內作法及體操を課す能はさるも元來本人儀は品行方正人物成績共に佳良にして身體に於ても單にる膝關節强直のみなるを以て今後强制的成形手術を施さは或は漸次屈伸の自由を得るに至るへきかと被存候其他一の缺點なく營養佳良頗る健全にして將來有望に有之候間此儘在學せしめ卒業せしむるも差支無之哉

二、若し卒業せしむるも差支無之とせて小學校教員免許狀は修身科の內作法及體操科を缺く旨を記載し授與致候て可然哉

（四十一年八月普通學務局回答）月日號の內を以て貴管下女子師範學校三年生中病氣の爲め身體

の一部に缺損を生したる者の取扱に關する件御照會相成候處右は左記の通御了知相成度此段及回答候也

記

一、御意見の通

二、免許狀に關しては體操科等を缺く旨記載せさるも差支なし

第百十八條　府縣知事ニ於テ第百七條第六號ニ該當スル者ニ小學校正教員免許狀ヲ授與セントスルトキハ文部大臣ノ認可ヲ受クヘシ

一、(三十四年一月某縣間合)(前略)日本體育會體操學校本科並別科卒業生は體操科に關し同調査標準丙第三號に該當するものとして取扱可然哉(後略)

(調査標準丙第三號は四十年四月通牒の丙第二號にあたる三を參照すへし)

(三十四年二月普通學務局回答)月日號御問合の件は御意見の通にて差支無之候樣存候此段及回答候也

二、(三十四年十二月某縣稟請に對する普通學務局通牒)月日號を以て郡若は教育會の事業として開設せしめたる裁縫教員講習終了者へ小學校正教員免許狀授與に際し其都度施行規則第百十八條の手續を爲ささるの件に關し御稟請相成候處右第百十八條に依る正教員

免許狀授與の義は各個人に就き履歷を具し其都度御申請可相成筋に有之御申出の如く修了者全體に對し豫め許否せらるへき限に無之に付詮議不相成候條御了知相成度本件は別に指令に及はれす依命此段及通牒候也

三、(四十年四月普通學務局通牒)先般小學校令及同施行規則改正の結果尋常小學校教員は勿論一般の教員に就ても自然學力の補習を要すへく候に付ては小學校令施行規則第百七條第六號該當者の學力に關しても今後其程度を高め且一層精密の調査を要する儀と存候就ては同第百十八條に依り小學校正教員免許狀授與申請の場合は自今別記の調査標準に依り愼重調査を遂けられ其の成績拔群なる者に限り御申出相成候樣致度依命此段及通牒候也

追て本文に依り申請の場合は別紙書式の履歷書を添付し尚本人の成績に關しては實地視察を遂けられたる上御申請相成度又三十三年十月二十七日子普甲二八三四號及三十九年七月十日發普一八一號通牒は自然廢止相成候儀と御承知相成度此段申添候也

調査標準

年齡男子は凡三十年以上、女子は二十五年以上にして左の資格を有し小學校の教

育に從事し其の成績佳良なる者但し丙項第二號に就ては年齡の制限を要せす
甲、小學校本科正敎員
左の事項に該當し小學校令施行規則第百八條(改正規定)の學科目及程度に準し相當の學力を有し特に理科數學に關し補修の經歷(學校又は私設の講習會に出席せる者)ある者
一、尋常小學校本科正敎員の免許狀を有し五ヶ年以上小學校の敎育に從事し現に其の職に在る者
二、小學校准敎員の免許狀を有し五ヶ年以上高等小學校の敎育に從事し現に其の職に在る者
乙、尋常小學校本科正敎員
小學校准敎員若は尋常小學校准敎員の免許狀を有し五ヶ年以上小學校の敎育に從事し現に其の職に在る者但し小學校令施行規則第百十一條(改正規定)の學科目及程度に對照し相當の學力を有し特に理科算術に關し補修の經歷(學校又は公私設の講習會に出席せる者)ある者に限る
丙、小學校專科正敎員

左の事項に該當し高等小學校（現行小學校令に依るものは修業年限四ヶ年改正令に依るものは二ヶ年）卒業者又は之と同等以上の學力を有する者

一、五ヶ年以上小學校の專科の教授に從事し現に其の職に在る者但し教授したる科目に限る

二、圖畫音樂、體操、裁縫手工、農業、商業、英語の一科目若は數科目に關し師範學校本科第一部の學科程度と同等以上の程度に於て之を教授する學校の卒業者但し免許すへき科目は卒業したる科目に限る

附記。上申書には前記標準の何れの項に該當するものなるやを明記し其の丙項の二に該當するものに在りては其の學校の學科目及程度、修業年限、毎週教授時數等を附記するを要す

四、（四十年十二月普通學務局通牒）小學校令の改正に伴ひ尋常小學校教員の學力を補習する爲め何れの地方も盛に講習會を開設し改正令實施の準備中なるにも拘らす地方に依りては補習の經歷不十分なる尋常小學校正教員に對し無試驗檢定に依り小學校本科正教員の免許狀を授與せんとして稟申相成候向も有之候處目下の最大急務は學力の充實に在りて資格の昇進に存せさるは勿論の儀に候へは特に抜群の者

に對し上申相成候場合に於ても本年六月日號通牒の講習程度に比準し資格相當の補習經歴を有する者に就き教育上の成績をも考へ一層嚴密なる調査を遂けられ候樣致度依命此段及通牒候也

第百十九條 府縣知事ハ小學校教員免許狀登錄簿ヲ作リ免許狀ヲ授與シタル者ノ氏名其ノ他必要ナル事項ヲ記入スヘシ

第百二十條 普通免許狀又ハ府縣免許狀ヲ有スル者其ノ氏名ヲ變更シ又ハ免許狀ヲ毀損亡失シタルトキハ其ノ書換若ハ再渡ヲ文部大臣又ハ府縣知事ニ出願スルコトヲ得

前項ニ依リ免許狀ノ書換若ハ再渡ヲ出願スル者ハ手數料トシテ普通免許狀ニ就キテハ金壹圓、府縣免許狀ニ就キテハ府縣知事ノ定メタル金額ヲ納ムヘシ

普通免許狀ノ書換若ハ再渡ニ關スル手數料ハ收入印紙ヲ以テ之ヲ納ムヘシ

（三十三年九月某縣照會）（前略）府縣免許狀手數料は今回の規程により書換再渡等の外は徵收することを得ざる儀と心得可然哉（後略）

（三十三年九月普通學務局回答）（前略）手數料は御意見の通

第百二十一條　普通免許狀又ハ府縣免許狀ヲ受ケタル者ノ氏名及免許狀ノ種類ハ文部大臣又ハ府縣知事之ヲ公告ス

第五章　職　員

第一節　學校長及教員ノ進退

第百二十二條　市町村立小學校正教員左ノ各號ノ一ニ該當スルトキハ府縣知事ハ之ニ休職ヲ命スルコトヲ得

一　傷痍ヲ受ケ若ハ疾病ニ罹リタルニ因リ職務ヲ行フニ妨アルトキ
二　學校編制ノ變更又ハ訴願ノ裁決ニ因リ過員ヲ生シタルトキ
三　教員養成ヲ目的トスル官立府縣立學校ニ入學スルトキ
四　刑事事件ニ關シ告訴若ハ告發セラレタルトキ

一、（三十四年九月某縣照會）尋常小學校に高等小學校の教科を併置したる場合教員の進退に付左記の疑義相生し候條御意見至急御回報相成度此段及照會候也

記

一　尋常小學校に高等小學校の教科を併置したるときは從來其の尋常小學校に奉

職せる教員には更に尋常高等小學校教員に任用の辭令書を交付すへきや

一前項の如くすべきものとすれば尋常高等小學校併置の際辭令を受けさるものは學校の變更に依り自然退職せるものと認むへきや

一尋常小學校に高等小學校の教科を併置せさる以前に休職を命せられ居る教員は其際自然退職者と認むへきや

（三十四年十月普通學務局回答）年月日號を以て教員の進退に關し御照會の趣了承本件の場合は學校編制の變更として御取扱相成可然就ては御申越の事項は右に依り御承知相成度此段及回答候也

二、（三十五年五月某縣上申）

某縣某小學校訓導何某

右は單級學校の教員に有之候處本年三月以來精神に異狀を來たし時々危險の擧動有之授業上差支不尠辭表提出を勸誘するものあるも頑として之に應せす仍て六ヶ月間休職相命度候條御許可相成度此段及上申候也

（三十五年五月普通學務局通牒）月日號を以て小學校教員休職の件御上申相成候處右は施行規則第百二十二條第一號に依り貴官限り處分せられ可然依命此段及御通牒候也

二、（三十五年八月某縣照會）（前略）

一旦併置したる高等科を廢止したる場合にありては高等科の敎員に限り小學校令施行規則第百二十二條二號に據り休職を命するを得へきものなるか
（三十五年九月普通學務局回答）（前略）編制の變更より生したる過員は總て休職を命することを得

四、（三十六年五月某縣照會）實業學校の敎職に從事する目的にて水産講習所本科に入學する者に小學校令施行規則第一二二條第三號に依り休職を命することを得へきや至急回答あれ（電信）
（三十六年五月普通學務局回答）水産講習所へ入學の件第一二二條第三號には依ることを得す

五、（三十七年四月某縣の照會に對し普通學務局回答）月日號を以て施行規則第百二十二條第二號の學校編制の變更の意義に關する件御照會の趣了承右は事務の伸縮は包含せさる儀に有之候尚學校編制の變更とは施行規則第一章第三節規定の範圍に於ける變更に外ならさる儀と御承知相成度此段及回答候也

六、（四十一年三月某縣照會）市町村立小學校敎員進退に關し左記の事項疑義に涉り候處右は目下差掛居候義有之候條電信にて御回示相成度此段及照會候也
一、尋常小學校の敎科と高等小學校の敎科とを併置せる小學校に於て高等科を廢

止したる場合には其の高等科又は尋常科に勤務せる訓導は小學校令施行規則第百二十二條第二號に依り學校編制の變更として取扱ふへきや又は自然退職となるへきや

二、前項の場合に於て高等科又は尋常科勤務の訓導にして學校長を兼務せる者は前項何れに依るへきや

（四十一年三月普通學務局回答）市町村立小學校教員進退に關する件學校編制の變更として取扱はれ然るへし（電信）

第百二十三條 市町村立小學校正教員ニシテ陸海軍現役ニ服シ又ハ戰時事變ニ際シ召集セラレタル者ハ當然休職者トス但シ陸軍六週間現役ニ服スル者ハ此ノ限ニアラス

一、（三十四年六月某縣伺）市町村立學校訓導にして第一補充兵籍に在る者徵兵令第十七條第二項に依り召集せられたる場合は小學校令施行規則第百二十三條市町村立小學校正教員にし陸海軍現役に服したる者とすへき限に無之被存候得共聊疑義に相涉候條至急何分の御指示相成度此段相伺候也

（三十四年七月普通學務局通牒）月日號を以て小學校教員兵役に關する件御伺出相成候處右は御

意見の通と存候（後略）

二、（三十四年十一月某縣照會）市町村立小學校正教員にして陸軍士官候補生又は下士候補生に採用相成入營するものは小學校令施行規則第百二十三條に該當するものに有之候哉（後略）

（三十四年十一月普通學務局回答）（前略）右は施行規則第百二十三條に依るへき限に無之と存候此段及回答候也

（三十七年三月某縣照會）戰時の爲め召集令狀を受けたるも病氣にて召集に應せさりし小學校敎員の休職期限は何時召集の事故止みたるものとして起算すへきや電信にて回答あれ（電信）

（三十七年三月普通學務局回答）召集令狀を受けたるも病氣にて召集に應せさりし者は當然休職者にあらす（電信）

四、（三十七年二月某縣照會）休職中の小學校正敎員にして戰時事變に際し召集せられたる場合は前に休職を命したる期間後も小學校令施行規則第百二十三條の規定に依り在職者か召集に應したる場合の如く當然其事故の止みたる後尚三ヶ月まて休職期間繼續するものと看做して可然哉將た又休職當時の事件に伴ひ一定の期間を

經過すれは當然退職となるへきや(後略)
(三十七年二月普通學務局回答)(前略)右は後段御見解の通に有之候此段及回答候也

五、(三十七年八月某縣照會に對する普通學務局回答) 月日號を以て市町村立小學校正教員にして戰時の爲め召集せられ所屬部隊まて召集に應したるも疾病の爲め戰役に堪へさる者と認め歸鄕を命せられたる者の休職に關し御照會の趣了承右は一旦召集に應したる以上は當然休職者たるへき儀と存候此段及回答候也

第百二十四條 休職ノ期間ハ百二十二條第一號及第二號ノ場合ニ在リテハ一箇年トシ同條第四號ノ場合ニ在リテハ其ノ事件ノ裁判所ニ繫屬中トシ同條第三號及第百二十三條ノ場合ニ在リテハ其ノ事故止ミタル後尙三箇月トス

第百二十五條 休職者ハ職務ニ從事セサル外總テ在職者ト異ナルコトナシ但シ別段ノ規定アルモノハ此ノ限リニアラス

第百二十六條 市町村立小學校正教員左ノ各號ノ一ニ該當スルトキハ府縣知事ハ之ニ退職ヲ命スルコトヲ得

一　不具、癈疾ニ因リ又身體若ハ精神ノ衰弱ニ因リ職務ヲ執ルニ堪ヘサルトキ
二　傷痍ヲ受ケ若ハ疾病ニ罹リ其ノ職ニ堪ヘサルニ因リ又ハ自已ノ便宜ニ因リ退職ヲ出願シタルトキ
三　休職者復職シタル爲其ノ代員ヲ要セサルトキ

第百二十七條　第百二十二條又ハ第百二十六條ノ事由ニ因ラスシテ休職又ハ退職ヲ命スル必要アリト認メタルトキハ府縣知事ハ文部大臣ノ指揮ヲ受ケ特別ノ處分ヲ爲スコトヲ得但シ休職ノ場合ニ於テハ豫メ期間ヲ定メテ具申スルコトヲ要ス

一、(三十五年四月某縣伺)市町村立小學校正敎員に休職又は退職を命すへき場合は小學校令施行規則第百二十二條及第百二十六條に規定せられ其他の場合に於ては同第百二十七條に依り其時々御指揮を仰き處分すへきは勿論の儀に候へ共左記の場合は常に出來し其事實に於て已むを得さるものなるに之を其時々經伺の手續を爲すときは往々時機を失し不便少からす候間特に豫め御裁可を受け休職の場合に於ては其期間を一ヶ年以内と定め度此段相伺候也

記

一、師範學校卒業生服務規則第二條の義務年限を卒へたる者を縣立又は公立學校の囑託教員に採用せんとするときは休職を命すること

二、便宜に依り小學校教員在職の儘講習科に入學せしむる際其補缺員を任用したるか爲後日過員となりたるときは休職又は退職を命すること

三、肺患其他不治の症に罹り其職に堪へすと認むるも自ら退職を出願せさるときは退職を命すること

（三十五年五月普通學務局通牒）月日號を以て小學校正教員に休職又は退職を命する件に關し御伺出相成候處右は詮議難相成候條御了知相成度（後略）

追て第三項御申出の如く肺患其他不治の症に罹り小學校令施行規則第百二十六條第一項第一號に該當するものと認めたるときは貴官に於て退職を命せられ可然候（後略）

二、（三十五年四月某縣照會）市町村立小學校教員町村長に當選し退職を出願したるときは自己の便宜と看做すへきか將た自己の便宜と看做さす小學校令施行規則百二十七條に依るへきか（後略）（電信）

（三十五年五月普通學務局回答）小學校敎員退職の件小學校令施行規則第百二十七條に依り然るへし但師範學校卒業生ならは師範學校卒業生服務規則第一條の義務を終らさる間は然るへからす（電信）

三、（三十六年十月普通學務局通牒）永年敎育に從事し功勞ある小學校敎員に對し已むを得さる事情の爲小學校令施行規則第百二十七條に依り特別處分として退職を命せらるる場合に於て其の事由か明治二十三年法律第九十號第二條各號及同二十九年法律第十三號第二條の事項に該當せさるときは其の在職年數は十五年以上に渉るも退隱料を受くるを得さることと相成敎員優遇の趣旨に反するのみならす自然法律第九十號の精神にも相戻り候儀に付自今右退職に關し御伺出の際は特に愼重御調査相成且本人の職務の略歷、勤務、年數、現俸、賞罰等添付相成候樣致度依命此段及通牒候也

四、（三十八年九月茉縣照會に對し普通學務局回答）小學校敎員休職の件に關し月日號御照會の趣了承一年志願兵又は志願に依り海兵團に入團するものは小學校令施行規則第百二十三條に依るへき限にあらさるも右は自己の便宜と看做さす小學校令施行規則第百二十七條に依り御取扱相成可然存候此段及回答候也

五、（三十九年六月普通學務局通牒）清韓其他外國に居留する本邦人の普通教育に關しては右關係官廳又は居留民等に於て各相當の施設を爲し專ら普通教育の普及を企圖しつゝあるも教員聘用等に就ては常に不便困難を感すること尠からさる趣に有之候處在外國本邦人の子弟に對する國民教育の忽緒に附すへからさるは論を俟たさる儀に付相當の保護を與へ度見込に候條右官廳又は居留地等より教員聘用方申出相成候場合は特に便宜を與へられ候樣致度尤も右の場合に於ては現に小學校に在職の教員にありては小學校令施行規則第百二十七條に依り休職上申相成候は認可可相成省議に有之候右併せて御含相成度依命此段及通牒候也

六、（三十九年四月普通學務局通牒）小學校令施行規則第百二十七條に依り教員に退職を命せらるる場合に關して明治三十六年十月號を以て特に及通牒置候處休職に關しても愼重調査の上其事由に依りては可成改善の道を講せられ已むを得さる場合に於て休職處分御上申相成候際には本人の略歷添付相成候樣致度依命此段及通牒候也

第百二十八條 市町村立小學校正教員左ノ各號ノ一ニ該當スルトキハ當然退職者トス

一 當該學校ノ廢セラレタルトキ

二　休職期間滿チタルトキ

第百二十九條　市町村立小學校教員ニシテ免許狀褫奪ノ處分ヲ受ケ又ハ其ノ免許狀ニシテ効力ヲ失ヒタルトキハ當然其ノ職ヲ失フ

第百三十條　市町村立小學校准敎員ノ進退ニ關スル規程ハ府縣知事之ヲ定ム

（三十三年十月某縣照會）規則第百三十條に依り准敎員へも正敎員同樣休職を命し且年功加俸給與上には勤續年數へ通算するの取扱とするも差支なきや

（三十三年十一月普通學務局回答）御見込の通

第百三十一條　第百二十二條第一號、第百二十六條第一號及第二號前段ノ事由ニ因リ處分セントスルトキハ府縣知事ハ其ノ府縣恩給顧問醫ノ意見ヲ聞クコトヲ要ス

第百三十二條　私立小學校長及敎員ノ採用解職ハ設立者ニ於テ遲滯ナク府縣知事ニ屆出ツヘシ

第二節　學校長及教員ノ職務及服務

第百三十三條　學校長及教員ハ教育ニ關スル勅語ノ旨趣ヲ奉體シ法律命令ニ從ヒ誠實ニ其ノ職務ニ服スヘシ

一、(三十三年九月某縣照會)明治二十年七月勅令第三十九號官吏服務規律は最早小學校長及教員に適用を要せさるか又明治十四年文部省達第十九號小學校教員心得は現存し居るものと認むへきか(前後略)

(三十三年九月普通學務局回答)總て御見込の通(前後略)

二、(三十六年四月某縣照會)十六年五月文部省號外達學校教員に宮吏服務規律適用の件は小學校教員に對し猶有效なるや電信御回答を請ふ(電信)

(三十六年五月普通學務局回答)十六年文部省號外達は小學校教員に適用なし

第百三十四條　學校長ハ校務ヲ整理シ所屬職員ヲ統督ス

第百三十五條　正教員ハ兒童ノ教育ヲ擔任シ且之ニ屬スル事務ヲ掌ル

第百三十六條　准教員ハ本科正教員ノ職務ヲ助ク

（四十三年十月普通學務局通牒）小學校に於ける准教員及代用教員は本科正教員の職務を助くへきものにして單獨に兒童の教育を擔任すへきものにあらさるは勿論の儀に有之候處近時數學級に對して正教員と准教員を配置する場合に在りても往々獨立して一學級を擔任せしむる向も有之趣に有之教育上遺憾不尠候に付准教員及代用教員は自今必す本科正教員をして指導せしむる樣特に御注意相成度又代用教員の人選方に就ては從來相當注意相成居候儀と被存候へとも此際一層其人物に留意し志操堅實にして品行方正なる者を選擇せしめられ候樣御配慮相成度依命此段及通牒候也

追て學校長首席訓導等にして學級を擔任するに拘はらす實際授業をなさす又專科正教員をして學級を擔任せしむる向も有之候哉に相聞へ候間是亦相當御監督方御注意相成度此段申添候也

第百三十七條　市町村立小學校長及教員ハ當該學校所在ノ市町村ニ居住スヘシ

但シ監督官廳ノ認可ヲ受ケタルトキハ此ノ限ニアラス

學校長及教員ハ擅ニ其ノ職務ヲ離レ又ハ職務上居住スヘキ地ヲ離ルルコトヲ

得ス

第百三十八條　學校長及教員ハ營利ヲ目的トスル會社ノ業務執行社員、取締役、監査役ト爲リ又ハ給料ヲ受ケテ他ノ事務ヲ行フコトヲ得ス但シ府縣知事ノ認可ヲ受ケタルトキハ此ノ限ニアラス

學校長及教員ハ府縣知事ノ認可ヲ受クルニアラサレハ營利ヲ目的トスル業務ヲ爲スコトヲ得ス

一、（三十四年十月某通照會）市町村立小學校長及教員は小學校令施行規則第百卅八條により府縣知事の認可を經るにあらされは給料を受けて他の事務を行ふことを得さる規程に有之候處報酬又は謝儀を受けて小學校教員養成所又は夜學會等の講師となり本職服務時間中若は時間外に於て教授に從事致候ものは給料と同視し取扱差支無之候哉御意見承知致度此段及御照會候也

（三十四年十月普通學務局回答）月日號を以て市町村立小學校長及教員報酬又は謝儀を受けて小學校教員養成所又は夜學會等の講師となる場合に關する件御照會の趣了承右は御見込の通と存候此段及御回答候也

二、（三十四年十一月普通學務、宗教、神社三局通牒）神職又は寺院住職等小學校訓導と交互兼務の義に付別紙の通本日內訓相成候右は二十九年三月十一日中普甲一六九號を以て及御通牒置候趣旨に依り且三十一年五月二十日成普甲八〇〇號御通牒中の事項に就き篤と御調查の上御取扱相成度依命此段申進候也

（參照）

明治二十八年十月十日內務省訓第七一七號ハ自今廢止ス

右內訓ス

內務文部兩大臣內訓（二十八年十月十日）

土地ノ情況ニ依リ止ムヲ得サル場合ニ於テ神職又ハ寺院住職等ト小學校訓導ト交互兼務セシムル必要アルトキハ自今氏名事由等ヲ具シ其都度伺出ツヘキ儀ト心得ヘシ

普通學務局社寺局通牒（二十九年三月十一日）

客年十月十日付を以て神職又は寺院住職等と小學校訓導と交互兼務の儀に付內務文部兩大臣より內訓の次第も有之候處右は止むを得さる場合の外は可成兼任せしめさる旨趣に有之候條其御含を以て御處理相成度爲念此段及御通牒候也

同　前（三十一年五月二十日）

明治二十八年十月十日付內務文部兩大臣の內訓に依り神職又は寺院住職等と小學校訓導と交互兼務の件御伺出の節は本人在職學校の生徒數學級數敎員配置數等併せて具申相成度依命此段御通牒候也

第三節　懲戒處分、業務停止及免許狀褫奪

第百三十九條　市町村立小學校長及敎員ニ對シ懲戒處分ヲ行ハントスルトキハ府縣知事ハ期間ヲ定メテ本人ヨリ手續書ヲ徵スルコトヲ要ス但シ之ヲ徵スルコト能ハサル事由アルトキハ此ノ限ニアラス

本條に於て、特に注意すへきは、期間を定めて本人より手續書を徵すへきことと是なり。而して此の手續書は、府縣知事か懲戒處分を行はんか爲めに、期間を定めて本人より徵したるものを指すものにして、其以前に於て郡長又は郡視學等か恣に徵したる書類は、其の名義の如何に拘はらす、本條に所謂手續書にあらさるは勿論なるへし。

第百四十條　懲戒處分ヲ行フヘキ事件刑事裁判所ニ繫屬スル間ハ同一事件ニ關シ懲戒處分ヲ行フコトヲ得ス

第百四十一條　市町村立小學校長及教員ニ對シ懲戒處分ヲ行フトキハ府縣知事ハ本人ニ處分書ヲ交付スヘシ

第百四十二條　市町村立小學校長及教員ノ減俸ハ一箇月以上一箇年以下減俸ノ處分ヲ受タル當時ノ俸給月額ノ三分ノ一以下ヲ減給ス

（三十四年二月某縣照會）一、中學校高等女學校等職員にして文官懲戒令に依り減俸に處せられたる者の徵收方は從前の懲戒例に於ける罰俸と同一の手續に依り可然乎又は改正懲戒令には減俸となりたるを以て其方法は俸給令第十五條に依り發令の翌日より計算せさるを得さるか若し後段の如くせは其月三十日に一ヶ月分月俸十分の一の減俸に處せられたるときは其翌三十一日一日分を減するに止まるか又は一ヶ月を三十日と計算し翌月に涉り徵收すへきか
二、懲戒處分後減俸徵收半途にして他府縣公立學校に轉任したる者は其不足を轉任先管理廳に於て引續き徵收すへきや
（三十四年四月普通學務局回答）第一項後段御見解の通但翌月に涉り計算すへき儀に有之其計算

方は例へは月の三十日に一ヶ月間の減俸に處せられたるものなるときは翌三十一日より起算應當日の前日即翌月三十日を以て終了す尤も其翌月に於て起算應當日即三十日に滿たさる月あるときは其末日を以て終了する儀に有之候

第二項御見解の通

第百四十三條 市町村立小學校教員ニシテ免職ノ處分ヲ受ケタル者ハ二箇年ヲ經ルニアラサレハ教員ノ職ニ就クコトヲ得ス

本條に該當する者は、第百四十七條に依り、府縣知事の認可を受けたるときは、教員の職に就くことを得へし。

第百四十四條 第百三十九條乃至第百四十一條ハ規定ハ業務停止及免許狀褫奪ノ處分ニ關シ之ヲ準用ス

第百四十五條 私立小學校長及教員ノ業務停止ハ一箇月以上二箇年以下トス

第百四十六條 府縣知事ニ於テ學校長又ハ教員ニ對シ免職、業務停止又ハ免許狀褫奪ノ處分ヲ行ヒタル時ハ其ノ氏名、職名及事由ヲ具シ文部大臣ニ報告ス

へシ

一、(四十年十一月普通學務局通牒) 小學校令施行規則第百四十六條に依り報告相成候際往々事由の詳密ならさるもの有之候處爾今右の場合に風紀に關し處分相成候ものに就きては詳細なる事實を具し御報告相成候樣致度依命此段及通牒候也

二、(四十三年十月普通學務局通牒) 小學校令施行規則第百四十六條に依る報告方に關しては明治四十年十一月日號を以て通牒の次第も有之候處爾今左記事項をも併て御報告相成度依命此段及通牒候也

記

一、本人の有せる小學校教員免許狀の種類
二、同上免許狀を得たる出身學校(師範學校第一部第二部中學校高等女學校等)又は檢定等の區別
三、同上卒業又は檢定の年月
四、學資及授業費償還の處分

第百四十七條 府縣知事ハ免職又ハ業務停止ノ處分ヲ受ケタル學校長及教員ニシテ改悛ノ實顯著ナリト認メタル者ニハ第百四十三條ノ期間內又ハ業務停止

ノ期間內ト雖モ文部大臣ノ認可ヲ受ケ教員ノ職ニ就クコトヲ得シメ又ハ業務停止ヲ解クコトヲ得

第百四十三條の該當者に關しては、三十四年閣議決定の結果、內閣の通牒に依り、其の期間內は、教員の職に就くことを許されさる取扱になり居りしか、四十年に至り勅令第百七十七號公布の結果、別段の規定ある者は、文官懲戒令を準用せさることゝなりたるを以て、改悛の實顯著なるものに對しては、期間內といへとも、教員の職に就くことを認可せらることゝなれり。

第四節　俸給、旅費及諸給與準則

第百四十八條　教員ノ月俸額ハ左表ニ依リ之ヲ定ムヘシ但シ土地ノ情況ニ依リ當分ノ內明治三十年勅令第二號第六條ノ金額マテニ減スルコトヲ得

職名		一級	二級	三級	四級	五級	六級	七級	八級	九級	十級
本科正教員	上	九十五圓	七十圓	六十圓	五十圓	四十圓	三十圓	二十四圓	二十圓	十六圓	十三圓
	下	八十圓	六十五圓	五十五圓	四十五圓	三十五圓	二十七圓	二十二圓	十八圓	十四圓	十二圓
專科正教員	上	五十圓	四十圓	三十圓	二十四圓	二十圓	十六圓	十三圓	十一圓	九圓	
	下	四十五圓	三十五圓	二十七圓	二十二圓	十八圓	十四圓	十二圓	十圓	八圓	

准教員	上	二十五圓	二十圓	十六圓	十三圓	十一圓	九圓			
	下	二十二圓	十八圓	十四圓	十二圓	十圓	八圓			

本條は四十四年四月一日に公布せられ、即日實施せられたるものなり。

第百四十九條 本科正教員ニシテ一級上俸ヲ受ケ特ニ功勞アル者ニハ漸次百二十圓マテ増スコトヲ得

第百五十條 專科正教員ノ俸給ハ其ノ教授時數ニ應シ等級相當ノ俸給額ヲ減スルコトヲ得

第百五十一條 專科正教員ニシテ他ノ小學校ノ專科正教員ヲ兼ヌル者ニハ關係學校ノ經費ヨリ其ノ俸給ヲ分割シテ給スルコトヲ得

一、（三十三年十月某縣照會）規則第百五十一條に依り專科正教員の俸給を分割支給する場合は知事に於て其分擔を指示すへきや將た管理者に一任し可然乎又場合に依りては更に兼務俸を給するも差支なきや

（三十三年十一月普通學務局回答）前段は知事に於て指定せらるる方然るへし後段別に兼務俸を給

するは然るへからす

二、（四十一年十月某縣照會）左記各項の場合に於ては其俸給を兩校より分割支給し差支なきや御省議のある所至急承知致度右及照會候也

一、小學校專科正教員にして晝間授業をなす實業補習學校の教員を兼ぬる場合

二、小學校本科正教員は（本務に差支なき者）にして晝間授業をなす附設の實業補習學校の教員を兼ぬる場合

三、小學校教員（補助教員）にして晝間授業をなす附設の實業補習學校教員を兼ぬる場合

四、實業補習學校教員より小學校教員を兼ぬる場合

（四十一年十一月普通學務局回答）月日號照會兼任教員俸給分割支給の件は各項共總て然るへからさる儀と存候條御承知相成度此段及回答候也

第百五十二條　教員ノ俸給ハ其ノ意ニ反シテ之ヲ減スルコトヲ得ス

教員の俸給は本人の意に反して之を減することを得されとも、本人に於て自己の便宜上減俸を承諾するときは、之を減することを得へし、斯の如き場合に於ては本人より減俸承諾書を提出せしむるを普通の取扱方とす。

第百五十三條　休職者ニハ俸給ヲ給セス但シ府縣知事ニ於テ市町村、町村學校組合又ハ區ノ同意ヲ得タルトキハ其ノ一部若クハ全部ヲ給スルコトヲ得

第百五十四條　教員ニシテ在職ノ儘小學校教員講習科ニ入學スル者ニハ俸給ノ一部若ハ全部ヲ給ス但シ其ノ額ハ府縣知事ニ於テ市町村、町村學校組合又ハ區ノ意見ヲ聞キ之ヲ定ムヘシ

本條は、四十一年中改正せられたるものにして、從來は教員にして在職の儘小學校教員講習科に入學する者には、前條の場合と同しく府縣知事に於て市町村等の同意を經たる場合に限り、俸給の一部若は全部を給することを得るの規定なりしか、斯くては講習科入學を奬勵する所以にあらさるを以て本條の如く改正せらるるに至りしなり。

第百五十五條　教員ニシテ陸軍給與令又ハ海軍軍人俸給令ニ依リ俸給ヲ受クル者ニハ其ノ間俸給ヲ給セス但シ其ノ額本職ノ俸給額ヨリ寡少ナルトキハ其ノ不足額ヲ給スルコトヲ得

第百五十六條　教員左ノ各號ノ一ニ該當スルトキハ當月分ノ俸給ハ日割ヲ以テ給スヘシ
一　懲戒ニ依リ免職ニ處セラレタルトキ
二　免許狀褫奪又ハ免許狀ノ失效ニ因リ教員ノ職ヲ失ヒタルトキ
（三十七年三月某縣伺）懲戒免職に處せられたる小學校敎員にして本人訴願の結果該處分を取消されたるものに對し俸給支給計算方は懲戒當時に遡り支給すへき儀に有之候哉將た訴願裁決されたる日より計算すへきものに候哉將又本人裁決書受領の日より起算すへき儀に候乎疑義に涉り候條何分之儀電報を以て御指令相成度此段相伺候也
（三十七年三月普通學務局通牒）（前略）右は處分を取消されたる日より計算せられ然るへくと存候（後略）
第百五十七條　教員死亡シタルトキハ其ノ在職中ト休職中トニ拘ラス在職最終ノ俸給月額箇三月分ヲ其ノ遺族ニ給スヘシ
一、（三十五年二月某縣問合）小學校令施行規則一五七條の俸給には加俸を加算すへきや（電信）
（三十五年二月普通學務局回答）小學校令施行規則第百五十七條の俸給には加俸を加算すへし

二、（四十四年六月某縣照會）小學校令施行規則第百五十七條の死亡賜金に加算する加俸の分は市町村より支出すへきか加俸資金より支出すへきか返電を待つ（電信）

（四十四年六月普通學務局回答）小學校令施行規則第百五十七條の給額に加算する加俸額は市町村に於て負擔すへきものと思考す（電信）

第百五十八條　正教員ノ旅費額ハ判任文官ノ例ニ準シ之ヲ定メ准教員ノ旅費額ハ地方ノ情況ヲ量リ之ヲ定ムヘシ

第百五十九條　教員ニシテ一週三十二時ヲ超エ教授ヲ擔任スル者ニハ手當ヲ給スヘシ

本條時間の制限は、從來一週三十時なりしを、四十年の改正に於て三十二時に改正せり。これ第十八條第五號及第六號表改正の結果、高等小學校の女兒は、毎週三十二時まて教授する場合あるに至りたるか爲、其の制限を高むるの必要あるか故に外ならす。

第百六十條　學校長又ハ教員ニシテ特ニ勤勞アル者ニ慰勞金ヲ給スルコトヲ得

第百六十一條　教員ニシテ宿直スル者ニハ賄料ヲ給スヘシ

第百六十二條　學校長又ハ教員ニシテ職務ノ爲傷痍ヲ受ケ若ハ疾病ニ罹リタル者ニハ療治料ヲ給スヘシ

第百六十三條　教員ニハ土地ノ情況ニ依リ住宅料ヲ給スヘシ

（三十三年十月某縣照會）規則第百六十三條に依り教員の住宅料を給すへき土地は知事に於て指定すへきや將た管理者の見込に任すへきや又第百六十一條乃至第百六十三條に依り給する金額は管理者に一任するの外知事に於て標準を定め依據せしむるを得さるや

（三十三年十一月普通學務局回答）便宜處理せられ然るへし

第百六十四條　第百五十九條及第百六十條ニ依リ給スル金額ハ府縣知事ニ於テ管理者ノ意見ヲ聞キテ之ヲ決定シ第百六十一條乃至第百六十三條ニ依リ給スル金額ハ管理者ニ於テ之ヲ決定スヘシ

第百六十五條　本節ニ規定アルモノヲ除ク外俸給及旅費ノ支給方法ハ判任文官ノ例ニ準シ地方ノ情況ヲ量リ之ヲ定ムヘシ

（三十四年三月某縣報告に基き普通學務局伺定）　客年二月中某縣稟請市町村立小學校教員の俸給額等諸給與支給規則中には裁縫專修科を擔任する教員には其教授をなす月のみに限り俸給を支給することを得ることに許可相成候處小學校令改正と共に小學校に於ける右裁縫專修科は認められさることになりたれとも尚從前の如く本報告第百八條に同樣の規定をなしたるを以て照會したる回答に依れは補習科に適用せんとする精神なる趣に候旁々事情必要のことと被存候へは此儘差措かれ可然候哉相伺候也

（參照）　某縣令抄錄

第百八條　一定の季節を撰ひ教授を爲す場合に於て其の教授を擔任する教員には教授を爲す月に限り俸給を支給することを得

第百六十六條　第百四十八條ニ掲クル表ニ依リ難キ事情アルトキハ特別ノ規定ヲ設クルコトヲ得

第百六十七條 本節ニ學校長教員トアルハ市町村立小學校ノ學校長教員ヲ謂フ

第五節　代用教員

第百六十八條 市町村立小學校代用教員ノ採用、解職及懲戒處分ハ市町村立小學校准教員ノ例ニ依ル

本條は、今回改正せられたるものにして、從來郡市長に委任せられたる代用教員の進退を府縣知事に移されたるものなり。本條實施の曉に於ては、府縣廳等に於ける取扱は頗繁雜となり、之に關する事務多端なるに至るへきは、固より明なるも、代用教員は之を教育上の影響より觀れは、敢て正教員又は准教員と異る處なきか故に、少なくとも准教員と同一に之を待遇するを至當とすへし。是れ今回の改正ある所以なり。（四十四年文部省訓令第十三號を參照すへし）

第百六十九條 削除

本條を削除せられたるは、代用教員の懲戒處分に關する規定は、其の進退と共に前條に包括規定せられたるか爲に外ならす。

第百七十條 私立小學校代用教員ノ採用、解職ハ第百三十二條ノ規定ヲ準用ス

本條も亦今回改正せられたるものにして、第百三十二條を準用し、設立者に於て遲滯なく府縣知事に屆出つることゝなりたるなり。

第百七十一條　小學校令第四十七條ノ規定竝ニ本令第五章第二節ノ規定中准教員ニ關スルモノハ代用教員ニ準用ス

第百七十二條　府縣知事ニ於テ私立小學校代用教員ヲ不適當ト認メタルトキハ之ヲ解職セシムルコトヲ得

今回の改正に於て『私立小學校』を本條中に加へたるは、市町村立小學校代用教員は、府縣知事之を進退することゝなりたる結果、私立學校の外、本條適用の必要なきに至りたるに依るものなり。

第百七十三條　市町村立小學校代用教員ノ俸給、旅費其ノ他諸給與ニ關スル規程ハ府縣知事之ヲ定ム

第六章　授業料

第百七十四條　尋常小學校ニ於テ授業料ヲ徴收セントスルトキハ市ニ在リテハ

一箇月二十錢以下、町村又ハ町村學校組合ニ在リテハ一箇月十錢以下ニ於テ其ノ金額ヲ定メ府縣知事ノ認可ヲ受クヘシ

一、（三十三年十一月普通學務局通牒）特別の事情あるか爲め市町村立尋常小學校に於て授業料を徴收せんとするに當り小學校令第五十七條第二項に依り申請せらるる場合に於ては土地の情況等夫々精査の上處理せらるへきは勿論の事と存候處右は豫め期限を定めて認可せらるるは小學校令改正の趣旨を貫徹せしむる上に於て必要と存候條該期限は三箇年以内に於て之を定められ候樣致度依命此段及通牒候也

追て市町村又は町村學校組合に於て小學校令施行規則第百七十六條に依り文部大臣に申請する場合に於ても其期限は本文に準し之を具せしめられ度此段申添候也

（四十年文部省令第六號附則第五項を參照すへし）

二、（三十四年三月某縣問合に對する普通學務局回答）月日號を以て區の負擔に係る小學校の授業料を徴收せんとするとき區會の決議に依るへきか町村又は町村學校組合會の決議に依るへきかに關し御問合之趣了承右は小學校令施行規則第百七十四條乃至第百七十六條に依り市會町村會學校組合會に於て決議すへき儀と存候依命此段及御回答

候也

三、（三十四年一月某縣照會）市町村に於て學校基本財産蓄積の爲め尋常小學校授業料を徴收するも差支なきや

（三十四年二月普通學務局回答）然るへからす

第百七十五條　高等小學校ニ於テ徴收スル授業料ハ市ニ在リテハ一箇月六十錢以下、町村又ハ町村學校組合ニ在リテハ一箇月三十錢以下ニ於テ其ノ金額ヲ定メ監督官廳ノ認可ヲ受クヘシ

一、（三十三年十月某縣照會）高等小學校の授業料を徴收すると否とは町村の任意とし可然乎

（三十三年十一月普通學務局回答）御見込の通

二、（三十五年十一月某縣照會）高等小學校の授業料を徴收するときは小學校令施行規則第百七十五條に依り其金額を定め監督官廳の認可を受くへき儀に付兒童の學業操行等佳良なる者を奬勵する爲め特に斯の如き兒童に對しては授業料を免除することを規定し認可を請ふときは監督官廳に於て認可し差支無之候哉疑義相生し候に付至急御回答相成度此段及照會候也

（三十五年十二月普通學務局回答）（前略）右は授業料額に就きては監督官廳の認可を受くへきも奬勵

等の爲め特に授業料の減免をなす場合に於ては認可を受くるを要せさる儀と存候條右樣御了知相成度此段及回答候也

第百七十六條 特別ノ事情アル市町村又ハ町村學校組合ニ於テハ他ノ小學校設置負擔ノ區域ヨリ入學スル兒童ニ就キテハ府縣知事其ノ他ノ兒童ニ就キテハ文部大臣ノ認可ヲ受ケ期限ヲ定メテ前二條ノ制限ヲ超エタル授業料ヲ徴收スルコトヲ得

本條は、四十年中全部改正せられたるものにして、變更の要點は、他の小學校設置負擔の區域より入學する兒童に就きて前二條の制限を超えたる授業料を徴收する場合は、文部大臣の認可を受くるを要せす府縣知事の認可を受くるを要すと爲したるにあり。 蓋し本條は前二項に對する例外の場合を規定したるものにして、かかる場合に於て失當の授業料を徴收することを防くか爲に、文部大臣の認可を受けしむるの必要ありしならんも、他の小學校設置負擔區域より入學する兒童に關しては、其の保護者か授業料の外教育費に關し何等の負擔を爲さざるか故に、其の小學校設置負擔區域內の兒童とは自ら事情を異にするものあり。 是れ府縣知事の認可に止められたる所以なるへし。

一、（四十一年七月普通學務局通牒）特別の事情あるか爲め市町村立小學校に於て制限外授業料を徵收せんとするに當り小學校令施行規則第百七十六條後段に依り申請せらるる場合に於ては左記の事項を具せしめ候樣致度此段及通牒候也

一、特別の事情

二、期限但し三箇年以內に於て之を定むへし

三、當該年度及其の前年度に於ける賦課率竝其の收支豫算

四、授業料制限外徵收に關する市町村又は町村學校組合會決議要領

二、（四十四年二月普通學務局通牒）市町村に於て特別の事情あるか爲小學校令施行規則第百七十六條後段に依り市町村立小學校の授業料制限外徵收を爲さんとするに當り當該年度半は經過の後に至り申請書を進達せらるる向有之候處斯くては授業料の徵收上不都合なるのみならす取扱上支障不少候に付右は自今可成當該年度始まてに御進達相成候樣御取計相成度此段及通牒候也

第百七十七條　小學校補習科ノ授業料額ハ市町村又ハ町村學校組合ニ於テ之ヲ定ムヘシ

第百七十八條 小學校ニ於テハ學年ニ依リ授業料額ニ差等ヲ設クルコトヲ得ス

四十年の改正に依り、本條に對する當分の例外規定を設けられたり。附則第五項を參照すへし。

第百七十九條 他ノ小學校設置負擔ノ區域ヨリ入學スル兒童ニ就キテハ第百七十四條及第百七十五條ノ制限以內ニ於テ授業料額ヲ增スコトヲ得但シ兒童敎育事務ヲ委託シタル市町村、町村學校組合又ハ區ヨリ入學スル兒童ニ就キテハ此ノ限ニアラス

第百八十條 貧窮ノ爲授業料ヲ納ムルコト能ハサル者ニ對シテハ管理者ハ授業料ノ全部又ハ一部ヲ免除スヘシ

一家兒童二人以上同時ニ小學校ニ就學スルトキハ管理者ハ授業料額ヲ減スルコトヲ得

第百八十一條 本章ノ規定ハ私立小學校ニ關シ之ヲ適用セス

第百八十二條　市町村、町村學校組合竝ニ區ノ學務委員ハ十人以下トス但シ東京市ニ在リテハ十五人マテニ增スコトヲ得

第七章　學務委員

第百八十三條　學務委員ハ左ニ掲クル事項ニ就キ市長、市參事會、町村長、町村學校組合長、區長竝ニ其ノ代理者ヲ補助シ又ハ其ノ諮問ニ應シテ意見ヲ陳述ス

一　就學督促ニ關スルコト
二　家庭又ハ其ノ他ニ於テ尋常小學校ノ教科ヲ修ムル者ノ認可ニ關スルコト
三　就學義務ノ免除又ハ就學ノ猶豫ニ關スルコト
四　設備ニ關スルコト
五　經費豫算ノ調製ニ關スルコト
六　授業料ニ關スルコト
七　學校基本財產ニ關スルコト
八　教科目ノ加除及小學校令第二十條第二項ノ教科目選定ニ關スルコト
九　修業年限ニ關スルコト

十　補習科ノ設置廢止ニ關スルコト

四十年の改正に於て本條第八號中第三項とありしを第二項に改め、第十一號を削られたり。これ小學校令中改正の結果其の必要を生したるに依るなり。

第百八十四條　公民中ヨリ選擧セラレタル學務委員ノ任期ハ四箇年トス

補闕選擧ニ依リ就任シタル者ノ任期ハ前任者ノ殘任期間トス

第百八十五條　學務委員ニシテ資格ノ要件ヲ失ヒタル者ハ當然其ノ職ヲ失フ

第八章　代用私立小學校

第百八十六條乃至第百九十四條　削除

本章は、四十年の改正により全部削除せられたり。これ小學校令に於て、全く代用私立小學校に關する制度を廢止せられたる當然の結果なり。

第九章　幼稚園及小學校ニ類スル各種學校

第百九十五條　幼稚園ハ滿三歳ヨリ尋常小學校ニ入學スルマデノ幼兒ヲ保育スルヲ以テ目的トス

第百九十六條　幼兒ヲ保育スルニハ其ノ心身ヲシテ健全ニ發達セシメ善良ナル習慣ヲ得シメ以テ家庭教育ヲ補ハンコトヲ要ス
幼兒ノ保育ハ其ノ心身發達ノ程度ニ副ハシムヘク其ノ會得シ難キ事項ヲ授ケ又ハ過度ノ業ヲ爲サシムルコトヲ得ス
常ニ幼兒ノ心情及行儀ニ注意シテ之ヲ正シクセシメ又常ニ善良ナル事例ヲ示シテ之ニ倣ハシメンコトヲ務ムヘシ

第百九十七條　幼兒保育ノ項目ハ遊戲、唱歌、談話及手技トス

第百九十八條　削除

第百九十九條　削除

第二百條　削除

第二百一條　削除

第百九十八條乃至第二百一條は、今回の改正に於て削除せられたるものなり。蓋し是等の箇條は、保育事項等を詳細に規定したるものにして、從來動もすれは、之を小學校に於ける敎則に關する規定の如くに取扱ひ、幼兒を强制して一定の事項を授けんとするの傾向あり。是れ保育の本旨を誤るものにして、幼稚園の發達を阻害するの虞なきにあらす、是れ今回の改正ある所以なり。而して是等の箇條改正に依り劃一の規定廢止せられたるを以て、當事者は、第百九十七條に規定せられたる幼兒保育の項目を適當に解釋し、以て保育事業の進歩發達を企圖すへきなり。

第二百二條　保育ノ時數ハ管理者又ハ設立者ニ於テ之ヲ定メ府縣知事ノ認可ヲ受クヘシ

本條改正の結果保育時間の制限を廢止せられたるは、從來の如く之を劃一に規定するの必要なきのみならす、却つて保育上の不便を來すの情況あるか故に、適宜之を伸縮せしむるを適當と認められたるか爲めに外ならさるへし。

第二百三條　幼稚園ニ園長ヲ置クコトヲ得

第二百四條　幼稚園ニ於テ幼兒ヲ保育スル者ヲ保姆トス
保姆ハ女子ニシテ小學校ノ本科正教員又ハ准教員タルヘキ資格ヲ有スル者又ハ府縣知事ノ免許ヲ得タル者タルヘシ

本條第二項中『尋常』の二字を削りたるは、之を存するときは尋常小學校本科教員に限るか如く見ゆるに依り、之か誤解を避くるか爲にして『小學校』の下『ノ』を加へたるは、小學校に於ける本科正教員又は准教員たるへき資格を有するときは尋常たると尋常高等たるとを問はさるの意を明にしたるものなるへし。

第二百四條ノ二　保姆ノ免許ヲ得ルニハ檢定ニ合格スルコトヲ要ス
前項ノ檢定ハ小學校敎員檢定委員會ニ於テ之ヲ行フ
檢定ニ關スル規程ハ府縣知事之ヲ定ム
第百四條第百十四條第百十五條第百十九條乃至第百二十一條ノ規定ハ保姆ノ檢定及免許ニ關シ之ヲ準用ス

本條は、今回新に追加せられたる規定にして、保姆の免許檢定に關する事項を包括規定したるものなり。從來保姆の免許檢定に就ては、明文上何等據るへきものなかりしか、本條の新設に依りて、條文の不備を補ふに至れり。而も本條の内容は、多くの府縣に於て、既に實行せられたるところにして、大體適切なる規定なりといふを妨けさるへし。

第二百五條 幼稚園長及保姆ノ採用、解職、懲戒處分、業務停止ハ小學校敎員ノ例ニ依ル

市町村立幼稚園長及保姆ノ俸給旅費其ノ他諸給與ニ關スル規程ハ府縣知事之ヲ定ム

幼稚園長及保姆の懲戒處分、業務停止及ひ俸給旅費其の他諸給與に關する規定は、從來備はらさりしか、今回本條を改正し、前者は、小學校敎員の例に依ることとし、後者は、府縣知事をして之を定めしむることとなせり。是れ規定の不備を補ふものにして當然の事項と認むへきなり。

第二百六條 幼稚園ノ幼兒數ハ約百二十人以下トス但シ特別ノ事情アルトキハ約二百人マテニ增スコトヲ得

本條幼兒數を增加したるは、實際上に於て從前の規定は、寡きに失したるものと認められたるが爲なるへく、『約』の一字を加へたるは凡そ百二十人又は二百人の

意義にして數名の超過の如きは固より妨けなしとするものに外ならさるへし。

第二百七條　保姆一人ノ保育スル幼兒數ハ約四十人以下トス

第二百八條　幼稚園ノ設備ハ左ノ各號ノ規定ニ依ルヘシ

一　建物ハ平屋造トシテ保育室、遊戲室其ノ他必要ナル諸室ヲ備フヘシ

二　保育室ノ大ハ幼兒五人ニ付一坪ヨリ小ナルコトヲ得ス

三　遊園ハ幼兒一人ニ付一坪ノ割合ヲ以テ設クルヲ常例トス

四　恩物、繪畫、遊戲道具、樂器、黑板、机、腰掛、時計、寒暖計、煖房器其ノ他必要ナル器具ヲ備フヘシ

五　敷地、飮料水及採光窓ニ關シテハ小學校ノ例ニ依ルヘシ

第二百九條　盲啞學校其ノ他小學校ニ類スル各種學校ニハ學校長ヲ置クコトヲ得

第二百十條　盲啞學校其ノ他小學校ニ類スル各種學校教員ハ小學校教員タルヘ

キ資格ヲ有スル者又ハ府縣知事ノ免許ヲ得タル者タルヘシ

第二百十一條 盲啞學校其ノ他小學校ニ類スル各種學校ノ學校長及教員ノ採用解職、懲戒處分、業務停止ハ小學校教員ノ例ニ依ル市町村立ノ盲啞學校其ノ他小學校ニ類スル各種學校ノ學校長及教員ノ俸給旅費其ノ他諸給與ニ關スル規程ハ府縣知事之ヲ定ム

本條の改正は、從來規定の不備を補ふか爲に外ならす。

(三十三年九月某縣照會)小學校令及同施行規則中盲啞學校各種學校の名稱待遇に關しては何等の規程なし右は市町村立に係る學校の敎員に對しては市町村立小學校敎員の例に準し訓導又は准訓導の名稱を用ふるも妨けなきや但待遇は例外とす

(三十三年十月普通學務局回答) 十九年閣令第三十五號に依るへき儀と御承知相成たし

(參照) 閣令第三十五號(明治十九年十二月二十八日)

公立學校職員の名稱は中學校及等位の之に準すへき學校に於ては學校長敎諭助敎諭書記として小學校及等位の之に準すへき學校に於ては學校長訓導とし總て判任を以て待遇すへし

第十章　附則

第二百十二條　本令ハ明治三十三年九月一日ヨリ施行ス但シ第一章中第一節乃至第四節、第五章中第四節及第五節、第六章、第八章ノ規定ハ明治三十四年四月一日ヨリ施行ス

第二百十三條　小學校ニ於テ第三十五條ノ規定ニ依リ難キ事情アルトキハ明治三十四年四月一日ヨリ五箇年間ハ三學級毎ニ本科正教員一人及准教員二人ヲ置クコトヲ得

既設小學校ノ編制ニシテ第三十五條ヲ除ク外第一章第三節ノ規定ニ牴觸スル場合ニ於テ特別ノ事情アルトキハ市町村、町村學校組合又ハ設立者ニ於テ期間ヲ定メ府縣知事ノ認可ヲ受ケ同節ノ規定ニ依ラサルコトヲ得

（第三十五條下を參照すへし）

第二百十四條　既設ノ補習科ニ於テ第一章第四節ノ規定施行ノ際現ニ其ノ教科ヲ學習スル兒童ニ就キテハ其ノ兒童ノ修了スルニ至ルマテ仍從前ノ例ニ依ルコトヲ得

第二百十五條　本令施行前府縣知事ニ於テ採定シタル小學校教科用圖書ハ本令施行後仍其ノ效力ヲ有ス
第六十條ノ規定ニ依リ學年開始前公布ヲ爲スヘキ期間ハ本令施行ノ日ヨリ明治三十四年三月三十一日マテハ六十日トス

第二百十六條　本令施行前府縣知事ニ於テ定メタル規程ニ依リ編製シタル學齡簿及學籍簿ハ第三章ノ規程ニ依リ編製シタルモノト看做ス

第二百十七條　本令施行前ニ授與シタル小學校教員免許狀及之ト同一ノ效力ヲ有スル小學師範學科卒業證書ハ本令ノ規定ニ依ル小學校教員免許狀中之ニ相當スルモノト同一ノ效力ヲ有ス

第二百十八條　本令施行前從前ノ規程ニ依リ休職ヲ命セラレタル教員ノ休職期間ハ仍從前ノ例ニ依ル

第二百十九條　市町村立小學校教員ノ俸給、旅費其ノ他諸給與ニ關シテハ本令施行ノ日ヨリ明治三十四年三月三十一日マテハ府縣知事ニ於テ定メタル從前ノ規程ニ依ル

第二百二十條　本令施行ノ際現ニ學務委員ノ職ニ在ル者ニシテ公民中ヨリ選擧セラレ任期アル者ハ任期ノ滿了マテ其ノ職ヲ失フコトナシ其ノ任期ナキ者ハ本令施行ノ日ヨリ第百八十四條第一項ノ任期ヲ起算ス本令施行ノ際現ニ學務委員ノ職ニ在ル者ノ數第百八十二條ニ規定シタル制限ニ超過スルトキハ抽籤ニ依リテ退職者ヲ定ムヘシ

第二百二十一條　第八章ノ規定施行ノ際現ニ代用中ノ私立小學校ノ代用ニ關シテハ協議ニ依リ定メタル期間ノ滿了マテ仍從前ノ例ニ依ル

第二百二十二條　既設幼稚園ニシテ第二百六條及第二百八條ノ規定ニ依リ難キトキハ期間ヲ定メ府縣知事ノ認可ヲ受ケ之ニ依ラサルコトヲ得

第二百二十三條 明治二十四年文部省令第九號、同第十四號、同第十六號、同第十八號乃至第二十三號、明治二十六年文部省令第二號、同第三號、明治二十七年文部省令第一號、同第九號、明治二十九年文部省令第十號、同第十一號、明治三十二年文部省令第三十號、同三十二號、同第三十七號ハ之ヲ廢止ス明治二十七年文部省令第二十六號中補習科ニ關スル規定、明治二十四年文部省令第一號、同第四號、同第八號、同第十號乃至同第十三號、明治二十五年文部省令第七號、明治二十六年文部省令第九號、明治三十年文部省令第二號ハ明治三十四年四月一日ヨリ之ヲ廢止ス

（備考） 三十六年三月文部省令第十一號、同年四月文部省令第二十二號、同年十一月文部省令第三十四號、三十七年十月文部省令第十九號の各附則は何れも不必要に付之を省く

明治四十年文部省令第六號附則

本令ハ明治四十一年四月一日ヨリ施行ス但シ第二十九條第二項、第三十一條、第四十條、第四十八條、第五十二條、第九十七條、第百十六條、第百七十六條、第百八

十三條及第八章ノ改正ハ明治四十年四月一日ヨリ施行ス

本項は、本令施行期限を定めたるものにして、四十年改正の小學校令と同しく四十一年四月一日より施行せられたるものなり。而して第四十條第九十七條及第八章は、私立代用小學校に關する規定なるか爲め、又第二十九條、第二項、第三十一條、第四十八條、第五十二條、第百十六條、第百七十六條、第百八十三條は、何れも小學校令の改正に伴はさる單獨の改正にして、其の實施を四十一年に延期するの必要なきか故に、四十年四月一日より施行することに定められたるなり。

明治四十年勅令第五十二號附則第四項ノ教科目ニ關シテハ仍從前ノ例ニ依ル但シ管理者又ハ設立者ニ於テ府縣知事ノ認可ヲ受ケ本令ノ規定ヲ斟酌スルコトヲ得

本項は、特別の事情に依り義務年限を延長すること能はさる場合に於ける教科目に關し規定したるものなり。蓋し四十年の改正小學校令附則第四項に於て、かかる場合の教科目に關しては文部大臣の定むる所に依ることを定められたるを以て、玆に省令を以て仍從前の例に依ることを規定したるなり。而して管理者又は設立者に於て府縣知事の認可を受るときは、其の規定を斟酌することを得へし。

是れ従前の規定のみに依るときは、種々の不便を免れさるを以て、便宜上特に新規程を斟酌することを許されたるものなりしなり。

地理ノ教授ノ程度ニ關シテハ從前ノ規定ニ依リ編纂シタル教科用圖書ヲ使用スル間ハ仍從前ノ例ニ依ル

地理は、四十年の改正に於て新に尋常小學校の教科目中に加へられたるのみならす、教授の事項及程度等を著しく變更したるを以て、從來の教科書にては、當時の新規程に依る教授を全ふすること能はさりしなり。されと該規程に依り編纂したる教科書なき間は、仍從前の規程に依ること又止むを得さりしなり。これ本項の規定ある所以なり。

本令施行ノ際存在スル補習科ニ關シテハ仍從前ノ例ニ依ルコトヲ得

四十年には、補習科に關しても著しき改正あり。而して本項の規程なきときは、尋常小學校補習科の入學者は、六箇年の卒業者ならさるへからす。此の如き不便を除く爲め本規程を設け、改正規程施行の際現に存在するものは、便宜上仍從前の例に依ることを許されしなり。

本令施行前第百十四條第一項ニ依リ授與シタル證明書ノ効力ハ仍從前ノ規定ニ

依ル

試驗檢定の際、成績佳良なる者には、從來府縣知事に於て證明書を交付し、其の效力を三箇年に限るの規程たりしか、四十年改正の結果其の効力を無期限となせり。然に三箇年間に限り効力を有せしむる規程の下に授與したる證明書迄も、之を無期限とすることは、不穩當の嫌あるを以て、本項の規程を設け、其の效力を從前の規程に依らしめられしなり。

市町村又ハ町村學校組合ハ當分ノ內府縣知事ノ認可ヲ受ケ本令施行ノ際現ニ高等小學校ニ於テ徵收スル授業料額ノ範圍內ニ於テ尋常小學校第五學年及第六學年ノ授業料額ヲ定メテ之ヲ徵收スルコトヲ得

尋常小學校に於て授業料を徵收するのみならす、學年に依り其の額に差等を設くるとは、義務敎育普及上極めて不得策なれとも、高等小學校に於ては、從來授業料を徵收し、これを以て主なる財源となすの例なりしか故に、高等小學校の第一第二學年に相當する尋常小學校第五第六學年に於て、遽に其の徵收を禁するときは、市町村の經濟上に及ほすへき影響多大にして、改正令實施上尠からさる困難を來たし、義務敎育年限の延長を阻害する虞なきを保せす。これ本項に於て當分の內府縣知事の認可を受け從來徵收したる範圍内に於て授業料を徵收することを得しめられたる所以なりしなり。

（四十年五月文部省次官通牒）尋常小學校第五、第六學年の授業料を從來高等小學校に於て徵收せると同一の額以下に於て徵收する場合は地方長官限り認可することに改めたるも認可を與へらるるに當りては就學を妨けさる樣注意を要す又右は當分に限る儀なれは將來は成るへく授業料の徵收を廢止し又は輕減して就學の便を圖るへきこと

明治四十年勅令第五十二號附則第二項ニ依リ存續スル代用私立小學校ニ關シテハ仍從前ノ規定ニ依ル

四十年の改正令附則第二項に依れは、私立代用小學校は、其の代用期間の滿了するに至るまて、仍其の代用を存續することを得へし。此の場合に於ては仍從前の規程に依らしむること當然なりしなるへし。

明治四十年勅令第五十二號附則第三項ニ依ル尋常小學校ノ兒童ノ學籍簿ハ仍從前ノ樣式ニ依ルコトヲ得

尋常小學校の兒童の學籍簿は、修業年限延長の爲め改正せられたれとも、特別の

事情ありて其の年限を延長せさることを認められたる尋常小學校の學籍簿は、仍從前の樣式に依るも、何等の支障なかるへし。これ本項の規程を設けたる所以なり。

明治四十四年文部省令第二十四號附則

本令ハ明治四十五年四月一日ヨリ之ヲ施行ス
本令施行ノ際現ニ高等小學校ニ在學スル兒童ニ對シテハ其ノ卒業ニ至ル迄教科目、各學年ノ教授ノ程度及每週教授時數ニ關シ仍從前ノ規程ニ依ルコトヲ得

高等小學校の教科目、教授の程度及每週教授時數等は、本令施行の結果明治四十五年四月一日より、當然新規定に據るへきは、固より言を俟たされとも、既に從前の規定によりて、各科目を履修したる兒童に對しては、便宜上仍從前の規定に依らしむるの途を開き置くを適當とすへし。是れ本則第二項の規定ある所以なり。

第一號表　削除(明治四十一年文部省令第二十六號)
第二號表　削除(同上)
第三號表　削除(同上)

第四號表

教科目／學年		修身	國語	算術	日本歴史	地理	理科
第一學年	每週教授時數	二	一〇	五			
		道德ノ要旨	發音假名日用須知ノ文字及近易ナル普通文ノ讀ミ方、書キ方、綴リ方話シ方	百以下ノ數ノ唱ヘ方書キ方二十以下ノ數ノ範圍內ニ於ル加減乘除			
第二學年	每週教授時數	二	一二	六			
		道德ノ要旨	假名、日常須知ノ文字及近易ナル普通文ノ讀ミ方書キ方、綴リ方話シ方	千以下ノ數ノ唱ヘ方書キ方百以下ノ數ノ範圍內ニ於ケル加減乘除			
第三學年	每週教授時數	二	一四	六			
		道德ノ要旨	日常須知ノ文字及近易ナル普通文、ノ讀ミ方、書キ方、綴リ方話シ方	通常ノ加減乘除			
第四學年	每週教授時數	二	一四	六			
		道德ノ要旨	日常須知ノ文字及近易ナル普通文、ノ讀ミ方、書キ方、綴リ方話シ方	通常ノ加減乘除及小數ノ呼ヒ方書キ方及簡易ナル加減乘除（珠算加減）			
第五學年	每週教授時數	二	一〇	四	三		二
		道德ノ要旨	日常須知ノ文字及普通文ノ讀ミ方書キ方、綴リ方話シ方	整數小數諸等數（珠算加減）	日本歴史ノ大要	日本地理ノ大要	植物、動物、鑛物及自然ノ現象、通常ノ物理化學上ノ現象
第六學年	每週教授時數	二	一〇	四	三		二
		道德ノ要旨	日常須知ノ文字及普通文ノ讀ミ方書キ方、綴リ方話シ方	分數步合算（珠算加減乘除）	前學年ノ續キ	前學年ノ續キ滿洲其ノ他外國地理ノ大要	植物動物、鑛物及自然ノ現象、通常ノ物理化學上ノ現象、人身生理ノ初步

教科目	第一學年 時數	第一學年	第二學年 時數	第二學年	第三學年 時數	第三學年	第四學年 時數	第四學年	第五學年 時數	第五學年	第六學年 時數	第六學年
圖畫		（單形 簡單ナル形體）		（單形 簡單ナル形體）	一	單形 簡單ナル形體	一	簡單ナル形體	男二 女一	簡單ナル形體	男二 女一	簡單ナル形體
唱歌	四	平易ナル單音唱歌	四	平易ナル單音唱歌	一	平易ナル單音唱歌	一	平易ナル單音唱歌	二	平易ナル單音唱歌	二	平易ナル單音唱歌
體操		遊戲		遊戲 普通體操	三	遊戲 普通體操	三	遊戲 普通體操	三	普通體操 遊戲 男兵式體操	三	普通體操 遊戲 男兵式體操
裁縫					一	運針法 通常ノ衣類ノ縫ヒ方	二	通常ノ衣類ノ縫ヒ方、繕ヒ方	三	通常ノ衣類ノ縫ヒ方、繕ヒ方、	三	通常ノ衣類ノ縫ヒ方、裁チ方、繕ヒ方
手工		簡易ナル細工		簡易ナル細工		簡易ナル細工		簡易ナル細工		簡易ナル細工		簡易ナル細工
計	二一		二四		男二七 女二八		男二七 女二九		男二八 女三〇		男二八 女三〇	

圖畫ハ第一學年第二學年ニ於テハ每週一時之ヲ課スルコトヲ得

手工ハ第一學年第二學年第三學年ニ於テハ每週一時、第四學年第五學年第六學年ニ於テハ每週二時之ヲ課スルコトヲ得

第五號表　（明治四十四年文部省第二十四號改正）

教科目＼學年	每週教授時數	第一學年	每週教授時數	第二學年
修身	二	道德ノ要旨	二	道德ノ要旨
國語	八	日常須知ノ文字及普通文ノ讀ミ方、書キ方、綴リ方	八	日常須知ノ文字及普通文ノ讀ミ方、書キ方、綴リ方

算術	四	分數　歩合算　比例（珠算　加減乘除）	四	比例（日用簿記）（珠算　加減乘除）
日本歴史	三	日本歴史ノ大要	三	前學年ノ續キ
地理		外國地理ノ大要		地理ノ補習
理科	男二　女三	植物、動物、鑛物及自然ノ現象、通常ノ物理化學上ノ現象、元素及化合物、簡易ナル器械ノ構造作用、人身生理衛生ノ大要　女　家事ノ大要	男二　女三	自然ノ現象、通常ノ物理化學上ノ現象、元素及化合物、簡易ナル器械ノ構造、作用、人身生理衛生ノ大要　女　家事ノ大要
圖畫	一	諸般ノ形體	一	諸般ノ形體（簡易ナル幾何畫）
唱歌	一	單音唱歌（簡易ナル複音唱歌）	一	單音唱歌（簡易ナル複音唱歌）
體操	三	普通體操　遊戲　男　兵式體操	三	普通體操　遊戲　男　兵式體操
裁縫	五	通常ノ衣類ノ縫ヒ方、裁チ方、繕ヒ方	五	通常ノ衣類ノ縫ヒ方、裁チ方、繕ヒ方
手工	男六　女二	簡易ナル製作、作圖	男六　女二	簡易ナル製作、作圖
農業	男六　女二	農事　農事ノ大要　水產　水產ノ大要	男六　女二	農事　農事ノ大要　水產　水產ノ大要
商業	男六　女二	商業ノ大要（英語）	男六　女二	商業ノ大要（英語）
計	男三〇　女三二		男三〇　女三二	

實習ニ關シテハ適宜本表ノ時數外ニ渉リテ尚之ヲ課スルコトヲ得
男兒ノ手工、農業商業ハ土地ノ狀況ニ依リ本表ノ時數ヨリ二時以內ヲ減シテ適宜他ノ教科目ニ配當スルコトヲ得

第六號表（同前）

教科目＼學年	每週教授時數	第一學年	每週教授時數	第二學年	每週教授時數	第三學年
修身	二	道德ノ要旨	二	道德ノ要旨	二	道德ノ要旨
國語	八	日常須知ノ文字及普通文ノ讀ミ方、書キ方、綴リ方	八	日常須知ノ文字及普通文ノ讀ミ方、書キ方、綴リ方	八	日常須知ノ文字及普通文ノ讀ミ方、書キ方、綴リ方
算術	三	分數 歩合算 比例（珠算 加減乘除）	四	比例（珠算 加減乘除）	男四 女三	前各學年ノ補習 求積（日用簿記）（珠算 加減乘除）
日本歷史	三	日本歷史ノ大要	三	前學年ノ續キ	二	維新以來ノ事歷
地理		外國地理ノ大要		地理ノ補習		地理ノ補習
理科	男二 女三	植物、動物、鑛物及自然ノ現象、通常ノ物理化學上ノ現象元素及化合物、簡易ナル器械ノ構造、作用、人身生理衞生ノ大要 女 家事ノ大要	男二 女三	自然ノ現象、通常ノ物理化學上ノ現象、元素及化合物、簡易ナル器械ノ構造作用、人身生理衞生ノ大要 女 家事ノ大要	三	理科ノ補習 女 家事ノ大要
圖畫	一	諸般ノ形體	一	諸般形體（簡易ナル幾何畫）	一	諸般ノ形體（簡易幾何畫）

科目	時數	程度	時數	程度	時數	程度
唱歌	一	單音唱歌（簡易ナル複音唱歌）	一	單音唱歌（簡易ナル複音唱歌）	一	單音唱歌（簡易ナル複音唱歌）
體操	三	普通體操 遊戲 男 兵式體操	三	普通體操 遊戲 男 兵式體操	三	普通體操 遊戲 男 兵式體操
裁縫	五	通常ノ衣類ノ繕ヒ方、裁チ方、縫ヒ方	五	通常ノ衣類ノ縫ヒ方、裁チ方、繕ヒ方。	七	通常ノ衣類ノ縫ヒ方、裁チ方、繕ヒ方
手工	男六 女二	簡易ナル製作、作圖	男六 女二	簡易ナル製作、作圖	男六 女二	簡易ナル製作、作圖
農業	男六 女二	農事 農事ノ大要 水產 水產ノ大要	男六 女二	農事 農事ノ大要 水產 水產ノ大要	男六 女二	農事 農事ノ大要 水產 水產ノ大要
商業	男六 女二	商業ノ大要（英語）	男六 女二	商業ノ大要（英語）	男六 女二	商業ノ大要（英語）
計	男三〇 女三二		男三〇 女三二		男三〇 女三二	

實習ニ關シテハ適宜本表ノ時數外ニ渉リ尚之ヲ課スルコトヲ得

男兒ノ手工農業商業ハ土地ノ狀況ニ依リ本表ノ時數ヨリ二時以內ヲ減シテ適宜他ノ敎科目ニ配當スルコトヲ得

第九號表

氏名			
住所	生年月日	學齡ヲ終ル年月日	
保護者			
氏名	住所	職業	兒童トノ關係

第十號表

就學			不就學					備考
			猶豫			免除		
入學シタル學校又ハ教授者氏名	就學シタル年月日	尋常小學校ノ教科ヲ了リタル年月	年月日	事由	期間	年月日	事由	

氏

住所	入學年月日	入學前ノ經歷

保護	
氏名	住所

名	生年月日

卒業年月日	退學年月日	退學ノ理由

者	
職業	兒童トノ關係

學業成績	學年	第一學年	第二學年	第三學年	第四學年	第五學年	第六學年	備考
	修身							
	國語							
	算術							
	日本歷史							
	地理							
	理科							
	圖畫							
	唱歌							
	體操							
	裁縫							
	操行							
	修了ノ年月日							
在學中出席及缺席	出席日數							
	缺席日 病氣							
	缺席日 事故							
身體ノ狀況	身長							
	體重							
	胸圍							
	脊柱							
	體格							
	眼疾							
	耳疾							
	齒牙							
	疾病							

備考 學校醫ヲ置カサル學校ニ於テハ身體ノ狀況ハ之ヲ闕クコトヲ得

第十一章　雜件

一、師範學校卒業生の義務免除に關する件（三十三年九月某縣照會）師範學校卒業生にして小學校敎員在職中休職を命せられ其期間滿了自然退職となりたるものは假令猶ほ服務義務年限ありと雖も當然其義務を免除したるものと心得可然儀と存候得共爲念及照會候也

（三十三年九月普通學務局回答）（前略）右は二十五年當省令第十一號第四條に依るの外は其義務を免除したるものと認むへき限に無之と存候此段及御回答候也

二、敎員檢定出願人の年齡に關する件（三十三年九月某縣照會）第四章の敎員檢定及免許狀に關する規定中檢定出願人に對し年齡の制限無之右は各府縣に於て必要と認めたる場合には任意に之を制限し得る儀に候哉

（三十三年九月普通學務局回答）制限せらるへき筋に無之と存候

三、免許狀書式に關する件（三十三年十月某縣照會）小學校敎員免許狀書式は正敎員准敎員に關する分何れも知事限定め可然乎

（三十三年十一月普通學務局回答）御見込の通

四、專修科に關する件（三十四年二月某縣申請）明治三十一年十月某縣令第四十九號市町村立

小學校專修科附設規程今般別紙の通改正致候に付御認可相成度此段申請候也（別紙略）

（三十四年三月普通學務局通牒）（前略）改正の小學校令に於ては小學校に專修科を設くるの規程無之に付詮議難相成候條御了知相成度尤曩に聞置れたるは改正令實施後は自然消滅したる義に有之候（後略）

追て本件の如きは小學校令第十七條に依り小學校に類する各種學校として附設せしめらるる方可然と被存候條爲念此段申添候也

五、免許狀學科に關する件（三十三年十二月某縣照會）從前授與したる小學校敎員免許狀にして改正小學校令に依り無期有効となりたる免許狀中理科體操の科目を缺きたるものあり右は法令改正の結果として免許狀中には該科目を缺きたるも本科敎員として同一の効力資格あるものなるか故に別に該科目に限り更に檢定追加するの必要は無之ものと存候得共本縣に於ては該科目を缺きたる者多數有之右等敎員は法令上資格を得たるも實際其の知識に乏しきか爲め敎授上不便不尠依て特に講習の方法に依り該科の知識を修得せしめ試驗檢定施行の上從前の免許狀中に理科若は體操科を追加記入する樣取計度右は法規上敢て差支なき儀と存候へ

共爲念一應御意見承知致度此段及照會候也

（三十四年三月普通學務局回答）客年月日號を以て小學校敎員免許狀中理科若は體操科を缺くものに對し更に該科を講習せしめ試驗檢定の上之を追加記入する件御照會の趣了承右は本人の希望に依りては便宜處置せられ差支無之と存候へとも强て施行せらるるは不可然儀と存候此段及御回答候也

六、成績記入に關する件（三十四年四月普通學務局通牒）小學校令施行規則第八十九條の第十號表に規定の通りの欄數なるときは三十三年當省令第四號に依り檢查したる四月の成績を記入するものとす但し縱線を施し欄數を增したるときは必すしも本文省令第四號に於ける四月の成績のみに限らす十月又は臨時のものを記入するも妨けなし

七、敎科目の加設に關する件（三十四年四月某縣照會）小學校敎科目中加除し得へき農業科等を高等科第二學年或は同第三學年以上に圖畫科等を尋常科第三學年以上に加設し又唱歌科を高等科第二學年又は第三學年以上より缺くも妨け無之候哉右は市町村より申出の向有之差掛承知致度候に付何分の御回示相成度此段及御照會候也

（三十四年五月普通學務局回答）年月日號を以て小學校教科目中農業圖畫唱歌等の加設方等に關し御照會相成候處右は總て不相成儀と御承知相成度此段及御回答候也

八、私立學校に關する件（三十八年十一月某府伺）（前略）

一、學校の事業を爲すものと認むへきものにして假令私立學校令第十一條に依り學校としての設立申請を爲さしむるも認可すへからさる事由あるものに對しては地方長官は如何に之を處置すへきか

一、學校設置の申請に對し不認可の指令を與へたるも尚其事業を繼續するものに對しては地方長官は如何に之を處置すへきか

（三十九年二月普通專門實業三局通牒）（前略）

第一項の學校に對しては知事は其の事業の禁止を命することを得す私立學校令第十一條の通告をなし認可を申請せしめ不認可を爲すの外なし

第二項の學校に對しては知事は其事業の禁止を命することを得而して行政執行法に依り右禁止の命令を强行することを得

九、町村學校組合の起債に關する件（三十九年一月某縣照會）町村學校組合に於て小學校舍を設備する費用に充つる爲め教育基金令に依り起債を爲すは同令第五條の明文を

有之殊に本縣には三箇年以上の起債にして右起債額を學校組合內の各町村に分賦する組織の學校組合に對し已に認可相成候前例も有之起債の儀は聊か差支無之ものと思料致候處先般前同樣の縣下某町村學校組合より小學校舍建築の爲め起債の許可稟請に對し內務省地方局長より右起債は各町村各自の起債として各別に許可稟請せしめられ度旨照會の次第有之果して右樣の町村學校組合に於ては組合自身か起債難致儀に可有之候哉疑義相生候に付不取敢貴省の御意見承知致度此段及御照會候也

追て學校組合自身か敎育費の負擔をなし別に組合內の各町村へ賦課せさる學校組合に於ては起債を爲し得るは勿論の儀と被存候得共尙併て御意見承知致度添て及御照會候也

（三十九年二月普通學務局回答）（前略）右學校組合は其組合の費用を組合內の各町村に分賦すると否とに係らす起債を爲すを得へしと存候此段及回答候也

一〇、戰捷紀念休暇に關する件（三十九年三月某縣照會）三月十日戰捷紀念として陸軍部內休暇祝意を表するよし各學校に於ても同樣取扱はれたし如何返電待つ（電信）

（三十九年三月普通學務局回答）戰捷紀念として休暇祝意を表する件貴縣限り適宜取扱はれ然る

へし（電信）

一、學則等改正方開申に關する件（三十九年四月普通學務局通牒）從來師範學校中學校高等女學校の學則又は小學校令施行細則其の他諸規則等の改正に關する上申若は開申方區々に亘り居り候處右は調査上煩雜の手數を要し不便尠からざるもの有之候に付爾後全部の改正には其要點を列記し一部の改正には其箇所を舊規則に對照し且認可若くは許可を申請するものに就ては其の改正の理由を詳具相成候樣致度依命此段及通牒候也

追て郡市町村又は私立學校等より提出するものに關しても本文の旨趣に依り取調候樣豫め御示達相成度此旨申添候也

二、小學校令改正實施方に關する件（四十年五月文部次官通牒）過般小學校令及同施行規則改正相成候に就ては訓令第一號を以て其の旨趣並施行上の注意を示され候處尙左記事項御注意の上實施上違算なき樣御取計相成度依命此段及通牒候也

記

一、修業年限四箇年の尋常小學校を卒業したる者及將來卒業する者は義務終了者にして四十一年度には義務ある尋常小學校第五、第六學年兒童なし而して右卒

業者か假令六箇年の尋常小學校の設ある市町村に轉住するも更に義務を負はさること

二、同一の市町村、町村學校組合內の公立尋常小學校は其の修業年限を異にするを許さゝること

三、義務敎育の年限を延長せさる市町村又は小學校の設備不完全なる市町村には新に其市町村立實業學校(實業補習學校にして夜間休業日其の他正科時間以外に敎授するものを除く)中學校高等女學校等の設置を許さゝるは勿論に付此等の學校を設置せんとするものあらは十分審査を要すること

町村學校組合又は郡に於て前記の學校を設置せんとする場合に於ても前記の旨趣に準し審査を爲すへきこと

四、既設の高等小學校は修業年限の如何に拘はらす今回の改正に依り直に消滅するものにあらさるを以て修業年限變更等の爲存續せしめ難き場合に於ては廢止に關する相當の手續を爲さしむへきこと

五、近來高等小學校を實業學校に變更せんとするもの少からす既設の學校を變更する場合は十分の審査を要すへく且此等の內には或は經費補助を得んことを

目途とするものなきにしもあらさるへきに依り十分の取締を爲すこと
六、二部敎授は敎育上の効果を著しく減少せさる範圍内に於て之を實行し爲に義務敎育年限を延長することを得る場合に於ては寧ろ之を奬勵すへきこと
七、尋常小學校第五、第六學年の授業料を從來高等小學校に於て徵收せると同一の額以下に於て徵收する場合は地方長官限り認可することに改めたるも認可を與へらるるに當りては就學を妨けさる樣注意を要す又右は當分に限る儀なれは將來は成るへく授業料の徵收を廢止し又は輕減して就學の便を圖るへきこと
八、學級數の制限超過の場合に文部大臣の指揮を要せすとせるは繁文省略の旨趣にして猥に制限外の認可を寬容ならしむる方針にあらさるを以て之か認可を與ふるに當りては愼重審査を遂け且成るへく期間を限るへきこと
九、尋常小學校敎員の學力を補習せしむることは改正令實施に關し最も緊要なるを以て成るへく速に公設又は私設の講習方法を設け獨り正敎員のみならす准敎員をも講習せしむること
十、補習科の敎授時數に關する制限を廢したるは猥に其の敎授時數を多からしめんとするの旨趣にあらさるを以て之を認可するに當りては補習科(三十三年訓

令第十號參照)の目的に反せさる樣注意すること

十一、小學校令改正實施後修業年限四箇年の尋常小學校を卒業する者に與ふる卒業證書は適宜の方法に依り一般尋常小學校の卒業證書と區別する方便利なるへきこと

十二、修業年限六箇年の尋常小學校同一市町村内に二校以上ある場合に於て特別の事情あるときは當分其内の一校又は數校に第五、第六學年の兒童は收容せさるも妨なきこと

十三、從來の高等小學校に於て教室に餘裕あるときは當分の内尋常小學校第五第六學年兒童の教室に假川するも妨なきこと

一三、尋常小學校卒業兒童に關する件(四十年五月某縣照會)(前略)

一、明治四十一年三月尋常小學校卒業の兒童は改正小學校令實施により同年四月より第五學年に就學せしむるを得る以上は既に尋常小學校を卒業せしものと雖尋常第五學年生として修學せしむへきや

二、舊令による明治四十一年四月の高等第二學年生は新令により尋常第六學年生とし、高等第三、四學年生は高等第一、二學年生として取扱ふへきや

（四十年五月普通學務局回答）（前略）

一、御意見の通

二、御意見の通但し附則末項の適用を妨けさるは勿論なり

一四、同上に關する件（四十年五月普通學務局通牒）曩に改正相成候小學校令中左記事項に關し往々問合の向も有之候處右は左記の通御了知相成度爲念此段及通牒候也

記

附則末項本令施行の際現に在學する高等小學校の兒童に關しては其の卒業するに至る迄仍從前の規定に依ることを得」の意義

本規定は本令施行の際既に舊令に依りて高等小學校の教科の一部を修了せる兒童に對する除外例なるか故に明治四十一年三月末に於て在學せる兒童に適用すへきものとす從て三月中に尋常小學校を卒業し直に高等小學校に入學するの手續を爲すとも本項の適用を受くへきものにあらす

一五、兒童轉學等に關する件（四十年五月某縣照會）（前略）

一、修業年限六ヶ年の尋常小學校同一市町村内に二校以上あるとき其一尋常小學校に他の學校の第五、第六學年兒童を收容する場合に於て分教場を設置し能はさ

るときは轉學の手續に依るへきや又は各尋常小學校の第五、第六學年兒童として混合學級を編制し差支なきや

二、從來町村學校組合立の高等小學校に於て敎室に餘裕あるも其學校所在地外組合內に於ける町村の尋常小學校第五、第六學年兒童の分敎場を設くるは然るへからさることと認む若し之を設くることを得るとすれは其兒童の收容は一尋常小學校の分敎場として轉學の手續に依るへきや又は他の各尋常小學校の第五、第六學年兒童として混合學級を編制し差支なきや

（四十年五月普通學務局回答）（前略）

一、修業年限六ヶ年の尋常小學校同一市町村內に二校以上あるとき其一尋常小學校に就て他の學校の第五、第六學年兒童を收容する場合は轉學の手續に依るへきものとす

二、從來町村組合立の高等小學校に於て敎室に餘裕あるか爲之を一時假用するは必すしも其學校所在地の尋常小學校に限らす但し數校の混合學級を編制するは然るへからす尤も甲村に於て該高等小學校の敎室を假用して學級を設け他の乙丙村兒童は委託の法に依て其學級に編入するは妨なし

一六、高等小學校兒童便宜處分の件（四十年四月某縣照會）　一本年勅令第五十二號を以て明治四十一年四月一日より尋常小學校の修業年限を延長せられたるに就きては其際從前の高等小學校第一、第二學年は尋常小學校の第五、第六學年に編制すへきものなるも其兒童を收容すへき校舍の設備に支障あるときは本令附則末項に依り從前の高等小學校第二學年以上の兒童に關しては卒業するまて仍其高等小學校に在學せしむることを得へきものと存候處誤認無之や

二、甲乙丙の三ヶ村學校組合を設け高等小學校を設置するもの明治四十一年四月一日より甲村に限り其尋常小學校の修業年限を延長せんとする時は同校は從前の高等小學校第三、第四學年の爲に仍學校組合を繼續するを妨けさるものと存候處誤認無之や

（四十年六月普通學務局回答）本年月日號を以て改正小學校令實施に關し御問合の趣了承右は御意見の通と存候

一七、學生生徒風紀に關する件（四十年七月文部次官通牒）學生生徒の風紀振肅に關しては客年中訓令の次第も有之夫々御取締相成居候儀と存候處之か敎養の任に當るへき敎員の素行如何は兒童生徒の風紀に直接の影響あるは言を俟たさる處に有之候就

ては是等教員の操行に關しては自今一層御取締相成苟も風紀を紊るか如き者に對しては嚴重に御處分相成候樣致度此段及通牒候也

追て小學校教員中小學校令第四十八條及第四十九條に該當する者の處分方に關しては本文の旨趣に依り自今一層嚴重に御措置相成度此段申添候也

一八、小學校兒童卒業後敎育勅語趣旨奉體に關する件（四十一年九月普通學務局通牒）（前略）特に小學校兒童をして卒業の後永く敎育に關する勅語の趣旨を奉體實踐せしむへき適當の方法に關する答申（全國師範學校長）は大體に於て適當と被認候に付他方の情況に依り便宜御參酌の上貴管下各學校に周知せしめ十分其の旨趣を貫徹せしむる樣御取計相成度依命此段及通牒候也

小學校兒童をして卒業の後永く敎育に關する勅語の趣旨を奉體實踐せしむへき適當の方法

第一、小學校兒童をして卒業後永く敎育勅語の趣旨を奉體實踐せしめんには小學校在學中に聖旨の存する所を十分に會得せしめ且聖旨に基きたる良習慣を訓練せんことを要す其の方法に至りては現に一般小學校に行はるゝ所のものを一層切實有效ならしむる樣實行せは可なりと信すれとも尙左の方法によりて

其の足らさる所を補ふを必要とす

（一）小學校在學中に兒童をして聖勅の諳誦に熟達せしむる樣敎育すること

（二）聖勅の大體及各德目につき其の趣旨を發揮するに足るへき適當の歌詞歌曲を文部省に於て撰定し之を普く各小學校に於て敎授せしむること

（三）小學校の最後の一學年に用ひしむへき修身書は特に聖勅の衍義を以て之に充て且其の裝釘を堅牢優雅にして卒業後も永く之を保存し生涯遵守すへき經典となさしむること

（四）修身敎授及一切の訓誡訓話等は成るへく聖勅の語句に歸結せしむること

第二、敎育勅語の趣旨によりて敎育を施すを以て單に學校内の事業とし家庭及社會に於ては殆んと之を顧みさるか如き觀あるは從來の一大缺點なりとす故に小學校卒業者をして家庭に於ても社會に於ても其の曾て學校に在りしときと同樣に常に聖勅の趣旨を奉體實踐せしむる樣適當に指導せんことは實に目下の急務なり其の方法は幾多之あるへく且土地の情況等により必すしも劃一の方法を執り難き事情なきにあらすと雖左に列記するものゝ如きは之を適當に採用するときは相當の效果あるへきを疑はさるなり

（一）青年會、處女會、母の會、戸主會の類を組織して時々之を開催し毎回必す聖勅の趣旨につき訓話すること
（二）補習學校又は青年夜學會等の補習敎育機關の普及を奬勵し聖勅に基ける小學校敎育の效果を一層確實にし生涯を通して拔くへからさる道德的基礎をこの青年時期に於て與ふること
（三）各市町村に普く圖書縱覽の便を得しむるの設備をなし聖勅の趣旨を敷衍說明するに足るへき通俗にして趣味ある多くの圖書を備へ且通俗講話會を開設し自然に聖旨の存する所を復習し感奮與起する所あらしむること
（四）通俗挿畫家庭用勅語讀本の類を適當の方法によりて編纂し之を一般家庭の讀み物として普く採用せしむる樣誘導すること
（五）學校內の諸儀式、展覽會、運動會等に廣く卒業者の列席又は參會を求め聖勅の趣旨を復習するの機會を與ふること
（六）適宜の方法を以て卒業者の善行を表彰して聖旨の奉體實踐を奬勵すること
（七）聖勅の捧讀は之を學校內に限らすして一般の儀式、會合及祭典等の場合にも成るへく之を行ふの習慣を作らしむること

第三、凡そ道徳の敎育は言論に訴へて其の實行を責むるより寧ろ躬行實踐の範を示して之を感化するを以て本義とす是を以て前二項に述へたる諸方法も果して其の效を奏するや否やは地方精神界の中心たるへき小學校訓導特に校長の其の人を得るや否やに關すること頗る大なるものあり故に小學校長の任命は特に之を愼重にし品性優良の人材を採用して其の待遇を厚くし永年同一地方に勤續して德風の感化を洽く學校の内外に及ほし眞に獻身的に聖勅の趣旨徹底に盡力する所あらしめんことを要す

一九、夏季講習會に關する件(四十年五月普通學務局通牒)夏季休業等に際し講習會を開設するもの年々其の數を增加し敎育上利益を與ふること不尠候處將來一層其の效果を顯著ならしめ度候に付ては其の內容の改善及之か取締方等に關しては深く御注意相成度尙公設講習會に就ては特に左記の事項御參考相成候樣致度依命此段及通牒候也

記

一、成るへく講習の要目及豫習すへき事項を豫め示すこと

二、成るへく講習員の學力に依り組分を爲し各別に講習せしむること

三、講習員缺席の取締を嚴にすること
四、講習科目は成るへく小學校教科目と直接の關係を有し且講習員の自修に便ならさるものを選ふこと
五、講師は成るへく師範學校中學校等の教員にして小學校教育に通せる者を以て之に充つること

二〇、小學校教員講習科卒業者の教員險定に關する件（四十三年二月某縣照會）師範學校に設置の小學校教員講習科を卒りたる者に對し小學校教員の檢定を行ふ場合に當り相當の學力ありと認めたる者に就きては小學校令施行規則第百十三條に依り全科目の試驗を闕くも差支無之候哉疑義に渉り候に付至急御回答相成度候也
（四十三年三月普通學務局回答）月日號を以て師範學校に設置の小學校教員講習科卒業者檢定方に關し御照會の處右は師範學校規程第七十條に依る講習科を卒業したる者に對しては御意見の通にて差支無之儀と存候此段及回答候也

二一、小學校基本財産に關する件（三十四年十月文部總務長官通牒）小學校の爲め基本財産を設けて其永遠維持の方法を確立することは肝要の儀に有之國有林野法に於て小學校基本財産に充つる爲め隨意契約を以て國有林野の賣拂規定を設けられたる次第

も亦其基本財産の設置を容易ならしむる趣意に可有之と存候然るに明治三十二年度及同三十三年度に於て國有林野法に依り不要存置林野處分濟となりたるものゝ内市町村立小學校基本財産に充つるため賣拂を受けたるものを調査するに其割合比較的少數に有之候此等は一旦私人の所有に屬するときは容易に收得すへからさる儀に付自今該林野所在地の市町村に於ては可成同法に依り賣拂を受け小學校基本財産の基礎を設けしめられ候樣精々御勸誘相成度依命此段及御通牒候也

二二、同前（三十五年一月文部總務長官通牒）學校基本財産の處分に關しては常に十分の監督を要せらるゝは勿論の儀と存候然るに傳聞する處に依れば市町村に於て隨意契約に依りて國有林野の賣拂を受け一旦學校基本財産と爲し爾後幾何ならずして之を他に轉賣するもの往々有之候趣此の如きは國有林野法に於て小學校基本財産設置の爲に特賣の便宜を與へられたるの主趣に反し自然學校基本財産設置の爲に國有林野の特賣を許可せられざるの結果を來すへくと存候條其邊深く御注意一層嚴重に監督相成殊に右國有林野の特賣を受けて設置したる學校基本財産の處分を郡長に於て許可せんとする場合に在りては豫め郡長をして貴官の指揮を受

けしめらるゝ樣御取扱相成度依命此段及通牒候也

二三、同前（三十七年六月 文部次官通牒）國有林野の賣拂を受け小學校基本財産設置勸誘方に付去る三十四年十月普甲第三三六四號を以て及通牒置候に付ては夫々御勸誘相成候儀と存候處明治三十六年度に於て賣却せられたる國有不要存置林野は其段別二萬八千九百餘町歩價格二百二十四萬四千餘圓にして其中小學校基本財産の爲めに賣拂を受けたるものは僅々段別七百六十七町餘價格六萬九百餘圓に過きす其割合頗る僅少に有之右は曩にも及通牒候通一旦他の所有に屬するときは容易に收得すへからさる儀にして誠に遺憾に存せられ候條一層の御配慮を以て時機を逸せす精々賣拂を受け基本財産を設置候樣御勸誘相成度特に時局に際し或縣に於て實行致候如く紀念林等を造成して基本財産を設定するは頗る時宜に適せるの擧たるへく斯の如きは獨り基本財産の基礎を強固ならしむるのみならす將來兒童敎養上効果尠なからさる儀と存候條此際一層御奬勵相成度此段及通牒候也

二四、同前（三十五年一月 某縣問合）町村に於て小學校基本財産の設置及處分に關し郡長の與へたる指令を不當と認めたる場合訴願を提出し得へきや右は明治二十三年法律第八十九號地方學事通則中何等の規定も無之を以て提出し得さるものと被認候

も聊か疑義に渉り候處目下差掛りの儀有之に付折返し電報にて何分の御回報煩し度此段及御照會候也

（三十五年一月普通學務局回答）小學校基本財産の件は訴願を提出することを得へし（電信）

二五、同前（三十八年九月某縣照會）地方學事通則中基本財産の取扱に關し左記の事項疑義に渉り候條何分の御意見承知致度此段及御問合候也

一、基本財産設置に就ては第九條第三項に於て許可を要するの規定有之候得共使用の目的を定めさる敎育に關する寄付金等は第十條第一項に於て當然基本財産となすへき旨規定有之候に付右寄付金等は設置の許可を受けす直に基本財産となし可然哉

二、第九條の基本財産の處分とは之を消費するか如く基本財産たる性質を失はしむる處分にして基本財産管理の目的を以てする不動産又は有價證券等の賣買公債應募其他貸付預入等は許可を要せさる趣旨なるや將た右處分とは民法上の處分と同一意義にして前段の不動産又は有價證券の賣買は許可を要するも財産の保存利殖を目的とする公債應募及貸付預入等は許可を要せすと解釋し可然哉

（三十八年十月普通學務局回答）月日號を以て御照會の件了承右は左記の各項にて御承知相成度

此段回答候也

記

一、目的を定めさる教育に關する寄付金等を以て新に學校基本財産を設置せんとする場合には許可を要する儀に有之候尤既に設置せる基本財産に編入する場合には別に許可を要せす

二、御申越の諸行爲は總て處分として許可を要する儀に有之候尤既に許可を經たる規程に依り右等諸行爲をなすには別に許可を要せす

二六、學校火災豫防等に關する件（明治四十年六月普通學務局通牒）學校に於ける火災豫防及生徒避難の方法等に就ては曩に御報告の次第も有之候處各府縣及本省直轄學校等の報告中より參考となるへき事項別記の通摘要候に付及御差廻候條御管下各學校へも御示相成候樣致度候此段申進候也

記

第一　設備に關する事項

一、講堂と校舍との間校舍と寄宿舍との間等に防火戸又は防火壁を設くること

二、特に消火用の井戸を設くること

三、消火器喞筒水桶其他消防用具を備ふること
四、寄宿舍に救助袋及救助索を備ふること
五、縣立學校に對する防火設備の標準を定むること
六、校內中央の庭園に風致を兼たる溜池を設くること
七、湯沸用竈を石造とすること
八、敎場廊下等に吊るす洋燈は金屬の外圍を有するものとすること
九、火鉢には消火後不燃物製の蓋をなし置くこと
十、火鉢には高さ三寸以上の脚を付し其下に水盥を挿入し置くこと
十一、炊事場の梁上を鐵板にて覆ふこと
十二、寄宿生には各自に麻繩及大風呂敷を所持せしむること
十三、寄宿舍寢室に蠟燭を備へ置くこと
十四石油洋燈の置場の位置を適當の所に定むること並使用の場所にはバケツに砂を入れ置くこと
十五、普通消防用具の外隊旗及指揮旗を定むること

第二消防及避難に關する事項

一、非常心得其他消防及避難に關する規程を定むること
二、消防隊を編制し豫め生徒の部署を定むること
三、學校內財產を類別し非常の際持退順序を定むること
四、每月一日消防用具を檢査すること
五、每年數回消防及避難演習を行ふこと
六、非常駈付人夫を定め置くこと
七、消防足留人夫を置き常に手當を支給し置くこと
八、病者非常手配並患者移動手續を定むること
九、常設喞筒使用掛を置き掛員及生徒之に當ること
十、非常立退場を設くること
十一、凡そ烟に被はれたるときは或は濕布を含み或は壁に沿ひ或は匍匐する等の心得を豫め注意し置くこと

第三　豫防注意に關する事項

一、暖爐取扱方を定むること
二、烟筒の掃除は每年少くも二回以上之を行ふこと

三、消火壺及灰棄場の位置構造に注意すること
四、不寢廻番を常置し一時間一回屋舍內外を巡視せしむること
五、每夜生徒二名つゝ警戒當番に充て半夜交代すること
六、職員中火元取締掛を置き巡視警戒すること
七、校內各部の監督責任者を定むること
八、洋燈掃除は必ず午前中石油の出し入れは晝間に之を爲さしむること
九、豫防及消防に關し時々講話を爲すこと
十、郡視學及學校長の會議に防火上必要なる事項を訓示すること
二七、學校建築に關し防火上注意の件（四十一年二月普通學務局通牒）學校に於ける火災豫防及生徒避難の方法等につきては客年六月號通牒の次第も有之夫々御注意相成居候事とは存候へ共近時學校の火災に罹るもの往々有之廣大なる建築物を一朝烏有に歸せしむるは甚遺憾とする所に候是れ畢竟管理上の不注意にも由るべしと雖又建築の當時防火上の注意を缺くこと重なる原因の一と被存候例へば防火壁の設けなきこと各建築物間の距離近きに過くること各建築物を連絡する渡り廊下の屋根及腰羽目は不燃質物を以て之を造り且非常の際火道たらしめさる等の注意

を缺けること本校と寄宿舍との距離近きに過くること竝に消火の設備不充分なること等は皆其の一たるへく被存候仍て今後建築の際は特に是等の諸點につき御注意相成候樣致度依命此段及通牒候也

二八、種痘に關する事項記入方の件（四十三年四月普通學務局通牒）本年一月以降改正種痘法實施相成候に就ては市町村に備ふる學齡簿及小學校幼稚園等の學籍簿備考欄中に左記事項を記入せしめ種痘濟否に關する相當取締の方法を設け同法の趣旨貫徹候樣特に御注意相成度依命此段及通牒候也

追て本文小學校及幼稚園に於て授與する卒業又は修了證書等にも可成種痘に關する事項を記入せしめられ候樣致度此段申添候也

記

一、第一期種痘完了年月日
一、第二期種痘完了年月日
三、痘瘡經過年月日

第三編　教員優待ニ關スル諸法規

一、市町村立小學校教員退隱料及遺族扶助料法

本法は、明治二十三年法律第九十號を以て發布せられ、同三十二年法律第八十九號に以て第四條第五條第八條第十一條第十二條第十三條第十四條中に改正を加へ、四十年法律第四十七號を以て第四條第五條第八條第九條第十二條を改正し本年亦法律第六十號を以て第二條中を改正せり。蓋し本法は、大體官吏恩給法に準して規定せられたるものなれども、小學校教員の俸給は頗る菲薄なるか故に、其の退隱料の額も亦至りて少なく、到底永く其の職に安んせしむること能はさるの實況あり。これ四十年の改正ある所以なり。

第一條　市町村立小學校ノ正教員ハ此法律ニ從ヒ退隱料ヲ受クルノ權利ヲ有ス

第二條　在職中十五年以上ノ者左ノ事項ノ一ニ當ルトキハ終身退隱料ヲ給ス

一　年齡六十歲ヲ超エ退職ヲ命シタルトキ

二　傷痍ヲ受ケ若クハ疾病ニ罹リ其ノ職務ニ堪ヘサルカ爲退職ヲ命シタルトキ

三　廢職廢校ニ依リ退職シ又ハ學校編制ノ變更ニ依リ退職ヲ命シタルトキ

本條第三號中廢校の上に『廢職』の二字を加へたるは、四十四年法律第六十號公布の結果にして、從來廢職の際に於ける規定上の明文なりしを以て、其の不備を補ふに外ならす。

第三條　左ノ事項ノ一ニ當ルトキハ前條ノ年限ニ滿タサルモ終身退隱料ヲ給シ尙其ノ最下金額十分ノ七マテノ增加退隱料ヲ給ス

一　職務ニ依リ傷痍ヲ受ケ一肢以上ノ用ヲ失ヒ若クハ之ニ準スヘキ者ニシテ其ノ職務ニ堪ヘサルカ爲退職ヲ命シタルトキ

二　職務ニ依リ健康ニ有害ナル感動ヲ受クルヲ顧ミルコト能ハスシテ勤務ニ從事シ爲ニ疾病ニ罹リ一肢以上ノ用ヲ失ヒ若クハ之ニ準スヘキ者ニシテ其ノ職務ニ堪ヘサルカ爲退職ヲ命シタルトキ

第四條　退隱料ノ年額ハ退職現時ノ俸給ト在職年數トニ從ヒ別表ニ依リ之ヲ定

ム但シ在職四十年以上ノ者ニ給スヘキ退隱料ハ四十年ノ額トス
前項ニ依リ退隱料年額ヲ定ムルハ十五年以上官立公立小學校ニ勤續シタル者ニ退隱料ヲ支給スル場合ニ限ル其ノ他ノ場合ニ於テハ官吏恩給法第五條ヲ準用ス
退隱料ヲ受クル者前ニ退職給與金ヲ受ケタルトキハ最初ノ十年間其ノ退職給與金ノ十分一ニ相當スル金額ヲ退隱料年額ヨリ控除ス
兼職ニ依リテ受クル加俸ハ退隱料年額ヲ算定スルニ當リ除算スヘシ

本條は、四十年中全部改正せられたるものにして、實に改正の主眼なりとす。蓋し從來の小學校敎員の退隱料は、官吏の恩給と其の割合同一にして、在職十五年以上に達すれは退隱料を受くるの權利を生し、其の割合は俸給の四分の一にして在職年數の增加に應して漸次其の額を增し、四十年に至り俸給の二百四十分の八十五に達して止むの規定なり。然に小學校敎員の俸給は、元來菲薄なるか故に、從來の割合を以てするときは、到底老後を安んせしむるに足らす。故に其の割合を高め、老後の安心を與ふるか爲め、從來の割合を變更するの必要あるは論を俟たさる處なりとす。是れ本條第一項の規定ある所以なり。而して改正法に依れは、最初は四分の一の割合なれとも、漸次其の率を高め、在職四十年に至れは、二百四十分の百六十に達し、從來の割合に比し、約二倍となるの計算なり。實に著しき改善と謂はさるへからす。

次に本條第二項に於て、第一項の年額を受くへき者を十五年以上官公立小學校に勤續したる者のみに限り、其の他の者は官吏恩給法を準用して從來の割合に依る年額を給することに定められたり。これ本法は小學校教員を優待するを以て目的とするか故に、假令其の年限を通算するの規程ある場合に於ても、小學校のみに勤續せさる者に對して、小學校のみに勤續したる者と同一に之を待遇するの必要を認めさるへけれはなり。

本條第三項は、新に設けたるものにして、從來嘗て見さる所なり。即ち退隱料を受くる者前に退職給與金を受けたるときは、最初の十年間其の退職給與金の十分の一に相當する金額を退隱料年額より控除するの規程これなり。尙分り易く言へは、從來は、一旦退職給與金を受くるも、再ひ奉職して前後併せて十五年以上となれは、退隱料を受くるを得るの定めなりしを、新規定にては、若し退職給與金を前に受けたる場合に於ては、其の金額の十分の一を十箇年間退隱料の內より差引かるることとなりたるなり。これ一見極めて冷酷の規定にして小學校教員優遇の旨趣に反するか如くなるも、其の實は決して然らす。却りて時弊を矯正するの効果あるへきものなり。例せは從來の規定に於ては、在職十有四年に達したる者にして全く小學校教員を罷むるの意思なきも、退職給與金を受けんか爲めに一旦退職する者往々少からす。此種の教員は、多額の退職給與金を受けたるにも拘はらす、其の後再び奉職し、僅々一兩年にして退隱料を受くるに至り、退職給與金(即ち十五年未滿の者に對する優待)と退隱料(即ち十五年以上の者に對する優待)を並ひ存せしむる立法上の精神に背反するに至るを以て、之を禁遏することは、一方に於て退隱料の率を高むると同時に、一方に於て其の弊害を防止する手段として、適切なる方法と言はさるへからす。而して此の如き規定を新設するも、誠實に小學校教員の職に從事する人に對しては、何等の痛痒を感せしむるものにあらさるは、蓋し疑なき所なり。

第四項の兼職に依りて受くる加俸は、退隱料年額を算定するに當り、之を除くことは官吏恩給法の規定に同しきものとす。

第四條ノ二　退隱料ヲ受クル者公立學校職員、公立圖書館職員、小學校ノ本科正

教員タルヘキ資格ヲ有スル公立幼稚園ノ保姆、在外指定學校職員又ハ教育事務ニ從事スル文官ト爲リタル後滿一年以上ニシテ退職又ハ退官シタルトキハ前後ノ在職在官年數ヲ通算シ後職又ハ後官ニ對スル退隱料ト前ノ退隱料トヲ比較シ其ノ額多キ方ヲ給ス

前項ノ場合ニ於テ本法ニ依ル退隱料額カ府縣立師範學校長俸給並公立學校職員退隱料及遺族扶助料法明治二十九年法律第十三號又ハ在外指定學校職員退隱料及遺族扶助料法ニ依ル退隱料額ニ比較シ多キトキハ其ノ退隱料ハ本法ニ依リテ之ヲ支給スルモノトス

本條は、四十年中新に設けたるものにして、退隱料を受くる者か、各種の官職に從事したる場合に於て、之を通算し前後の退隱料額を比較し、其の額多き方を給するものにして、小學校教員の爲めには頗る利益ある規定なりとす。

第四條ノ三　官吏恩給法第六條、第十條、第十二條、第一項及第十三條第二項ハ退隱料ニ之ヲ準用ス

退隱料等ノ支給上在職年數ノ算定ニ關スル規程ハ勅令ヲ以テ之ヲ定ム

本條に於て新に官吏恩給法を適用することとなれるは、第十條及第十三條第二

項とす。而して第十條は文官にして從軍したる者は、軍人恩給法の算則に照して其の從軍年を加算すること、第十三條第二項は法律を以て設立したる議會の議員並市町村長助役收入役名譽職參事會員及東京市京都市大阪市北海道の區長と爲りたるの故を以て退官したる者は、恩給を受くるの資格を失はさることの規定なり。是等の特典は、從來官吏のみに限られ、小學校教員に及はさりしを、四十年の改正に依り之を準用することとなりたるものにして、又優待法の一たるや明なり。

第五條 退隱料ヲ受クル者左ノ事項ノ一ニ當ルトキハ其ノ間退隱料ノ支給ヲ停止ス但シ第一號ノ場合ニ於テハ其ノ差額ニ限リ支給ヲ停止ス

一 公務ニ就キ受クル給料ト退隱料ト合シタル金額退職現時ノ給料額ヲ超過シタルトキ

二 五箇年以上受領ヲ怠リタルトキ

三 公權ヲ停止セラレタルトキ

本條改正の要點は、但書を加へ、其の第一號を變更し、從來退隱料を受くる者公務に就きたるときは退職現時の給料額と同額以上の給料を受くるにあらされは其の支給を停止せられさりしを新法に於ては公務に就き受くる給料と退隱料とを合したる金額退職現時の給料額を超過するときは、其の差額に限り支給を停止することに改めたるにあり。尚分り易く言へは、從來は其の俸給額か退職したる當時の給料額に達せさる間は、俸給と退隱料とを併せて授くるの制なりしに、新法にては俸給と退隱料とを併せ與ふるも、此二者を合せたる額か、退職當時の俸給額より多きときは、其の差額を停止し、此二者を合せて退職當時の俸給額を超過せさらしむるものにして、從來の規定に比すれは、著しく不利益となりたるものとす。然れとも之を退隱料の性質に顧み、又官吏恩給法に比較するときは止むを得さるものといふへし。

第六條　年齡未タ六十歲ニ至ラスシテ自己ノ便宜ニ依リ退職シタル者又ハ免職ニ處セラレ若クハ失職ニ該當シタル者ハ退隱料ヲ受クル資格ヲ失フモノトス

第七條　市町村立小學校ノ准敎員ハ職務ノ爲メ傷痍ヲ受ケ若クハ疾病ニ罹リ第三條ニ該當スル者ニ限リ退職現時ノ給料四分ノ一ノ退隱料ヲ終身給與ス

第八條　在職滿一年以上ニシテ退職シタル市町村立小學校正敎員ニハ退職現時

ノ給料半箇月分ヲ以テ在職年數ノ一箇年ニ當テ其ノ年數ニ應スル金員ヲ一時給與ス但シ休職滿期ニ依リ退職シタル者ハ其ノ本職最終ノ給料額ニ依リ之ヲ給與ス

市町村立小學校正教員ニシテ教育事務ニ從事スル文官又ハ他ノ待遇文官ニ轉任シタル者退官又ハ退職シタルトキハ小學校教員ノ在職年數ニ應シ前項ノ給與金ヲ給ス

第一條若ハ第三條ニ依リ退隱料ヲ受クル者、他ノ法律ニ依リ退隱料若ハ恩給ヲ受クル者、自己ノ便宜ニ依リ退官シタル者又ハ免職ニ處セラレ、懲戒處分若ハ刑事裁判ニ依リ免官セラレ若ハ失職ニ該當シタル者ハ前二項ノ限ニ在ラス

本條ノ退職給與金ヲ受ケタル者市町村立小學校正教員ニ再任シ爾後退職シタルトキハ第一項ノ在職年數ハ再任ノ日ヨリ之ヲ起算ス

本條の改正は、第二項を新設したるか爲にして、其の旨趣とする所は、市町村立小學校正教員か、敎育に從事する文官又は他の待遇文官に轉任したる上退官又は退職したる場合に於て、第一項の給與金を給せらるることを規定するにあり。これ

從來は、本項の如き規定なかりしを以て、多年小學校教員の職に在りたる者か、一旦他の官職に轉して退官又は退職したるときは、給與金を受くるを得さるの缺點ありしを補ふか爲めにして、最も適切なる改正なりと言はさるへからす。蓋し從來の如く十年以上も小學校正教員に勤續したる者か、其の儘退職するときは、給與金を給せらるるも、一旦他の文官に轉したる後退官したるときは、之を給せられさるは極めて不道理の規定なれはなり。

第九條　退隱料ノ支給及第八條ノ給與ハ府縣知事之ヲ裁定ス
官吏恩給法第十六條及第十八條ハ退隱料ニ適用ス

四十年の改正に於て、本條第一項中より『市町村長ノ證明ニ依リ』を削除せり。蓋し本法公布の當時は、小學校教員は、市町村長の推薦に依りしも、其の後小學校令の改正に依り、小學校教員は、郡市長の推薦に依り府縣知事之を任命することとなりしを以て、町村長は全然教員の進退に關せさるに至れり。故に市町村長の證明を必要條件とすることは、適當の規定といふことを得す。これ本條の改正ある所以なり。

第十條　市町村立小學校正教員左ノ事項ノ一ニ當ルトキハ其ノ遺族ハ此法律ノ

規定ニ從ヒ扶助料ヲ受クルノ權利ヲ有ス

一　在職十五年以上ノ者在職中死去シタルトキ

二　在職十五年未滿ノ者職務ノ爲死去シタルトキ

三　退隱料ヲ受クル者死去シタルトキ

第十一條　官吏遺族扶助料法第四條乃至第十條第十二條乃至第十六條ハ此法律ニ規定スル扶助料ニ適用ス

官吏遺族扶助料法第十一條ハ此法律ニ規定スル扶助料ヲ受クヘキ寡婦孤兒又ハ父母祖父母ナクシテ死去シタル者ノ戶籍內ニ在ル二十歲未滿又ハ廢疾若ハ不具ニシテ產業ヲ營ムコト能ハサル兄弟姉妹アリテ之ヲ給養スル者ナキ場合ニ適用ス

第十二條　在職十五年未滿ノ市町村立小學校正教員在職中職務ノ故ニアラスシテ死去シタルトキハ其ノ遺族ニ一時扶助金ヲ給ス

前項ノ扶助金ハ退職給與金ノ額ト同額トス

本條第二項は、從來二年未滿は給料一箇月分二年以後滿一年每に給料年額百分

の二を給するの規定なりしを、四十年の改正に依り退職給與金と同額に改めたるものにしてこれ亦優待の一たるを失はさるものなり。

第十三條　扶助料及扶助金ノ支給並第十一條第二項ノ給與ハ市町村長ノ申牒ニ依リ府縣知事之ヲ裁定ス

第十四條　府縣ハ小學校教員恩給基金ヲ備フヘキモノトス

市町村ハ其ノ市町村立小學校ニ在職スル正教員ノ給料額百分ノ一ニ當ル金員ヲ每年其ノ府縣ニ納ムヘキモノトス

兼職ニ係ル加俸ニ對シテハ本條ノ納金ヲ要セス

本條第二項ノ納金ハ府縣小學校教員恩給基金ト爲スヘシ

恩給基金ハ其ノ利子ヲ以テ退隱料扶助料扶助金第八條及第十一條第二項ノ給與ニ充ツルノ外之ヲ支消スルコトヲ得サルモノトス

本條第二項ニ依リ各府縣ニ於テ收入シタル納金額二分ノ一ニ當ル金員ヲ收入年度ノ翌々年度每ニ國庫ヨリ府縣ニ給與スルモノトス

退隱料扶助料扶助金第八條及第十一條第二項ノ給與ハ恩給基金ノ利子及國庫

ノ給與金其ノ他ノ收入ヲ以テ之ヲ支辨シ不足アルトキハ府縣費ヲ以テ之ヲ補充スヘキモノトス

恩給基金ノ管理並退隱料扶助料法助金第八條及第十一條第二項ノ給與ノ支給等ニ關スル規則ハ文部大臣之ヲ定ム

恩給基金ノ管理並退隱料扶助料扶助金第八條及第十一條第二項ノ給與ノ支給等ニ關スル費用ハ總テ府縣ノ負擔トス

第十五條 此法律中第一條乃至十三條ハ明治二十六年度ヨリ第十四條ハ明治二十五年度ヨリ之ヲ施行ス

第十六條 府縣制郡制又ハ市制町村制ヲ施行セサル地方ニ於テ此法律ノ條規ニ對シ特例ヲ設クルコトヲ必要トスルトキハ勅令ヲ以テ之ヲ定ム

明治四十年法律第四十七號附則

本法施行前退隱料ヲ受ケタル者ニシテ本法施行後再市町村立小學校教員ト爲リ

在職三年以上ニ至ラスシテ退職シタル者ニハ仍從前ノ規定ヲ適用ス

四十年の改正法を施行する前に、退隱料を受けたる者にして、其の施行後再び市町村立小學校敎員と爲り、在職三年未滿にして退職したる場合は、仍從前の規定の適用を受くへきものと定められたるなり。

（別表）

市町村立小學校敎員退隱料表

給料＼在職年數	十五年	十六年	十七年	十八年	十九年
七十五圓以上百圓以下	二二五	二三三	二四〇	二四八	二五五
六十五圓以上七十五圓未滿	一九五	二〇二	二〇八	二一五	二二一
六十圓以上六十五圓未滿	一八〇	一八六	一九二	一九八	二〇四
五十五圓以上六十圓未滿	一六五	一七一	一七六	一八二	一八七
五十圓以上五十五圓未滿	一五〇	一五五	一六〇	一六五	一七〇
四十五圓以上五十圓未滿	一三五	一四〇	一四四	一四九	一五三
四十圓以上四十五圓未滿	一二〇	一二四	一二八	一三二	一三六
三十五圓以上四十圓未滿	一〇八	一一二	一一六	一二〇	一二四
三十圓以上三十五圓未滿	九六	九九	一〇二	一〇五	一〇八
二十五圓以上三十圓未滿	八四	八七	九〇	九三	九五
二十圓以上二十五圓未滿	七二	七五	七七	八〇	八二
十五圓以上二十圓未滿	六〇	六二	六四	六六	六八
十五圓未滿	四八	五〇	五二	五三	五五

二十年	二六三	二二八	二一〇	一九三	一七五	一五八	一四〇	一二九	一一一	九九	八四	七〇	五六
二十一年	二七四	二三八	二一九	二〇一	一八三	一六五	一四六	一三四	一一六	一〇三	八八	七三	五五
二十二年	二八五	二四七	二二八	二〇九	一九〇	一七一	一五二	一二九	一二一	一〇七	九二	七六	六一
二十三年	二九七	二五七	二三七	二一八	一九八	一七八	一五八	一四四	一二六	一一一	九五	七九	六四
二十四年	三〇八	二六七	二四六	二二六	二〇五	一八五	一六四	一四九	一三一	一一五	九九	八二	六六
二十五年	三一九	二七七	二五五	二三四	二一三	一九二	一七〇	一五六	一三六	一一九	一〇二	八五	六八
二十六年	三三四	二九〇	二六七	二四五	二二三	二〇一	一七八	一六三	一四二	一二四	一〇七	八九	七二
二十七年	三四九	三〇三	二七九	二五六	二三三	二一〇	一八六	一七〇	一四八	一二[illegible]	一一二	九三	七五
二十八年	三六四	三一六	二九一	二六七	二四三	二一九	一九四	一七七	一五四	一三四	一一七	九七	七八
二十九年	三七九	三二九	三〇三	二七八	二五三	二二八	二〇二	一八四	一六〇	一四〇	一二二	一〇一	八一
三十年	三九四	三四二	三一五	二八九	二六三	二三七	二一〇	一九三	一六六	一四五	一二六	一〇五	八四
三十一年	四一三	三五八	三三〇	三〇三	二七五	二四八	二二〇	二〇二	一七四	一五二	一三二	一一〇	八八

三十二年	四三二	三七四	三四五	三一七	二八八	二五九	二三〇	二一一	一八二	一五八	一三八	一一五	九二
三十三年	四五〇	三九〇	三六〇	三三〇	三〇〇	二七〇	二四〇	二二〇	一九〇	一六六	一四四	一二〇	九六
三十四年	四六九	四〇七	三七五	三四四	三一三	二八	二五〇	二二八	一九八	一七三	一五〇	一二五	一〇〇
三十五年	四八八	四二三	二九〇	三五八	三二五	二九三	二六〇	二三七	二〇六	一八〇	一五六	一三〇	一〇四
三十六年	五一〇	四四三	四〇八	三七四	三四〇	三六〇	二七二	二四八	二一五	一八八	一六四	一三六	一〇九
三十七年	五三三	四六二	四二六	三九一	三五五	三二〇	二八四	二五九	二二四	一九六	一七一	一四二	一一四
三十八年	五五五	四八一	四四四	四〇七	三七〇	三三三	二九六	二七〇	二三三	二〇四	一七八	一四八	一一九
三十九年	五七八	五〇一	四六二	四二四	三八五	三四七	三〇八	二八一	二四二	二一二	一八五	一五四	一二四
四十年	六〇〇	五二〇	四八〇	四四〇	四〇〇	三六〇	三二〇	二九二	二五一	二二〇	一九二	一六〇	一二八

一、（三十一年三月 某縣伺）茲に在職十五年以上勤續せし市町村立小學校教員にして疾病に罹り其職務に堪へさる爲め退職を命したる處退職者は退隱料請求以前に死亡せり右相續者は死亡の意旨を繼き本人退職の翌月より死亡の月までの退隱料を請

求し然る後其遺族は扶助料を請求し得へき儀に候哉又は退隱料は本人生存間給與すへき性質のものなれは退隱料請求以前に於て本人死亡せしものは其相續者は之を請求する權なき儀に候哉果して後段を正當なりとせは退隱料は受くへき資格を具備せし退職者にして退隱料請求の準備中死亡せしもの丶遺族は扶助料の恩典に浴するを得さるの不幸を見るへき儀と存候右兩岐に渉り決兼候條至急何分の御明示相成度此段相伺候也

（三十一年三月文部省會計課通牒）月日號を以て御伺相成候市町村立小學校教員退隱料給與の件は退隱料請求準備中死亡せし事實を證明し遺族者より請求するものに於ては前段御申込の通り給與相成妨け無之候依命此段及御通牒候也

追て退隱料證書は本人名義とし（故ノ一字ヲ冠セス）其裏書中但書に何年何月の給額に何年何月死亡に付金若干と記載相成度此段申添候也

二、（三十一年六月某縣問合）市町村立小學校正教員にして明治三十年一月十二日前に於て懲戒又は懲罰に依り免官又は免職となりたる者は同年二月勅令第十四號に依り其懲罰を免除せられたる者と共に罷免に伴ひ失ひたる退隱料等を受くる資格を復するは勿論の儀に可有之と雖とも此等は通常退職者と異れは二十三年法律第九十號第八條の給與金は同條二項の例に依るを要せす何時にても之を請求し得らるゝものに可有之や將必す其給與を受くへき事由の生したる則ち免除の日より起算し三ヶ月内に請求又は不受の申立を爲さゝるに於ては其權利を失へるものとして取扱ひ差支無之哉目下差掛り候儀も有之候條至急御回示相煩度此段及御問合候也

（三十一年七月文部省會計課回答）年月日號を以て御照會相成候市町村立小學校正教員にして懲罰を免除せられたる者に係る退職給與金の件は後段御見込の通りと存候此段及御回答候也

三、（三十一年七月某縣照會）市町村立小學校教員にして三月三十一日限廢止せし小學校に在職せしものは三月三十一日中に他の小學校に任用せし場合に於ては勤續者とするも其翌日即四月一日他の小學校に任用せしものは明治二十七年二月貴省令第三號に依り勤續者として取扱ふへき限りに無之存居候處年月日某縣問合に對する御回答に依れは尙勤續者として取扱ふへきものゝ如し右は實際に於て稍適切なるも省令の明文上此の如く解釋致難候條御明示相煩度此段及照會候也

（三十一年八月文部省會計課回答）市町村立小學校教員勤續の件に關し月日號を以て御照會の趣

了承致候右當省令第三號の趣旨は學校存在の最後の日は學校尚存在し授業を執りし次第に付其翌日を以て廢止の日と見做し同日中に他の市町村立小學校教員に任せられたる者は勤續者として取扱ふ慣例に有之候此段及御回答候也

四、（三十一年七月某縣照會）明治二十四年文部省令第二十號第五條第一に該當する者に對し期限を定めて休職を命せしに休職滿期三日前の日付を以て本人より疾病全快の旨屆書を差出し當廳に於ては該屆書を滿期十二日後に收受せしに付全快屆出の當時直に復職を命する運を爲し難く自然退職と見做せり然るに本人は勤續十五年以上に至りたるを以て退隱料の請求書を差出候得共休職期限中に休職の事故止みたる旨本人より證明せしに付ては自己の便宜に依り退職せし者の如くにも相考られ決し兼候條御意見承知致度右は差掛りたる儀有之に付電報御回報相成度此段御照會候也

（三十一年八月文部省會計課回答）普通學務局長宛照會小學校教員退隱料の件は適法の退職と認む（電信）

五、（三十一年十月某縣照會）市町村立小學校教員にして退隱料を受くる者公務に就き退職現時の給料額と同額以上の給料を受くるときは其期間退隱料の支給を中止すへき

規定（法律第九十號第五條）に依り退隱料を受くる者にして官衙公立學校の雇若くは公吏若くは官公署公立學校の給仕小使に採用するときは此等は前記規定の公務と云ふ内には含蓄せさるものと認め其期間退隱料の支給を停止せす尙支給すへき筋に可有之候歟又報酬若しくは手當は前記規定の給料と云ふ内に含蓄する者に候哉御問合候條至急何分の御回報相成度此段及御照會候也

（三十一年十二月文部省會計課回答）月日號を以て市町村立小學校敎員退隱料支給上公務を執る者及報酬又は手當を與ふ者に關する取扱上之儀に付御照會之趣了承右公務の内には公吏を包含し雇給仕小使は包含せさるものと被存候又報酬及手當給與のものには退隱料支給相成可然と存候此段及御回答候也

六、（三十二年四月某縣問合）婦女にして小學敎員勤務中死亡し同戸籍内に其夫及遺兒ある場合に於ては明治二十三年法律第九十號小學校敎員退隱料及遺族扶助料法第十二條に係る遺族一時扶助金は同第十一條遺族扶助料支給の例に準し其遺兒に給し若し遺兒等なくして夫のみ存在する場合は之を夫に給し可然哉差掛り疑義に涉り候條折返御明示相成度此段及問合候也

（三十二年五月文部省會計課回答）小學校女敎員の遺族に扶助料給與の儀に關し月日號御問合の

趣了承右は（中略）夫と雖も請求に應し扶助金を給し可然存候間右に御承知相成度此段及御答候也

七、（三十三年七月某縣照會）市町立小學校教育費國庫補助法第六條に依り受くる金額は退職給與金に計算すへき哉差急く電信にて回答あれ（電信）

（三十三年七月普通學務局竝會計課答）教育費國庫補助法第六條支給金の件御見解の通（電信）

八、（三十三年七月某縣照會）明治二十三年法律第九十號に依り退隱料を受くる者退職現時の俸給より低き月俸を受け小學校教員の職にありしもの年功加俸又は特別加俸を受け之を其月俸に加算するときは前の退職現時の俸給と同額以上に達する場合に於ては退隱料の支給を停止すへき者と存候得共聊疑義に渉り候間及御問合候條折返し御回答相煩度此段及御照會候也

（三十三年八月文部省會計課回答）月日號を以て退隱料支給停止の件御照會の趣了承右は御見込之通支給停止すへきものに有之候此段及御回答候也

九、（三十三年十二月某縣問合）小學校教員恩給に關し別記の疑義相生し候に付及御問合候條至急御回答相煩し度候

記

明治十四年より小學校教員の職に在りて明治十六年に至り教育に從事する郡書記に轉任し明治二十年に至り再び小學校教員の職に轉任し後退職したるものあり今本人か在職年數に於て郡書記在官中の年數を通算するときは十五年以上となり明治二十九年法律第十三號第四條の二に依り退隱料を受くるを得るも同條の明文には「退隱料扶助料扶助金を受くることを得」とありて之を受くると受けさるとは本人の任意の如く相見へ候に付ては本人に於ては退隱料の請求をなさす郡書記在官中の年數を除算して（此場合には在職年數は十五年未滿なり）明治二十三年法律第九十號第八條の給與金を請求したるときは本人請求の通り給與金を支給し可然哉

若し給與金を受くるを得へきものとすれは左の疑義相生し候明治二十三年法律第九十號第八條第二項に依るときは退隱料を受くる者は同條第一項の給與金を受くるを得さるも若し本人にして先つ郡書記を通算せすして給與金を受け其後更に郡書記を通算して退隱料を請求するときは退隱料を支給し可然哉此の如きは法の精神上然るへからさることゝ被存候得共別に明文無之に付雙方を支給せらるへきものと被存候右に關する御意見併せて承知致度候

（三十四年三月文部省會計課回答）年月日號を以て小學校敎員退隱料等支給方の儀に付御照會の趣了承右は左記の通御了知相成度此段御回答候也

前項　退隱料を支給すへきものとす

後項　前項に依り御了知のことゝ存候

一〇、（三十五年二月某縣照會）小學校正敎員在職中病氣休職を命せられたるものにして其期限未た滿たさるに本人在職の學校は廢校と相成即ち同時に自然退職となりたるもの後數ヶ月を經て死亡し其遺族より退職給與金を請求し來りたるもの有之右等には退職給與金を支給すへき限りに無之候哉少しく性質は異り候得共退隱料請求準備中死亡したる遺族に同料支給の儀に付年月日號を以て御通牒の次第も有之聊疑義に涉り候條何分の義至急御回答相成度此段及御照會候也

（三十五年三月文部省會計課回答）月日號を以て御照會相成候退職給與金の件右は給與すへき限りに無之候尤本人に於て請求準備中死亡し若は遺族に於て本人の意志を繼承せることを證明する場合に於ては給與し得へきことゝ存候此段及御回答候也

一一、（三十六年三月某縣照會）元本縣小學校訓導にして明治三十年十一月より退隱料を受くる者明治三十年十月某府視學に任せられ明治三十二年十一月文官分限令第十一

條第一項第四號により休職を命せられ明治三十五年十一月休職滿期に因り退官したるに付小學校訓導在職年數に某府視學在官年數を通算し退隱料の增額を本縣に請求し來り候處右は本縣に於て受理すへきものに有之候哉疑義に涉り候條至急何分の御回答相成度此段及照會候也

（三十六年四月文部省會計課回答）月日號を以て御照會相成候退隱料增額請求の儀は貴縣に於て受理せらるへきものに有之候此段及回答候也

一二、（三十六年十二月某縣照會）市町村立小學校正敎員遺族扶助料を受くへき權利ある寡婦其の扶助料の請求を爲さすして離緣し其後孤兒より父死亡後三箇年以內に扶助料を請求したるもの有之候處右は該寡婦か扶助料を請求せさる旨申立てたるに於ては右寡婦の受くへき分まて直に孤兒に支給し差支無之とは存候へ共或は寡婦に於て一先つ請求して支給を受けされは其孤兒には轉給すること能はさる儀に候哉差掛りの儀有之候に付至急何分の義御回報を煩はし度此段及御照會候也

（三十六年十二月文部次官回答）月日號を以て御照會相成候市町村立小學校正敎員遺族扶助料支給方の儀は左記の通御了知相成度此段及御回答候也

記

一、夫死亡の翌月より寡婦離籍の月に至る迄の扶助料は寡婦の請求に依り寡婦に支給す

二、孤兒は寡婦離籍の後は寡婦の請求したると否とに拘らず扶助料を請求することを得

但寡婦か離籍後扶助料を請求せざる旨申立たる場合と雖も該寡婦の受くへかりし分は孤兒に支給するを得す

一三、（三十七年十一月某縣照會）學校敎員應召の爲め當然休職となりたる者軍務に服するの故を以て退職せし場合に於て退職金給與方に關し左記の事項疑義に渉り候に付至急御回示相成度此段及照會候也

記

一、軍籍に在る文官にして召集に應し兵役に服するか爲め退官するときは退官賜金の給金に關しては自己の便宜に由り退官するものにあらずと閣議決定の旨內務省より通牒有之就ては公立學校職員にして召集に應し當然休職となりたる者軍務に服するの故を以て退職願出之か退職を命したるときは自己の便宜にあらさるものとして退職給與金を給與すへきは勿論なるへきや

二、小學校訓導は小學校令施行規則第百二十六條各號の外退職を命するの明文無之前項の如く召集に應し當然休職となりたる者軍務に服するの故を以て退職願出同規則第百二十七條に依り御省の指揮を受けて退職を命したる場合は前項と同しく自己の便宜にあらすとして退職金を給與するを得へきや
（三十七年十二月文部省會計課回答）月日號を以て御照會相成候學校職員退職給與金支給方の儀は總て御意見の通給與相成可然存候此段及御回答候也

一四、（三十六年十二月某縣照會）小學校女正教員の遺族扶助料支給に關し左記の通疑義有之候に付至急何分の儀御回報を煩し度此段御照會候也
一、有夫の女正教員にして在職中死亡せしとき其夫より扶助料を請求する權利なきことは月日號御通牒の次第も有之候處右は夫生存中は遺族中の他のものよりも請求すること能はさる儀と認め可然乎
一、前項の場合に於て夫か死亡し又は戸籍内にあらさるときは孤兒其他順次に據り支給することを得へしと思料す右にて差支なきや
（三十七年一月文部省會計課回答）年月日號を以て御照會相成候小學校女教員遺族扶助料支給方の儀は御意見の通と存候此段及御回答候也

一五、（三十七年一月某縣照會）市町村立小學校敎員にして懲戒に依り減俸處分を受けたるもの其減俸の期間中合法の退職をなし明治二十三年法律第九十號に依り退隱料又は退職給與金を請求したる場合には其給與額は減俸額に依り算出すへき儀に候哉將減俸せさる俸給額に依り算出し可然哉疑義に涉り候條御回示相成度此段及照會候也

（三十七年一月文部省會計課回答）月日號を以て退隱料等の金額算出方の儀に付御照會の趣了承右は減俸せさる俸給額に依り算出すへき儀と存候此段及御回答候也

一六、（三十七年一月某縣照會）小學校敎員退隱料請求の場合に於て履歷事項調査を要するに當り年數經過其他の事故に依り書類廢棄燒失等の爲め所轄官廳に於て其初任年月日及中途依願退職の事由等を證すへき書類なく且本人に於ても之れか證明をなすに足るへき辭令書若くは證據書類等保存せさる場合は其在職年數は如何計算致すへき歟承知致度候條至急何分の御回報相煩度此段及御問合候也

（三十七年一月文部省會計課回答）月日號を以て小學校敎員退隱料等在職年數計算方に關し其根基とする證據書類等の保存せさる場合の取扱方御問合に相成候へ共右は事實の認定に屬する問題なるに依り豫め一定の取扱方法を確定することは能はさるもの

と存候要するに本件の場合に在ては關係諸般の事項を調査し貴官の職權に由り御判定相成るより外途無之と存候此段及御回答候也

一七、（三十八年三月某縣照會）扶助料を受くる寡婦分家したるものは姻族の關係猶存するに付引續き扶助料を給する方事實上穩當に有之候得共法の解釋上戸籍を去りたるものとして扶助料を受くるの權利は消滅すへきや右御意見承知致度此段及照會候也

（三十八年三月文部省會計課回答）月日號を以て扶助料を受くる寡婦分家したるものは權利消滅すへきや否や御照會の趣了承右は分家したるもの即ち戸籍を去りたるものに付姻族關係の存否に拘はらす扶助料を受くるの權利消滅するものと御了知相成度此段及御回答候也

一八、（三十八年三月某縣照會）市町村立小學校教員にして別紙の如き履歴のものあり右年月日の休職は小學校令施行規則第百二十三條に依り當然休職となりたる者にして其後出征軍務に從事中年月日病死の者に付ては無論休職中死亡したる者なるに付明治二十三年法律第九十號市町村立小學校教員退隱料及遺族扶助料法第十二條に依り其遺族に一時扶助金を給すへき儀とは存候得共又其遺族は軍人恩給法

に於ても夫れ相當なる扶助料の給與を受くへき者と被存候然るに公立學校職員にありては明治二十九年三月法律第十三號公立學校職員退隱料等に關する規定第四條の三に右等の場合に關する規定有之候得共市町村立小學校教員にありては何等の規定なきに依り小學校教員退隱料及遺族扶助料法第十二條に依り扶助金を給すへきものなるや聊疑義相生候條至急何分の御報導を煩し度此段及照會候也

（三十八年三月文部省會計課回答）市町村立小學校教員出征死亡者遺族に一時扶助金給與方に關し月日號御照會の趣了承右は法律第九十號第十二條に依り給與相成可然と存候尚法律第十三條第四條の三に依るも扶助金と扶助料の併給に付ては何等制限無之を以て給與可相成筋合に有之候條御了知置相成度此段及御回答候也

一九、（三十九年四月某縣照會）小學校正教員にして明治十七年七月より二十八年三月まて十年九ヶ月の勤續年數に對し給與金を受けたる後二十八年六月再ひ就職し三十三年四月休職となり三十四年四月休職滿期此勤續年數五年十一ヶ月にして前後通算するときは十六年八ヶ月となるを以て退隱料を受くるの權利を得たるも當時之を請求せす三十四年五月更に就職し今尚勤務中に有之候得共權利發生後三年を經過し退隱料請求權を失したるを以て二十三年法律第九十號市町村立小學校教員退隱料及遺族扶助料法第八條第二項の退隱料を受くる者に該當せさる故を以て二十八年六月より三十四年四月までの勤續年數に對し給與金請求し來りたる者有之候處右は給與すへき限りに無之儀と被存候得共爲念御意見承知致度此段及照會候也

（三十九年四月文部省會計課回答）月日號を以て御照會相成候小學校教員一時給與金の儀は御意見の通給與すへき限りに無之と存候此段及御回答候也

二〇、（三十九年五月某縣照會）小學校訓導町長に選擧せられたる場合退職給與金給與方に關し月日號某縣照會に對し月日號を以て御回答の次第も有之候處右町長には有給町村長をも含有致居候儀に候哉疑義相生し候條至急何分の御回示相煩し度爲念此段及照會候也

（三十九年六月文部省會計課回答）月日號を以て町長に選擧せられたるか爲退職せる小學校訓導退職給與金支給方の儀に付御照會の趣了承右は有給無給に拘らす包含せる儀と御了知相成度此段及御回答候也

二一、（四十一年五月會計課祕書課通牒）病氣職務に不堪理由を以て退職若は退官を許せし者を直

に再任用するか如き向往々有之趣聞及候處右は常規を逸し穩當ならさる取扱と被存候夫の退隱料法上に所謂職務に不堪理由を以て退職せし者の如きは決して直に任用し得るか如き程度の者にあらさるへきは當然の儀と被存候條學校職員等の任用方に付ては自今右樣不都合の取扱無之樣御注意相成度依命此段申進候也

二二、(四十一年五月會計課通牒)客年五月公布法律第四十七號に於ける附則中仍從前の規定を適用すとあるは退隱料年額算定方に付ては勿論停止等の關係に於ても總て從前の規定を適用すへき儀と解釋し右改正法に依り退隱料を受くる者にあらさる限りは總て同一に取扱ふことと省議決定相成候處本年四月公布法律第五十五號にありては前者と異り其附則に於て從前の例に依るへき廉は單に退隱料年額算定方に付てのみ規定したるの結果停止方に關し彼是差違を生したる次第に有之候本件取扱方に關し往々照會越し候向も有之候に付爲念此段申進候也

二三、(四十一年九月會計課通牒)小學校實業學校、敎育事務に從事する文官竝官立學校職員在勤中の年月數は明治二十三年法律第九十一號第五條の勤續年數中に算入し得さるものなるに往々誤解の向も有之候に付爲念此段通牒候也

二四、(四十一年八月會計課通牒)官公署竝官公立學校に勤務する雇員は退隱料支給上尚給仕小使等と同しく公務に從事する者の範圍外として御取扱相成度依命此段及御通牒候也

二五、(四十一年十月會計課通牒)從來公務に就き報酬又は手當の名義を以て支給を受くる者は退隱料法上所謂公務に就き給料を受くる者の中に包含せさる取扱に有之候處來る四十二年一月一日以後は名稱の如何に拘らす年額又は月額を以て年俸又は月俸と同樣一定の支給を受くる者は總て退隱料法上公務に就て給料を受くる者と認め御處理相成度依命此段及通牒候也

二六、(四十一年五月會計課通牒)退隱料を受くる者有給の公務に就きたる場合差額停止方は今後左記樣式に準し御報告相成度此段申進候也

舊職氏名	退隱料支給停止ヲ始ムル年月日	退隱料停止年額	現俸給額	現職名及就職年月日	退職當時ノ俸給	證書番號及退隱料年額

二六、(四十一年五月內務文部兩次官通牒)教育文官を退き明治二十九年法律第十三號に依り退隱料を受くる者に對し更に明治二十三年勅令第九十八號に依り退官賜金を支給する

向往々有之候趣なるも右退隱料を受くる場合には退官賜金を支給し得さる儀と御了知相成度依命此段通牒候也

二七、（四十二年十一月會計課通牒）（前略）教員文官の種類に關し御照會相成候處御問合の如き職を奉する郡書記も亦教育事務に從事する文官中に包含する儀と御了知相成度此段及回答候也

二八、（四十二年十二月某縣に對する會計課回答）（前略）市町村立小學校教員退職給與金支給方に關し御照會の趣了承右は左記の通御取計相成度此段及回答候也

記

一、第一次に寡婦に給し寡婦なきときは官吏遺族扶助法第六條及第十條の規定を準用すること

二、前項に該當するものなきときは御見込の通（家督相續人にして妹なり）

二、市町村立小學校教員退隱料及遺族扶助料支給規則

本令は、明治二十五年文部省令第二號を以て發布せられ、爾後三十二年文部省令第二十八號三十五年文部省令第十二號、四十年文部省令第十四號を以て改正を

加へ尚四十一年文部省令第十七號を以て改正を加ふるに至れり。

第一章　退隱料ノ請求

第一條　市町村立小學校教員退隱料及遺族扶助料法第二條第三條第四條第七條ニ依リ退隱料ヲ受クヘキ者ハ退隱料請求書ヲ作リ退職ノ際勤務セシ小學校所屬府縣知事ニ差出スヘシ

四十年の改正に於て、本條中「市町村長」を「府縣知事」に改めたるは、市町村立小學校教員退隱料及遺族扶助料法第九條の改正に伴ふ當然の結果とす。

第二條　退隱料請求書ニハ左ノ書類ヲ添付スヘシ

一　在職中ノ履歴書

二　戸籍吏ノ作リタル戸籍謄本但市町村立小學校教員退隱料及遺族扶助料法第七條ニ揭ケタル者ハ之ヲ要セス

第三條　職務ニ依リ傷痍ヲ受ケ若クハ疾病ニ罹リ退隱料ヲ請求スル者ハ前條ニ揭クル書類ノ外尚左ノ書類ヲ添付スヘシ官吏恩給法第六條ヲ適用スヘキ者亦同シ

一　現認證書若クハ事實ヲ證スル公文ノ寫又ハ口供書
二　醫師ノ診斷書

第四條　退隱料請求書ヲ受ケタル府縣知事ハ事實ヲ取調ヘ請求ノ理由アリト認ムルトキハ退隱料證書ヲ作リ之ヲ本人ニ交付スヘシ但退隱料增加ノ爲更ニ退隱料證書ヲ交付スルトキハ前ニ交付シタル證書ヲ返納セシムヘシ

四十年中本條を改正したるは、其の旨趣第一條に同し。而して從來市町村長に於て爲したる事項は府縣知事自ら之を爲すへきこととなれり。

第五條　府縣知事ニ於テ前條ノ請求理由ナシト認ムルトキハ理由ヲ示シ之ヲ本人ニ通告スヘシ

本條は四十年に全部改正せられたるものなり。蓋し從來は本條に該當すへき規定なく、退隱料の請求を其の理由なしと認めたる場合は、市町村長に於て意見を具して之を府縣知事に差出すも、府縣知事は別に理由を示し本人に通告するを要せさるを以て、請求者の不便少からさりしか、本條の新設に依り此弊を除き得ることとなれり。

第六條　市町村立小學校教員退隱料及遺族扶助料法第八條第一項ニ依リ給與金ヲ受クヘキ者ハ給與金請求書ヲ作リ在職中ノ履歷書ヲ添ヘ退職ノ際勤務セシ小學校所屬府縣知事ニ差出スヘシ府縣知事ハ事實ヲ取調請求ノ理由アリト認ムルトキハ辭令書ヲ作リ之ヲ本人ニ交付スヘシ

第二章　扶助料ノ請求

第七條　市立町村小學校教員退隱料及遺族扶助料法第十條第十一條第一項第十二條ニ依リ扶助料又ハ扶助金ヲ受クヘキ者ハ扶助料請求書又ハ扶助金請求書ヲ作リ退隱料ヲ受ケスシテ死去シタル者ノ遺族ニ在リテハ死者ノ最終勤務セシ小學校所屬府縣知事ニ退隱料ヲ受ケ死去シタル者ノ遺族又ハ扶助料ノ轉給ヲ受クヘキ者ニ在テハ居住地ノ市町村長ニ差出スヘシ（明治三十五年文部省令第十二號ヲ以テ改正）府縣知事ハ其所屬市町村立小學校正教員遺族ノ扶助料又ハ扶助金ヲ受クヘキ者アルトキハ死者ノ履歷書ヲ調製シ之ヲ遺族ニ交付スヘシ

本條中『市町村長』を『府縣知事』に改めたるは、其の理由第一條に同しく、第二項中『扶助料又は扶助金の請求上必要なる書類を』を『死者の履歷書を調製し之を』に改めたるは、從來漠然たりし字句を明確に爲したるものにして、此改正に依り取扱上幾多の手數を省くの利益あるへきなり。

第八條 扶助料請求書又ハ扶助金請求書ニハ戸籍吏ノ作リタル戸籍謄本及左ノ書類ヲ添付スヘシ（明治三十二年文部省令第二十八號ヲ以テ改正）

一　市町村立小學校教員退隱料及遺族扶助料法第十條第一第二第十二條ニ當ル者ノ請求書ニハ府縣知事ヨリ交付セラレタル死者ノ履歴書

二　市町村立小學校教員退隱料及遺族扶助料法第十條第三ニ當ル者ノ請求書ニハ死者ノ退隱料證書

三　官吏遺族扶助法第四條第二項ヲ適用スヘキ者ノ請求書ニハ傷痍若クハ疾病ノ職務ニ起因シタル證據書類醫師ヲシテ診察セシメタルトキハ其診斷書及退隱料ヲ受ケスシテ死去シタル者ノ遺族ニ在テハ本條第一ノ書類退隱料ヲ受ケ死去シタル者ノ遺族ニ在テハ本條第二ノ書類

四　扶助料ヲ受クル者死去シ又ハ權利消滅シタルトキ其扶助料ノ轉給ヲ受クヘキ者ノ請求書ニハ前者ノ扶助料證書

五　公權停止ニ依リ扶助料ノ轉給ヲ受クヘキ者ノ請求書ニハ前者ノ確定裁判ノ宣告書寫

六　官吏遺族扶助法第十五條ヲ適用スヘキ者ノ請求書ニハ其事由ヲ詳記シタル書類醫師ノ診斷書及退隱料ヲ受ケスシテ死去シタル者ノ孤兒ニ在テハ本條第一ノ書類退隱料ヲ受ケ死去シタル者ノ孤兒ニ在テハ本條第二ノ書類公務ニ起因スル傷痍若クハ疾病ニ依リ死去シタル者ノ孤兒ニ在テハ本條第三ノ書類扶助料ノ轉給ヲ受クヘキ孤兒ニ在テハ本條第四ノ書類

本條第一號中『市町村長より交付したる』を『府縣知事より交付せられたる』に改めたるは第七條第二項改正の結果に外ならす。

第九條　扶助料請求書又ハ扶助金請求書ヲ受ケタル府縣知事ハ事實ヲ取調請求ノ理由アリト認ムルトキハ扶助料ニ在リテハ扶助料證書、扶助金ニ在リテハ辭令書ヲ作リ之ヲ本人ニ交付スヘシ

前項ノ扶助料又ハ扶助金他ノ地方廳ニ於テ支給スヘキモノナルトキハ其ノ請求書ヲ當該府縣知事ニ送付スヘシ

本條は、四十年中全部改正せられたれとも、『市町村長』を『府縣知事』に改めたる外は、第一項と第二項との旨趣を彼是交換規定したるまてにして、內容に於てはさしたる變更なし。

第十條　市町村立小學校教員退隱料及遺族扶助料法第十一條第二項ニ掲ケタル給與金ノ請求等ハ扶助金ノ例ニ依ルヘシ但癈疾若クハ不具ニシテ產業ヲ營ムコト能ハサル者ノ請求書ニハ醫師ノ診斷書ヲ添付スヘシ

第三章　退隱料扶助料ノ支給及停止

第十一條　退隱料支給ノ期ハ退職ノ翌月ヨリ始マリ死去ノ月ヲ以テ終ルモノトス

退隱料及扶助料ハ其年額ヲ四分シ四月七月十月一月ニ於テ其前三箇月分ヲ支給スヘシ但權利消滅ノトキ及給與金扶助金ハ期月ニ拘ラス之ヲ支給スヘシ

第十二條　退隱料又ハ扶助料ヲ受クル者其金額ヲ受領セントスルトキハ退隱料證書又ハ扶助料證書ヲ以テ其受領權アルコトヲ證明スヘシ

第十三條　退隱料ヲ受クヘキ權利消滅若クハ停止セラルヘキ者ノ支給ノ終始ハ左ノ各項ニ依ルヘシ

一　重罪ノ刑ニ處セラレタルトキハ裁判確定ノ日、日本臣民タルノ分限ヲ失ヒタルトキハ其失ヒタル日ヲ以テ支給ヲ終ル

二　公務ニ就キ受クル給料ト退隱料トヲ合シタル金額退職現時ノ給料額ヲ超過スルトキハ其給料ノ支給ヲ始ムル日ノ前日ヲ以テ其差額ノ支給ヲ停メ其給料ノ支給ヲ終リタル日ノ翌日ヨリ支給ヲ復ス

三　五箇年以上受領ヲ怠リタルトキハ受領ヲ怠リタル支給期月ノ翌月ヨリ起算シ其怠リタル期ノ支給ヲ廢ス

四　公權ヲ停止セラレタルトキハ禁錮ノ刑ニ處セラレ若クハ監視ニ付セラルヘキ確定裁判ノ宣告ヲ受ケタル日ヲ以テ支給ヲ停メ刑期滿限ノ日ノ翌日ヨリ支給ヲ復ス（同上本條改正）

本條第二號の改正は、小學校敎員退隱料及遺族扶助料法第五條の改正に伴ふ當然の結果なり。

第十四條　扶助料支給ノ終始ハ左ノ各項ニ依ルヘシ

一　日本臣民タルノ分限ヲ失ヒタルトキハ其失ヒタル日重罪ノ刑ニ處セラレタルトキハ確定裁判ノ宣告ヲ受ケタル日ヲ以テ支給ヲ終ル

二　公權ヲ停止セラレタルトキハ禁錮ノ刑ニ處セラレ若クハ監視ニ付セラルヘキ確定裁判ノ宣告ヲ受ケタル日ヲ以テ支給ヲ停メ刑期滿限ノ日ノ翌日ヨリ支給ヲ復ス

三　公權停止中轉給ヲ受クヘキ者ノ支給ハ本人停止ノ翌日ヲ以テ始メ復給ノ前日ヲ以テ終ル

第十五條　市町村立小學校教員退隱料及遺族扶助料法第三條ニ揭ケタル增加退隱料ノ等差ハ左ノ如シ

第一項	兩眼ヲ盲シ若クハ二肢以上ヲ亡シタルトキ	十分ノ七
第二項	前項ニ準スヘキ傷痍ヲ受ケ若クハ疾病ニ罹リタルトキ	十分ノ六
第四項	一肢ヲ亡シ若クハ二肢ノ用ヲ失ヒタルトキ	十分ノ五
第四項	前項ニ準スヘキ傷痍ヲ受ケ若クハ疾病ニ罹リタルトキ	十分ノ四
第五項	一眼ヲ盲シ若クハ一肢ノ用ヲ失ヒタルトキ	十分ノ三
第六項	前項ニ準スヘキ傷痍ヲ受ケ若クハ疾病ニ罹リタルトキ	十分ノ二

傷痍疾病ノ等差ハ明治十八年太政官達第十六號文官傷痍疾病等差例ニ依ル

第十六條　退隱料又ハ扶助料ヲ受クル者他ノ市町村ニ轉籍若クハ寄留スルトキハ轉籍若クハ寄留シタル他ノ市町村長ヲ經テ府縣知事ニ届出ヘシ
他ノ府縣ニ轉籍若クハ寄留スルトキハ轉籍若クハ寄留シタル地ノ市町村長ヲ經テ退隱料又ハ扶助料ヲ支給スヘキ地ノ府縣知事ニ届出ヘシ
退隱料又ハ扶助料ヲ支給スヘキ地ノ府縣知事ハ毎期支給スヘキ退隱料又ハ扶助料ヲ轉籍若クハ寄留シタル地ノ府縣知事ニ送付シ其支給方ヲ委託スルコトヲ得

本條中第三項『委託すへし』とありしを『委託することを得』に改め第四項を削除せり。蓋し從來の規定に依るときは、退隱料又は扶助料を支給すへき地の府縣知事は、毎期其の支給方を轉籍若くは寄留したる地の府縣知事に委託せさるへからすして、受託府縣知事の手數は勿論支給を受くへき者の不便は少からさりしなり。然に今回の改正に依り、其の支給方を依託するも、直接本人に送付するも、便宜處理するを得ることとなれり。次に第四項を削除したるは、前項改正に依り其の必要なきに至りたれはなり。

第十七條 退隱料又ハ扶助料ヲ受クル者死去シ若クハ權利消滅シ又ハ公權ヲ停止セラレタルトキハ本籍市町村長ヨリ退隱料又ハ扶助料ヲ支給スヘキ地ノ府縣知事ニ報告スヘシ

第十八條 退隱料ヲ受クル者公務ニ就キタルトキハ其所屬主長ヨリ退隱料ヲ支給スヘキ地ノ府縣知事ニ報告スヘシ解職シタルトキ亦同シ其有給者ニ係ル報告書ニハ給料額及給料ノ支給ヲ始ムル日、解職ノトキハ支給ヲ終リタル日ヲ付記スヘシ給料額ニ增減ヲ生シタルトキハ其時々之ヲ報告スヘシ

第十九條 第十七條ノ場合ニ於テ扶助料ヲ受クヘキ者又ハ其轉給ヲ受クヘキ者ナキトキ又ハ退隱料ヲ受クルノ權利ヲ失ヒ若クハ扶助料ノ支給ヲ廢スヘキ者ニ係ルトキハ本籍市町村長ハ退隱料證書又ハ扶助料證書ヲ收メテ退隱料又ハ扶助料ヲ支給スヘキ地ノ府縣知事ニ送付スヘシ
本人他ノ市町村ニ居住セル場合ニ於テハ該市町村長ニ委託シテ之ヲ收ムルコトヲ得

第四章　雜則

第二十條　府縣知事ハ第四條又ハ第九條ニ依リ退隱料證書又ハ扶助料證書ヲ本人ニ交付スルト同時ニ之ヲ其本籍市町村長ニ通知スヘシ

四十年の改正に依り、本條中『第五條』とありしを『第四條』と修正したるは、從來の第五條か新令の第五條に該當するか故に外ならす。

第二十一條　水火災盜難等ニ依リ退隱料證書又ハ扶助料證書ヲ亡失シタル者ハ居住地ノ市町村長（市ノ區長カ戶籍吏ノ事務ヲ行フ場合ニハ區長）ヲ經テ退隱料又ハ扶助料ヲ支給スヘキ地ノ府縣知事ニ屆出ヘシ

府縣知事ニ於テ前項ノ屆出ヲ受ケタルトキハ其事實ヲ調査シ退隱料證書又ハ扶助料證書ノ謄本ヲ作リ之ヲ交付スヘシ

前項退隱料證書又ハ扶助料證書ノ謄本ハ本證ト同一ノ効力アルモノトス

四十一年本條第一項市町村長の下括孤に戶籍吏の事務を行ふ區長を加へたるは、實際の取扱上に於て必要あるか爲に外ならす。

第二十二條　退隱料又ハ扶助料ヲ受クル者氏名ヲ改メタルトキハ退隱料證書又

ハ扶助料證書ヲ添ヘ居住地ノ市町村長（市ノ區長カ戸籍吏ノ事務ヲ行フ場合ハ區長）ヲ經テ退隱料又ハ扶助料ヲ支給スヘキ地ノ府縣知事ニ屆出ヘシ府縣知事ハ證書ノ裏書ニ其事實ヲ記載シ署名捺印シテ之ヲ本人ニ交付スヘシ

四十一年中本條市町村長の下に括孤を挿入したるは、其の理由前條に同し。

第二十三條 此規則ニ規定スル府縣知事ノ職務ハ北海道ニ於テハ北海道廳長官之ヲ行ヒ市町村長ノ職務ハ市制町村制ヲ施行セサル地方ニ於テハ島司郡區長戸長又ハ之ニ準スヘキ者之ヲ行フヘシ

○市町村立小學校教員退隱料等ノ支給上ニ關スル在職年數算定方

明治二十五年二月八日
勅令第十八號

第一條　市町村立小學校教員退隱料等の支給上に關する正教員の在職年數は就職の月より起算して退職の月を以て終りとす

第二條　左に掲くる年數及月數は正教員在職年數に算入すへし

一　市町村立小學校正教員休職中年數及月數

二　明治十四年六月以後市町村立小學校訓導の職に在りたる年數月數

第三條　左に掲くる年數及月數は正教員在職年數より除算すへし

一（明治三十二年勅令第百九十七號ヲ以テ削除）
二　自己の便宜に依り退職したる者又は免職に處せられ若は失職に該當したる者再就職したるときは其の前在職の年數及月數（同上削除）
三（同上削除）
四　恩給若くは退隱料を受くへき職に在る者にして市町村立小學校正教員を兼ぬるときは其兼職中の年數

○市町村立小學校廢止ノ際即日他ノ市町村立小學校教員ニ任セラルヽモノヽ勤續方（明治二十七年二月十日文部省令第三號）

市町村立小學校廢止の際其の小學校教員の職に在る者即日他の市町村立小學校教員に任せらるゝときは勤續者とす

○教員退隱料又ハ遺族扶助料ニ關シ權利ヲ障害セラレタルモノヽ救正方（明治二十五年四月二日勅令第三十二號）

府縣立師範學校及公立中學校の學校長正教員舍監書記並市町村立小學校正教員の退隱料又は遺族扶助料に關し行政上の處分に依り權利を障害せられたりとする者は一箇年以内に行政裁判所に出訴することを得但左の事件に關しては文部

大臣若くは府縣知事の裁定は終審裁定のものとす（明治三十二年勅令第百九十八號ヲ以テ改正）

一　傷痍疾病の原因及其輕重

二　職務に堪ゆると否らさると

○府縣小學校教員恩給基金管理規則（明治二十四年十月九日文部省令第七號）

明治二十三年十月法律第九十號市町村立小學校教員退隱料及遺族扶助料法第十四條に基き府縣小學校教員恩給基金管理規則を定むること左の如し

府縣小學校教員恩給基金管理規則

第一條　小學校教員恩給基金は他の府縣有財産と區分して之を管理すへし

第二條　小學校教員恩給基金は現金又は國債府縣債證書と爲すへし（明治三十九年文部省令第七號ヲ以テ改正）現金國債證書は大藏省預金に寄託すへし但し大藏省預金に寄託するを得さるものは此の限にあらす（明治四十三年文部省令第十七號追加）

第三條　當該年度の支出に充てたる小學校教員恩給基金の利子及國庫の給與金其他の收入にして殘餘あるときは府縣參事會の議決を經て恩給基金に加入し又は翌年へ繰越すへし

第四條　小學校教員恩基金の整理方法は特別の規定なきものは總て他の府縣有

財産の例に依る

○市町村立小學校教員退隱料遺族扶助料法ノ納金收入規則

地方長官ニ於テ規定方（明治二十四年十月九日文部省令第三號）

明治二十三年十月法律第九十號市町村立小學校教員退隱料及遺族扶助料法第十四條の納金收入に關する規則は北海道廳長官府縣知事之を定むへし

○小學校教員恩給國庫給與金豫算調書書式（明治三十二年五月十八日文部省訓令第六號）

北海道廳　府縣

明治二十三年法律第九十號市町村立小學校教員退隱料及遺族扶助料法に依れる國庫給與金交付上に關し明治三十三年度分より左の書式に依り毎年度豫算調書を調製し前年度七月三十一日限り當省へ差出すへし（明治三十五年文部省訓令第七號ヲ以テ改正）

明治二十六年文部省訓令第一號及第三號は廢止す

（書式）

明治何年度小學校教員恩給國庫給與豫金算調書

小學校教員恩給國庫給與金

一金若干

右ハ市町村立小學校教員退隱料及遺族扶助料法第十四條第二項に依り前々

年度即ち明治何年度に於て實收したる納金額若干の二分の一に當る
右の通に候也
年　月　日
北海道廳長官何府縣知事　氏　名印
文部大臣宛

(參照)
明治二十六年文部省訓令第一號ハ府縣(沖繩縣ヲ除ク)ニ對スル市町村立小學校教員恩給國庫給與金豫算調書書式ノ件、同年第三號ハ北海道及沖繩縣ニ對スル同上ノ件ナリ

○小學校教員退隱料及遺族扶助料證書等書式

明治二十五年二月十二日
文部省訓令第二號

北海道廳　府縣

明治二十五年二月文部省令第二號市町村立小學校教員退隱料及遺族扶助料支給規則に依り交付すへき退隱料證書及扶助料證書等は左の書式に依るへし

退隱料證書式　用紙ハ紙質堅緻ノモノヲ用フヘシ 寸法ハ縦九寸横一尺三寸輪廓付

退隱料證書 族籍 元何小學校訓導(准訓導) 位　勳　爵　氏　名

退隱料年額金若干　　生年月

市町村立小學校教員退隱料及遺族扶助料法ニ依リ明治何年何月ヨリ前記ノ退隱料ヲ受クヘキコトヲ認メ此證書ヲ附與ス

年　月　日

此證書ハ市町村立小學校教員退隱料原簿第何號ニ登錄ス

北海道廳長官府縣知事位勳爵　氏　名㊞

北海道廳府縣事務官位勳爵氏　名（内務部長タル者）㊞

備考　前ニ退職給與金ヲ受ケタル者ニ交付スル證書ニハ證書面中退隱料年額金若干ノ下ニ（但明治何年何月ヨリ明治何年何月マテ十年間ハ退隱料年額若干）ト記スヘシ（明治四十年文部省令第十二號追加）

同上裏面

此證書ハ賣買讓與質入書入スルコトヲ得ス

水火災盜難等ニ依リ此證書ヲ亡失シタルトキハ居住地ノ市町村長ヲ經テ當廳ニ屆出ヘシ

本人氏名ヲ改メタルトキハ此證書ヲ添ヘ居住地ノ市町村長ヲ經テ當廳ニ屆出ヘシ

本人死去シタルトキ、市町村立小學校教員退隱料及遺族扶助料法ニ依リ扶助料ヲ受クヘキ者アルトキハ扶助料請求書ニ此證書ヲ添付スヘシ扶助料ヲ受クヘキ者ナキトキハ此證書ヲ返納スヘシ

表書ノ年額ハ毎年四月七月十月一月ニ其前三箇月分ヲ給ス每期ノ給額左ノ如シ

金若干

但明治何年何月ノ給額ハ金若干

右金額ヲ受領セントスルトキハ此證書ヲ呈示スヘシ

備考 前ニ退職給與金ヲ受ケタル者ニ交付スル證書ニハ證書面中金若干但明治何年何月ノ給額ハ金若干ノ下ニ（金若干明治何年何月ヨリ明治何年何月マテ十年間毎期給額但明治何年何月ノ給額ハ金若干）ト記スヘシ（明治四十年文部省令第十二條追加）

扶助料證書書式 用紙寸法トモ退隱料證書書式ニ同シ

扶助料證書

族籍

故何小學校訓導位勳爵氏名寡婦（孤兒）（父）（母）（祖父）（祖母）

位勳爵氏名

生年月

扶助料額金若干

市町村立小學校教員退隱料及遺族扶助料法ニ依リ明治何年何月ヨリ前記ノ扶助料ヲ授クヘキコトヲ認メ此證書ヲ附與ス

年月日

北海道廳長官府縣知事位勳爵氏名㊞

此證書ハ市町村立小學校教員遺族扶助料原簿何號ニ登錄ス

北海道廳府縣事務官位勳爵氏名㊞

備考 公權停止中扶助料ノ轉給ヲ受クヘキ者ニ交付スル證書ニハ「明治何年何月ヨリ」トアルヲ「何某公權停止中」ト記入スヘシ

同上裏面

此證書ハ賣買讓與質入書入スルコトヲ得ス
水火災盜難等ニ依リ此證書ヲ亡失シタルトキハ居住地ノ市町村長ヲ經テ當廳ニ届出ヘシ
本人氏名ヲ改メタルトキハ此證書ヲ添ヘ居住地ノ市町村長ヲ經テ當廳ニ届出ヘシ
本人死去又ハ權利消滅シタルトキ市町村立小學校教員退隱料及遺族扶助料法ニ依リ扶助料ノ轉給ヲ受クヘキ者アルトキハ扶助料請求書ニ此證書ヲ添付スヘシ扶助料ノ轉給ヲ受クヘキ者ナキトキハ此證書ヲ返納スヘシ
表書ノ年額ハ毎年四月七月十月一月ニ其前三箇月分ヲ給ス毎期ノ給額左ノ如シ
　金若干
但明治何年月ノ給額ハ金若干
右金額ヲ受領セントスルトキハ此證書ヲ呈示スヘシ

給與金辭令書書式用紙適宜輪廓ナシ

元何小學校訓導
位　勳　爵　氏　名
給與金若干
右市町村立小學校教員退隱料及遺族扶助料法ニ依リ之ヲ給ス
年　月　日

北海道廳府縣

備考　支給規則第十條ノ給與金ノ辭令書ニハ本人肩書ヲ故何小學校訓導位勳爵氏父兄（弟）（妹）（姉）ト記シ兄弟妹姉數名ノキハ連名ニスヘシ

扶助金辭令書書式書紙給與金辭令書式ニ同シ

故何小學校訓導位勳爵氏名
寡婦（孤兒）（父）（母）（祖父）（祖父）
位　勳　爵　氏　名

扶助金若干
右市町村立小學校教員退隱料及遺族扶助料法ニ依リ之ヲ給ス
年　月　日
北海道廳府縣

（參照）退隱料證書等ニ署名スヘキ事務官ニ關シ四十年中會計課ヨリ左ノ通牒ヲ發セリ、
地方官々制改正ノ結果第二部長タル職名廢止相成候ニ付テハ小學校教員退隱料證書等ニ署名スヘキ者ハ内務部長タル事務官ヲ以テ之ニ充ツヘキ儀ト御了知度依命此段申進候也

三、市町村立小學校教員俸給ニ關スル規定

本令は明治三十年勅令第二號を以て發布せられ當時小學校教員の俸給を高め其の效果著しきものありしも、施行以來十年を經たるを以て、茲に俸給平均額等を

進むるの必要を生するに至り、遂に本年勅令二百十六號を以て、改正令を發布せるるに至れり。

第一條　市町村町村學校組合及其ノ區ハ第三條ノ月俸平均額ニ基キ小學校ノ教員定數ニ應スル金額ヲ支出スルノ義務アリ但シ市町村町村學校組合及其ノ區ハ土地ノ情況ニ依リ本項ノ義務額ヲ超エタル金額ヲ支出スルコトヲ得

第二條　地方長官ハ前條ノ金額以內ニ於テ各本科正教員ノ俸給額ヲ定ムヘシ地方長官ニ於テ必要ト認ムルトキハ市町村村町學校組合及其ノ區ノ同意ヲ得テ前條ノ義務額ヲ超エ各本科正教員ノ俸給額ヲ定ムルコトヲ得但シ區ニ區會若クハ區總會ノ設ナキトキハ其ノ經費ヲ議決スル市町村又ハ町村學校組合ノ同意ヲ得ヘシ

義務額ヲ超エテ俸給ヲ支出スル場合ニ於テハ地方長官ノ許可ヲ受クルニアラサレハ其ノ俸給額ヲ減スルコトヲ得ス

第三條　市町村立小學校本科正教員月俸ノ平均額ハ人口十萬以上ノ市ニ在リテ

ハ二十四圓其ノ他ノ市及市ニ準スヘキ町村ニ在リテハ二十圓其ノ他ノ町村ニ在リテハ十六圓トス

前項市ニ準スヘキ町村ハ地方長官ニ於テ文部大臣ノ認可ヲ受ケ之ヲ定ム

本令は、明治三十年の發布に係り、當時に於てこそ小學校敎員の俸給を高め其の待遇を厚ふするの効果ありしも、爾後社會の狀態は變遷著しきものあり、物價の騰貴其の他經濟事情の變化激しく從來の月俸平均額にては敎育者たるの體面をも維持しかたきの情況なり。これ本條の改正ある所以なりとす。而して本條改正の要點は、(一)尋常高等の區別を廢し、(二)地方を人口十萬以上の市と其の以下の市及市に準すへき町村と其の他の町村との三つに區分し、(三)最高平均額尋常十六圓、高等二十圓なりしを二十四圓に進め、最低平均額尋常十二圓、高等十六圓なりしを十六圓に改め、(四)市に準すへき町村の認定は、文部大臣の認可を受け地方長官之を爲すことに定めたるにあり。蓋し月俸額の多寡は、尋常小學校と高等小學校とに依り差等を立つへきものにあらす。又從來の如く市を人口十萬以上のものと其の他のものとの二に分ち之に町村を加へて三となすことは、實際上其の當を得たるものにあらす。何となれは市と接續する町村又は市に準すへき人口戶數を有する町の如きは、其の物價及生活情態等毫も市と異ならさるを以て、是等の町村は寧ろ市と同一ならしむるを適當とすれはなり。これ(一)及(二)の改正ある所以なるへし。次に月俸平均額は最高に於て四圓を進め、最低に於ては從來に同しきも尋常高等の區別を廢し、通して其の額を定めたるか故に實際に於ては從來に比し著しき增加となるへし。終りに市に準すへき町村を、地方長官限り認定せしめすして、文部大臣の認可を要すとなせるは、各地方の均衡を得る上に於て極めて必要の規定なるへし。而して本條第一項の所謂市に準すへき町村とは、單に其の大さに於て市に匹敵するもののみを指すにあらすして、市に接近し又は接續し、其の狀態稍々市に等しき町村をも含むへきものと解すへきなり。

第四條　本科正教員ニ代リ一時教授スル准教員ニ關シテハ第二條ヲ適用ス

第五條　專科正教員及補助教授スル教員ノ俸給額ハ地方長官ニ於テ市參事會町村長町村學校組合長ノ意見ヲ聞キ之ヲ定ムヘシ但シ本條ニ依リ一旦定マリタル俸給額以內ニ於テ任用スル教員ノ俸給額ニ關シテハ市參事會町村長町村學校組合長ノ意見ヲ聞クノ限ニアラス

本條の改正は、本令發布以後卽ち明治三十年以後に於て、小學校令及同施行規則の改正あり。小學校教員の名稱及小學校の管理者等に於て自然改正を加ふるの必要ありしか爲にして、四十年に至り、序に改正せられたるものなるへし。卽ち專科教員を專科正教員に、本科准教員を准教員に改め、町村長の次に町村學校組合長を加へられたるなり。

第六條　小學校本科正教員及准教員ノ月俸ハ左表ノ金額ヲ下スコトヲ得ス

本條教員の名稱を改めたるは、其の旨趣前條に同しかるへく、月俸最低額は從來に比し何れも二圓つゝ增加せり。卽ち從來は正教員に在ては、男八圓女六圓まて、准教員に在りては男五圓女四圓まて下すことを得るの規定なりしを、四十年中本科正教員に在りては男十圓女八圓、准教員にありては、男七圓女六圓を下すことを得さることに改めたるなり。

		本科正教員	准教員
高等小學校	男	十二圓	九圓
	女	十圓	七圓
尋常小學校	男	十圓	七圓
	女	八圓	六圓

第七條　本令施行ノ際既ニ義務額ヲ超エテ敎員俸給ヲ支出スル場合ニ於テハ第二條ノ手續ヲ經タルモノト同視ス

第八條　本令中町村町村學校組合及其ノ區ニ關スル規定ハ市制町村制ヲ施行セサル地方ノ小學校設置區域ニ適用シ町村長ニ關スル規定ハ島司郡區長戸長又ハ之ニ準スヘキ者ニ適用ス

本令中市及市參事會ニ關スル規定ニシテ特ニ市町村制ヲ施行セサル地方ニ適用スルノ必要アルトキハ文部大臣之ヲ定ム此ノ場合ニ於テ市參事會ノ職務ハ區長戸長又ハ之ニ準スヘキ者之ヲ行フ

明治四十年勅令第二百十六號附則

本令ハ明治四十一年四月一日ヨリ之ヲ施行ス

一、(三十年一月某縣照會)本年勅令第二號第一條に依れは市町村會に於ては小學校敎員俸給額に對し義務額より尠き支出を議決する事を得さる儀と認め候得共本縣の如き從來小學校敎員俸給額の甚た低き地方にありては該勅令の結果に依り豫算額上一時に非常の増加を呈し爲に甚しく困難を感する向も不尠候に就ては此際第五條の制限及現任敎員俸給額等に依り相當の支出額を見込み爾後敎員任用上の必要に應し臨時費用を追加せしめ第二條の義務額迄に達せしむる事に取計候ても差支無之候哉何分の儀御指示相成度此段及御依賴候也

追て本文の儀至急承度候間電報を以て御回示相成度此旨申添候也

（三十年一月普通學務局回答）十一日照會の件豫算には義務額を掲さるも妨けなしと存す（電信）

二、（三十年一月某縣問合）今般勅令第二號を以て市町村立小學敎員俸給に關する件公布相成候處（中略）勅令第二號第三條の義務額は前記說明書趣旨の通り漸次其額に達せしむる方針を以て市町村實際の情況に依り義務額以内に於て適宜に豫算を議決せしめ各本科正敎員の俸給額を定め可然儀に候哉

又は該令第三條の義務額は第一條により現在の情況如何に拘はらす一般に支出すへき義務を負ひたるものに付實際在職敎員の俸給平均額に達せす若くは定數の正敎員在職せさるも本年四月一日以後は各市町村をして悉皆第三條の義務額を議決せしむへき儀に候哉

右疑議に涉り候に付及御問合候條至急御省議御回答相成度候

（三十年一月普通學務局回答）月日號を以て市町村立小學校敎員俸給に關する件に付御問合の趣了承右は前段御見込の通と存候此段及御回答候也

追て各本科正敎員の俸給額、を定むるは豫算議決後に限らさる儀に有之候爲念此段申添候也

三、（三十年一月某縣照會）本年勅令第二號第五條の俸給額は各市町村每に平均額を豫定するの趣旨なるや折返し指令を乞ふ

（三十年二月文部大臣指令）客月二十七日伺俸給額は敎員を要する每に定むへし（電信）

四、（三十年一月某縣伺）今般勅令第二號を以て市町村立小學校敎員俸給に關する件公布相成候處左項疑議に涉り候に付至急何分の御指令有之度此段相伺候也

第二條　地方長官は前金條額以內に於て各本科正敎員の俸給額を定むへしと有之右は本科正敎員各人に就き甲幾圓乙幾圓と定むへき儀なるや（例へハ某村尋常小學校ニ於テ正敎員二人ヲ要スル場合ニ方リ支出義務額二十四圓以內ニ於テ其村資力ヲ斟リ甲十二圓乙八圓ト定ムル類ノ如シ）又は各本科正敎員俸給額を通し其總額若干圓と定むへき儀に候哉（例へハ前例ノ如キ場合ニ於テ各本科正敎員俸給ニ十圓ト定ムル類ノ如シ）

第五條　專科敎員及補助敎授する本科准敎員の俸給額は地方長官に於て市參事

會町村長の意見を聞き之を定む云々右は某市町村專科敎員及本科准敎員の俸給を第六條の規定により其市町村の支出すへき總額を定むる儀なるや又は某市町村に於て要する專科敎員及本科准敎員は甲幾圓乙幾圓と指定する儀に候や

（三十年一月文部大臣指令）月日伺敎員俸給に關する件第一項前段第二項後段伺の通（電信）

（右ニ對スル普通學務局通牒）月日號を以て小學校敎員俸給に關する件に付御伺に對し本日指令相成候處右は實際の取扱上に於ては敎員に交付する辭令に依て其俸給額は相定り候儀に村別に市町村等に對し俸給額を指定するの必要は無之筈と存候條命に依り爲念此段及御通牒候也

五、（三十五年一月某縣照會）今般勅令第二號を以て市町村立小學校敎員俸給に關する件發布相成候處左記二項疑義に涉り候に付御省議承知致度候間至急何分の御回報相成度此段及御照會候也

一、市町村費を以て加給すへき小學校敎員年功增俸は勅令第三條の義務額以外に支出せしむへきか將た該令實施と同時に年功增俸に關する規程を削除すへきか

二、勅令第二條第一項に依り地方長官に於て各本科正敎員の俸給を定むるため土地の狀況等を斟酌し毎會計年度前に於て市町村等に對し次年度中に支出せしむ

へき總額を豫定命令し其の總額の範圍内に於て各本科正敎員の俸給額辭令を發すへきか將た市町村等の資力如何に關せす第三條の義務額は必す支出せしむるものとし其範圍内に於て各本科正敎員の俸給額辭令を發すへきか
（三十年二月普通學務局回答）月日號を以て本年勅令第二號に關し御照會の趣了承右第一項年功增俸は勅令第二條第二項に依り同意を得たる場合を除く外義務額以内に於てすへきものに有之第二項地方長官は義務額以内に於て土地の狀況等を裁酌し辭令を以て各本科正敎員の俸給額を定められ可然尤次年度に於て要すへき金額を豫め市町村へ通知せらるゝは妨けなかるへし又市町村に於ては必すしも義務額に相當する金額を議決するを要せす實際に支出するを要すへき金額を議決し妨けなかへしと存候此段及御回答候也
六、（三十年一月某縣照會）一（略之）
一、尋常高等併置の小學校に於て其學級以外に增置したる學校長兼務の敎員俸給額は同勅令第三條の平均額に就きては其本務に從ひ尋常高等何れにも組入可然哉
一、同勅令第二條に依り校長兼務の敎員及其他本科正敎員の俸給額を定むる場合

に於て尋常高等併置の小學校なるときは尋常高等各本科正敎員を通したる義務總額以内に於て彼此金額を流用し之れを定め可然儀に候哉或は其本務なる尋常又は高等小學校本科正敎員の各義務額以内に於て定むへき儀に有之候や右三項聊疑議に渉り候條何分の義至急御回示相成度此段及御照會候也

（三十年二月普通學務局回答）月日號を以て本年勅令第二號敎員定數等の件に關し御照會の趣了承右は後記の通御了知相成度此段及御回答候也

第一（略之）

第二御見解の通と存候

第三後段御見解の通と存候

七、（三十年二月某縣照會）市町村立小學校專科敎員及補助敎授する本科准敎員の俸給額は勅令第二條第五條に依り市參事會町村長の意見を聞き之を定むへき筋に候處右勅令實施以前小學校令第六十條第二項に依り既に俸給額の確定せるものは更に其意見を聞くに及はさるか又將來右確定額以内に於て任用する敎員の俸給額に關しても第五條但書を適用して差支無之候哉否御意見承知致度此段及御照會候也

（三十年二月普通學務局回答）月日號を以て市町村立小學校專科敎員及補助敎授する本科准敎

員の俸給額の件に關し御照會の趣了承右は總て御意見の通と存候此段及御回答候也

八、(三十年三月某縣問合)本年勅令第二號小學校教員俸給の件に關し某府縣照會に對する御省の回答本月三日付號を以て御通牒の趣諒承本縣に於ては經濟の異なる小學校兼務の場合には其俸給に分割負擔すへきことに規定致置候得共經濟の同一なる置小學校にありては義務額を彼是流用するも差支なき儀と思料致居候處右照第三項に對する御回答に據れは流用するを得すして尋常又は高等小學校本科正敎員の各義務額內に於て定むへき旨に有之候然る處併置小學校に在りては概して高等科の兒童少數にして隨て學級數も少なけれは其義務額は殆んと各敎員に支給を要する次第にて尋常科に比すれは剩餘極めて少なし然るに併置學校の校長兼務者は特置學校の校長兼務者よりは寧ろ優等の人物を要し且多くは高等科を本務とするの狀況なれは彼是流用するを得さるとするときは勢適當の校長を置く能はさるに至り縣下の實況に照し頗る不都合を感し候條併置小學校に在ては彼是流用するを得せしめられ候樣致度此段御問合候也

(三十年三月普通學務局回答)月日號を以て高等尋常併置小學校に於て校長兼務敎員の俸給を

彼是流用し得るや否やに關し御問合の趣了承右は義務額は尋常高等に就き各別に規定相成候に付其標準は之を確守して互に流用するを許さゝる儀と御了知相成度候尤も一方の豫算に於て剩餘あるときは尋常高等各其義務額を超過せさる範圍内に於て之を流用する儀は固より差支無之儀に有之候條是亦御了知相成度此段及御回答候也

九、(三十年五月其縣照會)正教科時間內に小學校補習科を教授する正教員の俸給は勅令第二號二條に依り定むへきや(電信)

(三十年五月普通學務局回答)月日問合小學校教員俸給の件御見解の通

四、市町村立小學校教育費補助ノ爲北海道地方費及府縣費支出ニ關スル規定

本令は明治四十年五月勅令第二百十七號を以て新に發布せられ、市町村立小學校教育費を補助せしむる爲、北海道地方費及府縣費を支出せしむる規定にして、勅令第二百十六號と共に小學校教員の待遇を厚ふするを以て目的とするものなり。

第一條 北海道地方費及府縣費ハ市町村立小學校教育費ヲ補助スル爲市町村立小

學校教育費國庫補助法ニ依リ配賦スル金額ト同額ノ金額ヲ支出スヘシ但シ沖繩縣ニ於テハ國庫ヨリ之ヲ支出ス

小學教育に於ける成績の擧かると否とは、一に小學校敎員の良否に關するは言を俟たさる所なれとも、小學校敎員の待遇は、從來甚た厚からすして、其の俸給は之を社會の現狀に照せは頗る菲薄なるを免れす。故に現時の如き情況にては、永く其の職に安んせしめ國民敎育の効果を收むること頗る困難なりと謂はさるへからす。之を以て小學校敎員の俸給を高め其の待遇を厚ふすることは、實に現下の急務なりとす、然れとも市町村の經濟は、未た遽に多額の負擔に堪へ難き情況にあるを以て、一面に於て市町村立小學校敎員俸給に關する規定を改正して市町村の負擔に屬する義務額の率を高むると共に、他の一面に於ては北海道地方費及府縣をして市町村立小學校の敎育費を補助せしむこと、最も機宜に適したる方法と謂はさるへからす。これ本條の規定ある所以なるへし。

本條に所謂市町村立小學校敎育費國庫補助法に依り配賦する金額とは、每年豫算を以て之を定め、市町村立小學校本科正敎員數と同敎員にして五箇年以上同一府縣內に勤續する者の數に比例して北海道の各府縣に分配する金額を謂ふものにして、本法施行の結果、北海道及府縣は、以上の分配額と同額の金額を支出すへきものとす而して北海道及府縣に於て支出すへき金額は前年度に於て國庫より配賦せられたる金額に準すへきこと勿論なるへし。

第二條　前條ノ金額ハ文部大臣ノ認可ヲ受ケ地方ノ情況ニ應シテ之ヲ市町村立小學校教員加俸ノ支出ニ充テ又ハ市町村立小學校教員住宅費ノ補助ニ充ツヘシ前項補助ノ方法ニ關スル規程ハ文部大臣之ヲ定ム

本條第一項は、前條に依る經費の使途に關し規定したるものにして、文部大臣の認可を受け、市町村立小學校教員の加俸又は住宅費の補助に充つへきものとす。蓋し小學校教員は五箇年以上勤續して其の成績佳良なるも、加俸資金潤澤ならさるか爲めに之を支給せられたる者少からさるの實況あり。況んや最初の加俸を受けたる後、既に五箇年を經過したる者に對する加俸に於てをや。これ本項前段の規定を設け加俸の支出に充てしむる所以なり。次に住宅料に就ては、從來小學校令施行規則第百六十三條に於て土地の情況に依り之を給すへきことに定められたれとも、實際之を給するものは極めて稀れなり、而して其の住宅を供與するものに至りては、更に稀なるの情況なり。これ本項末段に於て住宅費の補助に充てしむることを規定したる所以なるへし。

次に本條第二項に於て第一項補助の方法を規定し、文部大臣の定むる所と爲したるは、かかる事項は、勅令を以てするよりも寧ろ省令を以て定むるを適當と認められたるに依るへく、又かく定むるときは全國を通して略ほ同一の標準に依らしむるの効果あるへきなり。

附則

本令ハ明治四十一年四月一日ヨリ之ヲ施行ス

特別ノ事情ニ依リ本令ノ支出ヲ爲シ難キ場合ニ於テハ期間ヲ定メテ文部大臣ノ認可ヲ受ケ當分ノ內支出金額ヲ減少スルコトヲ得

附則第一項は、施行期限を定め、第二項は第一條に依り支出すへき金額を減少し得へき場合、即ち特別の事情ある例外に就て規定したるものなり。

五、市町村立小學校教員住宅費補助ニ關スル規程

本令は、明治四十年勅令第二百十七號市町村立小學校教育費補助の爲北海道地方費及府縣費支出に關する規定第二條第二項に基き、同年九月二十六日文部省令

第三十號を以て發布せられ同四十一年文部省令第十九號を以て改正せられたるものにして、補助の方法を定むるを以て主眼とするものなり。

第一條 明治四十年勅令第二百十七號第二條ニ依リ北海道地方費及府縣ニ於テ市町村立小學校敎員住宅費ニ補助スル場合ハ本令ノ規定ニ依ルヘシ

北海道地方費及府縣費を以て、市町村立小學校敎員住宅費を補助する場合に於ては、本令の規定に依ることを要するなり。

第二條 住宅費補助ハ敎員住宅ヲ建設シ又ハ敎員ニ住宅料ヲ給與シ若ハ敎員ニ住宅ヲ供與スル爲賃借料ヲ支拂フ場合ニ於テ市町村、町村學校組合又ハ其ノ區ニ對シテ之ヲ爲スモノトス

前項補助ノ步合及條件竝補助金交付ノ方法ハ地方長官之ヲ定ム

本條は本令中の眼目にして、住宅費補助の目的及方法に關し、規定したるものなり。本條第一項に依れは、住宅費補助は敎員住宅の新築又は改築の場合に限り市町村、町村學校組合又は其の區に對し之を爲すへきものなりしか、斯くては實施上極めて不便なるを以て、四十一年文部省令第十九號を以て現條文の如く改正せられたるなり。而して住宅を設けさる場合及住宅料を給する場合等に於ては、住宅

費の補助を受くるを得ざるは勿論なり。而してかくの如く住宅費補助の結果は、市町村に教員住宅の設置と住宅料の給與とを促し、學校の教育上並に教員の生活上に及ほす便益は尠からざるものあるへきなり。

本條第二項は補助の歩合、條件及補助金交付の方法は、地方長官に於て之を定むへきことを規定したるものなり。蓋し是等の事項は、各地方の狀況に依りて自ら異なるへきものなれは、各地方長官をして之を定めしむるを以て、最も適切とすへけれはなり。

第三條　住宅費補助金ノ殘餘ハ市町村立小學校教員加俸令ニ依ル加俸資金ニ編入スヘシ

前條に依り支出する住宅費補助金の殘餘は、之を加俸資金に編入すへきものとす。蓋し住宅費補助の目的たる住宅の設置及住宅料の給付は、教員をして其の支出を少かしむるを主眼とし、加俸の給與は其の收入を增さしむるを目的とするものにして、消極と積極との別あるも、其の目的たるや教員の待遇を厚からしむるにあるは即ち一なり。故に本條の如く住宅費の殘餘を加俸資金に編入せしむるは、最も適當の方法たるへきものなり。

第四條　本令中市町村、町村學校組合及其ノ區ニ關スル規定ハ市町村制ヲ施行セサル地方ノ小學校設置區域ニ適用ス

本條は、市町村制を施行せさる地方にも、本令を適用する場合の規定にして、かかる地方には市町村等なきか故に、小學校設置區域に對して住宅費を補助することと爲したるなり。

附則

本令ハ明治四十一年四月一日ヨリ施行ス

本項は、施行期限を定めたる者にして、其の根本たる勅令第二百十七號と施行期を同ふするものなり。

一、(四十年九月普通學務局通牒)本年五月勅令第二百十七號に依り府縣に於て支出すへき金額の標準等に關し往々問合の向も有之候處右支出金は豫算の屬する前年度に於ける配賦金を標準として相定められ度(中略)依命此段及通知候也

二。(四十年九月普通學務局通牒)本年勅令二百十七號第一條に依り北海道地方費及府縣の支出金を豫算に編入するときは歳出豫算臨時部市町村教育補助費中相當の項目を設

けて之を整理し而して該支出金を勅令第二百十七條第二條に依り教員加俸の支出に充當する場合に於ては教員加俸令第一條第二項に依る補充金の例に準し更に加俸資金に編入處理相成可然候右內務省と協議を遂け此段及通牒候也

三、(四十年十月普通學務局通牒)今般文部省令第三十號を以て市町村立小學校教員住宅費補助規定發布相成候に就ては該規程第二條に依り補助の條件並歩合等御定め可相成筈に有之候處右に關しては左記の事項御注意相成度且教員住宅の設置は精々奬勵を加へられ度依命此段及通牒候也

記

一、教員住宅は成るへく學校の附近に設くへきこと(但し土地の狀況に依り學校設置區域內の「各部に配置するも可なり」)

二、教員住宅には土地の狀況に應して相當の菜園を設くへきこと

三、資力に乏しき町村に對しては特に補助の歩合を多くすること

四、(四十年十月普通學務局通牒)本年勅令第二百十七條に依り認可申請の場合に於ては左記の事項御取調添付相成度此段及通牒候也

記

一、第二條に依り認可を請はるときは左の事項取調を要す
(一)、小學校敎員加俸支出金額並其支給を受くる人員(年功加俸、同增加加俸、單級加俸、僻陬加俸に區別し取調を要す)及加俸資金殘存高
但右は豫算の屬する前々年度及最近の月の事實につき調査のこと
(二)、小學校敎員住宅の新築改築見込數並其建築費見込額及右に對する補助金額の割合
二、附則末項に依り認可を請はるるときは其事由を詳具せらるへきは勿論左の事項の取調を要す
(二)、償還未濟の公債あるときは其金額並償還年次表
(二)、北海道地方費又は府縣稅の稅目及賦課率
(三)、歲入出豫算表(當該年度及前年度分)
五、(四十一年一月某府照會)客年貴省令第三十號を以て市町村立小學校敎員住宅費補助に關する規定發布相成候處適當なる建物を買入れ敎員住宅に充つる場合に於ても右規程第二條に依り經費を補助し差支無之候哉聊疑義に亘り候條此段及御問合候也

（四十一年一月普通學務局回答）月日號を以て教員住宅費補助に關し御問合の趣了承右は御見込の通差支無之と存候此段及回答候也

追て補助を受けて設置したる教員の住宅の廢止又は處分等の場合には認可を受けしむる等補助方法中に於て相當取締の途御設相成可然儀と存候爲念此段申添候也

六、（四十三年三月普通學務局通牒）明治四十年勅令第二百十七號第二條に依り認可申請の場合に於ける取調事項に關して同年十一月未發普三九九號を以て及通牒置候處右は自今左記の通御取調申請書に御添付相成度此段及通牒候也

記

一、當該年度及前年度に於ける小學校教員加俸支出見込金額竝其の支給を受くる見込人員

（右金額竝人員とも本科正教員專科正教員及准教員に分ち且年功加俸、同増加加俸、單級加俸、多級加俸、僻陬加俸及同増加加俸に區分し當該年度の加俸資金歳入歳出豫算書を添付せらるること）

二、前年度末に於ける小學校の本科正教員專科正教員及准教員の見込人員

（右同一道府縣内に勤續五箇年未滿、五箇年以上十箇年未滿及十箇年以上に區分すること）

三、前年度末に於ける加俸資金殘存高、當該年度に加俸資金繰越見込高及前年度住宅費補助金の殘餘を加俸資金に編入するときは其の見込高

四、小學校敎員住宅新築改築住宅料賃借料の見込數並其の各費用の見込額及之に對する補助金額の割合

第四編　關係諸法規

◎御影及勅語謄本

○教育ニ關スル　勅語謄本頒布ニ付文部大臣訓示
明治三十三年十月三十一日　文部省訓令第八號

今般教育ニ關シ
勅語ヲ下シタルニ付其ノ謄本ヲ頒チ本大臣ノ訓示ヲ發ス管內公私立學校ヘ各一通ヲ交付シ能ク　聖意ノ在ル所ヲシテ貫徹セシムヘシ

○訓　示

謹テ惟フニ我カ
天皇陛下深ク臣民ノ教育ニ軫念シタマヒ茲ニ恭ク　勅語ヲ下タシタマフ顯正職ヲ文部ニ奉シ躬重任ヲ荷ヒ日夕省思シテ嚮フ所ヲ愆ランコトヲ恐ル今　勅語ヲ奉承シテ感奮措ク能ハス謹テ　勅語ノ謄本ヲ作リ普ク之ヲ全國ノ學校ニ頒ツ凡ソ教育ノ職ニ在ル者須ク常ニ　聖意ヲ奉體シテ研磨薰陶ノ務ヲ怠ラサルヘク殊ニ學校ノ式日其他便宜日時ヲ定メ生徒ヲ會集シテ
勅語ヲ奉讀シ且意ヲ加ヘテ諄々誨告シ生徒ヲシテ夙夜ニ佩服スル所アラシムヘシ

○御影竝　勅語謄本奉置方
明治二十四年十一月十七日　文部省訓令第四號

管內學校ヘ下賜セラレタル

天皇陛下
皇后陛下ノ　御影竝教育ニ關シ下シタマヒタル　勅語ノ謄本ハ校内一定ノ場所ヲ撰ヒ最モ尊重ニ奉置セシムヘシ

○行幸ノ節學生生徒敬禮方（明治四十三年八月二十六日文部省訓令第十八號）

一、武裝携銃ノ場合
學校長及職員ハ全隊ノ右翼ニ指揮者ハ各中隊ノ右翼ニ位置シ豫メ劔ヲ銃ニ裝セシメ前驅ノ見エタルトキ「氣ヲ付ケ」ノ號令ヲ下シ直立不動ノ姿勢ヲ取ラシム御車カ中隊ノ右翼約十歩ニ近キタルトキ「捧銃」ノ號令ニテ一齊ニ捧銃ヲナサシメ御車カ中隊ノ左翼約十歩ヲ過キタルトキ元ノ姿勢ニ復セシム
御車カ中隊ノ左翼ヨリ通過スルトキハ學校長、職員及指揮者ハ左翼ニ位置ス
二、武裝セサル場合（女生徒ヲ含ム）
學校長及職員ハ全列ノ右翼ニ指揮者ハ各組ノ右翼ニ位置シ前驅ノ見エタルトキ「氣ヲ付ケ」ノ號令ヲ下シ一齊ニ脱帽セシメ直立不動ノ姿勢ヲ取ラシム御車カ指揮者ノ前ニ近キタルトキ「禮」ノ號令ニテ敬禮セシメ（體ノ上部ヲ約三十度前方ニ屈セシム）徐ニ元ノ姿勢ニ復セシム
御車カ組ノ左翼ヨリ通過スルトキハ學校長、職員及指揮者ハ左翼ニ位置ス

◎通　則

○小學校令改正ノ要旨及其ノ施行上要領（明治三十三年八月廿二日文部省訓令第十號）

今般勅令第三百四十四號ヲ以テ小學校令改正發布セラレ文部省令第十四號ヲ以テ小學校令施行規則ヲ發

布セリ蓋シ從來ノ小學校令ハ明治二十三年ノ制定ニ係リ其ノ施行以來年ヲ閲スルコト已ニ十餘年之ヲ其ノ實施ノ蹟ニ徵シ時勢ノ進步ニ考フルニ改正ヲ要スルモノ少カラス是レ今回小學校令ノ改正發布アルニ至リ又施行規則ヲ發布シテ其ノ改正ノ旨趣ニ依リ之カ施行ニ要スル諸般ノ事項ヲ總括規定セル所以ナリ本大臣ハ府縣知事カ能ク改正小學校令ノ旨趣ヲ體シ施行規則ニ遵ヒ以テ小學教育ノ施設ヲシテ國運ノ進步ニ伴ヒ時宜ニ適應セシメンコトヲ望ム爲左ニ小學校令改正ノ要旨ト其ノ施行上特ニ注意ヲ要スルノ點ヲ擧示セン

小學校ノ教科目ニ於テハ從來其ノ數或ハ多キニ過キ兒童ノ負擔重キニ拘ラス其ノ得ル所ノ知識ハ却テ散漫ニ失シ確實ナルヲ得サルノ憂アリ故ニ教科目ノ數ハ成ルヘク之ヲ減少シ兒童心身ノ發育ニ應シテ適切ノ教授ヲ爲シ力ヲ必須ノ科目ニ集注セシメ務メテ日常生活ノ用ニ資セシメンコトヲ期シ從來ノ加ヘ得ヘキ科目ヲ減シ、除キ得ヘキ科目ヲ增シ、讀書、作文、習字ノ如キ之ヲ合セテ國語ノ一科目トセラレタリ而シテ其教授ハ元相關聯スルモノナルヲ以テ務メテ分離スルノ弊ヲ避ケ相待テ兒童學習ノ知識ヲ完實ナラシメンコトヲ要ス故ニ其ノ讀ミ方綴リ方書キ方ノ教授時間ノ如キハ各々其ノ主トスル所ニ依リ區別シテ教授スルコトヲ得ルモ彼此相資シテ適宜ノ方法ヲ取ルヘシ又小學校ニ於テ教授ニ用フル假名ノ字體竝ニ字音假名遣ノ例ヲ示シ以テ兒童ヲシテ簡便ニ實際ノ應用ニ資シ易カラシメンコトヲ期シ徒ニ複雜繁密ノコトノ爲ニ過度ノ心力ヲ費スコトナカラシメ且尋常小學校ニ於テ教授ニ用フル漢字ノ數ヲ凡千二百字內外ニ於テ選用スルコトヽセリ從來小學校ニ於ケル教授ノ實況ヲ視ルニ專ラ力ヲ文字ノ教授ニ盡シテ德育上智育上肝要ナル事項ニ及フ能ハサルノ憾アリ而モ猶文字ノ知識確實ヲ闕キ自在ニ之カ應用ヲ爲スヲ得ス蓋學習スル文字ノ數ヲ減シ日常須知ノモノニ限ルトキハ之ニ練熟セシメ易ク從テ應用上ニ於ケル利益却テ多クシテ必要ナル知識技能ヲ得シムルニ於テ亦敢テ不便ヲ感スルコトナキヲ得ン是レ今回尋常小學校ニ於テ教授ニ用フル漢字ノ大體ノ範圍ヲ示シタル所以ナリ又小學校ニ於テ各學年ノ課程ノ修了若ハ全教科ノ卒業ヲ認ムルニハ卒業ノ成績ヲ考査シテ之ヲ定メ試驗ノ方法ニ依ラサルコトトセリ是心身ノ發育未タ充分ナラサル兒童ヲシテ競爭心ニ驅ラレ試驗前一時ニ過度ノ勉强ヲ爲シ是カ爲ニ往々其ノ心身ノ發育ヲ害スルノミナラス試驗ノ爲ニ勉强スルノ陋習ヲ馴致スルヲ避ケンカ爲ナリ又小學校ニ於ケル毎週教授時數ヲ減シ從來其ノ制限尋常小學校ニ在リテハ三十時ナリシヲ二十八時トシ高等小學校ニ在リテハ三十六時ナリシヲ三十時トセリ是レ小學校ニ於ケル教授ヲシテ特ニ兒童心身ノ發達ニ應セシメンコトヲ期スルカ爲ナリ其ノ他教則中ニ於ケル數多ノ改正ハ從來ノ實驗ニ徵シテ小學教育ノ目的ヲ全カラシメンカ爲ニ外ナラス

修業年限ニ於テハ義務教育ノ年限即チ尋常小學校ノ修業年限ハ三年若ハ四年ニシテ此ノ年限内ニ於テ小學校ノ本旨トスル道德教育及國民教育ノ基礎並ニ生活ニ必須ナル普通ノ知識技能ヲ授クルハ蓋シ爲シ難キ所ナリ之ヲ歐洲諸國ニ於ケル義務教育ノ年限ニ比スルニ短キコト三四年ナルノミナラス言語文字ノ學習ニ於テ我ハ彼ニ比シ數倍ノ困難アル故ニ尋常小學校ノ年限ハ之ヲ延長スルノ要アルニ似タレトモ國度民情ニ考ヘ義務教育普及ノ實況ヲ察スレハ未タ遽カニ四年以上ニ延長スルヲ許サヽル事情アリ是ヲ以テ從來三年ナリシモノヲ四年ニ改正スルニ止メラレタリ是レ義務教育ヲシテ今日ノ國度民情ニ適合シ且其ノ普及上支障ナカラシメンコトヲ期スル爲ナリ

修業年限ノ延長ハ直ニ之ヲ今日ニ實行シ難キモ將來ノ爲ニ豫メ其ノ準備ヲ爲スハ當ニ務ムヘキ所ナリ從來修業年限ニ長短アルニ拘ラス同一ノ教科ヲ授クルノ制ナリシヲ改正シテ高等小學校ニ於テハ修業年限ニ應シテ其ノ教科目ヲ斟酌スルコトヲ許シタリ故ニ二年ノ高等小學校ノ教科目ヲシテ成ルヘク尋常小學校ノ教科目ト相聯絡セシメンコトヲ期シ以テ尋常小學校ニ二年ノ高等小學校ヲ併置スルノ便ヲ圖レリ從來補習科ノ名義ヲ以テ高等小學校ニ類似セル教科ヲ置キタル場處ノ如キハ成ルヘク之ヲ二年程度ノ高等小學校ノ編制ニ改メテ尋常小學校ニ併置スルノ方法ヲ講スヘシ而シテ高等小學校ヲ增設スルニ當リテハ

資力ヲ量ラスシテ濫ニ修業年限ノ長キモノヲ設ケンヨリモ寧ロ二年程度ノモノヽ設置ヲ奬勵スヘシ尋常小學校ニ高等小學校ヲ併置スルニ至ルハ希望スル所ナレトモ町村ノ資力或ハ其ノ併置ニ堪ヘサルモノ亦少カラサルヘシ此ノ如キ場處ニ於テハ補習科ヲ設クルヲ以テ利便多シトス從來設クル所ノ補習科ハ多クハ通常敎授時間內ニ之ヲ設ケ是カ爲ニ敎室ヲ要シ敎員ヲ置クニ至レリ此ノ如キハ補習科ノ本旨ニ稱フモノニアラス元來補習科ハ通常敎授時間內ニ於テハ學習スルコト能ハサル兒童ヲシテ既修ノ學科ヲ練習補充セシムルヲ旨トス故ニ補習科ヲ設置スルニハ或ハ夜間ニ於テシ或ハ日曜日ニ於テシ或ハ季節ヲ選ヒテ敎授シ既設ノ敎室ヲ之ニ利用シ正科ヲ擔任スル敎員ヲシテ之ヲ兼擔セシムル等土地ノ情況ヲ斟酌シ專ラ便宜ヲ旨トスヘキナリ此ノ如キ方法ヲ以テ補習科ヲ設クルトキハ其ノ要スル費用ハ誠ニ少額ヲ以テ辨スルヲ得ヘシ而シテ小學校ヲ卒リテ後直ニ職業ニ從事スル者ヲシテ其ノ學習セル所ヲ一層實用ニ適應スルニ足ルノ練習補充ヲ爲サシムル爲補習科ヲ設クルハ最モ必要トスル所ナリ故ニ補習科ハ將來意ヲ用ヒテ其ノ增設ヲ奬勵スヘシ

就學ニ於テハ之ニ關スル規定ヲ明確ニシテ義務敎育ノ施行上不便ナカラシメンコトヲ期セラレタリ近年各地方ニ於テ學齡兒童ノ調査ヲ精確ニシ就學ノ督促ニ務ムルカ如キモ自今一層義務敎育ノ普及ヲ圖リ邑ニ不學ノ戶ナク家ニ不學ノ徒ナカラシメ以テ國基ノ鞏固ヲ圖ルヘキナリ而シテ改正小學校令中雇傭ニ依リテ學齡兒童ノ就學ヲ妨クルヲ得サルコトヲ規定セラレタルハ苟モ未タ尋常小學校ノ敎科ヲ卒ラサル兒童ハ假令貧家ノ子弟ナリト雖モ之ヲ雇傭セサラシムルノ旨意ニアラス寧ロ雇傭主ヲシテ簡易便宜ノ方法ニ依リ其ノ雇傭スル兒童ニ敎育ヲ施サシメントスルノ精神ニ外ナラス

授業料ニ於テハ從來ノ小學校令ノ規定ハ之ヲ徵收スルヲ本體トシ唯各個人ニ對シテノミ減免ノ道ヲ存シタリシカ明治二十六年ニ至リ勅令第三十四號ヲ以テ學校基本財產等ノ收入アルトキハ府縣知事ノ許可ヲ受ケテ尋常小學校ニ於テハ之ヲ徵收セサルヲ得ルコトヽセラレタリ然ルニ爾來時勢ノ進步ニ際シ且義務

教育ノ性質ニ考フルニ尋常小學校ノ授業料ヲ徴收セサルヲ本體ト定ムルハ當然ノコトニ屬スルヲ以テ改正令ニ於テハ特別ノ事情アリ府縣知事ノ許可ヲ受ケテ徴收スル場合ヲ除キ尋常小學校ニ於テハ授業料ヲ徴收スルコトヲ得スト規定セラレタリ蓋就學ノ督促ヲ爲シ義務教育ノ普及ヲ圖ランカ爲ニハ授業料ヲ徴收セサルハ其ノ方法ノ一タラサルヲ得ス然レトモ授業料ノ收入ヲ以テ學校維持費ノ重要ナル財源ト爲シタル地方ニ在リテ遽ニ之ヲ廢止セントシテ其ノ經濟上ニ大ナル影響ヲ生スルカ如キハ亦深ク戒メサルヘカラサル所ナリ宜ク土地ノ情況ヲ察シ緩急ヲ量リテ適當ノ施設ヲ爲シ小學教育ノ實效ヲ擧クルヲ以テ旨トナサヽルヘカラス

小學校圖書審査委員會ニ於テハ其ノ組織ヲ改正シ從來加ヘタル所ノ府縣參事會員及小學校教員ヲ除キ新ニ府縣書記官、府縣立高等女學校長及郡視學ヲ加フルコトヽセラレタリ蓋府縣參事會員ハ府縣ノ經濟ノ情況ニ通スルヲ以テ圖書審査ノ際成ルヘク府縣經濟ノ實況ニ伴ハシムル爲從來ハ之ヲ加ヘタリシモ多年ノ經驗ニ依リ今日ニ至リテハ最早參事會員ヲ加フルノ必要ナキヲ以テ之ヲ除カレタリ又從來小學校教員ヲ加ヘタリシハ圖書審査ノ際小學校ノ學科程度ニ適セシムルヲ要スルカ爲ナリシモ郡、府縣ニ視學ヲ置カレ之ヲ審査委員會ニ加ヘラレタル今日ニ於テハ最早教授ニ餘暇少キ小學校教員ヲ强テ加フルノ必要ナキニ至レルヲ以テ之ヲ除カレタリ而シテ更ニ府縣書記官ヲ加ヘラレタルハ之ヲシテ審査委員會ノ委員長ニ充テ審査會ヲ統轄セシムルノ必要アルヲ以テナリ高等女學校長及郡視學ヲ加ヘラレタルハ師範學校長、中學校長、及府縣視學等ト同樣ノ職務上關係アルヲ以テナリ又施行規則ニ於テハ審査ノ旨趣ヲ明ニシ學校ノ種類、男女ノ區別又ハ學校所在地ノ情況ニ依リテ各別ニ適切ナル圖書ヲ選定スルコトヲ得シメ全府縣ヲ通シテ同一種類ノ圖書ヲ二種以上併用スルカ如キコトナカラシメントス然レトモ市街地ト村落トノ如キ或ハ山間ト海邊トノ如キハ成ルヘク各々其ノ土地ノ情況ニ適切ナルモノヲ選ヒテ之ヲ用フルヲ可トス又府縣知事ニ於テ採定シタル圖書ハ之ヲ使用セントスル學年ノ開始ヨリ少クモ九十日以前ニ其ノ採定シタル圖書ニ關スル必要ノ事項ヲ公布セシムルコト丶シテ學年開始ニ至リ採定シタル圖書ノ供給ヲ闕キ教授ニ支障ヲ來スカ如キ憂ナカラシメンコトヲ期シタリ（編者曰ク本項ハ明治三十六年四月勅令第七十四號ヲ小學校令第二十四條ヲ改正シタル結果、小學校圖書審查委員會ハ廢止セラル丶ニ至リタルヲ以テ該勅令實施ノ日ヨリ效力ヲ失フニ至レリ）

小學校ノ職員ニ於テハ正准教員ノ代用教員ヲ認メラレタリ是レ實際ノ情況ニ顧ミテ今日ノ時宜ニ應セラレタルニ外ナラス現在資格アル正教員ヲ不足數夥シキ際ニ當リテハ代用教員即チ從來ノ雇教員ヲ採用シテ之ヲ補充セサルヘカラス是レ今日ニ在リテハ已ムコトヲ得サル所ナリ而シテ又學校編制ノ規定ニ於テモ單ニ教員ノ配置ニ注意シ小學校ニ於テハ單級小學校ト雖モ必ス正教員ヲ置クヲ本體トシ多級小學校ニ於テハ正教員ヲ得難キトキハ必スシモ學級每ニ正教員ヲ置カス二學級每ニ一人ノ割合ヲ以テ平均ニ資格アル正教員ノ配置ヲ爲スヲ得シメタリ故ニ能ク注意シテ獨リ都會ノ地ニ在ル小學校ニ資格アル教員集注シテ僻陬ノ地ニ在ル小學校ハ資格ナキ者ノミヲ以テ充タサル丶カ如キ弊ナカラシメンコトヲ要ス

改正小學校令中以上ニ示ス所ノ外猶從來ノ實驗ニ徵シ時勢ノ進步ニ考ヘ必要ノ改正ヲ施サレタルモノ多シ然レトモ以上示ス所ノ如キハ其ノ最モ主要ナルモノナリ殊ニ改正小學校令ニ於テハ意ヲ用ヒテ從來ノ施設ヲ改造スルノ方法ヲ避ケ之ヲ補綴改善スルノ方針ヲ取ラレタリ蓋往々改正ニ伴フ通弊タル從前ノ施設ヲシテ無效ニ歸セシメ經濟上大ナル變動ヲ生スルニ鑑ミタルナリ而シテ其施行上ノ手續ノ如キハ之ヲ從來ノ經驗ニ徵シ務メテ簡便ニ從ハンコトヲ期セリ

小學校教育ノ事タル其ノ實效ヲ奏セント欲スレハ單ニ法規ノ整備ニノミ賴ルコトヲ得ス必スヤ小學校教員ニ其ノ人ヲ得學事ノ監督其ノ宜キヲ得サルヘカラス而シテ小學校教員ニ其ノ人ヲ得ント欲スレハ之ヲ優待スルノ道ヲ講スルト之ヲ鼓舞獎勵スルノ法ヲ設クルヲ要ス近年市町村ハ概ネ教員ヲ優遇セントスルノ狀アリ政府モ亦年功加俸ノ制ヲ改メ特別加俸ノ制ヲ新設シ且教育資金ノ一部ヲ以テ教員獎勵ノ費ニ充

ツルコトヲ許シタリ府縣知事ニ於テハ能ク教員ノ選任ニ注意シ有能ヲ奬メ有功ヲ推シ小學校教員ヲシテ各々樂ミテ其ノ職ニ勵精セシメンコトヲ期圖スヘシ又學事ノ監督ニ關シテハ曩ニ地方官官制ノ改正ニ依リ郡府縣ニ視學ノ官ヲ置カレタルヲ以テ學事監督ノ機關略々備ハリタリ今ヤ小學校令ノ改正發布セラレ又小學校令施行規則ヲ發布シタルニ依リ府縣知事ハ能ク其ノ旨趣ヲ體認スルト共ニ深ク小學校教員ノ選任ト學事ノ監督トニ注意シ以テ小學校ノ教育ヲシテ益々實用ニ適セシメ國民教育ノ實效ヲ擧クルニ於テ遺算ナカランコトヲ務ムヘシ

○小學校令及同施行規則中改正ノ要旨並其施行上ノ注意事項

明治四十年三月二十五日
文部省訓令第一號

今般勅令第五十二號ヲ以テ小學校令中ニ改正ヲ加ヘラレ文部省令第六號ヲ以テ小學校令施行規則ノ一部ヲ改正セリ今左ニ改正ノ要旨ヲ擧ケ且其施行上特ニ注意ヲ要スル事項ノ大要ヲ示サン

義務教育ノ年限即チ尋常小學校ノ修業年限ヲ六箇年ニ延長スルハ改正令ノ主眼トスル所ナリ蓋シ從來ノ修業年限ヲ以テ義務教育ノ本旨ヲ全ウスルコトハ頗ル困難ナルニ因リ明治三十三年現行小學校令制定ノ際既ニ其ノ年限ヲ延長スルノ必要ヲ認メタルモ當時四箇年ノ義務教育スラ尚未タ普及スルニ至ラサリシカ故ニ將來ニ之カ實行ヲ期スルコトトシ其ノ準備トシテ尋常小學校ニ修業年限二箇年ノ高等小學校ヲ併置スルコトヲ奬勵スルニ止メタリ爾來義務教育ハ著シク普及スルニ至レルノミナラス尋常小學校ニ高等小學校ヲ併置シタルモノ亦大ニ增加シ今ヤ改正ノ時機既ニ熟セルヲ認ムルト共ニ戰後益々國民ノ智德ヲ上進スルノ必要アリ是レ義務教育ノ年限ヲ延長セラレタル所以ナリ固ヨリ今回ノ改正ハ未タ之ヲ以テ足レリトスルニアラスト雖モ我國現下ノ情況ハ遽ニ之ヲ六箇年以上ニ延長スルコトヲ許ササルヲ以テ暫ク

之ニ滿足シ其ノ完成ハ更ニ之ヲ他日ニ期セントス
尋常小學校修業年限ノ延長ハ現在ノ高等小學校第一學年第二學年ヲ尋常小學校ノ範圍内ニ移シタルニ外ナラス故ニ其ノ教科目ニ關シテハ多少ノ取捨ヲ爲シタリト雖モ概子高等小學校第一學年第二學年ノ教科目ヲ加ヘラレタルニ過キス而シテ此等ノ教科目中手工ハ從來教育上ノ効果顯著ニシテ將來ハ必設ノ科目ト爲スノ期至ルヘキヲ以テ務メテ其ノ加設ヲ奬勵センコトヲ望ム
高等小學校ハ現在ノ第三學年第四學年ヲ其ノ第一學年第二學年トシテ仍之ヲ存續シ土地ノ情況ニ依リテハ三箇年ニ延長スルヲ得ルコトトナレリ蓋シ義務教育ハ他日再ヒ其ノ年限ノ延長セラルルコトアルヘク又本來高等小學校ハ義務教育ヲ終リタル兒童ニ一層精深適切ナル普通教育ヲ施スヲ主トスルモノナレハ其ノ目的トスル所自ラ中學校高等女學校等ト同シカラス故ニ義務教育ヲ終リ尚二三箇年間教育ヲ受ケントスル者ニシテ中學校若ハ高等女學校等ニ入リ半途ニ退學スルカ如キ者ニアリテハ寧ロ初ヨリ高等小學校ニ入學シ適切ニシテ且完結セル教育ヲ受クルヲ以テ優レリトス若シ夫レ此ノ際義務教育年限ノ延長ニ伴ヒ既設ノ高等小學校ヲ廢止セントスルカ如キハ毫モ理由ナキコトナルノミナラス更ニ必要アル場合ニ於テハ却テ之カ新設ヲ躊躇スヘカラサルナリ
義務教育年限ノ延長ハ全國一齊ニ之ヲ實施スルハ固ヨリ望ム所ナレトモ市町村ノ情況ニ依リ遽ニ之ヲ實行シ難キモノアランコトヲ慮リ特別ノ事情アルモノハ當分仍從前ノ規定ニ依ルコトヲ許サレタリ是レ市町村ノ經濟ヲ斟酌シ成ルヘク便宜ノ處置ヲ許スノ旨趣ニ外ナラス
此ノ如ク義務教育年限ノ延長ハ其ノ時機既ニ熟シ加フルニ市町村ノ情況ニ依リ仍從來ノ規定ニ依ルコトヲ得シムル等便宜ノ處置ヲ許スヲ以テ改正令ノ實施ハ甚シキ困難ナキヲ信スルモ之ニ伴ヒ學級數ヲ増シ隨テ校舎ノ増築ト教員ノ増加トヲ要シ經費ノ増額ヲ來スハ免レサルノ數ナリ然ルニ市町村ノ經濟ハ十分ノ餘裕アリト云フコトヲ得ス加フルニ時勢ノ進歩ニ伴ヒ市町村ノ事業モ漸次多キヲ加フヘク單ニ教育上

ノミニ就テ之ヲ見ルモ教員優待等經費ノ增加ヲ要スヘキモノアルヲ以テ此ノ改正令ヲ實施スルニ當リテハ務メテ節約ノ方法ヲ講スルコトヲ怠ルヘカヲス即チ或ハ學級ノ編制ヲ整理シ或ハ二部教授ヲ施シ以テ校舍及教員ノ不足ヲ補フカ如キ適宜ノ方法ヲ設ケ改正令ノ實施ヲ圓滑ニスルコトヲ期セサルヘカラス蓋シ二部教授ハ之ヲ近年ノ研究ニ徵スルニ尋常小學校第一學年第二學年等幼年兒童ノ學級ニ行フトキハ其ノ教育上ノ效果ハ幾ント通常ノ教授ニ讓ラサルヲ見ル故ニ改正令實施ニ際シ經濟上必要アル場合ニ於テ一部ノ兒童ニ之ヲ行フハ時宜ニ適シタルモノタルヲ信ス殊ニ六箇年ノ單級教授ニ至リテハ若シ通學路程等ノ關係上格別ノ支障ナキ場合ニ於テハ之ヲ二部教授ト爲スヲ以テ却テ利アリトスヘシ

補習教育ハ將來常ニ奬勵シタル所ナレトモ未タ十分ニ其ノ目的ヲ逹スルニ至ラサリシハ遺憾トスル所ナリ今ヤ尋常小學校ノ年限ヲ延長スルモ之ニ接續シテ設クヘキ普通ノ補習教育及實業補習教育ハ益之ヲ奬勵スルコトヲ怠ルヘカラス今回補習科ノ教授時數ノ制限ヲ廢止シタルハ畢竟之カ施設ヲシテ一層地方ノ情況ニ適切ナラシメンカ爲ニ外ナラス

尋常小學校教員ノ試驗檢定ニ就テハ其ノ程度ヲ進メ且試驗ヲ闕クコトヲ得ル科目ノ數ヲ減シタリ是レ修業年限ノ延長ニ伴ヒ其ノ學力ノ程度ヲ進メサルヲ得サルニ至リタルヲ以テナリ而シテ從來四箇年ノ尋常小學校ノ教員タルヘキ資格ヲ有スル者ヲ以テ改正後直ニ六箇年ノ尋常小學校ノ教員タルヘキ資格ヲ認メタルカ故ニ之ニ對シテハ適當ノ方法ヲ設ケ理科其ノ他必要ナル學科目ヲ講習セシメ以テ其ノ學力ヲ補習セシメンコトヲ努ムヘシ

尋常小學校ニ於テハ授業料ヲ徵收セサルヲ本體トシ特別ノ事情アルカ爲之ヲ徵收スル場合ト雖モ學年ニ依リ其ノ額ニ差等ヲ設ケサルヲ原則トスルハ勿論ナリ然レトモ從來高等小學校ニ關シテハ授業料ノ收入ヲ以テ重要ナル財源ト爲セル地方少カラサルヲ以テ改正令實施ノ際高等小學校ニ於テ徵收スル授業料額ヲ超エサル限リハ尋常小學校ノ第五學年第六學年ニ於テ特ニ當分ノ內之ヲ徵收スルコトヲ許セリ是レ經

濟上洵ニ已ムコトヲ得サルニ出テタルナリ而シテ之カ施行上ニ就キテハ愼密ノ査覈ヲ遂ケ適應ノ措置ヲ爲サンコトヲ要ス

代用私立小學校ハ之ヲ既往ノ實驗ニ徵スルニ其ノ成績公立學校ニ比シ著シク劣ルモノアルノミナラス今ヤ全國ヲ通シテ市町村立學校ノ施設普及セルカ爲ニ其ノ數實ニ多カラスシテ僅ニ一地方ニ偏在スルニ過キス故ニ特ニ之ヲ一ノ制度トシテ存置スルノ必要ヲ認ムル能ハサルニ至レリ是レ今回ノ改正令ニ於テ此ノ制ヲ廢セラレタル所以ナリ

本大臣ハ各地方長官カ能ク改正ノ旨趣ヲ體シ國運ノ發展ニ鑑ミ地方經濟ノ狀況ニ應シ施設誘導宜シキヲ得テ益國民教育ヲ進歩セシメンコトヲ望ム

○小學校令及同施行規則中改正ノ要旨竝其施行上ノ注意

明治四十四年七月三十一日
文部省訓令第十三號

今般勅令第二百十六號ヲ以テ小學校令中ニ改正ヲ加ヘラレ文部省令第二十四號ヲ以テ小學校令施行規則中ニ改正ヲ施セリ因テ左ニ其ノ改正ノ要旨ト施行上特ニ注意ヲ要スル事項ノ大要トヲ擧示シ實施上遺漏ナカランコトヲ望ム

高等小學校ノ目的ハ義務教育ヲ終リタル兒童ニ對シ更ニ進ミタル普通教育ヲ施シ國民道德ヲ涵養スルト共ニ生活ニ必須ナル知識技能ヲ授ケ卒業後各種ノ事業ニ從事スルニ一層適切ナル性格ヲ得シムルニ在リ是レ從來其ノ教科目中ニ手工、農業、商業ヲ加ヘラレタル所以ナリ而シテ近時時勢ノ必要ニ應シ之ヲ加設スル高等小學校益々增加シ今ヤ少數ノモノヲ除ク外悉ク其ノ施設ヲ見ルニ至レルヲ以テ今回ノ改正ニ於テハ從來ノ隨意科目ヲ廢シテ必修科目ト爲シ兒童ニハ必ス手工、農業、商業ノ何レカ一ヲ課スルコトヽシ又其ノ敎授時數ヲ增加シ以テ當該敎科目敎授ノ效果ヲ完カラシメ高等小學校本來ノ目的ヲ貫徹セントス又英語ハ從來獨立ノ一敎科目トシテ土地ノ情況ニ依リ加設スルコトヲ得シメタルモ今回之ヲ改メ商業中ニ加ヘテ之ヲ授クルコトヲ得シメ以テ該科目ヲシテ實用上一層適切ナラシメンコトヲ期セリ故ニ從來既ニ此等ノ實業ニ關スル敎科目ヲ設置セルモノハ改正ノ旨趣ニ依リテ益〻敎員設備等ノ改善ヲ圖リ其ノ未タ之ヲ設置セサルモノニ在リテハ速ニ適切ノ施設ヲ爲サシメンコトヲ要ス但シ地方ニ依リテハ適良ナル敎員ヲ得難ク隨テ今遽ニ普ク之ヲ施設セシムルコト能ハサルモノアルヘキヲ察シ特別ノ事情アルモノハ特ニ府縣知事ノ認可ヲ受ケ之ヲ缺クコトヲ得シメタリ

代用敎員ノ制ハ實際ノ狀況ニ顧ミ正敎員ノ不足ヲ補充スルカ爲已ムヲ得スシテ設ケラレタルモノナルモ兒童敎育上ノ影響ヨリ觀レハ毫モ正敎員ト異ナルモノニアラス然ルニ從來其ノ進退ハ郡市長ヲシテ之ヲ行ハシメタルヲ以テ之ヲ正准敎員ニ比スレハ著シク權衡ヲ失スルノミナラス代用敎員ノ勤續期間ハ頗ル短クシテ交迭頻繁ナルカ爲敎育上ノ影響モ亦實ニ憂フヘキモノアリ是レ今回代用敎員ノ進退ニ關スル規定ヲ改正シ其ノ進退ハ府縣知事ヲシテ之ヲ掌ラシメ以テ一層其ノ選任ヲ愼マシメ優良ナル人物ヲ得テ敎育ノ改善ヲ期セントスル所以ナリ地方長官ハ宜シク此ノ旨ヲ體シ一方ニ於テ代用敎員ノ人選ヲ愼ムト同時ニ地方經濟ノ狀況ニ應シ成ルヘク其ノ俸給額ヲ增シ適當ノ人物ヲ得ルニ努ムルト共ニ他方ニ於テハ正敎員補充ニ關シ益〻其ノ施設ヲ進メ速ニ其ノ不足ヲ補ヒ以テ小學校敎育改善ノ實ヲ擧ケンコトヲ期セラルヘシ

幼稚園ニ於ケル保育事項等ヲ小學校ニ於ケル敎則其ノ他ノ如ク劃一ニ規定スルハ却テ保育ノ進歩發達ヲ促ス所以ニアラサルノミナラス往々ニシテ保育ノ本旨ヲ誤ルノ虞ナキヲ保セス又從來ノ如ク保育時數ヲ制限スルハ實際上不便ナルヲ以テ適宜之ヲ伸縮スルヲ得シムルノ要アリ尚從來ノ實驗上幼兒ノ定員ヲ增加シテ實際ノ施設ニ便ナラシムルノ必要ヲ認メタリ是レ幼稚園ニ關スル規定ヲ改正シタル所以ナリ

此ノ他小學校ノ教則、休業日、教員檢定等ニ關スル規定ニ改正ヲ加ヘタルハ要スルニ從來ノ實驗ニ徵シ必要ナル改正ヲ施スト共ニ小學校教育ノ內容ノ充實改善ヲ期セントスルニ外ナラス
本大臣ハ地方長官カ施設監督宜シキヲ得小學校ノ教育ヲシテ其ノ本來ノ目的ヲ貫徹スルニ於テ益ゝ適切ナラシメ其ノ效果ヲ擧ケ以テ今回改正ノ旨趣ニ副ハンコトヲ望ム

○戰後教育上ノ心得　明治三十八年十月十八日文部省訓令第三號

客歲二月戰ヲ宣セラレシ以來玆ニ二十閱月軍國多事ナリシニ關ラス教育ノ事ハ減退ノ形跡ナク却テ好影響ノ認ムヘキモノアルハ職トシテ教育ノ事ニ當ルカ皆能ク平時ニ於ケルヨリモ一層勵精其事ニ從ヒ誠實其任ヲ盡シタルニ由ラスンハアラス今ヤ皇軍連戰連捷ノ結果開戰ノ目的ヲ達シ平和克復ヲ告クルニ當リ大詔煥發將來ノ嚮フ所ヲ明ニセラル我國民タル者能ク聖意ノ在ル所ヲ體シ國家富强ノ根原ヲ培養シ社會文明ノ進步ヲ企圖スルニアラスンハ安ソ能ク國運ノ發展ニ應スルヲ得ン然リ而シテ國本ノ培養文化ノ發達ハ教育ニ待ツ所頗大ナルモノアリ戰後教育ノ經營ハ實ニ國家ノ急務ト謂フヘシ依テ本大臣ハ玆ニ教育上一二ノ要目ヲ擧示シテ局ニ當ル者ノ留意ヲ促シ以テ向後一層奮勵努力シテ其職務ヲ盡サンコトヲ求メントス
忠君愛國ノ精神ハ我國體ノ精華ニシテ國民ノ特長タリ今回ノ戰役ニ當リ陸海軍人カ皆死ヲ決シテ勇敢ニ奮闘シ一般國民カ擧國一致其後援ヲ爲シ內外相應シ終始一貫シテ赤誠奉公以テ能ク開戰ノ目的ヲ貫徹ニ努メタル皆此精神ノ發現ニ外ナラス教育ノ事ニ當ル者ハ宜シク深ク玆ニ鑑ミ常ニ此精神ノ涵養ヲ努メ此精神ヲ基礎トシテ諸般ノ教育ヲ施シ平時ニ在リテハ國民ヲシテ擧國一致平和的國運ノ發展ニ盡サシメ又一旦緩急アレハ義勇公ニ奉スルノ實ヲ擧ケシムルノ用意ナカルヘカラス

國本培養ニ就キテハ向後一層國民ノ努力ヲ要スルモノアリ國本培養ノ方法ハ一ニシテ足ラスト雖其本源ニ至リテハ主トシテ教育ニ由ラスンハアラス其局ニ當ル者ノ鋭意學術技藝ノ發達ヲ圖ルハ勿論實業教育ノ如キ之ヲシテ益々適切有効ナラシムヘク一般教育ニ於テモ正直勤勉忍耐等ノ精神ヲ養成シ進取ノ觀念及勞働ヲ尙フノ氣風ヲ助長シ及貯蓄ヲ重スル習慣ヲ作ラシムヘシ若夫レ向後國民勝ニ狃レテ或ハ安逸遊惰ニ傾キ或ハ驕傲奢侈ニ陷ルカ如キコトアラハ啻ニ戰勝ノ結果ヲ沒却スルノミナラス國家將來ノ爲深ク憂フヘキナリ此ノ如キハ今ヨリ嚴ニ戒愼ヲ加ヘサルヘカラス

近時學生生徒ノ體格ハ從前ニ比シテ漸次良好ニ赴クノ傾向アリト雖モ我國民ノ體格ハ尙改善ヲ要スルコト甚切ナルモノアリ教育ノ事ニ當ル者ハ學校ニ於テハ勿論學校外ニ於テモ一層ノ注意ヲ加ヘ益々體育ヲ奬勵シ以テ智育德育ト相併進シテ決シテ偏輕スル所ナカラシメンコトヲ要ス

戰時各地方ニ施設シタル各種ノ紀念事業ハ戰爭ノ終局ト共ニ廢滅ニ歸セシムヘキモノニアラス益々之カ維持發達ヲ圖リ一ハ以テ永久ノ紀念ト爲シ一ハ以テ教育上ノ目的ニ利用スルコトヲ怠ルヘカラス且戰後紀念事業中其計畫略成リ未タ實際ノ施設ヲ見ルニ至ラサルモノ尠カラサルカ如シ此ノ如キハ宜シク速ニ之ヲ遂行完成シ以テ當初ノ目的ヲ達セシメンコトヲ期スヘシ

戰後各地方ニ於テ教育上施設ヲ爲スヘキモノニ至リテハ多々之アルヘシト雖モ須ク其情況ニ應シテ事業ノ撰擇ヲ審ニシ事ノ緩急ヲ稽ヘ宜シキニ從ヒテ國家ノ進運ニ伴フノ計畫ヲ爲スヲ要ス又是等積極的經營ヲ爲スト同時ニ從來ノ施設中其散漫ニ流ルヽモノノ如キハ漸次之ヲ整理シ以テ益々經濟的利用ノ途ヲ講スヘキナリ

○地方學事通則 明治二十三年十月二日 法律第八十九號

第一條　町村ハ教育事務ノ爲勅令ノ規程ニ依リ町村學校組合ヲ設ク
町村學校組合ニハ町村制第百十七條ヲ適用ス
第二條　市町村及町村學校組合ハ勅令ノ規程ニ依リ教育事務ノ爲之ヲ數區ニ分畫ス（明治三十五年法律第七號ヲ以テ改正）
前項ノ場合ニ於テ其區ニ區會若クハ區總會ノ設ナキトキハ市制第百十三條町村制第百十四條ノ規定ヲ適用ス
一區若クハ數區ヲシテ專ラ使用セシムル學校ニ關シテハ其區內ニ住居シ若クハ滯在シ又ハ土地家屋ヲ所有シ營業（店舗ヲ定メサル行商ヲ除ク）ヲナス者ニ於テ設立維持ヲ負擔スヘシ但シ其區ノ所有財產アルトキハ其收入ヲ以テ先ツ其費用ニ充ツヘシ（同上）
市制第六十條町村制第六十四條ノ區長並其代理者ハ命令ノ定ムル所ニ從ヒ其區ニ屬スル國ノ教育事務ヲ補助執行ス
第三第　教育事務ニ關シテ市町村內ノ區及町村學校組合若クハ其區ニ對シ市若クハ町村ニ關スル法律ノ規程ヲ適用スルコトヲ得
第四條　町村及町村學校組合若クハ其區ハ郡長ノ指定ニ從ヒ他町村又ハ町村學校組合若クハ其區ノ兒童教育事務ノ委託ニ應スヘシ
第五條　町村學校組合ヲ解ク場合町村學校組合內ノ某町村ヲシテ其小學校數校中ノ一校若クハ若干校ノ設立維持ヲ一町村限リ負擔セシムル場合ニ於テ財產處分ニ付關係町村ノ協議整ハサルトキハ郡參事會ニ於テ之ヲ議決スヘシ
兒童教育事務ノ委託ニ對スル報酬金ノ給否金額及其他必要ノ事項ニ付關係町村ノ協議整ハサルトキモ又前項ノ例ニ依ル
第六條　府縣郡市町村及町村學校組合ハ教育事務ノ爲勅令ノ定ムル所ニ依リ學務委員ヲ置クヘシ

市町村內若クハ町村學校組合ノ區ハ小學校敎育事務ノ爲勅令ノ定ムル所ニ依リ學務委員ヲ置クコトヲ得

第七條　市町村立小學校長其他校員學務委員及區長並其代理者等ノ執行スル國ノ敎育事務ハ市制第三十一條第二本文町村制第三十三條第二本文ニ依ルノ限ニ在ラス

第八條　府縣郡市町村吏員ニ對スル懲戒處分ニシテ國ノ敎育事務取扱ニ關スルモノニ就キテハ其懲戒ノ規程ハ勅令ノ定ムル所ニ依ル

第九條　府縣郡市町村學校組合及市町村內若ハ町村學校組合內ノ區ハ學校幼稚園圖書館ノ爲基本財產又積立金ヲ設クルコトヲ得

基本財產及積立金ハ單ニ某學校幼稚園圖書館ノ爲之ヲ設ケ又通シテ數學校幼稚園圖書館ノ爲之ヲ設クルコトヲ得

基本財產及積立金ノ設置及處分ハ監督官廳ノ許可ヲ受クヘシ但積立金ヲ其目的ノ爲支出スル場合ハ此限ニ在ラス

基本財產ヨリ生スル收入ハ敎育ニ關スル目的ノ外ニ之ヲ使用スルコトヲ得ス

積立金ヨリ生スル收入ハ其積立金ニ編入スヘシ(同上本條改正)

第十條　府縣郡市町村町村學校組合及市町村內若クハ町村學校組合內ノ區ハ敎育ニ關スル寄附金等アルトキハ基本財產トナスヘシ但寄附者其使用ノ目的ヲ定ムルモノハ此限ニ在ラス(同上改正)

公立學校幼稚園圖書館授業料入學試驗料書器使用料等ハ基本財產又ハ積立金トナスコトヲ得(同上改正)

府縣郡市町村學校組合及市町村內若クハ學校組合內ノ區ハ歲出ノ殘餘ヲ以テ基本財產又ハ積立金トナシ又ハ特ニ歲入ノ幾分ヲ增加シテ基本財產又ハ積立金トナスコトヲ得(明治二十九年法律第八十一號同三十五年法律第七號ヲ以テ改正)

第十一條　從前學校ノ爲設ケタル積立金等ニシテ市制第八十一條町村制第八十一條ニ依リ市町村基本財產ニ加入シタルモノハ本法實施後二年間ハ府縣郡參事會ノ許可ヲ受ケ之ヲ區分シテ學校基本財產トナ

スコトヲ得

第十二條　府縣制郡制市制町村制ニ規定シタル內務大臣ノ職務及關係ハ敎育ニ關スル事項ニ就キテハ內務文部兩大臣ニ屬スルモノトス

第十三條　本法ハ市制町村制ヲ施行シタル府縣ニ施行スルモノトス其施行ノ時期ハ府縣知事ノ具申ニ依リテ文部大臣之ヲ定ム

○私立學校令　明治三十二年八月二日勅令第三百五十九號

第一條　私立學校ハ別段ノ規定アル場合ヲ除ク外地方長官ノ監督ニ屬ス

第二條　私立學校ノ設立廢止及設立者ノ變更ハ監督官廳ノ認可ヲ受クヘシ（明治四十四年勅令第二百十八號ヲ以テ改正）

第二條ノ二　私人ニシテ中學校又ハ專門學校ヲ設立セムトスルトキハ其ノ學校ヲ維持スルニ足ルヘキ收入ヲ生スル資產及設備又ハ之ニ要スル資金ヲ具ヘ民法ニ依リ財團法人ヲ設立スヘシ（同上）

第三條　私立學校ニ於テハ校長若ハ學校ヲ代表シ校務ヲ掌理スル者ヲ定メ監督官廳ノ認可ヲ受クヘシ

本令中校長ニ關スル規則ハ之ヲ學校ヲ代表シ掌理スル者ニ適用ス

第四條　左ノ各號ノ一ニ該當スル者ハ私立學校ノ校長又ハ敎員ト爲ルコトヲ得ス

一　禁錮以上ノ刑ニ處セラレタル者（同上）

二　削除（同上）

三　破產若ハ家資分散ノ宣告ヲ受ケ復權セサル者又ハ身代限ノ處分ヲ受ケ債務ノ辨償ヲ終ヘサル者

四　懲戒ニ依リ免職ニ處セラレ二箇年ヲ經過セス又ハ懲戒ヲ免除セラレサル者

五　敎員免許狀褫奪ノ處分ヲ受ケ又ハ第七條ノ規定ニ依リ解職ヲ命セラレ二箇年ヲ經過セサル者（同上）

六　性質不良ト認ムヘキ者
第五條　私立學校ノ教員ハ相當學校ノ教員免許狀ヲ有スル者ヲ際ク外其ノ學力及國語ニ通達スルコトヲ證明シ、小學校、盲啞學校及小學校ニ類スル各種學校ノ教員ニ在リテハ地方長官其ノ他ニ在リテハ文部大臣ノ認可ヲ受クヘシ但シ專ラ外國語、專門學科又ハ特種ノ技術ヲ教授スル教員及專ラ外國人ヲ入學セシムル爲ニ設立シタル學校ノ教員ハ國語ニ通達スルコトヲ要セス
前項ノ認可ハ當該學校在職間有效ノモノトス
第六條　前條ノ證明ヲ不充分ト認メタルトキハ監督官廳ハ本人ノ志望ニ依リ試驗ヲ施スコトアルヘシ
第七條　私立學校ノ校長又ハ教員ニシテ不適當ナリト認メタルトキハ監督官廳ハ之カ解職ヲ命シ又ハ其ノ與ヘタル認可ヲ取消スコトヲ得(同上)
第八條　私立學校ニ於テハ學齡兒童ニシテ未タ就學ノ義務ヲ了ラサル者ヲ入學セシムルコトヲ得ス但シ小學校令第三十三條及第三十六條ノ規定ニ依リ市町村長ノ認可ヲ受ケタル兒童ヲ入學セシムルハ此ノ限ニ在ラス(同上)
第九條　私立學校ノ設備授業及其ノ他ノ事項ニシテ教育上有害ナリト認メタルトキハ監督官廳ハ之カ變更ヲ命スルコトヲ得
第十條　左ノ場合ニ於テハ監督官廳ハ私立學校ノ閉鎖ヲ命スルコトヲ得
一　法令ノ規定ニ違反シタルトキ
二　安寧秩序ヲ紊亂シ又ハ風俗ヲ壞亂スルノ虞アルトキ
三　六箇月以上規定ノ授業ヲ爲サヽルトキ
四　第九條ニ依リ監督官廳ノ爲セル命令ニ違反シタルトキ
第十一條　監督官廳ニ於テ學校ノ事業ヲ爲スモノト認メタルトキハ其ノ旨ヲ關係者ニ通告シ本令ノ規定

ニ依ラシムヘシ
第十一條ノ二　中學校又ハ專門學校ノ設立者ハ每學年又ハ每事業開始年度ノ開始前收支豫算ヲ定メ每學年又ハ每事業年度ノ終了後收支決算ヲ爲シ監督官廳ニ屆出ツヘシ
監督官廳ハ必要ト認ムルトキハ收支豫算ノ變更ヲ命スルコトヲ得（同上）
第十二條　第十條ニ依ル處分ニ對シテハ訴願法ニ依リ訴願スルコトヲ得
第十三條　第十一條ノ通告ヲ受ケ第二條設立ノ手續ヲ爲ササル者及學校ノ廢止又ハ設立者ノ變更ニ關シ第二條ノ規定ニ違反シタル者並第十條ニ依リ閉鎖ヲ命セラレタル後尙私立學校ヲ繼續スル者ハ百圓以下ノ罰金ニ處ス（同上）
第十四條　第三條又ハ第五條ノ認可ヲ得スシテ私立學校ノ校長又ハ敎員タル者及第七條ノ規定ニ依リ解職ヲ命セラレ又ハ認可ヲ取消サレタル後尙私立學校ノ校長又ハ敎員タル者ハ五拾圓以下ノ罰金又ハ科料ニ處ス（同上）
第十五條　第八條ニ違反シタル者ハ拾貳圓以下ノ科料ニ處ス（同上）
情ヲ知リ之ヲ使用シタル者亦同シ
第十六條　本令ノ規定ハ私立幼稚園ニ準用ス
第十七條　文部大臣ハ本令施行ノ爲必要ナル命令ヲ發スルコトヲ得（明治三十二年文部省令第三十八號ヲ以テ施行規則公布）

附　則

第十八條　本令ハ明治三十二年八月四日ヨリ施行ス
第十九條　既設ノ私立學校ニシテ未タ設立ノ認可ヲ受ケサルモノハ本令施行ノ日ヨリ三箇月以內ニ本令ノ規定ニ依リ認可ヲ受クヘシ
第二十條　本令施行ノ際現ニ私立學校ノ校長又ハ敎員タル者ニシテ引續キ當該學校ノ校長又ハ敎員タラ

ント欲スル者ハ相當學校ノ敎員免許狀ヲ有スル敎員ヲ除ク外本令施行ノ日ヨリ三箇月以內ニ其旨ヲ監督官廳ニ開申スヘシ此ノ場合ニ於テハ第三條又ハ第五條ノ認可ヲ受クルヲ要セス

明治四十四年勅令第二百十八號附則

本令ハ公布ノ日ヨリ之ヲ施行ス

○私立學校令施行細則 明治三十二年八月三日文部省令第三十八號

第一條 私立學校令第二條ニ依リ私立學校設立ノ認可ヲ受ケントスル者ハ左ノ事項ヲ記載シタル書類ニ校地、校舍、寄宿舍ノ圖面ヲ添ヘ監督官廳ニ申請スヘシ

一 目的

二 名稱

三 位置

四 學則

五 經費及維持方法

前項第一號乃至第三號及校地、校舍、寄宿舍ノ變更ハ監督官廳ニ開申シ第四號ノ變更ハ監督官廳ノ認可ヲ受クヘシ

第二條 學則ニハ左ノ事項ヲ規定スヘシ

一 修業年限、學年、學期、休日ニ關スル事項

二 學科課程、授業時間ニ關スル事項

三 試驗ニ關スル事項

四　入學退學ニ關スル事項
五　授業料入學料ニ關スル事項
六　賞罰ニ關スル事項
七　寄宿舍ニ關スル事項
八　職員ノ職務ニ關スル事項

第三條　私立學校令第三條第一項又ハ第五條第一項ニ依リ私立學校ノ校長、學校代表者又ハ敎員タルノ認可ヲ受ケントスルモノハ履歴書ヲ添ヘ監督官廳ニ申請スヘシ

第四條　私立學校令第六條ニ依リ施スヘキ試驗ハ小學校、盲啞學校及小學校ニ類スル各種學校敎員ニ在リテハ小學校敎員檢定委員其ノ他ニ在リテハ師範學校、中學校高等女學校敎員檢定委員又ハ文部大臣ノ特ニ選定シタル委員ヲシテ之ヲ行ハシム

第五條　私立學校ノ種類ニ依リ別段ニ規定アルモノハ各其ノ定ムル所ニ依ル

附　則

第六條　明治十四年文部省達第十五號ハ本令施行ノ日ヨリ之ヲ廢止ス

○市制町村制ヲ施行セサル地方ノ小學教育規程

明治二十五年四月二十八日
勅令第四十號

第一條　明治二十三年勅令第二百十五條小學校令中小學校ノ設置小學校ニ關スル府縣郡ノ負擔並郡視學々務委員區長及其代理者ニ關スル條規ヲ除キ其他ノ條規ハ市町村制ヲ施行セサル地方ニ於テ左ノ例ニ依リ施行ス

一　明治二十三年勅令第二百十五號小學校令ノ規程ニ依リ難キ場合アルトキハ北海道廳長官府縣知事

ニ於テ文部大臣ノ許可ヲ受ケ特別ノ處分ヲナスコトヲ得

二　明治二十三年勅令第二百十五號小學校令ニ規定スル府縣知事ノ職務ハ北海道ニ於テハ北海道廳長官之ヲ行ヒ郡長ノ職務ハ郡長ヲ置カサル地方ニ於テハ島司區長又ハ之ニ準スヘキ者之ヲ行ヒ市町村長若クハ市參事會ノ職務ハ島司郡區長戶長又ハ之ニ準スヘキ者之ヲ行フヘシ

第二條　區町村ハ北海道廳長官府縣知事ノ指定スル區域及位置ニ於テ一小學校若クハ數小學校ヲ設置スヘシ

第三條　本令施行ノ時期ハ北海道廳長官府縣知事ノ具申ニ依リ文部大臣之ヲ定ム

第四條　明治十九年勅令第十四號小學校令其他本令ニ牴觸スル成規ハ本令施行ノ地方ニ於テ其施行ノ時期ヨリ總テ之ヲ廢止ス

○市町村立小學校費府縣郡費補助注意方

明治三十年二月十六日
文部省訓令第二號

尋常小學校ノ設置上市町村ノ資力其負擔ニ堪ヘスト認定スルトキハ府縣郡ヨリ補助ヲ與フヘキコトハ小學校令第四十六條乃至第四十九條ノ規定スル所ナルヲ以テ必要ニ應シ之ヲ適用スルコトヲ怠ラサルヘキハ勿論ナリト雖モ殊ニ今般勅令第二號ヲ以テ市町村立小學校教員俸給ニ關スル件ヲ發布セラレタルニ付テハ此規定ニ基キ負擔スヘキ適當ノ俸給額ヲ支出スルニ堪ヘスト認定スルトキハ右小學校令ノ規定ニ依リ相當ノ補助ヲ與フルコトヲ勉ムヘシ

◎教科及編制

○小學校教授用假名及字體等削除ノ趣旨

明治四十一年九月七日
文部省訓令第十號

今般文部省令第二十六號ヲ以テ小學校令施行規則中ニ改正ヲ加ヘ小學校ニ於テ教授ニ用フル假名及其ノ字體、字音假名遣並ニ漢字ニ關スル規定ヲ削除セリ

假名ハ大體ニ於テ從來ノ規定ニ依ルヲ適當ト認ムルモ尙普通ニ行ハルヽ變體假名ヲ加ヘ授クルノ必要アリ漢字ノ數モ亦義務教育延長ノ結果相當ノ增加ヲ要ス是レ假名及其ノ字體並ニ漢字ニ關スル規定ヲ削除シタル所以ナリ又字音假名遣ハ當初改正ノ際ハ兒童ヲシテ國語學習上ニ於ケル困難ヲ避ケシメントスル趣旨ニ出テタルモノナレトモ實施ノ結果ニ鑑ミ豫期ノ目的ニ副フコト能ハサルヲ認メタルヲ以テ今回國定教科用圖書改正ノ時期ニ迫レルヲ機トシ之ヲ廢止セリ惟フニ假名遣ハ時勢ノ進步ニ伴ヒ整理ヲ要スヘキコト勿論ナリト雖尙益々愼重ナル硏究ヲ積ミ以テ其ノ目的ヲ達センコトヲ期ス

省令改正ノ結果字音假名遣ハ小學校ニ於テモ他ノ學校ニ於ケルカ如ク古來慣用ノ例ニ依ルヘク教科用圖書亦之ニ依リテ編纂セラルヘシ然レトモ字音假名遣ノ爲徒ニ國語ノ學習ヲ艱澁ニシ兒童ノ心神ヲ過勞セシムルカ如キハ務メテ之ヲ避ケサルヘカラサルヲ以テ敢テ繩墨ニ拘泥スルヲ要セス便宜從前ノ假名遣ヲ許容スル等取捨其ノ宜シキニ從ヒ適當ノ教授ヲ施サンコトヲ要ス

地方長官ハ事ニ兒童ノ教育ニ當ル者ヲシテ克ク此ノ意ヲ體シ以テ省令改正ノ趣旨ヲ貫徹セシメンコトヲ努ムヘシ

○小學校修身科教授上ニ關スル注意方

明治二十六年八月二十三日
文部省訓令第九號

第一　修身科ノ教育ニ於ケルハ神經ノ全身ニ貫通シ其ノ作用ヲ靈活ナラシムルニ同シク他ノ科目ト例視スヘキニアラス教員タル者ハ時ヲ以テ諄々訓告シ兒童ノ年齡及男女ノ別ニ從ヒ都鄙ノ風習各地人文ノ

發達及生活ノ程度ヲ察シ又各人各個ノ性質ニ依リ精密ナル注意ヲ用ヰ此重要ナル教科ノ目的ヲ達スルコトヲカムヘシ故ニ修身ノ教ハ專ラ師道ニ由テ擧ルコトヲ得ヘク一篇ノ教科書ニ依賴シ數時間ノ誦讀ヲ以テ滿足スヘキニアラサルナリ因テハ教科書ハ教員ノ資料ヲ助クル爲ニ必要トスヘシト雖地方ノ情況ニ從ヒ或ハ生徒ノ繁費ヲ省ク爲ニ尋常小學校ニ在リテハ各市町村學務委員ノ注意ニ依リ生徒用教科書ヲ用ヰスシテ專ラ口授法ヲ用ヰルコトヲ妨ケサルヘシ

第二　教科書中ニ參照トシテ引擧スル所ノ古今ノ人ノ善行ハ兒童ヲシテ感奮興起セシムルノ益アリト雖或ハ矯激ニ流レ中庸ヲ失ヒ又ハ變ニ處スルノ權道ニシテ歷史上ノ美談ト爲スヘキモ以テ教育上ノ常經ト爲スヘカラサル者アリ各教員ハ教授ノ際普通教育ノ適當ナル範圍ニ注意シ及フタケ偏弊ヲ避クルヲ要ス

○修身教科書編纂ノ要旨 明治四十三年三月二十八日 文部省訓令第二號

今般小學校ニ於ケル修身教科書ヲ修正編纂セリ此ノ修正ニ就キテハ教育ニ關スル勅語ノ旨趣ニ基キ忠孝ノ大義ヲ明ニシ國民固有ノ特性ヲ發揮セシムルニ於テ特ニ意ヲ致セリ自今小學校ヲシテ此ノ教科書ヲ用ヒ兒童ヲシテ反復誦讀克ク其ノ要領ヲ習得シ深ク之ヲ心ニ銘セシメ以テ實踐躬行ニ資センコトヲ努メシムヘシ然リト雖モ修身科ハ教育ノ主腦ニシテ德育ハ教員ノ最要ノ任務ナリ宜シク教員ヲシテ教科書ニ依リ兒童ニ道德上ノ知識ヲ與フルノミナラス常ニ德性ノ涵養ニ留意シ時ニ隨ヒ機ニ應シ切實ナル指導訓誨ヲ與ヘ躬ヲ以テ範ヲ兒童ニ示シ薰染感化ノ効ヲ收メ以テ克ク此ノ重要ナル教科ノ目的ヲ貫徹センコトヲ期セシムヘシ

○高等小學校加設科ニ關スル注意 明治四十三年十二月二十四日文部省訓令第二十六號

近來各地方ノ高等小學校ニ於テ概子農業又ハ商業ノ教科目ヲ加設スルニ至レルハ尋常小學校卒業者ニ對シ更ニ普通教育ヲ施シ品性ヲ陶冶シ常識ヲ進ムルト共ニ其ノ將來ノ生活ニ緊切ナル素養ヲ與フルニ於テ最モ適當ノ施設ナリトス然レトモ農業科加設ノ學校ニシテ往々實習地ノ設備ヲ缺クモノアルハ頗ル遺憾トスル所ナリ抑々農業科ニ於テハ兒童ヲシテ其ノ學フ所ヲ實地ニ應用セシムルニ非サレハ農業ノ趣味ヲ領得セシメ勤勞ヲ尊重スルノ習性ヲ養ハシムルニ足ラサルヲ以テ自今力メテ實習地ヲ設置シ教員自ラ兒童ヲ率キテ耕耘ニ從事シ以テ本教科目加設ノ趣旨ヲ貫徹セシメンコトヲ期セラルヘシ但シ實習地ハ必スシモ學校ノ附屬地タルヲ須ヒス適當ナル土地ヲ借入レテ之ニ充ツルモ亦可ナリ若シ已ムヲ得サル場合ニ在リテハ兒童ヲシテ各自父兄ノ農作地ニ於テ實習ヲ爲サシムル等便宜ノ方法ニ據ルコトヲ妨ケス要ハ町村ノ經濟ト地方ノ事情トヲ斟酌シテ相當ノ施設ヲ爲サシムルニ在リ又商業科ニ在リテハ其ノ教授ヲシテ土地ノ實際ニ適切ナラシムルト共ニ商業道德ノ涵養ニ努メシメ以テ本教科目ノ成績ヲ擧ケシメンコトヲ期セラルヘシ

○小學校生徒ノ體育衛生ニ關スル注意方 明治二十七年八月二十九日文部省訓令第六號

小學校ハ小學校令第一條ノ示ス所ニ依リ兒童ノ體育ニ留意シ教育ノ完成ヲ期セサルヘカラス我國舊來弓馬劍鎗ノ武藝盛ニ行ハレ體育ノ道ニ於テ缺クル所ナカリシモ維新後兵制變革ノ爲或種ノ武藝ハ其必要ヲ失ヒタルト同時ニ體育ノ衰頽ヲ致セル事又教員及生徒カ學問知識ノ進歩ニ急ニシテ動モスレハ智育ノ一方ニ偏嚮セル事及社會一般ノ衛生ノ必要ヲ感スルコト未タ深切ナラサル事是等數多ノ原因ノ爲ニ各般ノ學校ニ於ケル體育及衞生ノ方法ハ仍不完全ナルヲ免レス殊ニ小學教育ノ時ハ方ニ身體發育ノ期ニ當リ一

タヒ傷害ヲ受クルトキハ其ノ患ハ終身ニ及ヒ哀ムヘキノ情況ヲ呈セントス今小學校ニ於ケル體育及衛生ニ關シ訓令スルコト左ノ如シ

一　體育ハ及フタケ活潑ナル運動ヲ課スルヲ要スヘク普通體操ニ於テモ亦兵式體操ト同ク手足及全身筋力ノ運動ヲ活潑ニシ氣血ノ代謝ヲ促スト同時ニ生徒自個ニ於テ意氣快活ヲ覺ユルノ效果アラシムヘシ體操ノ弊ハ死法ニ流レ態勢ヲ整ヘ並列ヲ正スカ爲ニ許多ノ時間ヲ費シ却テ生徒ヲシテ厭倦ノ氣ヲ生セシムルニ至ル此ノ如キハ却テ體操ノ精神ヲ失フモノナリ

二　高等小學校男生徒ニハ兵式體操ヲ課スルノ際軍歌ヲ用ヰ體操ノ氣勢ヲ壯ニスルコトアルヘシ又隨意科トシテ簡單ナル器械體操ヲ授クヘシ

三　小學校生徒ハ活潑ナル運動ニ便スル爲ニ不得已場合ノ外學校內ニ於テハ洋服又ハ和服ヲ問ハス都テ筒袖ヲ用ヰシムヘシ

四　放課時間ニ於テ佇立閑話シテ經過スルニ終ラシムヘカラス男女トナク成ルヘク活潑ニ大氣中ニ運動スル遊戯ヲ誘フヘシ或ハ大聲急走嬉戯ノ態ヲ以テ生徒ノ不良事ト爲シ沈靜ヲ以テ品行點ニ加フルカ如キハ當ヲ得タルモノニアラス

五　生徒ヲシテ筆記諳誦ヲ務メシムルハ過度ニ腦力ヲ勞セシムルモノナレハ特ニ必要ノ場合ノ外之ヲ用ヰサランコトヲ要ス

六　小學校ノ課業ノ中生徒ノ尤困難ヲ感スル者ハ作文トス初級ノ生徒ニハ作文ヲ授クヘカラス若シ簡單ナル作文ヲ授クルモ此ヲ以テ試驗ノ問題トスヘカラス

七　小學校ニ於テ施行スル所ノ試驗法ハ或ハ褒貶ノ意味ニ偏シ點數ニ依リテ每期席順ヲ上下シ又ハ賞與ヲ予フル等過度ニ生徒ノ神經ヲ刺衝スルノ弊アリ此レ獨リ普通敎育ノ主義ヲ誤ルノミナラス亦生徒ノ體育ヲ害スル者ナリ自今各學校ハ試驗ニ依レル席順ノ上下ヲ廢スヘシ但各級ニ優等生若干

人ヲ撰拔シ以テ奬勵ヲ示スコトヲ妨ケサルヘシ

八　小學校ニ於テ喫烟スルコト及烟器ヲ夾帶スルコトヲ禁スヘシ

九　華奢安逸ハ自然ニ軟弱ヲ招クモノナリ都會ノ生徒ノ學校ニ往來スル者或ハ車ニ乘ルカ如キハ學校規律ノ外ニ係ルト雖校長及敎員ハ注意ヲ加ヘテ成ルヘク步行セシムルコトニ誘導スヘシ

○改正條約實施ニ關シ學校生徒敎養方

明治三十二年七月一日文部省訓令第十號

本大臣就任ノ初メヨリ學校ノ事態ニ關シ衷心竊ニ憂慮スル所アリ是ヲ以テ本年四月地方長官召集ノ機ニ際シ本大臣ハ學校ノ風紀ヲ正シ規律ヲ嚴ニスヘキコトヲ反覆披陳シテ其ノ注意ヲ促シリ今ヤ改正條約實施ノ期僅ニ數日ヲ出テサラントシ茲ニ新ニ詔勅ヲ下シタマフ蓋將來外國人ノ內地ニ來往居住スル者滋々多キヲ致スヘシ此ノ時ニ際シ若シ學校生徒ヲシテ放漫自ラ制セス或ハ禮節ヲ藐視シ或ハ粗野ノ行爲ヲ敢テシ奇矯是レ喜フ如キ陋習ヲ長セシムルコトアラハ獨リ敎育上ノ失體タルノミナラス延イテ國家ノ威信ヲ失墜シ其ノ體面ヲ汚瀆スルコトナキヲ保セス宜シク恭ミテ叡旨ヲ奉體シ此ノ際尙一層學校長及敎員ヲ督勵シ能ク戒愼ヲ加ヘ篤ク本分ヲ殫シ以テ生徒敎養ノ方ヲ誤ルコトナキヲ期セシムルニ努ムヘシ

○官立公立學校及學科課程ニ關シ法令ノ規定アル學校ニ於テ宗敎上ノ敎育儀式施行禁止

明治三十二年八月三日文部省令第十二號

一般ノ敎育ヲシテ宗敎ノ外ニ特立セシムルハ學政上最必要トス依テ官立公立學校及學科課程ニ關シ法令ノ規定アル學校ニ於テハ課定外タリトモ宗敎上ノ敎育ヲ施シ又ハ宗敎上ノ儀式ヲ行フコトヲ許サヽルヘシ

○學校生徒喫煙禁止方 明治三十三年三月二十六日 文部省訓令第五號

學校生徒ノ喫煙ニ關シテハ小學校ニ在リテハ明治二十七年文部省訓令第六號ヲ以テ生徒ノ喫煙スルコト及煙器ヲ夾帶スルコトヲ禁スヘキ旨訓令シ中學校等ニ在リテモ實際喫煙ヲ禁止セルモノ多シ蓋シ學校生徒ノ喫煙ハ衞生上有害ナルノミナラス風紀ニ關スルコト少ナカラス殊ニ此ノ際未成年者喫煙禁止法ノ發布アリタルニ就キテハ小學校中學校師範學校及等位ノ之レニ準スヘキ學校ニ在リテハ取締上其ノ生徒ノ未成年ナルト以上ナルト學校ノ內外トヲ問ハス喫煙シ及煙草煙器ヲ夾帶スルコトヲ禁止スヘシ其ノ他ノ學校ニアリテモ特ニ注意ヲ加ヘ法律違反ノ者ナカラシメムコトヲ期スヘシ

○學校樹栽獎勵ニ關スル件 明治三十七年八月六日 文部省訓令第七號

學校樹栽ノコトタル教育上幾多ノ裨益アルノミナラス學校基本財產造成ノ一法タルカ故ニ文部省ハ從來之ヲ獎勵シ地方當局者亦之ニ熱心ナル者アリシヲ以テ近來之レカ實施ヲナスモノ漸ク多キヲ加フルノ傾向アリ又時局ニ際シ二三ノ地方ニ於テ紀念林ヲ設クルノ計畫ヲ立テタルカ如キ甚タ喜フヘキモノアリ然リト雖モ顧ミテ統計ニ徵スルニ專ラ之ヲ實施セル市町村立小學校ハ尙二千餘校ニ過キス其ノ發達ノ遲々タルハ遺憾トスル所ナリ地方長官ハ宜シク管內學校ノ狀況ヲ調査シ旣ニ栽樹ニ着手セルモノハ益々之ヲ獎勵シ其ノ未タ着手セサルモノニハ栽樹ノ多少ニ拘ハラス實施ヲ督勵シ以テ其ノ効果ヲ收メンコトヲ努ムヘシ

○學校ノ紛擾ニ關係シタル職員及生徒處分方 明治三十五年七月九日 文部省訓令第五號

近來學校ニ於テ往々紛擾ヲ見ルハ教育上憂慮スヘキ所ナリ地方長官ハ此際一層學校職員ヲ督勵シ苟モ職員ニシテ生徒ヲ使嗾煽動スルカ如キ行爲アル者ニ對シテハ其ノ機ヲ失セス相當措置スヘク又生徒ニシテ其本分ヲ忘レ職員ニ對シテ反抗ヲ試ミ或ハ同盟休校ヲ爲スカ如キ者アラハ嚴重處分セシメ以テ校紀ノ振作ヲ務ムヘシ

○學生々徒ノ使用スル紫鉛筆禁止方

明治三十七年八月九日
文部省訓令第八號

學生々徒ノ使用スル「コピールビオレツト」「リラビオレツト」「ヨハン、コピール」「ハ、ツエ、クルツ、コピール」等ノ記號アル紫色鉛筆ハ其ノ製造ノ原料ニ有害ノ色素ヲ包含スルカ故ニ其ノ破片又ハ液溶ノ眼中ニ入ルトキハ激烈ナル毒作用ヲ呈シ竟ニ不治ノ眼疾ニ陷ルコトアリ仍テ幼稚園及小學校ノ兒童ニハ之カ使用ヲ禁止シ他ノ學校ノ生徒ニ在リテハ必要缺クヘカラサル場合ニ限リ之ヲ使用セシムルコトヲ得ルト雖其ノ使用上ニ周密ノ注意ヲ爲サシムヘシ

◎設　備

○小學及師範教育等ニ關シ男女區別教育方

明治三十年十二月十七日
文部省訓令第十二號

方今小學教育ノ普及ト師範教育ノ擴張トヲ計圖スルノ際小學校ニ於テ男兒ト女兒トハ務メテ學級ヲ別チ教室ヲ異ニシ尚便宜學校ヲ別ニシ各其性質習慣ト生活ノ必要トニ應シ最モ適切ナル方法ヲ以テ之ヲ教育センコトヲ要ス此ノ如キハ啻ニ男兒教育ノ實相ヲ益發揮スルニ必要ナルノミナラス又女兒教育ヲ益女兒ニ適切ナラシムルニ依リ自ラ女兒就學ノ數ヲ增スコトヲ得ン師範教育ニ在リテモ亦管理訓育ノ方法等益

女子ニ適切ナラシムルヲ要ス故ニ公立小學校及師範學校ノ施設ニ關シテ左ノ要項ニ依リ計畫スル所アルヘシ

一　市町村町村學校組合又ハ其區ニ於テ二箇以上ノ尋常小學校若クハ高等小學校又ハ尋常小學校ノ敎科ト高等小學校ノ敎科トヲ併置スル小學校ヲ設置スル場合ニ於テ通學ニ妨ケナク且女兒ノ員數一學校ヲ構成スルニ足ルヘシト認ムルトキハ女兒ノ爲ニ學校ヲ別ニスル事

一　二箇以上ノ師範學校ヲ設置スル場合ニ於テ女生徒ノ員數一學校ヲ構成スルニ足ルヘシト認ムルトキハ男女ニ依リテ學校ヲ別ニスル事

女兒ニ須要ナル高等普通敎育ヲ施ス爲ニ高等女學校設置ノ計畫ヲ怠ラサルヘキハ是亦緊要トスル所ナリ而シテ女子師範學校ヲ設置スル場合ニ於テハ土地ノ情況ニ依リ便宜高等女學校ヲ之ニ併設スルモ妨ケナシ

○學校施設ニ關スル注意

明治四十二年九月四日
文部省訓令第十一號

學校敎育ノ要ハ其ノ內容ニ在リテ外觀ニ存セス故ニ校舍ハ質朴堅牢ヲ旨トシ必スシモ體裁ノ完美ナルコトヲ要セス特ニ戊申詔書ノ渙發セラレシ以來敎育ノ局ニ當ル者ハ善ク　聖旨ヲ奉戴シテ力ヲ之カ實行ニ盡シツヽアルハ本大臣ノ信シテ疑ハサル所ナリト雖モ義務敎育年限ノ延長ト學齡兒童數ノ增加トニ伴ヒ各地ニ於テ校舍ノ建築ヲ要スルコト多キ今日ニ方リテハ特ニ意ヲ用ヒ學校ノ施設ヲシテ土地ノ情況ト民力ノ程度トニ適應セシメンコトヲ要ス顧フニ曾テ學校設備準則ノ規定セラレシ以來往々一律一樣ノ校舍ヲ造ルノ弊ヲ生シ其ノ後該規程ハ改正セラレタルモ其ノ餘風ハ延イテ今日ニ及ヒ校舍建築ノ際或ハ土地ノ情況ト資力ノ如何トヲ顧ミス一樣ノ設計ニ依リテ之ヲ經營セントスルモノ之ナキニ非サルカ如シ斯ノ

如キハ華ヲ去リ實ニ就ク所以ノ道ニアラサルカ故ニ宜シク土地ノ情況ヲ參酌シテ常ニ實用ヲ主トシ努メテ地方ノ民力ニ伴ハシメンコトヲ期セラルヘシ
特ニ實業學校ニ在リテハ一層實用ヲ旨トシ實地練習ニ要スル工場養蠶室其ノ他各種ノ設備ノ如キモ之ヲ施設スルニ當リテ豫メ善ク當該地方ニ於ケル實業ノ狀態ヲ斟酌シテ實際ニ適切ナラシメ生徒カ卒業ノ後ニ於テ之ヲ實施スルコトヲ得ヘキ範圍內ニ於テ成ルヘク其ノ施設ヲ簡易ニ應用ヲ適實ニシ徒ニ理想上ノ完全ヲ求メテ却テ實用ニ迂遠ナルカ如キ弊害ニ陷ルコト勿ラシムル樣一層注意セラルヘシ實業補習學校等ニ至リテハ出來得ル限リ新ニ經費ヲ要スル施設ヲ避ケ專ラ現存セル各學校ノ設備ヲ利用スル等最モ簡易ナル方法ニ依リテ教育ノ普及ヲ圖ラシムル樣指導監督其ノ宜シキヲ得ンコトヲ努メラルヘシ

○有稅地ヲ公立學校地ト爲シ又ハ其校地ニ變更ヲ生シタルトキ稅務署ヘ通知方

明治三十二年四月十三日　文部省訓令第五號

有租地ヲ公立學校地ト爲シタルトキハ其都度該郡市町村字地番地目段別及認可年月日等ヲ記シ圖面ヲ添ヘ所轄稅務所ヘ通知スヘシ（三十六年文部省訓令第一號ヲ以テ改正）
前項校地ニ變更ヲ生シタルトキ亦同シ

○府縣郡市町村其ノ他ノ公共團體ノ所有地免租ニ關スル規定

明治三十三年二月二十四日　法律第十九號

府縣市町村其ノ他之ニ準スヘキ公共團體ノ所有地ニシテ其ノ公用ニ供スルモノハ公用ニ供シタル年ノ翌年ヨリ公用廢止ノ年マテ地租及公課ヲ免ス

附則

本法ハ明治三十三年分地租及公課ヨリ適用ス

◎職員名稱待遇資格及任免等

○市町村立小學校長及敎員名稱及待遇
明治二十四年十一月十六日
勅令第二百十八號

第一條　市町村立小學校長及敎員ノ名稱左ノ如シ

一　小學校長

二　訓導　小學校ノ正敎員タル者ノ名稱トス

三　准訓導　小學校ノ准敎員タル者ノ名稱トス

第一條　市町村立小學校長及正敎員ハ判任文官ト同一ノ待遇ヲ受ク

○公立學校職員名稱及待遇
明治十九年十二月二十八日
閣令第三十五號

公立學校職員ノ名稱ハ中學校及等位ノ之ニ準スヘキ學校ニ於テハ學校長敎諭助敎諭書記トシ小學校及等位ノ之ニ準スヘキ學校ニ於テハ學校長訓導トシ總テ判任ヲ以テ待遇スヘシ

○公立學校職員等級配當
明治二十五年四月二十八日
勅令第三十九號

奏任文官又ハ判任文官ト同一ノ待遇ヲ受クル公立學校職員ノ官等等級ハ其俸給額ニ應シ別表ニ依リ文武高等官又ハ文武判任官等級ニ配當ス（二十五年勅令第百十四號ヲ以テ改正）

但同官等又ハ同等級內ニ於テハ文武官吏ノ次席タルヘシ

奏任文官ト同一ノ待遇ヲ受クル公立學校職員官等配當表（三十六年勅令第六十七號ヲ以テ改正）

學校	職	三等	四等	五等	六等	七等	八等
專門學校 實業專門學校	學校長	年俸三千圓	年俸二千圓以上三千圓未滿	仝千六百圓以上二千圓未滿	年俸千六百圓未滿		
	教諭		年俸二千圓以上	仝千六百圓以上二千圓未滿	仝千二百圓以上千六百圓未滿	仝八百圓以上千二百圓未滿	年俸八百圓未滿
	舍監				年俸千二百圓	仝八百圓以上千二百圓未滿	仝八百圓未滿
師範學校	教諭			年俸千六百圓以上	仝千二百圓以上千六百圓未滿	仝前	仝前
中學校 高等女學校 實業學校 實業專門學校ヲ除ク	學校長			仝前	仝前	仝前	仝前
	教諭			仝前	仝前	仝前	仝前

判任文官ト同一ノ待遇ヲ受クル公立學校教員等級配當表（仝前）

學校	職	一等	二等	三等	四等
專門學校 實業專門學校	助教諭 書記	月俸五十圓以上	月俸四十圓以上五十圓未滿	月俸三十圓以上四十圓未滿	月俸三十圓未滿
師範學校	教諭	仝前	仝前	仝四十圓未滿	
	助教諭 訓導 保姆 書記	仝前	仝前	仝三十圓以上四十圓未滿	月俸三十圓未滿

中學校・高等女學校	學校長	仝前	月俸五十圓未滿		
	教諭	仝前	仝 四十圓以上五十圓未滿	月俸四十圓未滿	
	助教諭舍監書記	仝前	仝前	月俸三十圓以上四十圓未滿	月俸三十圓未滿
實業學校（實業專門學校ヲ除ク）	學校長	月捧五十圓以上	月俸五十圓未滿		
	教諭	仝前	仝 四十圓以上五十圓未滿	月俸四十圓未滿	
	助教諭訓導舍監書記	仝前	仝前	仝 三十圓以上四十圓未滿	月俸三十圓未滿
小學校	學校長	本務月俸五十圓以上	本務月俸四十圓以上五十圓未滿	本務月俸三十圓以上四十圓未滿	本務月俸仝前
	訓導		月俸四十圓以上	月俸仝前	月俸仝前
幼稚園	園長	本務月俸五十圓以上	本務月俸四十圓以上五十圓未滿	本務月俸三十圓以上四十圓未滿	本務月俸仝前
	保姆		月俸四十圓以上	月俸仝前	月俸仝前

師範學校ノ舍監ノ等級配當ハ本務ノ俸給ニ依ル

備考。幼稚園ニ關スル事項ハ四十三年勅令第二百七十號ヲ以テ改正セラレタルモノナリ

○師範學校及市町村立小學校職員ヲ文官ト同一待遇方

明治二十四年十一月十七日
文部省訓令第六號

本年十一月勅令第二百十七號師範學校官制第二條及同年十一月勅令第二百十八號市町村立小學校長及教員名稱及待遇第二條ヲ以テ師範學校及市町村立小學校ノ職員ハ奏任文官若クハ判任文官ト同一ノ待遇ヲ受クル

コト、相成リタルニ付テハ俸給退隱料等ニ關シ特別ノ規定アル事項ヲ除ク外ハ任免席次及其他ニ關シ總テ奏任文官若クハ判任文官ト同一ノ待遇ヲ受クヘキ儀ト心得ヘシ

○公立學校職員ノ同等官又ハ同等級内ニ於ケル席次　明治二十六年十二月九日文部省訓令第七號

奏任文官又ハ判任文官ト同一ノ待遇ヲ受クル公立學校職員ノ同官等又ハ同等級内ノ席次ハ俸給額ニ依リ俸給額同シキトキハ任補ノ前後ニ依リ其他ハ高等官席次ノ例ニ依ルヘキ儀ト心得ヘシ

○公立學校職員ト敎官其ノ他教育ノ事務ニ從事スル文官トノ間ノ轉任ニ關スル件　明治三十二年十二月十九日勅令第四百五十六號

第一條　奏任文官又ハ判任文官ト同一ノ待遇ヲ受クル公立學校職員ヲ敎官其他敎育事務ニ從事スル文官ニ任用シ又ハ敎官其ノ他敎育事務ニ從事スル文官ヲ奏任文官又ハ判任文官ト同一ノ待遇ヲ受クル公立學校職員ニ任用スル場合ハ轉任ト看做シ其ノ手續ハ轉任ノ例ニ依ル

第二條　前條ノ敎官其ノ他敎育事務ニ從事スル文官ノ種類ニ關シテハ明治三十二年勅令第二百一號第二條ノ規程ヲ準用ス

（參照）

明治三十二年勅令第二百一號

第二條　明治二十九年法律第十三號ニ於テ通算スルコトヲ得ヘキ文官ノ種類左ノ如シ

一　官立ノ學校及圖書館員

二　文部省官吏

三　教育事務ニ從事スル北海道廳府縣郡區島廳並臺灣總督府縣廳辨務署官吏

○小學校教員私宅教授及贈遺受領者ニ關スル取締方 明治二十八年四月二十七日 文部大臣訓令

東京府

小學校教員私宅ニ於テ敎授時間外ニ其生徒ヲ敎授スルトキハ生徒心身ノ發達ヲ害スルノミナラス徒ラニ敎授ノ標準ヲ高メ生徒管理上偏愛ノ嫌疑ヲ受クルニ至リ且敎授ノ準備ヲ妨クルコト尠カラサルヘシ又敎員小使等ニ於テ生徒若ハ父兄ノ贈遺ヲ受クルカ如キハ是亦生徒間ノ感情ヲ害シ一般就學ノ妨ト爲ル等敎育上弊害尠カラス候條特ニ公立小學校ニ在テハ注意ヲ加ヘ嚴重ノ取締ヲ爲スヘシ

右訓令ス

小學校敎員私宅敎授及生徒贈遺ノ件ニ關シ別記ノ通東京府ヘ訓令相成候自然貴（府）（縣）（校）ニ於テ右樣ノ儀有之候ハヽ同ク御取締相成度命ニ依リ此段及御通牒候也

普通學務局長

各地方長官（東京府ヲ除ク）
兩高等師範學校長

○小學校敎員心得 明治十四年六月十八日 文部省達第十九號

小學校敎員心得別冊ノ通相定候條右旨趣ニ基キ懇篤敎誨ヲ加ヘ敎員ノ本分ヲ誤ラシメサル樣可致此旨相達候事

（別冊）

小學校敎員心得

小學敎員ノ良否ハ普通敎育ノ弛張ニ關シ普通敎育ノ弛張ハ國家ノ隆替ニ係ル其任タル重且大ナリト謂フヘシ今夫小學校敎員其人ヲ得テ普通敎育ノ目的ヲ達シ人々ヲシテ身ヲ修メ業ニ就カシムルニアラス

ンハ何ニ由テカ尊王愛國ノ志氣ヲ振起シ風俗ヲシテ淳美ナラシメ民生ヲシテ富厚ナラシメ以テ國家ノ安寧福祉ヲ增進スルヲ得ンヤ小學教員タル者宜ク深ク此意ヲ體スヘキナリ因テ其恪守實踐スヘキ要欵ヲ左ニ揭示ス苟モ小學教員ノ職ニ在ル者夙夜黽勉服膺シテ忽忘スルコト勿レ

一人ヲ導キテ善良ナラシムルハ多識ナラシムルニ比スレハ更ニ緊要ナリトス故ニ教員タル者ハ殊ニ道德ノ教育ニ力ヲ用ヒ生徒ヲシテ

皇室ニ忠ニシテ國家ヲ愛シ父母ニ孝ニシテ長上ヲ敬シ朋友ニ信ニシテ卑幼ヲ慈シ及自己ヲ重ンスル等凡テ人倫ノ大道ニ通曉セシメ且常ニ己カ身ヲ以テ之カ模範トナリ生徒ヲシテ德性ニ薰染シ善行ニ感化セシメンコトヲ務ムヘシ

一智心教育ノ目的ハ專ラ人々ヲシテ知識ヲ廣メ材能ヲ長シ以テ其ノ分ヲ盡スニ適當ナラシムルニ在リ豈徒ニ聲名ヲ博取シ奇功ヲ貪求セシメンカ爲メナランヤ故ニ教員タル者ハ宜ク此旨ヲ體認シ以テ生徒智心上ノ教育ニ從事スヘシ

一身體教育ハ獨リ體操ノミニ依著スヘカラス宜ク常ニ校舍ヲ清潔ニシ光線溫度ノ適宜及大氣ノ流通ニ留意シ又生徒ノ健康ヲ害スヘキ癖習ニ汚染スル等ヲ豫防シ以テ之ニ從事スヘシ

一鄙吝ノ心志陋劣ノ思想ヲ懷クヘカラサルハ人々皆然リト雖モ特ニ教員タル者ハ自己ノ心上ニ於テ最モ謹テ之ヲ除去セサルヘカラス蓋シ幼童ノ智德ヲ養成シ身體ヲ發育スルノ重任ニ膺リ以テ世ノ福祉ヲ增進スルノ實効ヲ奏スルハ固ヨリ鄙吝陋劣ニシテ偸安貪利ヲ事トスル徒ノ敢テ能クスヘキ所ニアラサルナリ

一學校管理上ニ缺クヘカラサル快活ノ氣象ハ心神萎靡セル人ノ能ク具有スヘキ所ニアラス又生徒教授上ニ缺クヘカラサル許多ノ勞力ハ身體孱弱ナル者ノ能ク寧耐スヘキ所ニアラス是故ニ教員タル

者ハ宜ク特ニ起居飲食等ノ常度ヲ守リ散鬱及運動等ノ良規ニ循テ其身心ノ健康ヲ保全シ以テ其職務ヲ盡スノ地ヲ做サンコトヲ務ムヘシ

一教員タル者ハ唯小學校敎則中ニ揭クル所ノ學科ニ通スルノミヲ以テ足レリトセス博ク敎則外ノ學科ニ涉ランコトヲ要ス苟モ此ノ如クナラサレハ條チ敎授上ニ破綻ヲ生シテ生徒ノ信憑ヲ失ヒ遂ニ其身ヲ學校ノ上ニ置ク能ハサルニ至ルヤ必セリ

一教員タル者ハ常ニ整然タル秩序ニ由リ學識ヲ廣メ以テ其心志ヲ練磨センコトヲ務ムヘシ否ラサレハ決シテ敎授ノ實効ヲ奏スル根底ヲ立ツル能ハス蓋シ我カ練磨セサルノ心志ヲ以テ能ク他人ノ心志ヲ練磨シ得ルモノハ未タ曾テ之アラサルナリ

一師範學校等ニ於テ曾テ學習セシ所ノ敎育法ハ概ネ其一樣子タルニ過キサルモノナリ故ニ敎員タル者ハ徒ニ之ヲ踏襲スルヲ以テ足レリトセス宜ク常ニ自ラ其得失利病ヲ考究取捨シ以テ之ヲ活用センコトヲ務ムヘシ

一人ノ心神及身體ノ組織作用ニ至テハ敎員タル者最モ深ク意ヲ留メ講究ト經驗トニ由テ其原理實際ニ精通センコトヲ要スヘシ否ラサレハ假令孜々汲々トシテ敎育ニ從事スルモ遂ニ臆度妄作ノ弊ヲ免ルヽコト能ハサルナリ

一學校管理ノ事ハ之ヲ敎授ノ事業ニ比スレハ更ニ困難ナリトス故ニ敎員タルモノハ常ニ人情世態ヲ審ニシ通議公道ヲ辨シ且事ヲ處スルノ方法務ヲ理スルノ順序等ヲ諳練セサルヘカラス

一校則ハ校內ノ秩序ヲ整肅ナラシムルニ止ラス兼テ生徒ノ德誼ヲ勸誘スルノ要具タリ故ニ敎員タル者ハ能ク此旨趣ヲ體認シ以テ之ヲ執行セサルヘカラス

一熟練懇切黽勉ノ三者ハ亦敎育上ニ缺クヘカラサルノ美事タリ故ニ敎員タル者能ク此三者ヲ具備シテ其事ニ從フトキハ獨リ敎授ノ實効ヲ奏スルヲ得ヘキノミナラス又生徒ヲシテ不知不識此等ノ美

事ニ感化シ習慣自然ノ如クナラシムルニ至ルヘシ
一學校ヲ純率スルハ殊ニ剛毅、忍耐、威重、懇誠、勉勵等ノ諸德ニ由ルヘシ蓋シ剛毅ニアラサレハ難ニ勝ル能ハス忍耐ニアラサレハ久ヲ持スル能ハス威重ニアラサレハ人ヲ服スル能ハス懇誠ニアラサレハ衆ヲ懷ル能ハス勉勵ニアラサレハ事ヲ成ス能ハス
生徒若シ黨派ヲ生シ爭論ヲ發スル等ノ事アラハ之ヲ處置スル極メテ穩當詳密ニシテ偏頗ノ弊ナク苛酷ノ失ナカランヲ要ス故ニ敎員タル者ハ常ニ寬厚ノ量ヲ養ヒ中正ノ見ヲ持シ就中政治及宗敎上ニ涉リ執拗矯激ノ言論ヲナス等ノコトアルヘカラス
人トシテ善良ノ性行ヲ有スヘキ言ヲ俟タスト雖モ敎員タル者ニ至テハ最モ善良ノ性行ヲ有セサルヘカラス否ラサルトキハ獨リ幼童ノ德性ヲ涵養シ善行ヲ誘掖スルコト能ハサルノミナラス却テ其天賦ヲ戕賊スルニ至ルヘシ蓋シ幼童ノ中心タル至虛至冲ニシテ外物ノ爲ニ感染セラルヽコト極メテ銳敏ナレハナリ
敎員タル者ノ品行ヲ尙クシ學識ヲ廣メ經驗ヲ積ムヘキハ亦其職業ニ對シテ盡スヘキノ務ト謂フヘシ蓋シ品行ヲ尙クスルハ其職業ノ品位ヲ貴クスル所以ニシテ學識ヲ廣メ經驗ヲ積ムハ其職業ノ光澤ヲ增ス所以ナリ

○小學校敎育效績狀規程

明治三十八年六月廿一日
文部省令第十一號

第一條　小學校敎員ニシテ其ノ効績顯著ナル者ハ文部大臣之ヲ選奬ス
市町村長、町村學校組合長其ノ他市町村若ハ之ニ準スヘキモノノ吏員又ハ學務委員ニシテ小學校ノ敎育ニ關シ効績顯著ナル者ハ亦之ヲ選奬スルコトアルヘシ

第二條　前條ノ選奬ハ教育効績狀ヲ授與シテ之ヲ行ヒ官報ヲ以テ之ヲ公示ス

第三條　小學校教員ニシテ小學校令第四十九條ニヨリ其ノ有スル免許狀効力ヲ失ヒ若ハ免許狀ヲ褫奪セラレタルトキハ教育効績狀ヲ返納セシメ官報ヲ以テ之ヲ公示ス其ノ他ノ者ニシテ公權ヲ剝奪セラレタルトキ亦同シ

第四條　第一條ノ効績ヲ審査スル爲文部省內ニ委員ヲ置ク

○外國政府ニ聘用セラレタル官吏ニ關スル規定　明治三十七年八月十七日勅令第百九十五號

在職官吏ニシテ許可ヲ受ケ外國政府ニ聘用セラレタル者アルトキハ其ノ聘用中ニ限リ臨時其ノ官ヲ增置セラレタルモノトス其ノ現役軍人ナルトキハ定員外トス

前項ノ官吏ニ對シ必要アルトキハ特ニ在職者ニ關スル規定ヲ適用スルコトヲ得

前二項ノ場合ニ於テ俸給ハ之ヲ停止シ其ノ他ノ給與ハ之ヲ支給セス

附　則

明治三十三年勅令第九號ハ之ヲ廢止ス

（備考）明治三十三年勅令第九號ハ外國政府ノ招聘ニ應シタル官吏ニ關スル規定ナリ

○官吏ノ待遇ヲ受クル在職者ニシテ外國政府ニ聘用セラレタルモノニ關スル規定　明治卅七年十二月十七日勅令第二百三十七號

明治三十七年勅令第百九十五號ハ官吏ノ待遇ヲ受クル在職者ニシテ許可ヲ得テ外國政府ニ聘用セラレタルモノニ之ヲ準用ス

◎教員加俸

○市町村立小學校教育費國庫補助法　明治三十三年三月十五日法律第六十三號

第一條　市町村立小學校教育費ヲ補助スル爲メ國庫ハ毎年豫算ヲ以テ定ムル所ノ金額ヲ支出ス

第二條　前條ノ補助金ハ市町村立小學校教員ノ年功加俸及市町村立尋常小學校教員ノ特別加俸ニ充ツ其加俸ニ關スル方法ハ勅令ヲ以テ之ヲ定ム

第三條　第一條ノ補助金ハ其ノ半額ハ市町村立小學校ノ本科正教員數ニ他ノ半額ハ市町村立小學校ノ本科正教員ニシテ五年以上同一府縣內ニ勤續スル者ノ數ニ比例シテ之ヲ北海道廳及府縣ニ配賦ス（明治四十二年法律第五十二號改正）

附　則

第四條　本法ハ明治三十三年四月一日ヨリ施行ス

第五條　市町村立小學校教員年功加俸國庫補助法及小學校教育費國庫補助法ハ之レヲ廢止ス

第六條　本法施行ノ際市町村立小學校教員年功加俸國庫補助法ニ依リ現ニ年功加俸ヲ受クル者ニハ同一學校ニ勤續スル間仍其ノ加俸ニ相當スル金額ヲ支給ス但本法ニ依リ年功加俸ヲ受クルモノハ此ノ限ニ在ラス

前項ニ依リ支給スル金額ハ第三條ノ配賦金ヨリ支出ス

○市町村立小學校教育費國庫補助法第三條ノ小學校本科正教員算出ニ關スル規定　明治四十二年三月三十一日文部省令第九號

市町村立小學校教育費國庫補助法第三條ノ市町村立小學校本科正敎員數及市町村立小學校ノ本科正敎員ニシテ五年以上同一府縣內ニ勤續スル者ノ數ハ補助金ヲ配賦スヘキ年ノ前年三月末日ニ於ケル現在數ニ依ルモノトス

本令ハ明治四十三年四月一日ヨリ之ヲ施行ス

○市町村立小學校敎員加俸令

明治三十三年三月三十日
勅令第百三十三號

第一條　沖繩縣ヲ除クノ外府縣ハ市町村立小學校敎育費國庫補助法第三條第二項ノ下付金ヲ以テ市町村立小學校敎員加俸資金トナシ特別會計ヲ設置スヘシ

前項ノ資金ハ府縣費ヲ以テ之ヲ補充スルコトヲ得

第二條　市町村立小學校敎員加俸資金ヨリ生スル收入ハ之ヲ資金ニ編入スヘシ

第三條　市町村立小學校本科敎員ニシテ五個年以上同一府縣內ノ市町村立小學校ニ勤續シ地方長官ニ於テ成績佳良ナリト認メタル者ニハ年功加俸ヲ給ス

年功加俸ハ正敎員ニ在リテハ年額貳拾四圓乃至六拾圓トシ專科正敎員及准敎員ニ在リテハ年額拾貳圓乃至貳拾四圓トス但シ年功加俸ヲ受ケタル後勤續年數五箇年ヲ加フル每ニ本科正敎員ニ在リテハ年額拾八圓乃至參拾六圓ヲ加ヘ專科正敎員及准敎員ニ在リテハ年額拾貳圓乃至拾八圓ヲ加フルコトヲ得（明治四十二年勅令第十一號及明治四十四年勅令第四十九號改正）

第四條　兵役ニ服スル爲其ノ職ヲ去リタル者兵役ヲ終リタル後九十日以內更ニ就職シタルトキハ前後ノ在職年數ヲ勤續ノ年數ニ通算ス學校ノ廢止若ハ學校ノ編制ノ變更ニ因リ退職シタル者六十日以內更ニ就職シタルトキ亦同シ

第五條　師範學校訓導ニ在職シタル年數ハ之ヲ勤續年數ニ通算ス

第六條　年功加俸ヲ受クル者懲戒處分ヲ受ケタルトキハ年功加俸ノ一部又ハ全部ノ支給ヲ停止スルコトヲ得

年功加俸ヲ受クル者ニシテ地方長官ニ於テ成績佳良ナラスト認メタルトキハ年功加俸支給ヲ止ム（明治四十二年勅令第十二號改正）

第七條　市町村立尋常小學校ノ本科正教員ニシテ單級學校ニ勤務スル者ニハ年額六拾圓以下ノ特別加俸ヲ支給ス（明治四十四年勅令第四十九號改正）

市町村立尋常小學校ノ本科正教員ニシテ多級學校ノ一學年ヨリ四學年、五學年又ハ六學年ニ至ル兒童ヲ以テ編制シタル學級ヲ擔任スル者ニハ年額四十八圓以下特別加俸ヲ給スルコトヲ得（同上）

市町村立尋常小學校ノ本科正教員ニシテ僻陬地ニ勤務スル者ニハ年額三十六圓以下ノ特別加俸ヲ給スルコトヲ得但シ前二項ニ依リ特別加俸ヲ受クル者ハ此ノ限ニ在ラス（同上）

僻陬地ノ市町村立尋常小學校ノ本科正教員ニシテ前三項ニ依リ特別加俸ヲ受ケ五年以上同一學校ニ勤續スル者ニハ年額十八圓以下ヲ加給ス（明治四十二年勅令第十二號改正）

第八條　小學校令ヲ施行セサル地方ニ於ケル訓導及訓導ノ資格アル學校長ハ本令ニ於テハ本科正教員ト看做ス

第九條　市町村立小學校教員加俸給與ニ關スル細則ハ地方長官之ヲ定メ文部大臣ノ認可ヲ受クヘシ

附　則

第十條　本令ハ明治三十三年四月一日ヨリ之ヲ施行ス

第十一條　市町村立小學校教育費國庫補助法第六條第一項ニ依リ支給ヲ受クル者ニシテ本令第三條第一項ニ依リ年功加俸ヲ受ケ其ノ額同法ニ依リ受クル額ヨリ寡キトキハ同一學校ニ勤續スル間其ノ差額ヲ加給ス

○市町村立小學校教員加俸令中改正要旨 明治四十四年四月一日 文部省訓令第四號

今般市町村立小學校教育費國庫補助額ヲ增加セラレ勅令第四十九號ヲ以テ市町村立小學校教員加俸令中ニ改正ヲ加ヘラレタリ

我國教育ノ發達近時見ルヘキモノアルニ至レリト雖之ヲ方今ノ情勢ニ顧ミテ尚改善ヲ要スルモノ尠カラス特ニ國民道德ノ大本ヲ涵養シ健全ナル思想ヲ養成スルニ於テ一層力ヲ盡サヽルヘカラサルモノアリ此ノ時ニ方リ紀元節ヲ以テ優渥ナル　勅語ヲ下シ其ノ中ニ敎ヲ敦フスヘキ旨ヲ宣シ給フ局ニ敎育ニ當ル者豈ニ夙夜蹇々　聖旨ヲ服膺シテ其ノ貫徹ニ努メサルヘケンヤ

國民教育ノ改善ヲ圖ランニハ教員ヲシテ忠實勤勉永ク其ノ職務ニ盡瘁セシメサルヘカラス曩ニ市町村立小學校教育費國庫補助法ヲ設ケラレ小學校教員加俸ノ制ヲ定メラレタル亦此ノ趣旨ニ外ナラス然ルニ從來補助ノ金額十分ナラサリシヲ以テ永年勤續者ニシテ尚未タ加俸ノ典ニ浴セサル者尠カラサルノミナラス成績特ニ優良ナル者ニ對シテモ尙之ニ相當スヘキ加俸ヲ支給スルヲ得サリシハ頗ル遺憾トスル所ナリ今回政府ニ於テ特別ノ財源ヲ索メ小學校教員ノ加俸ヲ增額スルノ計畫ヲ立テタル所以ノモノ實ニ今回ノ　聖勅ニ對シ奉リ特ニ國民教育ノ改善ヲ圖リ以テ敦敎ノ　聖旨ヲ貫徹センコトヲ期スルニ外ナラス

地方長官ハ宜シク此ノ趣旨ヲ體シ改正加俸令ノ施行其ノ宜シキヲ得國民教育ノ改善ヲ圖ルニ於テ遺算ナキコトヲ期スルト共ニ教員ヲシテ今回ノ加俸令改正ハ全ク優渥ナル　聖恩ニ基キタルモノナルコトヲ念ヒ益〻奮勵シテ道德教育及國民教育ノ基礎ヲ確實ニシ以テ其ノ重大ナル任務ヲ全ウセンコトヲ努メシメラルヘシ

◎教育基金

○教育基金特別會計法　明治三十二年三月二十日法律第八十號

第一條　教育基金ヲ置キ其ノ歳入歳出ハ一般會計ト區分シ特別會計ヲ設置ス
第二條　償金特別會計資金ノ內千萬圓ハ教育基金ニ組入ルヘシ
第三條　教育基金ハ普通教育費ニ使用ス
前項普通教育費ノ使用ニ關スル規程ハ命令ヲ以テ之ヲ定ム
第四條　教育基金ヲ使用セントスルトキハ其ノ金額ヲ一般ノ歳入ニ組入レ一般ノ歳出トシテ拂出スヘシ
但シ元資金千萬圓ハ之ヲ費消スルコトヲ得ス
第五條　教育基金ハ大藏省預金ニ寄託シ其ノ利子ハ之ヲ基金ニ編入スヘシ
第六條　政府ハ每年教育基金特別會計ノ歳入歳出豫算ヲ調製シ歳入歳出ノ豫算ト共ニ帝國議會ニ提出スヘシ

○教育基金令　明治三十二年十一月二十一日勅令第四百三十五號

第一條　教育基金元資金ヨリ生スル收入ハ本令ノ規定ニ依リ之ヲ使用ス
第二條　文部大臣ハ教育基金特別會計法第四條ニ依リ一般ノ歳出トシテ每年度豫算ニ於テ定マリタル金額ヲ前前年度末現在ノ學齡兒童數ニ應シテ北海道及府縣ニ配當ス（三十四年勅令第五十五號、三十六年勅令第九十七號ヲ以テ改正）
第二條ノ二　文部大臣ハ公立小學校ノ校地校舍非常變災ニ因リ被害甚シキ場合ニ於テ必要ト認ムルトキハ前條ノ標準ニ依ラスシテ其ノ被害アリタル道府縣ニ對シ特別ノ配當ヲ爲スコトヲ得

前項ノ配當金額中前條ニ依リ配當スヘキ金額ニ超過シタル額ハ之ヲ受ケタル道府縣ノ翌年度以後ニ於ケル配當金ヨリ之ヲ控除スヘシ其ノ控除シタル金額ハ前條ノ標準ニ依リ之ヲ他ノ道府縣ニ配當ス（三十六年勅令第五十七號ヲ以テ本條追加）

第三條　前二條ノ配當金ハ北海道及府縣ニ下付スヘシ（同上改正）

北海道及府縣ハ前項ノ下付金ヲ以テ其ノ敎育資金トナシ特別會計ヲ設置スヘシ（同上）

前項ノ敎育資金ハ北海道地方費又ハ府縣費ヲ以テ之ヲ補充スルコトヲ得（同上追加）

沖繩縣ノ配當金ハ前三項ニ依ラス文部大臣之ヲ管理ス（同上改正）（明治四十二年勅令第三十一號ニ依リ第四項自然消滅）

第四條　敎育資金ヨリ生スル收入ハ之ヲ資金ニ編入スヘシ

第五條　敎育資金ハ第八條ノ場合ヲ除クノ外公立尋常小學校ノ校地校舍ヲ設備スル費用ニ充ツル爲市町村制ヲ施行シタル地方ニ於テハ之ヲ市町村、町村組合、町村學校組合ニ貸付シ其ノ他ノ地方ニ於テハ之ヲ小學校設置區域ニ補助ス（同上改正）

公立高等小學校ノ校地校舍ニシテ非常變災ニ罹リ設備復舊ヲ要スル場合ニ在リテハ前項ノ規定ヲ準用スルコトヲ得（同上追加）

第六條　貸付金額ハ市町村町村組合町村學校組合ノ申請ニ依リ第五條ノ設備ニ要スル費用ノ總額十分ノ七以內ニ於テ地方長官之ヲ定ム

貸付金ノ償還期間ハ十箇年以內トシ年賦ヲ以テ之ヲ償還セシムヘシ

貸付金ニ對シテハ一箇年百分ノ五ノ利子ヲ付スヘシ

第七條　補助金額ハ第五條ノ設備ニ要スル費用ノ總額十分ノ三以內ニ於テ地方長官之ヲ定ム但シ非常變災ノ場合ニ於テハ設備復舊費ノ十分ノ五以內ヲ補助スルコトヲ得（同上但書追加）

第八條　北海道及府縣ハ毎年配當ヲ受ケタル金額十分ノ三以内ヲ限リ公立小學校教員ノ奬勵其ノ他普通教育ニ關スル費用ニ充ツルコトヲ得(同上改正)
第二條ノ配當ナキ年度ニ於テ特別ノ事情アルトキハ北海道及府縣ハ文部大臣ノ認可ヲ受ケ其ノ年度内ニ於テ教育資金ヨリ生スヘキ收入ノ一部ヲ以テ前項ノ費用ニ充ツルコトヲ得(三十七年勅令第百六十七號ヲ以テ追加)
第九條　地方長官ハ教育資金使用ニ關スル規則ヲ定メ文部大臣ノ認可ヲ受クヘシ(三十六年勅令第五十七號ヲ以テ改正)
第十條　沖繩縣ノ配當金ノ使用ニ關スル規程ハ文部大臣之ヲ定ム(同上)

附　則

第十一條　本令ハ明治三十三年四月一日ヨリ之ヲ施行ス
第十二條　教育基金中本令施行以前ニ生シタル利子額ニ相當スル金額ノ使用方法ハ文部大臣ノ定ムル所ニ依ル
第十二條ノ二　本令中公立小學校ニ關スル規定ハ師範學校附屬小學校ニ之ヲ適用セス(同上追加)

○教育基金令施行規程

明治三十六年三月三十一日
文部省令第十八號

第一條　教育基金令第二條ニ依リ沖繩縣ニ配當シタル金額ハ公立尋常小學校ノ校地校舍ノ設備ニ充ツル爲之ヲ區間切島ニ補助ス但シ配當金ノ一部ヲ以テ公立小學校教員ノ奬勵其ノ他普通教育ニ關スル費用ニ充ツルコトアルヘシ
第二條　教育基金令第二條ノ二第一項ニ依リ特別ノ配當ヲ受ケントスル道府縣ハ左ノ事項ヲ具シ文部大臣ニ申請スヘシ
一　各罹災小學校ノ校地校舍被害坪數及被害ノ狀況

二　校地校舍ノ復舊ニ要スル費額
三　配當ヲ受ケントスル金額
四　校地校舍ノ復舊ニ關シ道府縣費ヲ以テ補助ヲ爲シ又ハ敎育資金ノ補充ヲ爲ストキハ其ノ金額

附　則

本令ハ明治三十六年四月一日ヨリ施行ス
明治三十三年文部省令第三號ハ之ヲ廢止ス

◎師範學校

○師範教育令　明治三十年十月六日勅令第三百四十六號

第一條　高等師範學校ハ師範學校中學校及高等女學校ノ教員タルヘキ者ヲ養成スル所トス
女子高等師範學校ハ師範學校女子部及高等女學校ノ教員タルヘキ者ヲ養成スル所トス
師範學校ハ小學校ノ教員タルヘキ者ヲ養成スル所トス
前三項ニ記載シタル學校ニ於テハ順良信愛威重ノ德性ヲ涵養スルコトヲ務ムヘシ
第二條　高等師範學校及女子高等師範學校ハ東京ニ各一校ヲ設置シ師範學校ハ北海道及各府縣ニ各一校若ハ數校ヲ設置ス
第三條　高等師範學校及女子高等師範學校ハ文部大臣ノ管理ニ屬シ師範學校ハ地方長官ノ管理ニ屬ス
第四條　師範學校ノ經費(北海道及沖繩縣ヲ除ク)ハ府縣稅又ハ地方稅ノ負擔トス
第五條　師範學校ノ設備ニ關スル規則ハ文部大臣之ヲ定ム
第六條　高等師範學校女子高等師範學校及師範學校生徒ノ募集及卒業後ノ服務ニ關スル規則ハ文部大臣

之ヲ定ム（明治三十年文部省令第二十二號ヲ以テ女子高等師範學校生徒募集規則公布）

第七條　高等師範學校女子高等師範學校及師範學校生徒ノ學資ハ文部大臣ノ定ムル所ニヨリ其ノ學校ヨリ之ヲ支給スヘシ

前項ノ外文部大臣ノ定ムル所ニ依リ私費生ヲ置クコトヲ得（明治三十年文部省令第二十一號ヲ以テ私費生規則公布）

第八條　高等師範學校女子高等師範學校及師範學校ノ學科及其ノ程度竝教科書ハ文部大臣之ヲ定ム（明治三十年文部省令第二十四號ヲ以テ女子高等師範學校規程改正公布）

第九條　師範學校ニ豫備科教員講習科及幼稚園保姆講習科ヲ置クコトヲ得

附　則

第十條　本令ハ明治三十一年四月一日ヨリ施行ス

明治十九年勅令第十三號師範學校令ハ本令施行ノ日ヨリ廢止ス

第十一條　他ノ法令中尋常師範學校トアルハ本令施行ノ日ヨリ當然師範學校ト改正セラレタルモノト看做ス

○師範學校官制　明治二十四年十一月十六日勅令第二百十七號

第一條　師範學校ニ左ノ職員ヲ置ク

學校長

教諭

助教諭

舍監

訓導
保姆　但シ附屬幼稚園ヲ置キタル場合ニ限ル（明治四十二年勅令第三百三十二號改正）
書記
第二條　敎諭助敎諭舍監訓導保姆及書記ハ判任文官ト同一ノ待遇ヲ受ク但敎諭三名以內ハ特ニ奏任文官ト同一ノ待遇ヲ受ケシムルコトアルヘシ（明治三十一年勅令第三十一號ヲ以テ改正）
第三條　學校長ハ府縣知事ノ命ヲ承ケ學務ヲ掌理シ所屬職員ヲ統督シ兼テ其府縣內ニ於ケル小學敎育ニ屬スル學事ヲ視察ス（明治二十六年勅令第八十五號ヲ以ヲ改正）
第四條　敎諭ハ生徒ノ敎育ヲ掌ル
第五條　助敎諭ハ敎諭ノ職掌ヲ助ク
第六條　舍監ハ敎諭助敎諭ノ中ヨリ之ニ兼任ス
舍監ハ學校長ノ命ヲ承ケ寄宿舍ニ關スル事ヲ掌ル
第七條　訓導ハ附屬小學校兒童ノ敎育ヲ掌ル
第七條ノ二　保姆ハ附屬幼稚園幼兒ノ保育ヲ掌ル（明治四十二年勅令第三百三十二號追加）
第八條　書記ハ學校長ノ命ヲ承ケ庶務會計ニ從事ス
第九條　敎諭助敎諭舍監訓導及書記ノ人員及俸額ハ文部大臣之ヲ定ム
第十條　府縣知事ハ敎諭ノ中ヨリ附屬小學校主事ヲ命シ校務ヲ掌ラシム
附屬幼稚園ヲ置キタル場合ニ於テハ附屬小學校主事ヲシテ兼子テ其ノ園務ヲ管掌セシム（同上）
附　則
第十一條　本令ハ明治二十五年四月一日ヨリ施行ス

○府縣立師範學校長特別任用令
明治二十六年十月三十日勅令第百九十三號

府縣立師範學校長ハ高等師範學校ノ卒業證書ヲ有スル者又ハ學位若クハ學士ノ稱號ヲ有シ一箇年以上教育ニ關スル公務ニ從事シタル者又ハ三箇年以上敎育ニ關スル公務ニ從事シ現ニ三十圓以上ノ月俸ヲ受クル判任官待遇ノ者ニ限リ試驗ヲ要セス文官高等試驗委員ノ銓衡ヲ經テ任用スルコトヲ得

○師範學校職員着服一定方
明治二十一年九月十五日文省省訓令第二號

師範學校職員ノ儀ハ殊ニ容儀ヲ正シ威重ヲ保タシムルコト職務上必要ニ付自今該學校長敎員幹事舍監ニハ執務上一定ノ服ヲ着用セシムヘシ

但本文改正一時ニ行届キ難キモノハ來明治二十二年六月迄猶豫スルコトヲ得

○師範學校規程
明治四十年四月十七日文部省令第十二號

第一章　生徒敎養ノ要旨
第二章　豫備科及本科
第一節　學科及其ノ程度
第二節　敎授日數及式日
第三節　編制
第四節　敎科用圖書
第五節　入學、退學及懲戒

第六節　學資
第七節　卒業後ノ服務
第三章　講習科
第四章　附屬小學校及附屬幼稚園
第五章　設備
第六章　設置及廢止
第七章　補則
第八章　附則

師範學校規程

第一章　生徒敎養ノ要旨

第一條　師範學校ニ於テハ師範敎育令ノ旨趣ニ基キ特ニ左ノ事項ニ注意シテ其ノ生徒ヲ敎養スヘシ

一　忠君愛國ノ志氣ニ富ムハ敎員タル者ニ在リテハ重要トス故ニ生徒ヲシテ平素忠孝ノ大義ヲ明ニシ國民タルノ志操ヲ振起セシメンコトヲ要ス

二　精神ヲ鍛錬シ德操ヲ磨勵スルハ敎員タル者ニ在リテハ殊ニ重要トス故ニ生徒ヲシテ平素意ヲ此ニ用ヒシメンコトヲ要ス

三　規律ヲ守リ秩序ヲ保チ師表タルヘキ威儀ヲ具フルハ敎員タル者ニ在リテハ殊ニ重要トス故ニ生徒ヲシテ平素長上ノ命令訓誨ニ服從シ起居言動ヲ正シクセシメンコトヲ要ス

四　敎授ハ敎員タルヘキ者ニ適切ニシテ小學校令及小學校令施行規則ノ旨趣ニ副ハンコトヲ旨トスヘシ

五　敎授ハ常ニ其ノ方法ニ注意シ生徒ヲシテ業ヲ受クル際敎授ノ方法ヲ會得セシメンコトヲ務ムヘシ

六　學習ノ方法ハ偏ニ教授ノミニ憑ラシムヘキモノニアラス故ニ生徒ヲシテ常ニ自ラ學識ヲ進メ技藝ヲ研クノ習慣ヲ養ハシメンコトヲ務ムヘシ

第二章　豫備科及本科

第一節　學科及其ノ程度

第二條　本科ヲ分チテ第一部及第二部トス但シ第二部ハ土地ノ情況ニ依リ之ヲ設ケサルコトヲ得

第三條　豫備科ハ本科第一部ニ入學セントスル者ニ必要ナル教育ヲ爲スヲ以テ目的トス

第四條　豫備科ノ修業年限ハ一箇年トス

本科第一部ノ修業年限ハ四箇年トス

本科第二部ノ修業年限ハ男生徒ニ就キテハ一箇年、女生徒ニ就キテハ二箇年又ハ一箇年トス

第五條　豫備科ノ學科目ハ修身、國語及漢文、數學、習字、圖畫、音樂、體操トシ女生徒ノ爲ニハ裁縫ヲ加フ

第六條　本科第一部ノ男生徒ニ課スヘキ學科目ハ修身、教育、國語及漢文、英語、歴史、地理、數學、博物、物理及化學、法制及經濟、習字、圖畫、手工、音樂、體操トス但シ英語ハ隨意科目トス

前項學科目ノ外農業、商業ノ一科目又ハ二科目ヲ加フ其ノ二科目ヲ加ヘタル場合ニ於テハ生徒ニハ一科目ヲ學習セシムヘシ

第七條　本科第一部ノ女生徒ニ課スヘキ學科目ハ修身、教育、國語及漢文、歴史、地理、數學、博物、物理及化學、家事、裁縫、習字、圖畫、手工、音樂、體操トス

前項學科目ノ外隨意科目トシテ英語ヲ加フルコトヲ得

第八條　修身ハ教育ニ關スル勅語ノ旨趣ニ基キ道德上ノ思想及情操ヲ養成シ實踐躬行ヲ勸奬シ師表タルノ威儀ヲ具ヘシメ且小學校ニ於ケル修身ノ教授ニ必要ナル知識ヲ授ケ其ノ教授ノ方法ヲ會得セシムル

ヲ以テ要旨トス
修身ハ初ハ嘉言善行等ニ徴シ生徒日常ノ行狀ニ因ミテ道德ノ要領ヲ敎示シ又作法ヲ授ケ進ミテハ稍々秩序ヲ整ヘテ自己、家族、社會及國家ニ對スル責務ヲ知ラシメ倫理學ノ一斑及敎授法ヲ授クヘシ
前項ノ外女生徒ニ就キテハ現行法制上ノ事項ノ大要ヲ授クヘシ
第九條　敎育ハ敎育ニ關スル一般ノ知識ヲ得シメ特ニ小學校敎育ノ旨趣方法ヲ詳ニシ敎育ノ技能ヲ習得セシメ兼テ敎育者タルノ精神ヲ養フヲ以テ要旨トス
敎育ハ心理及論理ノ大要ヨリ始メ敎育ノ理論、敎授法及保育法ノ概說、近世敎育史ノ大要、敎育制度學校管理法、學校衞生ヲ授ケ又敎育實習ヲ課スヘシ
前項ノ外女生徒ニ就キテハ便宜保育實習ヲ課スヘシ
第十條　國語及漢文ハ普通ノ言語文章ヲ了解シ正確且自由ニ思想ヲ表出スルノ能ヲ得シメ小學校ニ於ケル國語敎授ノ方法ヲ會得セシメ兼テ文學上ノ趣味ヲ養ヒ智德ノ啓發ニ資スルヲ以テ要旨トス
國語及漢文ハ現時ノ國文ヲ主トシテ講讀セシメ進ミテハ近古ノ國文ニ及ホシ又言語ノ使用ニ練熟セシメ實用簡易ナル文ヲ作ラシメ文法ノ大要ヲ授ケ又平易ナル漢文ヲ講讀セシメ且敎授法ヲ授クヘシ
第十一條　英語ハ普通ノ英語ヲ了解スルノ能ヲ得シメ知識ノ增進ニ資シ兼テ小學校ニ於ケル英語敎授ノ方法ヲ會得セシムルヲ以テ要旨トス
英語ハ發音、綴字、讀方、譯解、書取、會話、作文、習字及文法ノ大要ヲ授ケ且敎授法ヲ授クヘシ
第十二條　歷史ハ歷史上重要ナル事歷ヲ知ラシメ社會ノ變遷、邦國盛衰ノ由ル所ヲ理會セシメ特ニ我國ノ發達ヲ詳ニシ國體ノ特異ナル所以ヲ明ニシ且小學校ニ於ケル日本歷史敎授ノ方法ヲ會得セシムルヲ以テ要旨トス
歷史ハ日本歷史及外國歷史トシ日本歷史ニ於テハ國初ヨリ現時ニ至ルマテノ重要ナル事蹟ヲ授ケ外國

歷史ニ於テハ世界大勢ノ變遷ニ關スル事蹟ヲ主トシ著名ナル諸國ノ興亡、人文ノ發達及我國ノ文化ニ關係アル事蹟ノ大要ヲ知ラシメ且敎授法ヲ授クヘシ

第十三條　地理ハ地球ノ形狀、運動竝ニ地球表面及人類生活ノ狀態ヲ理會セシメ我國及諸外國ノ國勢ヲ知ラシメ且小學校ニ於ケル地理敎授ノ方法ヲ會得セシムルヲ以テ要旨トス

地理ハ世界地理ノ概略及日本地理竝ニ我國ト重要ノ關係アル諸外國ノ地理ノ大要ヲ知ラシメ又地文ノ一斑及人文地理ノ概說ヲ授ケ且敎授法ヲ授クヘシ

第十四條　數學ハ數量ノ關係ヲ明ニシ計算ニ習熟セシメ且小學校ニ於ケル算術敎授ノ方法ヲ會得セシメ兼テ生活上必要ナル知識ヲ與ヘ思考ノ精確ナラシムルヲ以テ要旨トス

數學ハ算術、代數及幾何ヲ授ケ且敎授法ヲ授クヘシ

前項ノ外男生徒ニ就キテハ簿記ノ大要ヲ授クヘシ

第十五條　博物ハ天然物ニ關スル知識ヲ與ヘ其ノ相互及人生ニ對スル關係ヲ理會セシメ且小學校ニ於ケル理科敎授ノ方法ヲ會得セシムルヲ以テ要旨トス

博物ハ重要ナル植物、動物、鑛物ニ關スル一般ノ知識、標本ノ採集調製法竝ニ人體ノ構造、生理及衞生ノ大要ヲ授ケ又小學校ニ於ケル敎授ニ必要ナル實驗ヲ課シ且敎授法ヲ授クヘシ

第十六條　物理及化學ハ自然ノ現象ニ關スル知識ヲ與ヘ其ノ法則竝ニ人生ニ對スル關係ヲ理會セシメ小學校ニ於ケル理科敎授ノ方法ヲ會得セシムルヲ以テ要旨トス

物理及化學ハ重要ナル物理上及化學上ノ現象及定律、器械ノ構造及作用、元素及化合物ニ關スル知識ヲ授ケ又小學校ニ於ケル敎授ニ必要ナル實驗ヲ課シ且敎授法ヲ授クヘシ

第十七條　法制及經濟ハ法制及經濟ニ關スル事項ニ就キ國民ノ生活上必要ナル知識ヲ得シムルヲ以テ要旨トス

法制及經濟ハ帝國憲法ノ大要及日常生活ニ適切ナル法制上及經濟上ノ事項ヲ授クヘシ

第十八條　家事ハ家事整理ニ必要ナル知識ヲ得シメ兼テ勤勉、節儉、秩序、周密、清潔ヲ尙フ念ヲ養フヲ以テ要旨トス

家事ハ衣食住、養老、育兒、看病、家計簿記其ノ他一家ノ整理經濟等ニ關スル事項ヲ授クヘシ

第十九條　裁縫ハ裁縫ニ關スル知識技能ヲ得シメ且小學校ニ於ケル裁縫敎授ノ方法ヲ會得セシメ兼テ節約利用ノ習慣ヲ養フヲ以テ要旨トス

裁縫ハ普通ノ衣類ノ縫ヒ方、裁チ方及繕ヒ方等ヲ授ケ且敎授法ヲ授クヘシ

第二十條　習字ハ文字ヲ端正且敏速ニ書寫スルノ能ヲ得シメ且小學校ニ於ケル國語書キ方敎授ノ方法ヲ會得セシムルヲ以テ要旨トス

習字ハ姿勢及執筆ヲ正シ運筆ノ方法ヲ授ケ楷書、行書ヲ主トシ草書及假名ニ及ホシ兼テ細字ノ速寫及黑板上ニ於ケル練習ヲ爲サシメ且敎授法ヲ授クヘシ

第二十一條　圖畫ハ物體ヲ精密ニ觀察シ正確且自由ニ之ヲ畫クノ能ヲ得シメ且小學校ニ於ケル圖畫敎授ノ方法ヲ會得セシメ兼テ意匠ヲ練リ美感ヲ養フヲ以テ要旨トス

圖畫ハ寫生畫ヲ主トシ臨畫及考案畫ヲ加ヘ授ケ黑板上ニ於ケル練習ヲ爲サシメ又幾何畫ヲ授ケ且敎授法ヲ授クヘシ

第二十二條　手工ハ物體ニ關スル觀念ヲ正確ナラシメ簡易ナル物品ヲ製作スルノ技能ヲ得シメ且小學校ニ於ケル手工敎授ノ方法ヲ會得セシメ兼テ工作ノ趣味ヲ長シ勤勞ヲ好ムノ習慣ヲ養フヲ以テ要旨トス

手工ハ天然物ノ模造、日用器具ノ製作等諸種ノ細工ヲ授ケ又材料ノ性質、工具ノ保存法等ヲ知ラシメ且敎授法ヲ授クヘシ

第二十三條　音樂ハ音樂ニ關スル知識技能ヲ得シメ且小學校ニ於ケル唱歌敎授ノ方法ノ會得セシメ美感ヲ養ヒ心情ヲ高潔ニシ德性ノ涵養ニ資スルヲ以テ要旨トス
音樂ハ單音唱歌、複音唱歌及樂器使用法ヲ授ケ且敎授法ヲ授クヘシ
第二十四條　體操ハ身體ノ各部ヲ均齊ニ發育セシメ姿勢ヲ端正ニシ身體ヲ强健ニシ且其ノ動作ヲ機敏耐久ナラシメ又精神ヲ快活剛毅ナラシメ且小學校ニ於ケル體操ノ敎授ニ必要ナル知識技能ヲ得シメ其ノ敎授ノ方法ヲ會得セシメ兼テ規律ヲ守リ協同ヲ尙フノ習慣ヲ養フヲ以テ要旨トス
體操ハ男生徒ニ就キテハ普通體操、遊戲、兵式體操トシ且敎授法ヲ授ケ女生徒ニ就キテハ普通體操、遊戲トシ且敎授法ヲ授クヘシ
第二十五條　農業ハ農業ニ關スル知識技能ヲ得シメ且小學校ニ於ケル農業敎授ノ方法ヲ會得セシメ兼テ農業ノ趣味ヲ長シ勤勞ヲ好ムノ習慣ヲ養フヲ以テ要旨トス
農業ハ土壤、水利、肥料、農具、耕耘、栽培、森林、養蠶、養畜、農產製造、農業經濟等ニ關スル事項ヲ授ケ且敎授法ヲ授クヘシ
土地ノ情況ニ依リ水產ニ關スル事項ヲ加ヘ授クヘシ
第二十六條　商業ハ商業ニ關スル知識ヲ得シメ且小學校ニ於ケル商業敎授ノ方法ヲ會得セシムルヲ以テ要旨トス
商業ハ商事要項、商業簿記、商業算術、商業地理及其ノ地方ニ於ケル重要ナル商品ノ大要ヲ授ケ且敎授法ヲ授クヘシ
第二十七條　豫備科及本科第一部ニ於ケル各學科目ノ每週敎授時數ハ男生徒ニ就キテハ甲號表、女生徒ニ就キテハ乙號表ニ依ルヘシ但シ必要アルトキハ學校長ハ每週敎授時數ノ總計及各學科目ノ一學年間ニ於ケル敎授時數ノ總計ヲ增減セサル範圍內ニ於テ之ヲ變更スルコトヲ得

甲號表

學科及學年／科目	豫備科	本科第一部 第一學年	本科第一部 第二學年	本科第一部 第三學年	本科第一部 第四學年
修身	二	二	一	一	一
教育			二	四	教育 三 實習 九 一二
國語及漢文	一〇	六	四	三	二
英語		三	三	三	二
歷史		二	二	二	
地理		二	二	一	
數學	六	四	三	三	二
博物		三	二	一	
物理及化學			二	三	四
法制及經濟					二
習字	三	二	一	一	
圖畫	二	三（圖畫・手工）	三（圖畫・手工）	三（圖畫・手工）	三（圖畫・手工）
手工					
音樂	二	二	二	二	一
體操	六	五	五	五	三

農業又ハ商業			二	二	二
計	三一	三四	三四	三四	三四

乙號表

<table>
<tr><th rowspan="2">科目＼學科及學年</th><th rowspan="2">豫備科</th><th colspan="4">本科第一部</th></tr>
<tr><th>第一學年</th><th>第二學年</th><th>第三學年</th><th>第四學年</th></tr>
<tr><td>修身</td><td>二</td><td>二</td><td>一</td><td>一</td><td>二</td></tr>
<tr><td>教育</td><td></td><td></td><td>二</td><td>四</td><td>三
教育實習　九
一二</td></tr>
<tr><td>國語及漢文</td><td>九</td><td>六</td><td>四</td><td>三</td><td>二</td></tr>
<tr><td>歷史</td><td></td><td>二</td><td>二</td><td>二</td><td></td></tr>
<tr><td>地理</td><td></td><td>二</td><td>二</td><td>一</td><td></td></tr>
<tr><td>數學</td><td>五</td><td>三</td><td>三</td><td>二</td><td>二</td></tr>
<tr><td>博物</td><td></td><td>二</td><td>二</td><td>一</td><td></td></tr>
<tr><td>物理及化學</td><td></td><td></td><td>二</td><td>二</td><td>四</td></tr>
<tr><td>家事</td><td></td><td></td><td></td><td>二</td><td>二</td></tr>
<tr><td>裁縫</td><td>四</td><td>四</td><td>四</td><td>四</td><td>三</td></tr>
<tr><td>習字</td><td>三</td><td>二</td><td>一</td><td>一</td><td></td></tr>
<tr><td>圖畫</td><td>二</td><td rowspan="2">三</td><td rowspan="2">三</td><td rowspan="2">三</td><td rowspan="2">二</td></tr>
<tr><td>手工</td><td></td></tr>
</table>

音樂	二	二	二	二	一
體操	四	三	三	三	二
英語		(三)	(三)	(三)	(二)
計	三一	三一(三四)	三一(三四)	三一(三四)	三三(三四)

第二十八條　本科第二部ノ男生徒ニ課スヘキ學科目ハ修身、敎育、國語及漢文、數學、博物、物理及化學、法制及經濟、圖畫、手工、音樂、體操トス

法制及經濟ハ中學校ニ於テ學習シタル生徒ニハ之ヲ缺クコトヲ得

第二十九條　本科第二部ノ女生徒ニ課スヘキ學科目ハ修身、敎育、國語及漢文、數學、博物、物理及化學、裁縫、圖畫、手工、音樂、體操トス但シ修業年限ヲ二箇年ト爲シタル場合ニ於テハ歷史、地理ヲ加フ又隨意科目トシテ英語ヲ加フルコトヲ得

第三十條　修身ハ第八條ニ準シ道德ノ要領ヲ敎示シ又小學校ニ於ケル修身ノ敎授ニ必要ナル知識竝ニ作業ヲ授ケ且敎授法ヲ授クヘシ

前項ノ外女生徒ニ就キテハ現行法制上ノ事項ノ大要ヲ授クヘシ

第三十一條　敎育ハ第九條ニ準シ且修業年限一箇年ノ學科ヲ修ムル生徒ニ就キテハ歷史地理ノ敎授法ヲ授クヘシ

第三十二條　國語及漢文ハ第十條ニ準シ現時ノ國文ヲ主トシテ講讀セシメ又言語ノ使用ニ練熟セシメ實用簡易ナル文ヲ作ラシメ又平易ナル漢文ヲ講讀セシメ且敎授法ヲ授クヘシ

第三十三條　歷史、地理ハ第十二條及第十三條ニ準シ既得ノ知識ヲ補習セシメ且敎授法ヲ授クヘシ

第三十四條　數學ハ第十四條ニ準シ算術ヲ授ケ且敎授法ヲ授クヘシ

前項ノ外男生徒ニ就キテハ簿記ノ大要ヲ授ケ女生徒ニ就キテハ便宜代數、幾何ヲ授クヘシ

第三十五條　博物ハ第十五條ニ準シ主トシテ小學校ニ於ケル教授ニ必要ナル實驗ヲ課シ標本ノ採集調製法ヲ授ケ又既得ノ知識ヲ補習セシメ且教授法ヲ授クヘシ

第三十六條　物理及化學ハ第十六條ニ準シ主トシテ小學校ニ於ケル教授ニ必要ナル實驗ヲ課シ又既得ノ知識ヲ補習セシメ且教授法ヲ授クヘシ

第三十七條　裁縫ハ第十九條ニ準シ既得ノ知識技能ヲ補習セシメ且教授法ヲ授クヘシ

第三十八條　圖畫ハ第二十一條ニ準シ既得ノ知識技能ヲ補習セシメ又黑板上ニ於ケル練習ヲ爲サシメ且教授法ヲ授クヘシ

第三十九條　英語、法制及經濟、手工、音樂、體操ハ第十一條、第十七條、第二十二條乃至第二十四條ニ準シ之ヲ授クヘシ

第四十條　本科第二部ニ於ケル各學科目ノ毎週教授時數ハ男生徒ニ就キテハ甲號表、女生徒ニ就キテハ修業年限ニ依リ乙號表又ハ丙號表ニ依ルヘシ但シ學校長ハ第二十七條但書ニ準シ變更スルコトヲ得

甲號表

學科目＼學年	第一學年
修身	二
教育	教育實習 七八 一五
國語及漢文	二
數學	二

乙號表

學科目＼學年	第一學年	第二學年
修身	一	二
教育	四	教育實習 八三 一一
國語及漢文	五	三
歷史	二	
地理	二	
數學	四	三
博物 / 物理及化學	二	三

博物 / 物理及化學	三
法制及經濟	二
圖畫 / 手工	三
音樂	二
體操	三
計	三四

學科目		
裁縫	三	三
圖畫・手工	三	二
音樂	二	一
體操	三	三
英語	（三）	（三）
計	三一（三四）	三四（三四）

丙號表

學科目＼學年	第一學年
修身	二
教育	教育實習六七　一三
國語及漢文	三
數學	三
博物・物理及化學	三
裁縫	二
圖畫・工	三

音樂	二
體操	三
計	三四

第二節　敎授日數及式日

第四十一條　敎授日數ハ毎學年二百日以上トシ但シ次條ノ場合及特別ノ事情ニ依リ文部大臣ノ許可ヲ受ケタルトキハ此ノ限ニアラス

試驗及修學旅行ニ充ツル日數ハ前項ノ日數ニ算入セス

第四十二條　傳染病豫防ノ爲必要ナルトキ其ノ他非常變災アルトキハ地方長官ニ於テ臨時休業ヲ爲サシムルコトヲ得

前項ノ場合ニ於テハ地方長官ハ其ノ事由ヲ具シ遲滯ナク文部大臣ニ屆出ツヘシ

第四十三條　紀元節、天長節及一月一日ニハ職員及生徒學校ニ參集シテ祝賀ノ式ヲ行フヘシ

第三節　編制

第四十四條　學級ハ同學年ノ生徒ヲ以テ之ヲ編制スヘシ

一學級ノ生徒數ハ凡四十人以下トス

第四十五條　修身、裁縫、音樂、體操ハ學級ノ異ナル生徒ヲ合シテ同時ニ之ヲ敎授スルコトヲ得

英語、法制及經濟、農業、商業ハ學級ノ異ル生徒ヲ合シテ前條第二項ノ制限ヲ超エサル限リ同時ニ之ヲ敎授スルコトヲ得

第四十六條　敎員ノ數ハ四學級ノ學校ニ於テハ十一人以上トシ四學級以上一學級ヲ加フル毎ニ一人半以上ノ割合ヲ以テ之ヲ增スヘシ

農業、商業ノ二科目ヲ加フル學校ニ於テハ本科第一部男生徒ノ學級數十二以下ナルトキハ教員一人、十三以上ナルトキハ同二人ノ割合ヲ以テ前項ノ員數ヲ增スヘシ

第四節　教科用圖書

第四十七條　師範學校ノ教科用圖書ハ文部大臣ノ檢定ヲ經タルモノニ就キ地方長官ノ認可ヲ經テ學校長之ヲ定ムヘシ但シ文部大臣ノ檢定ヲ經サル教科用圖書ヲ使用スル必要アルトキハ地方長官ハ文部大臣ノ認可ヲ經テ一時其ノ使用ヲ認可スルコトヲ得（明治四十四年文部省令第二號改正）

第五節　入學、退學及懲戒

第四十八條　豫備科及本科ニ入學スルコトヲ得ル者ハ身體健全、品行方正ニシテ第四十九條乃至第五十一條ノ學力ヲ有スル者タルヘシ

第四十九條　豫備科ニ入學スルコトヲ得ル者ハ修業年限二箇年ノ高等小學校ヲ卒業シタル者又ハ年齡十四年以上ニシテ之ト同等ノ學力ヲ有スル者タルヘシ

第五十條　本科第一部ニ入學スルコトヲ得ル者ハ豫備科ヲ修了シタル者又ハ修業年限三箇年ノ高等小學校ヲ卒業シタル者若ハ年齡十五年以上ニシテ之ト同等ノ學力ヲ有スル者タルヘシ

第五十一條　本科第二部ニ入學スルコトヲ得ル者ハ男生徒ニ就キテハ中學校ヲ卒業シタル者又ハ年齡十七年以上ニシテ之ト同等ノ學力ヲ有スル者、女生徒ニ就キテハ修業年限ヲ二箇年ト爲シタル場合ニ於テハ修業年限四箇年ノ高等女學校ヲ卒業シタル者又ハ年齡十六年以上ニシテ之ト同等ノ學力ヲ有スル者、修業年限ヲ一箇年ト爲シタル場合ニ於テハ修業年限五箇年ノ高等女學校ヲ卒業シタル者又ハ年齡十七年以上ニシテ之ト同等ノ學力ヲ有スル者タルヘシ但シ當分ノ內修業年限ヲ一箇年ト爲シタル場合ニ於テ修業年限四箇年ノ高等女學校ヲ卒業シタル者又ハ年齡十六年以上ニシテ之ト同等ノ學力ヲ有スル者ヲ入學セシムルコトヲ得（明治四十二年文部省令第二十一號追加）

第五十二條　生徒ニ缺員アルトキハ身體健全、品行方正ニシテ學力及年齡當該學級ニ相當スル者ヲ以テ補缺スルコトヲ得

第五十三條　入學志願者ノ檢定ニ關スル規程ハ地方長官之ヲ定ム

第五十四條　必要アリト認メタルトキハ地方長官ハ豫備科ヲ修了シタル者以外ノ入學者ニ對シ四箇月以內ノ期間ニ於テ假入學ノ規定ヲ設クルコトヲ得

第五十四條ノ二　左ノ各號ノ一ニ該當スル者ノ子ニシテ第四十八條ノ資格ヲ具ヘ入學セムトスルトキハ學校長ハ他ノ志願者ニ先チテ之ヲ許可スルコトヲ得但シ市町村立小學校敎員退隱料及遺族扶助料法第五條第三號又ハ府縣立師範學校長俸給竝ニ公立學校職員退隱料及遺族扶助料法第七條第二號ニ該當スル者ノ子又ハ法定ノ推定家督相續人ニ非サル養子ハ此ノ限ニアラス

一　二十箇年以上市町村立小學校又ハ府縣立師範學校訓導ノ職ニ在リタル者ニシテ退隱料ヲ受クルノ權利ヲ有スル者

二　市町村立小學校敎員又ハ府縣立師範學校訓導ノ職ニ在リタル者ニシテ市町村立小學校敎員退隱料及遺族扶助料法第三條又ハ府縣立師範學校長俸給竝公立學校職員退隱料及遺族扶助料法第四條ニ依リ退隱料ヲ受クルノ權利ヲ有スル者

三　十五箇年以上市町村立小學校又ハ府縣立師範學校訓導ノ職ニ在ル者（明治四十二年文部省令第六號改正）

第五十五條　學校長ハ本科ヲ卒業シタル者ニ卒業證書ヲ授與スヘシ

第五十六條　學校長ニ於テ學力劣等若ハ身體虛弱ニシテ成業ノ見込ナシト認メタル者又ハ性質不良ニシテ敎員タルニ不適當ト認メタル者ニハ退學ヲ命スヘシ

第五十七條　生徒ハ自己ノ便宜ニ因リ退學スルコトヲ得ス但シ已ムヲ得サル事由ニ因リ學校長ノ許可ヲ受ケタルトキハ此ノ限ニアラス

第五十八條　學校長ハ教育上必要ト認メタルトキハ生徒ニ懲戒ヲ加フルコトヲ得

第六節　學資

第五十九條　公費生ノ員數、之ニ支給スヘキ學資及其ノ支給方法ハ地方長官之ヲ定ム
私費生ヲ置カントスルトキハ地方長官ハ其ノ員數ヲ定メ文部大臣ノ認可ヲ受クヘシ

第五十九條ノ二　地方長官ハ第五十四條ノ二ノ各號ノ一ニ該當スル者ノ子ニシテ入學セル者ニ對シテハ之ニ支給スヘキ學資ノ額ヲ増加シ又ハ他ノ生徒ニ先チテ公費生トナスコトヲ得
第五十四條ノ二但書ハ前項ノ場合ニ之ヲ適用ス（同上）

第六十條　懲戒ニ因リ放校ニ處セラレタル者及自己ノ便宜ニ因リ退學シタル者ニ對シテハ地方長官ハ公費生ニ就キテハ授業費及其ノ在學中支給シタル學資、私費生ニ就キテハ授業費ヲ償還セシムヘシ但シ情狀ニ依リ其ノ全部又ハ一部ノ償還ヲ免除スルコトヲ得
前項授業費ノ金額ハ年額三十圓以上ニ於テ地方長官之ヲ定ムヘシ

第七節　卒業後ノ服務

第六十一條　本科卒業者ハ左ノ各號ノ一ニ規定セル期間其ノ道府縣ニ於テ小學校敎員ノ職ニ從事スル義務ヲ有ス但シ次條ノ義務ヲ終リタル者ハ學事ニ關スル他ノ公職ニ從事シ尙特別ノ事情ニ依リ地方長官ノ許可ヲ受ケタルトキハ他ノ道府縣、臺灣又ハ樺太ニ於テ就職スルコトヲ得
一　第一部公費男子卒業者ニ在リテハ卒業證書受得ノ日ヨリ七箇年
二　第一部公費女子卒業者ニ在リテハ卒業證書受得ノ日ヨリ五箇年
三　第一部私費卒業者ニ在リテハ卒業證書受得ノ日ヨリ三箇年
四　第二部卒業者ニ在リテハ卒業證書受得ノ日ヨリ二箇年

第六十二條　本科公費卒業者ハ左ノ各號ノ一ニ規定セル期間其ノ道府縣ニ於テ地方長官ノ指定スル小學

校教員ノ職ニ從事スル義務ヲ有ス
一　第一部男子卒業者ニ在リテハ卒業證書受得ノ日ヨリ三箇年
二　第一部女子卒業者ニ在リテハ卒業證書受得ノ日ヨリ二箇年
三　第二部卒業者ニ在リテハ卒業證書受得ノ日ヨリ二箇年
地方長官ハ本科私費卒業者ニ對シ一箇年間小學校教員就職指定ニ關スル義務ヲ附スルコトヲ得（明治四十三年文部省令第二十號追加）
第六十三條　學資ノ支給額ニ差等ヲ設ケタル場合ニ於テ本科第一部公費卒業者ニシテ最多額ノ支給ヲ受ケサル者ニ就キテハ第六十一條ノ期間ヲ男子五箇年、女子三箇年トス
第六十四條　特別ノ事情アルトキハ前三條ノ期間内ニ於テ地方長官ノ許可ヲ受ケ本邦兒童ノ爲外國ニ於テ小學校令ノ旨趣ニ準シテ設立セル公立又ハ之ニ準スヘキ學校ノ教員ノ職ニ從事スルコトヲ得
前項ノ服務ハ第六十一條及第六十二條ノ服務ト同視ス
第六十五條　服務期間内ニ於テ教員養成ヲ目的トスル官立學校ニ入學セントスル者アルトキハ地方長官ハ之ヲ許可スルコトヲ得
前項ノ學校ニ入學シタル場合ニ於テハ在學中第六十一條及第六十二條ノ義務ノ履行ヲ猶豫ス其ノ卒業シタル場合ニ於テ當該學校ニ關スル法令ノ規定ニ依リ卒業後服務義務ヲ有スルトキハ第六十一條及第六十二條ノ義務ハ之ヲ免除ス
第六十六條　本科卒業者ニシテ第六十一條及第六十二條ノ義務ヲ盡クスコト能ハサル事由ヲ生シタル者又ハ外國政府ノ招聘ニ應シ教員ノ職ニ從事セントスル者アルトキハ地方長官ハ必要ト認ムル期間内ノ義務ヲ免除スルコトヲ得
第六十七條　本科卒業者ニシテ服務期間内ニ於テ左ノ各號ノ一ニ該當スル者アルトキハ地方長官ハ公費

卒業者ニ就キテハ授業費及其ノ在學中支給シタル學費、私費卒業者ニ就キテハ授業費ヲ償還セシムヘシ但シ情狀ニ依リ其ノ全部又ハ一部ノ償還ヲ免除スルコトヲ得

一　正當ノ事由ナクシテ第六十一條及第六十二條ノ義務ヲ盡サヽルトキ

二　懲戒免職ニ處セラレタルトキ

三　小學校令ノ規定ニ依リ免許狀其ノ効力ヲ失ヒ又ハ免許狀褫奪ノ處分ヲ受ケタルトキ

四　前條前段ノ事由ニ依リ第六十一條及第六十二條ノ義務ヲ免除セラレタルトキ

第六十八條　前條授業費ノ金額ハ年額三拾圓以下ニ於テ地方長官之ヲ定ムヘシ

第三章　講習科

第六十九條　小學校敎員講習科ハ小學校敎員免許狀ヲ有スル者ニ必要ナル講習ヲ爲スモノトス

特別ノ必要アルトキハ尋常小學校敎員又ハ小學校裁縫科正敎員タラントスル者ニ必要ナル講習ヲ爲ス爲小學校敎員講習科ヲ設クルコトヲ得(明治四十三年文部省令第二十號改正)

第七十條　尋常小學校准敎員タラントスル者ノ爲設クル講習科ニ入學スルコトヲ得ル者ハ身體健全、品行方正ニシテ修業年限二箇年ノ高等小學校ヲ卒業シタル者又ハ之ト同等ノ學力ヲ有スル者トシ其ノ講習期間ハ一箇年以上トス

尋常小學校本科正敎員タラントスル者ノ爲設クル講習科ニ入學スルコトヲ得ル者ハ身體健全ニシテ尋常小學校准敎員免許狀ヲ有スル者又ハ身體健全、品行方正ニシテ之ト同等ノ學力ヲ有スル者トシ其ノ講習期間ハ二箇年以上トス

小學校裁縫科正敎員タラントスル者ノ爲設クル講習科ニ入學スルコトヲ得ル者ハ身體健全ニシテ尋常小學校准敎員免許狀ヲ有スル者又ハ身體健全品行方正ニシテ之ト同等ノ學力ヲ有スル者トシ其ノ講習期間ハ一箇年以上トス(上同)

第七十一條　幼稚園保姆講習科ハ保姆タラントスル者又ハ保姆タルヘキ資格ヲ有スル者ニ必要ナル講習ヲ爲スモノトス

第七十二條　講習期間一箇年以上ノ講習科ヲ置キタルトキハ一學級每ニ一人以上ノ割合ヲ以テ第四十六條ノ教員定數ヲ增スヘシ

第七十三條　講習科ニ關シ必要ナル規定ハ地方長官之ヲ定ム

第四章　附屬小學校及附屬幼稚園

第七十四條　師範學校ニハ附屬小學校ヲ設クヘシ

女生徒ヲ置キタル師範學校ニハ成ルヘク附屬幼稚園ヲ設クヘシ

特別ノ事情アルトキハ地方長官ハ期間ヲ定メテ文部大臣ノ許可ヲ受ケ市町村立小學校ヲ以テ附屬小學校ニ代用シ又ハ市町村立若ハ私立幼稚園ヲ以テ附屬幼稚園ニ代用スルコトヲ得

第七十五條　附屬小學校及附屬幼稚園ニハ小學校令第一條乃至第三條、第十八條乃至二十七條、第三十七條、第三十八條、第四十七條、小學校令施行規則第一條乃至二十八條、第三十條乃至第三十三條、第三十五條第一項及第四項、第三十七條、第三十八條、第四十二條乃至第五十三條、第五十六條、第百九十五條乃至第二百二條、第二百六條、第二百七條ヲ準用ス但シ小學校令第二十三條、第二十七條第三項、小學校令施行規則第十八條ノ二、第十九條、第三十一條第四項、第四十四條、第四十六條ニ關シテハ地方長官ニ於テ之ヲ專行スヘシ

第七十六條　附屬小學校ニ於テハ尋常小學校ノ教科ト高等小學校ノ教科トヲ併置スヘシ

第七十七條　附屬小學校ニ於テハ單級尋常小學校ノ例ニ準シテ編制シタル學級、數學年ノ兒童ヲ以テ編制シタル學級及一學年ノ兒童ヲ以テ編制シタル學級ヲ設クヘシ但シ女生徒ノミヲ置キタル師範學校ニ於テハ單級尋常小學校ノ例ニ準シテ編制シタル學級ヲ設ケサルコトヲ得

第七十八條　附屬小學校ニ於テハ二部敎授ヲ行フヘシ但シ已ムヲ得サル事情アルトキハ此ノ限ニアラス
第七十九條　附屬小學校ノ敎員ハ小學校ノ正敎員免許狀ヲ有スル者タルヘシ
第八十條　附屬小學校ノ授業料及附屬幼稚園ノ保育料ニ關スル規程ハ地方長官之ヲ定ム

第五章　設備

第八十一條　師範學校ニ於テハ校地、校舍、寄宿舍、體操場及校具ヲ備フヘシ
前項ノ外農業ヲ加ヘタル學校ニ於テハ農業實習地ヲ備フヘシ
第八十二條　校地ハ學校ノ規模ニ適應セル面積ヲ有シ道德上竝ニ衞生上害ナキ所タルヘシ
第八十三條　校舍ハ敎授上、管理上竝ニ衞生上適當ニシテ質朴堅牢ナルヘシ
第八十四條　體操場ハ屋內體操場及屋外體操場トス
第八十五條　校具ハ圖書、器械、器具、標本、模型及表簿等トス
第八十六條　土地ノ情況ニ依リ學校長、舍監及敎員ノ住宅ヲ設クヘシ
第八十七條　校舍、寄宿舍　屋內體操場ヲ設ケ又ハ之ヲ變更シタルトキハ圖面ヲ添ヘ文部大臣ニ屆出ツヘシ

第六章　設置及廢止

第八十八條　師範學校ノ設置及廢止ハ文部大臣ノ認可ヲ受クヘシ
第八十九條　前條ニ依リ設置ノ認可ヲ受ケントスルトキハ左ノ事項ヲ具申スヘシ
一　名稱
二　位置
三　學科
四　生徒及兒童ノ定員、附屬幼稚園ヲ設クルトキハ幼兒ノ定員

五　學級ノ編制、附屬幼稚園ヲ設クルトキハ組ノ編制
六　開校年月
七　經費
前項第一號、第二號、第六號ノ變更ハ文部大臣ノ認可ヲ受ケ、第三號乃至第五號ノ變更ハ文部大臣ニ屆出ツヘシ
前二項ノ位置ニ關シテハ校地ノ面積、地質、屋外體操場ノ區域、面積竝ニ附近ノ狀況ヲ記載シタル圖面及飮用水ノ定性分拆表ヲ添附スヘシ

第七章　補則

第九十條　地方長官ハ師範學校ノ學則ヲ定メ遲滯ナク文部大臣ニ屆出ツヘシ其ノ之ヲ變更シタルトキ亦同シ
學則中ニ規定スヘキ事項左ノ如シ
一　學年、學期及休業日ニ關スル事項
二　學科課程及敎授時數ニ關スル事項
三　生徒ノ學業成績調査ニ關スル事項
四　生徒ノ入學退學及懲戒ニ關スル事項
五　學資及授業費ニ關スル事項
六　寄宿舍ニ關スル事項
七　生徒ノ取締ニ關スル事項
八　講習科ニ關スル事項
九　附屬小學校及附屬幼稚園ニ關スル事項

十　其ノ他必要ナル事項

第八章　附則

第九十一條　本令ハ明治四十一年四月一日ヨリ施行ス
第九十二條　從前ノ規定ニ依ル本科ハ本令施行ノ日ヨリ當然本科第一部ニ變更セラレタルモノト看做ス
第九十三條　本令施行ノ際現ニ豫備科及本科ニ在學スル女生徒ノ修業年限ハ仍從前ノ規定ニ依ル但シ本令ノ規定ニ依ルコトヲ妨ケス
第九十四條　第六條及第二十八條ノ學科目中法制及經濟ハ當分之ヲ缺クコトヲ得
第八條第三項及第三十條第二項ニ規定シタル現行法制上ノ事項ノ大要ハ當分之ヲ授ケサルコトヲ得
法制及經濟ヲ缺キタル場合ニ於テハ其ノ每週敎授時數ハ他ノ學科目ニ配當スルコトヲ得
第九十五條　本令施行ノ際現ニ豫備科及本科ニ在學スル生徒ニ課スヘキ學科目及其ノ程度ニ關シテハ從前ノ規定ヲ斟酌シ又ハ之ニ依ルコトヲ得
第九十六條　本令施行ノ際現ニ簡易科ニ在學スル生徒ニ就キテハ其ノ卒業ニ至ルマテ仍從前ノ規定ニ依ル
第九十七條　簡易科卒業者ノ服務義務ニ關シテハ第二章第七節ノ規定ヲ準用ス但シ其ノ服務期間ハ仍從前ノ規定ニ依ル
第九十八條　本令施行前師範學校ヲ卒業シタル者ニ對シテハ授業費償還ニ關スル規定ヲ適用セス
第九十九條　明治二十四年文部省令第二十六號、明治二十五年文部省令第八號、同第十號乃至第十二號、同第十五號、明治二十六年文部省令第十四號、明治三十年文部省令第十九號、同第二十一號及明治三十一年文部省令第四號ハ之ヲ廢止ス

○師範學校規程制定ノ要旨及施行上注意事項

明治四十年四月十七日
文部省訓令第六號

近年我邦教育ノ進歩ニ伴ヒ師範學校ノ現行規定中改正ノ必要ヲ感スルモノ尠カラス殊ニ今回義務教育ノ年限延長セラレタルニ際シ適良ナル教員ノ養成ヲ要スルコト益切ナルニ至レリ是レ師範學校ニ關スル從來單行ノ諸規程ヲ總括シテ新ニ師範學校規定ヲ制定セル所以ナリ今左ニ其ノ改正ノ要旨ト施行上注意スヘキ事項ノ一斑トヲ擧示スル所アルヘシ

師範學校ノ學科ニ就キテハ本科ヲ第一部及第二部ニ分チ從來ノ簡易科ハ之ヲ廢止スルコトトセリ而シテ第一部ニ於テハ女生徒ノ修業年限ヲ男生徒ト同シク四箇年トシ又豫備科ノ修業年限ヲ一箇年ト定メタリ蓋シ從來本科卒業者ニ與ヘタル小學校教員ノ資格ハ男女ニヨリテ差異ナキニ拘ハラス其ノ修業年限ヲ異ニセルハ女子教育ノ發達尚幼稚ナリシ時代ニ於テ寔ニ已ムコトヲ得サルニ出テタルモノナリト雖今ヤ其ノ進歩發達著シク且教職ノ女子ニ待ツモノ漸ク切ナラントスルノ形勢ニ徵シ優良ナル女教員養成ノ必要ヲ認メタルヲ以テ本規程ニ於テハ男女共ニ其ノ修業年限ヲ同一ナラシメタリ

又第二部ニ於テハ主トシテ中學校又ハ高等女學校ノ卒業者ヲ入學セシメ之ニ一箇年若ハ二箇年必要ナル教育ヲ施シ以テ第一部ニ於ケルト同等ノ成績ヲ擧ケシメンコトヲ期セリ從來此等ノ學校卒業者ニシテ小學校ニ教員タル者尠カラスト雖教授訓練ニ關スル知識技能未タ十分ナラサルモノアリ近年地方ニヨリテハ短期ノ講習科ヲ設クルモノナキニアラス而モ其ノ期間、學科目、教授時數ノ如キ正教員養成ノ機關トシテハ頗ル不完全タルヲ免レス是レ今回一定ノ課程ノ下ニ新ニ第二部ヲ設ケ正教員養成ノ途ヲ開キタル所以ナリ然レトモ正教員ノ不足ハ一朝一夕ニ之ヲ補充シ得ヘキニアラサルカ故ニ第二部ヲ設置スルカ爲ニ第一部ノ縮少ヲ計ルカ如キハ本規程ヲ設ケタル旨趣ニ副ハサルモノトス而シテ若シ第二部ニ於テ每年一學級ヲ編制スルニ足ルヘキ生徒數ヲ得難キトキハ男女生徒ノ各學級ヲ隔年交互ニ設ケ又ハ講習科ト交互ニ之ヲ設クル等便宜ノ方法ニヨリ苟モ中學校又ハ高等女學校ノ卒業者ニシテ小學校教員タラントスル者ハ成ルヘク遺漏ナク之ヲ收容シ以テ第二部ヲ設クヘキナリ
高等小學校卒業者ヲシテ直ニ師範學校ニ進入スルコトヲ得シムルハ學校ノ系統上適當ノコトナルノミナラス一面ニハ優秀ナル生徒ヲ得ンカ爲ニ最有效ノ方法タリ是レ今回本科第一部ノ入學資格者中ニ修業年限三箇年ノ高等小學校卒業者ヲ加ヘ又豫備科ノ修業年限、學科程度ヲ一定シテ高等小學校第二學年修了者トノ連絡ヲ計リタル所以ナリ而シテ修業年限三箇年ノ高等小學校ハ當分其ノ數尙多カラサルヘキヲ以テ地方長官ハ成ルヘク豫備科ノ施設ヲ企圖センコトヲ望ム
小學校教員講習科ハ現ニ小學校教員タル資格ヲ有スル者ニ必要ナル補習ヲ爲サシムルヲ以テ本體トシ特別ノ必要アルトキハ尋常小學校教員養成ノ爲ニ之ヲ設クルヲ得ルコトトシ且其ノ講習期間ニ關スル制限ヲ定メタリ今ヤ小學校令ノ改正ニヨリ從來尋常小學校教員ノ資格ヲ有スル者ト雖將來ノ尋常小學校教員トシテハ學力ノ不足ヲ免カレサルニ至ルヘキカ故ニ此等教員ノ爲特ニ講習科ヲ設ケ學力ノ補習ヲ計ルコトハ今日ノ最急務トスル所ナリ
學科目ニ就キテハ社會ノ趨勢ト從來ノ經驗トニ徵シテ本科第一部ノ男生徒ニ對シ新ニ法制及經濟ヲ加ヘ又男女生徒ヲ問ハス手工ヲ必修セシムルコトトナシ英語ハ男生徒ニ對シテハ必設科目トシ女生徒ニ對シテハ之ヲ加設スルコトヲ得シメ共ニ隨意科目トナセリ而シテ法制及經濟ハ當分ノ內之ヲ缺クコトヲ得シメ尙其ノ實施ニ就キテハ準備ヲ要スルモノアリ他日更ニ訓示スル所アラントス又英語ハ元來學習ニ困難ナル學科目ナルヲ以テ學力ニ餘裕アル者又ハ語學ノ材幹アル者ノ之ヲ修ムルハ固ヨリ妨ナシト雖徒ニ世ノ流行ニ倣ヒテ之ヲ學習スルカ如キハ深ク戒ムヘキコトニシテ學校職員ヲシテ指導其ノ方ヲ誤ラシメサランコトヲ要ス
本科第一部ハ高等普通教育ヲ終レル者ニ對シテ短期ノ師範教育ヲ施シ以テ教員タルニ適セシメントスル

モノナレハ此ノ旨趣ニ基キ其ノ學料目及程度ヲ配當規定セリ故ニ之ヲ授クルニハ主トシテ既得ノ知識技能ニ基キテ之ヲ統合補習セシメ殊ニ小學校ニ於ケル敎職ニ關シ必要ナル事項ヲ習得セシムルコトニ注意セサルヘカラサルナリ

師範學校ニ於テハ生徒ニ學資ヲ支給スルハ其ノ本則トスル所ナレトモ地方ニヨリ入學志願者ノ多少、生活程度ノ高低等固ヨリ同一ナラサルカ故ニ全國劃一ノ制ニ依ルコトヲ要セサルノミナラス現今ノ狀況ニ就キテ之ヲ考フルトキハ學資ノ金額ニ差等ヲ設ケテ必要ニ應シ適度ニ之ヲ支給シ而シテ其ノ節約シ得タル所ハ以テ女生徒ノ修業年限延長等ニ要スヘキ經費ヲ補ヒ又ハ生徒ノ員數ヲ增加スル等他ノ需要ニ充テンカ爲學資ノ種類金額ハ之ヲ地方長官ノ適當ナル措置ニ一任セリ又從來ノ經驗ニ徵スルニ卒業者ノ服務年限ハ長キニ失スルノ嫌ナキニアラサルヲ以テ本規程ニ於テハ其ノ年限ヲ減縮シタリ

附屬小學校及附屬幼稚園ニ就キテハ特別ノ事情アルトキハ市町村立小學校及幼稚園又ハ私立ノ幼稚園ヲ以テ代用スルコトヲ許セリ是レ將來師範學校ノ增設又ハ生徒ノ增加ニ伴ヒ附屬小學校又ハ附屬幼稚園ヲ設置シ若ハ之ヲ擴張スルノ必要アルニ際シ土地ノ情況地方經濟ノ緩急ニヨリ便宜ノ施設ヲ爲スコトヲ得シメ敎育及保育ノ實習上支障ナカラシメンカ爲ナリ又附屬小學校ニ於テハ規程ニ示セル學級ノ外成ルヘク盲人、啞人又ハ心身ノ發育不完全ナル兒童ヲ敎育センカ爲特別學級ヲ設ケ之カ敎育ノ方法ヲ攻究センコトヲ希望ス蓋シ此ノ如キ施設ハ從來未タ多ク見サリシ所ナリト雖敎育ノ進步ト文化ノ發展トニ伴ヒ將來ニ於テハ其ノ必要アルヲ認ムルヲ以テナリ

要スルニ今回改正ノ要旨ハ小學校敎育ノ發達ニ伴ヒ其ノ源泉タル師範敎育ノ內容ヲ改善シ一層優良ナル小學校長及敎員ヲ得兼テ其ノ不足ヲ補充スルニ足ルヘキ人員ヲ養成セシメントスルニ外ナラス而シテ諸般ノ施設ニ關シ敎育上障害ナキ範圍內ニ於テ節約利用ノ方法ヲ講シ以テ多數ノ生徒ヲ養成センコト最希望ニ堪ヘサルナリ即チ土地ノ情況ニ應シ私費生及女生徒ノ員數ヲ適度ニ增加スルコト敎育ニ妨ケナキ限

ニ於テ校舍ノ利用度數ヲ增加シ敎員勤務ノ繁閑ヲ考ヘ便宜晝夜二部ノ敎授ヲ奬勵スルコト又ハ生徒收容上ノ必要ニヨリテハ一部ノ生徒ヲ外宿セシムル途ヲ講スル等ノ如キ孰モ此ノ目的ヲ達スルニ於テ便宜ノ方法タラスンハアラス而シテ制度ノ改善ハ未タ必スシモ直ニ敎育ノ改善ヲ意味セス地方長官ハ宜シク學校職員ヲ督勵シ以テ本規程改正ノ旨趣ヲ貫徹セシメンコトヲ期スヘシ

○師範學校訓育敎授管理等ノ諸規程ニ關シ開申方

明治二十五年七月十一日　文部省訓令第六號

明治二十六年四月一日以後道廳府縣ニ於テ師範學校ノ訓育敎授管理等ニ關スル諸規程ヲ制定若クハ改廢スルトキハ其都度本大臣ニ開申スヘク又同日以前ニ制定セル規程ニシテ同日以後ニ施行スヘキモノハ取纏メ開申スヘシ

○師範學校生徒定員

明治三十年十月六日　勅令第三百四十七號

第一條　師範學校ハ道府縣內學齡兒童數三分ノ二ニ對シ一學級七十名ノ割合ヲ以テ算出スル全學級數ノ二十分ノ一以上ニ相當スル卒業生ヲ出スニ足ルヘキ生徒ヲ每年募集スヘシ

第二條　男女生徒員數ノ割合ハ地方長官之ヲ定メ文部大臣ニ開申スヘシ

第三條　地方ノ情況ニ依リ女生徒ヲ置カサルトキハ其ノ事由ヲ具シテ文部大臣ノ認可ヲ經ヘシ

附　則

第四條　本令ハ明治三十一年四月一日ヨリ施行ス

設備ノ都合ニ依リ已ムヲ得サル場合ニ於テハ地方長官ハ文部大臣ノ許可ヲ受ケ前項期限ヨリ一箇年以內生徒定員ニ關スル從前ノ規程ヲ適用スルコトヲ得

◎學校衞生

○學生生徒身體檢査規程　明治三十三年三月二十六日 文部省令第四號

第一條　學生生徒ノ身體檢査ハ每年四月ニ於テ之ヲ施行スヘシ（三十七年文部省令第十八號ヲ以テ改正）

第二條　明治三十一年勅令第二號第一條第二項ニ依リ學校醫ヲ置カサル町村立小學校及私立ノ小學校及各種學校ハ本令ノ身體檢査ヲ行ハサルコトヲ得

第三條　身體檢査ハ學校醫ヲシテ之ヲ行ハシムヘシ但學校醫ヲ置カサル場合ニ於テハ他ノ醫師ヲシテ之ヲ行ハシムルコトヲ得

第四條　身體檢査ハ左ノ項目ニ就キ施行スヘシ

一、身長　二、體重　三、胸圍　四、脊柱　五、體格　六、視力　七、眼疾

八、聽力　九、耳疾　十、齒牙　十一、疾病

第二項　削除（同上）

小學校生徒ニ在リテハ視力及聽力ノ二項目ヲ檢査スルコトヲ要セス但シ著シキ障害アリト認ムルモノハ此限ニ在ラス

第五條　身體檢査ハ左ノ各號ニ準據シテ施行スヘシ

一　檢査器械「ハメートル」式ニ從ヒ衡器ハ水準器ヲ具ヘタルモノヲ可トス

二　檢査ノ表記ニハ衡ハ「キログラム」度ハ「センチメートル」ヲ以テ一位トシ以下四捨五入法ヲ用ヒテ小數一位ヲ作ルヘシ

三　身長ヲ測定スルニハ足袋、靴等ヲ脫セシメ兩蹠ヲ密接シテ直立シ兩上肢ヲ鉛直ニ垂レ頭部ヲ正位

ニ保タシムヘシ又女子ニシテ髷アル者ハ小桿ヲ髷下ヨリ水平ニ横ヘテ測定スヘシ

四　體重ハ著衣ノ儘測定シタルトキハ其著衣ノ重量ヲ全重量ヨリ除去スヘシ（同上）

五　胸圍ハ兩上肢ヲ鉛直ニ垂レ自然ノ位置ニ在ラシメ乳頭ノ水平線ニ於テ常時ヲ測定スヘシ充盈、空虛ノ差ヲ測定スルトキ亦同シ小學校生徒ニ在リテハ常時ノミヲ測定スルモノトス

六　脊柱ハ正、左彎、　彎、後屈及屈彎ノ程度ヲ檢查シ强中弱ノ三種ニ區別スヘシ

七　體格ハ强健、中　、薄弱ノ三等ニ區別スヘシ

八　視力ハ中心視力ヲ兩眼ニ就キテ各別ニ檢查スヘシ

九　聽力ハ其ノ障害ノ有無ヲ檢查スヘシ

十　齒牙ハ齲齒ノ有無ヲ檢查スヘシ

十一　疾病ハ腺病、營養不良、貧血、脚氣、肺結核、頭痛、衂血神經衰弱其ノ他慢性疾患等檢查ノ際ニ發見シタルモノヲ記入スヘシ

前各號ノ外身體檢查上必要ト認メタル事項ハ特ニ檢查ヲ行フヘシ

第六條　身體檢查ヲ施行シタルトキハ左ノ樣式ニ依リ身體檢查票ヲ調製スヘシ

身體檢查票（男女）

校名（何科）	姓名		出生地
	出生年月		學年
	身長		視力 左 右
	體重		眼疾

檢査番號	
胸圍 常時	
胸圍 盈虛ノ差	
脊柱	
體格	
檢査年月	
聽力	
耳疾	
齒牙	
疾病	
備考	
檢査醫姓名印	

第七條　身體檢査ヲ施行シタルトキハ學校長ハ左ノ樣式ニ依リ統計表ヲ調製シ翌月限リ文部省直轄學校長ニ在リテハ文部大臣其ノ他ノ學校長ニ在リテハ地方長官ニ報告スヘシ

地方長官ハ前項ノ報告ヲ受ケタルトキハ之ヲ取纒メ其ノ年六月限リ文部大臣ニ報告スヘシ（三十四年文部省令第六號三十七年同第十八號ヲ以テ改正）

校名　學生生徒身體檢査統計表（男女）　明治　年　月檢査

年齡			何年 最大	何年 最小	何年 平均
身長					
體重					
胸圍	常時				
胸圍	盈虛ノ差				
脊柱	正				
脊柱	左彎	強			
脊柱	左彎	中			
脊柱	左彎	弱			
脊柱	右彎	強			
脊柱	右彎	中			
脊柱	右彎	弱			
脊柱	後屈	強			
脊柱	後屈	中			
脊柱	後屈	弱			
體格	強健				
體格	中等				
體格	薄弱				
視力	兩眼正視				
視力	左眼	正視			
視力	左眼	遠視			
視力	左眼	近視			
視力	右眼	正視			
視力	右眼	遠視			
視力	右眼	近視			
眼疾					
聽力ニ障害アル者					
耳疾					
齒牙	齲齒アル者				
齒牙	齲齒ナキ者				
疾病					
總人員					
備考					

何年		
最大	最小	平均

一本表ノ年齢ニ於テ何年ト稱スルハ一箇月ヨリ十二箇月ニ至ル迄ヲ云フ例ヘハ七年ト稱スルハ六年一箇月以上滿七年迄ヲ指スカ如シ
一本表ノ平均ハ最大最小ノ平均ニアラス總數ノ平均ナリ
一本表ハ男生女生徒ヲ置クモノ及學科ノ部類ヲ異ニスルモノハ別ニ調製スヘシ
一檢査スヘキ科目ノ全部ヲ檢査スルモノハ表中之ヲ記入スヘカラス

第八條　幼稚園ニ於テハ本令中小學校生徒ノ身體檢査ニ關スル規定ヲ準用ス

附　則

第九條　本令ハ明治三十三年四月一日ヨリ施行ス

○學校清潔方法　明治三十年一月十一日文部省訓令第一號

學校ノ清潔ハ衞生上忽ニスヘカラサル所ナルヲ以テ學校衞生顧問ニ諮詢シ左ノ通清潔方法ノ標準ヲ定ム依テ各學校ヲシテ之ニ準據シ其清潔ヲ保タシムルコトヲ務ムヘシ

學校清潔方法

清潔方法ヲ分ッテ日常清潔方法定期清潔方法及浸水後清潔方法トス

甲　日常清潔方法

一　敎室及寄宿舍ハ毎日人ナキ時ニ於テ先ッ窓戸ヲ開キ如露ヲ以テ少シク牀板及階段ヲ潤ホシ掃出シ

タル後濕布ヲ以テ建具校具等ヲ拭フヘシ但掃除ノ爲メニ室内ヲ潤ホスハ生徒ノ再ヒ之レニ入ルマテニ充分乾燥シ了ルヲ度トスヘシ

二　教室及寄宿舍ニハ其人員ニ應シ紙屑籠ト小量ノ水ヲ盛レル唾壺トヲ備ヘ紙片其他棄却物ハ必ス紙屑籠ニ投入シ痰唾ハ必ス唾壺ニ於テシ決シテ室内廊下等ニ放下セシムヘカラス

紙屑籠及唾壺ハ毎日之ヲ掃除スヘシ

三　寄宿舍内ニ於テハ戸外ニ於テ用キル履物ヲ禁スヘシ但止ムヲ得サル事情アリテ特ニ之ヲ許ストキハ適宜ノ方法ヲ設ケテ室内ノ不潔ニ陷ラサルコトヲ務ムヘシ

四　靴ノ儘昇降スル校舍ノ出入口ニハ人員ニ應シ靴拭ヲ備フヘシ

五　寢具ハ毎月少クトモ一回之ヲ日光ニ曝シ被覆寢具ハ務メテ洗濯セシムヘシ

六　便所ノ尿溝及注壁等ハ毎日一回水ヲ以テ洗ヒ圊房ハ濕布ヲ以テ拭フヘシ樋箱ニハ成ルヘク蓋ヲ設クヘシ

七　糞壺内ニハ防臭藥トシテ粗製滿過俺酸里《クワマンガンサンカリ》、粗製格魯兒滿俺《コロールマンガン》（以上百倍乃至三百倍）硫酸鐵、泥炭末、木炭末、乾燥土粉、灰等ヲ撒布シ期ヲ愆ラス汲取ラシムヘシ

八　食堂、炊事場、浴室、洗面所、洗濯所等ハ時々窓戸ヲ開キテ空氣ヲ通シ惡臭煙氣又ハ湯氣ノ鬱滯ナキヲ務メ且掃除ヲ怠ルヘカラス殊ニ食堂ニ於テハ毎食前如露ヲ以テ牀面ヲ潤ホシ食後ニハ濕布ヲ以テ其食卓ヲ拭フヘシ

九　芥棄場ノ不潔物ハ期ヲ愆ラス搬送セシムヘシ

十　下水ハ常ニ疏通セシメ炊事場、浴室、洗面所、洗濯所等ノ下水ハ毎月少クトモ一回大掃除ヲ行フヘシ

十一　庭園、體操場、遊戲場、簷下、椽下等モ亦常ニ清潔ヲ保タシムヘシ

乙　定期清潔方法

定期清潔方法ハ毎年少クトモ一回夏休又ハ其他ノ長休ニ際シ之ヲ行フモノトス

十二　先ツ教室、寄宿舍內等ニ在ル机、腰掛、寢臺、戶棚等ヲ室外ニ出シ戶、障子、窓掛ヲ外シ敷物ヲ剝キタル後如露ヲ以テ牀板及廊下ヲ潤ホシ天井、四壁、牀板、廊下等盡ク之ヲ掃ヒ然ル後清水ヲ以テ洗拭スヘシ但汚染殊ニ甚シキ部分及器具等ハ熱滷汁若クハ石鹼水ヲ以テ洗拭スヘシ

十三　簷下、牀下等モ手ノ屆ク限リ之ヲ掃ヒ外部ノ羽目及簷廻リハ龍吐水等ヲ以テ洗滌スヘシ

十四　寢具、窻懸、敷物等ニシテ洗濯シ得ヘキモノハ之ヲ洗濯シ其ノ洗濯シ得ヘカラサルモノハ先ツ其塵ヲ掃ヒ書籍文具等ト共ニ數日之ヲ日光ニ曝シ刷掃スヘシ

十五　器具、寢具等ハ總テ室ノ乾キタル後ニアラサレハ室內ニ持込ムヘカラス室ハ掃除後五日間以上窻戶ヲ開キテ空氣及日光ヲ通セシムヘシ

十六　牀板、壁面等ニ罅隙アルモノハ此際之ヲ塡塞シ風拔穴煙突等ノ塵煤ハ之ヲ除去スヘシ

十七　浴室、洗面所、食堂、炊事場、生徒控所、雨中體操場、便所、下水、芥棄場等ニシテ破損アルモノハ此際盡ク修理ヲ加ヘ且大掃除ヲ行フヘシ

丙　浸水後清潔方法

洪水ノタメ水害ヲ被リタル學校ハ開校前左ノ清潔方法ヲ施行スヘシ

十八　水ニ浸サレタル校舍殊ニ寄宿舍ノ建築牀板ハ取外シテ空氣ヲ通シ且牀下ノ汚物泥土ヲ除去シ場合ニ依テハ焚火火鉢等ヲ用キテ充分ニ乾燥セシムヘシ

十九　建具、牀板、校具腰張等ヲ浸水シタルモノハ清水又ハ熱湯ヲ以テ洗拭シタル後可成之ヲ日光ニ曝シ充分ニ乾燥セシムヘシ

二十　浸水ノ害ヲ被リタル井戶ハ必ス數回之ヲ浚渫シテ汚物ヲ除キ井戶側ハ清水ヲ以テ洗ヒ能ク水ノ

澄ミタル後ニ之ヲ使用スヘシ但開校後一箇月間ハ必ス其水ヲ煮沸シテ飲用スヘシ
二十一　右ノ外定期清潔方法ニ掲ケタル各項ヲ適宜應用スヘシ

○學校傳染病豫防及消毒方法

明治三十一年九月二十八日
文部省令第二十號

第一　豫防方法

第一條　學校ニ於テ特ニ豫防スヘキ傳染病ノ種類左ノ如シ

第一類　甲　痘瘡及假痘　實布埊利亞　猩紅熱　發疹窒扶斯
ペスト（明治三十二年文部省令第四十四號ヲ以テ追加）
乙　百日咳　痲疹　流行性感冒　流行性耳下腺炎
風疹　水痘　肺結核　癩病
第二類　赤痢　虎列剌　腸窒扶斯
第三類　傳染性皮膚病　傳染性眼炎

第二條　第一條第一類甲又ハ第二類ノ傳染病ニ罹リタル職員生徒等ハ昇校スルコトヲ得ス
前項ノ職員生徒等其傳染病治癒シタル後昇校セントスルトキハ先ツ全身浴ヲ行ヒ衣服ヲ更メ且ツ醫師ニ於テ傳染ノ虞ナキコトヲ證明スルコトヲ要ス

第三條　第一條第一類乙又ハ第三類ノ傳染病ニ罹リタル職員生徒等ハ其病況ニ依リ醫師ニ於テ適當ノ處置ヲ施シ傳染ノ虞ナキコトヲ證明シタルモノニアラサレハ昇校スルコトヲ得ス

第四條　職員生徒等ニシテ家族又ハ同居人中ニ第一條第一類甲又ハ第二類ノ傳染病ニ罹リタリ者アルトキ又ハ學校內ニ傳染病發生シタル場合ニ於テ其患者、屍體又ハ病毒ニ汚染シ若クハ汚染ノ疑アル物件

ニ觸接シタルトキハ醫師ニ於テ適當ノ處置ヲ施シ傳染ノ虞ナキコトヲ證明シタル後ニアラサレハ昇校スルコトヲ得ス

第五條　教員舍監等學校內ニ於テ第一條ノ傳染病者若ハ其疑アル者ヲ發見シタルトキハ直ニ之ヲ當該學校長ニ申告スヘシ學校長ハ醫師ヲシテ診斷セシメ相當ノ處置ヲナスヘシ

第六條　學校內學校所在地及其近傍若クハ生徒通學區域內ニ於テ第一條ノ傳染病發生シ其病況ニ依リ必要ト認ムルトキハ全校若クハ其一部ヲ閉鎖スヘシ（同上改正）

第七條　學校所在地若クハ其近傍ニ於テ第一條第一類甲又ハ第二類ノ傳染病發生シタルトキハ明治三十年文部省訓令第一號ニ從ヒ充分ノ清潔方法ヲ施行スヘシ但第一條第二類ノ傳染病發生シタルトキハ校舍內ニ於テ使用スル飮料水ハ煮沸シタルモノヲ用フヘシ

第八條　生徒通學區域內ニ於テ第一條第一類甲又ハ第二類ノ傳染病發生シ其病況ニ依リ必要ト認ムルトキハ其局部ヨリ通學スル生徒ノ昇校ヲ停止スルコトヲ得此場合ニ於テハ當該學校長ヨリ二十四時間以內ニ其旨ヲ管理者ニ屆出ツヘシ

第九條　傳染病ノ爲ニ閉鎖シタル學校若クハ其舍室ハ再ヒ之ヲ使用スルニ先チ明治三十年文部省訓令第一號定期清潔方法ノ各項ヲ施行スヘシ

第二　消毒方法

第十條　學校ニ於テ第一條第一類又ハ第二類ノ傳染病發生シタルトキハ其屍體、排泄物又ハ病毒ニ汚染シ若クハ汚染ノ疑アル物件ニ對シ左ノ區別ニ依リ消毒方法ヲ施行スヘシ但第一條第三類ノ傳染病發生シ其病況ニ依リ必要ト認ムルトキハ適宜本條ノ消毒方法ヲ應用スヘシ

一　第一條第一類及第二類ノ傳染病患者ノ屍體第一類ノ傳染病患者ノ用ヒタル唾壺、第二類ノ傳染病患者ノ上リタル圍房其他障壁、牀、疊、建具、寢臺、器具等ハ石炭酸水ヲ以テ消毒スヘシ

二　第一條第二類ノ傳染病患者ノ吐瀉物其他ノ排泄物ハ生石灰汁ヲ以テ消毒シ强亞爾加里性反應ヲ呈スルニ至ルヘシ
三　食器、被服、寢具等ハ煮沸又ハ蒸汽消毒ニ附スヘシ
四　消毒困難ニシテ廉價ナルモノハ燒却スヘシ
五　前各項ノ消毒ニ適セサルモノハ之ヲ刷掃シ數日間日光ニ曝スヘシ
第十一條　消毒ニ供スル藥劑竝其應用ハ左ノ如シ
一　石炭酸（二十倍）（結晶石炭酸五分鹽酸一分水九十四分ヲ攪拌シ溶解シタルモノ）
本品ハ屍體、吐瀉物其他ノ排泄物、器具、居室、手足等ノ消毒ニ用フ又衣類等ヲ消毒スルニハ鹽酸ヲ加ヘサルモノヲ用フヘシ
二　生石灰末（生石灰ニ少量ノ水ヲ灌キ崩壞セシメタルモノ但用ニ臨ミテ之ヲ製スヘシ）
本品ヲ以テ吐瀉物其他ノ排泄物ヲ消毒スルニハ其分量ノ五十分ノ一ヲ用フヘシ又溝渠、芥溜、牀下等ヲ消毒スルニ用フ
石灰乳（十倍）（生石灰一分ニ水九分ヲ攪拌混合シタルモノ）
本品ノ應用ハ生石灰末ニ同シク吐瀉物、排泄物等ニハ其分量ノ五分ノ一ヲ用フ
木灰ハ生石灰ヲ得ルコト能ハサル場合ニ於テ虎列剌病患者ノ吐瀉物、赤痢病患者、腸窒扶斯患者ノ消毒ニ用フルコトヲ得其用量ハ吐瀉物、排泄物ノ五分ノ一トス灰汁トシテ使用スルニハ木灰一分ニ水四分ヲ加ヘ之ヲ煮沸シテ製スヘシ其用量ハ吐瀉物、排泄物ノ同容量トス但石炭灰、藁灰ハ木灰ト同一ノ效ナシトス
三　格魯兒石灰水（二十倍）（格魯兒石灰五分ニ水九十五分ヲ攪拌混和セルモノ）
格魯兒石灰水ノ應用竝用量ハ石灰乳ニ同シ但用ニ臨ミテ製スヘシ

附則

第十二條　此省令ハ幼稚園ニ適用ス

○公立學校ニ學校醫設置方

明治三十一年一月八日
勅令第二號

第一條　北海道廳府縣郡市町村ノ設置ニ係ル學校ニ學校醫ヲ置ク地方長官ハ特別ノ事情アルトキハ村立學校及人口五千未滿ノ町立學校ニハ當分ノ内學校醫ヲ置カサルコトヲ得

第二條　學校醫ハ地方長官之ヲ囑託ス

第三條　學校醫ハ學校衞生事務ニ關シ學校醫ハ地方長官郡市町村長ノ諮詢ニ應シテ意見ヲ述フヘク又之ニ建議スルコトヲ得

第四條　學校醫ニハ其ノ學校經費ヨリ相當ノ手當ヲ給スヘシ

第五條　學校醫ノ囑託執務及其他ニ關シ必要ナル規程ハ文部大臣之ヲ定ム

附則

第六條　本令ニ於テハ北海道沖繩縣ノ區ノ設置ニ係ル學校ハ町立學校ト同視シ沖繩縣ノ間切及島ノ設置ニ係ル學校ハ村立學校ト同視ス

第七條　市制町村制ヲ施行セサル地方ニ在テハ本令中市町村長ニ關スル規定ハ島司郡長（北海道ニ在テハ支廳長）區長戶長又ハ之ニ準スヘキモノニ適用ス

第八條　本令ハ明治三十一年四月一日ヨリ施行ス

○學校醫ノ資格 明治三十一年二月二十六日文部省令第七號

第一條　學校醫ヲ囑託スルニハ左ニ揭クル各項中ノ一ニ該當シ且醫術開業免狀ヲ有スル者ノ中ニ於テスヘシ

一　帝國大學醫科大學醫科卒業ノ者

二　元東京大學醫學科本科又ハ別課卒業ノ者

三　高等學校醫學部醫學科卒業ノ者

四　元高等中學校醫學部醫科卒業ノ者

五　大阪府京都府愛知縣醫學校醫學科卒業ノ者

六　元府縣立甲種醫學校卒業ノ者

七　試驗ヲ經テ帝國大學醫科大學國家醫學講習科ニ入學シ同科ヲ修了シタル者（明治三十四年文部省令第一號ヲ以テ本項追加）

第二條　第一條ノ資格ヲ具フル者ヲ得難キ場合ニ於テハ明治十六年布告第三十五號醫師免許規則第二條又ハ第四條ニ依リ醫術開業免狀ヲ有スル者ニ囑託スルコトヲ得（明治三十四年文部省令第一號ヲ以テ改正）

文部省令第七號參照

明治十六年布告第三十五號醫師免許規則抄錄

第二條　開業免狀ヲ得ムトスル者ハ試驗及第證書ヲ以テ地方廳ヲ經由シテ內務省ニ願出ツヘシ

第四條　外國ノ大學醫學部若クハ醫學校ニ於テ卒業シタル者或ハ外國ニ於テ醫術開業免許ヲ得タル者其卒業證書又ハ開業證書ヲ以テ開業免許ヲ得ムコトヲ願出ツルトキハ內務大臣ハ其證書ヲ審査シ試驗ヲ要セスシテ免狀ヲ授與スルコトアルヘシ

○學校醫職務規程 明治三十一年二月二十六日文部省令第六號

第一條　學校醫ハ本令ニ規程アルモノヽ外地方長官ノ命ヲ受ケ學校衛生ニ關スル職務ニ從事ス（明治三十三年文部省令第五號ヲ以テ改正）

第二條　學校醫ハ毎月少クトモ一回教授時間内ニ於テ當該學校ニ到リ衛生上ノ事項ヲ視察スヘシ

學年ノ終及學期ノ始ニ於テハ當該學校ニ到リ視察スルコトヲ要ス

第三條　學校醫ハ學校視察ノ際左ノ事項ヲ調査シ之ヲ視察簿ニ記入スヘシ

一　換氣ノ良否
二　採光ノ適否
三　机腰掛ノ適否
四　前列及最後列ノ机ト黑板トノ距離
五　煖爐ノ有無煖爐ト最近生徒トノ距離
六　室内ノ溫度
七　圖書掛圖黑板ノ衞生上ノ適否
八　學校清潔方法實行ノ情況
九　飲料水ノ良否
十　其ノ他衛生上必要ナル事項（同上追加）

第四條　學校醫ハ學校視察ノ際疾病ニ罹レル生徒ヲ發見シタルトキハ其病症ニ依リ缺課休業又ハ療治ヲ爲サシムヘキコトヲ學校長ニ申告スヘシ

第五條　學校醫ハ明治三十三年文部省令第四號學生生徒身體檢査規程ニ依リ生徒ノ身體ヲ檢査シ身體檢査票ヲ調製スヘシ（同上）

學校醫ハ生徒ノ入學退學等ニ際シ學校長ノ請求ニ應シ其ノ生徒ノ身體ヲ檢査スヘシ（同上本項追加）

第六條　學校醫ハ學校ノ近傍若クハ學校內ニ於テ傳染病ノ發生シタルトキハ數次學校ニ到リ必要ナル豫防消毒方法ヲ施行シ尙其情況ニ依リ學校ノ全部若クハ一部分ノ閉鎖ヲ必要ト認ムルトキハ之ヲ管理者及學校長ニ申告スヘシ
通學生徒ノ所在地ニ傳染病ノ發生シタル場合ニ於テ其通學生徒ノ昇校ヲ禁スヘキ必要ヲ認ムルトキハ之ヲ管理者及學校長ニ申告スヘシ
第七條　學校醫ハ衞生上必要ト認メタル事項ニ就テハ管理者及學校長ニ申告スヘシ
第八條　此規程施行ノ爲メ必要ナル細則ハ地方長官之ヲ定ムルコトヲ得

◎官吏恩給

○官吏恩給法　明治二十三年六月二十日法律第四十三號

第一條　文官判任以上ノ者退官シタルトキハ此法律ノ規定スル所ニ依リ恩給ヲ受クルノ權利ヲ有ス
第二條　在官滿十五年以上ノ者左ニ掲クル事項ノ一ニ當ルトキハ終身恩給ヲ給ス
一　年齡六十歲ヲ超エ退官ヲ許シタルトキ
二　傷痍ヲ受ケ若クハ疾病ニ罹リ其職ニ堪ヘス退官ヲ許シタルトキ
三　廢官廢廳若クハ官廳事務ノ伸縮又ハ非職滿期ニ依リ退官シタルトキ
第三條　左ニ掲クル事項ノ一ニ當ル者ハ前條ノ年限ニ滿タサルモ終身恩給ヲ給シ尙其最下金額十分ノ七マテノ增加恩給ヲ給ス
一　公務ニ因リ傷痍ヲ受ケ一肢以上ノ用ヲ失ヒ若クハ之ニ準スヘキ者ニシテ其職務ニ堪ヘス退官シタルトキ

二　公務ニ依リ健康ニ有害ナル感動ヲ受クルヲ顧ミルコト能ハスシテ勤務ニ從事シ爲メニ疾病ニ罹リ一肢以上ノ用ヲ失ヒ若クハ之ニ準スヘキ者ニシテ其職務ニ堪ヘス退官シタルトキ

第四條　滿五年以上國務大臣ノ職ニ在ル者退官シタルトキハ第二條ノ制限ニ拘ハラス恩給ヲ給ス

第五條　恩給ノ年額ハ退官現時ノ俸給ト在官年數トニ依リ之ヲ定ム即チ在官滿十五年以上十六年未滿ニシテ退官シタル者ノ恩給年額ハ俸給年額ノ二百四十分ノ六十トシ十五年以後滿一年毎ニ三百三十分ノ一ヲ加ヘ滿四十年ニ至テ止ム但在官四十年以上ノ者ニ給スヘキ恩給ハ四十年ノ額又十五年未滿ノ者ニ給スヘキ恩給ハ十五年ノ額トス

非職滿期ニ退官シタル者ノ恩給ハ其在職最終ノ俸額ニ依テ之ヲ算定ス

交際官及領事貿易事務官等ノ恩給ハ其官等ニ對スル普通文官俸給ニ依リ之ヲ算定ス

兼官ニ依テ受クル加俸ハ恩給年額ヲ算定スルニ當リ之ヲ除算スヘシ

恩給年額圓位未滿ノ數ハ圓位ニ滿タシム

第六條　恩給ヲ受ケ又ハ恩給ヲ受ケスシテ退官シタル者在官中ノ公務ニ起因スル傷痍疾病引續キ重症ニ赴キタルトキ其事由ヲ詳悉シ左ノ期限内ノ申出レハ査覈ノ上相當ノ恩給ヲ給ス

一　一肢ノ用ヲ失ヒ若クハ之ニ準スヘキ者ハ退官後二箇年

二　一肢ヲ亡シ或ハ三肢ノ用ヲ失ヒ又ハ兩眼ヲ盲シ若クハ二肢ヲ亡シ若クハ之ニ準スヘキ者ハ退官後三箇年

第七條　在官年數ハ判任官以上初任ノ月ヨリ起算シ退官ノ月ヲ以テ終リトス

明治四年八月以前ヨリ任官セラレタル者ハ同年同月ヨリ起算ス但本項ニ掲クル者退官スルトキハ明治四年七月以前ノ勤務ニ對シテハ同年同月ノ現官等ニ相當スル月俸ノ半額ヲ以テ在官年數ノ一箇年ニ當テ其年數ニ應スル金額ヲ一時支給ス

第八條　左ニ掲クル月數及日數ハ在官年數中ニ算入スヘシ
一　判任以上出仕官ニ在ルノ月數
二　武官ヨリ文官ニ轉シタル者ハ軍人恩給ヲ受ケスシテ現役ヲ退キタル後文官ニ任シタル者ハ其現役中ノ日數
三　從軍年加算ノ年月
四　非職及休職中ノ月數
五　退官ノ後再ヒ任官シタル者ハ前在官ノ月數
六　宮內官ヨリ文官ニ轉シタル者又ハ恩給ヲ受ケスシテ宮內官ヲ退キタル後文官ニ任シタル者ハ宮內判任官以上在官中ノ月數
第九條　左ニ掲クル月數及日數ハ在官年數中ヨリ除算スヘシ
一　年齡二十歲未滿者ノ月數
二　高等官試補及判任官見習中ノ月數
三　郡區書記ヲ除クノ外政府ヨリ俸給ヲ受ケサル官職ニ在ル月數及商業ヲ營ムコトヲ得ヘキ官職ニ在ル月數
四　御用掛雇等外出仕勤仕ノ月數
五　第八條第二ニ掲クル者ニ在テハ軍人恩給法ニ依リ除算スヘキ日數
六　自己ノ便宜ニ依リ退官シタル後又ハ懲戒處分若クハ刑事裁判ニ依リ免官シタル後再ヒ任官シタル者ニ在テハ其前官ノ月數
第十條　文官ニシテ從軍シタル者ハ軍人恩給法ノ算則ニ照シテ其從軍年ヲ加算ス
第十一條　恩給ヲ受クル者再ヒ官ニ就キ滿一年以上在官シタル後退官シタルトキハ左ノ區別ニ依リ恩給

ヲ給ス

一　退官現時ノ俸給前後相同シカラサルトキハ前官年數ヲ後官ノ年數ニ通算シ後官ニ對スル恩給額ト前ノ恩給額トヲ比較シ其多キ方ヲ給ス

二　退官現時ノ俸給前後相同シキトキハ在官年數ニ依リ恩給ヲ增加シ但前官十五年未滿ニシテ恩給ヲ受ケタル者ニ在テハ前後通算シテ十六年以上ニ至ラサレハ增加セス

第十二條　恩給ヲ受クル者重罪ノ刑ニ處セラレ若クハ日本臣民タルノ分限ヲ失ヒクルトキハ恩給ヲ剝奪ス

左ニ揭クル事項ノ一ニ當ルトキハ其間恩給ヲ停止ス

一　判任以上ノ官ニ任シ政府ヨリ俸給ヲ受クルトキ但商業ヲ營ムコトヲ得ヘキ官職ニ在ルトキハ此限ニアラス

二　公權ヲ停止セラレタルトキ

第十三條　年齡未タ六十歲ニ至ラスシテ自己ノ便宜ニ依リ退官シタル者又ハ懲戒處分若クハ刑事裁判ニ依リ免官シタル者ハ恩給ヲ受クルノ資格ヲ失フ

法令ヲ以テ設立シタル議會ノ議員並市長町村長助役收入役名譽職參事會員及東京市京都市大阪市北海道ノ區長沖繩縣區制ニ依ル區長及居留民團ノ民長助役會計役ト爲リタルノ故ヲ以テ退官シタル者ハ恩給ヲ受クルノ資格ヲ失ハス（明治四十一年法律第五十四號改正）

第十四條　郡判任官及臺灣總督府地方稅務吏ヲ除クノ外政府ヨリ俸給ヲ受ケサル官吏及商業ヲ營ムコトヲ得ヘキ官吏竝ニ高等官試補判任官見習ハ恩給ヲ受クルノ機ナキモノトス（明治四十四年法律第三號改正）

商業ヲ營ムコトヲ得ヘキ官吏竝ニ高等官試補判任官見習ニシテ公務ノ爲メ傷痍ヲ受ケ若クハ疾病ニ罹リ此法律第三條ニ該當スル者ニ限リ退官又ハ罷免現時ノ俸給四分ノ一ヲ終身支給スルコトヲ得

第十五條　恩給支給ノ期ハ退官ノ翌月ヨリ始マリ死亡ノ月ヲ以テ終ルモノトス
第十六條　恩給ハ之ヲ受クヘキ事由ノ生シタル後三箇年內ニ請求セサレハ其權利ヲ抛棄シタルモノトス
第十七條　恩給ノ支給ハ本屬長官ノ證明ニ依リ恩給局ノ審査ヲ經テ內閣總理大臣之ヲ裁定ス
行政上ノ處分ノ因リ恩給ニ關スル權利ヲ障害セラレタルトスル者ハ六箇月以內ニ恩給局ニ具申シテ裁決ヲ謂フコトヲ得其裁決ニ服セサル者ハ一箇年以內ニ行政裁判所ニ出訴スルコトヲ得但左ノ事件ニ關シテハ恩給局ノ裁決ハ終審確定ノモノトス
一　傷痍疾病ノ原因及其輕重
二　職務ニ堪フルト否ラサルト
第十八條　恩給ハ賣買讓與質入書入スルコトヲ得ス又負債ノ抵償トシテ差押フルコトヲ得ス
第十九條　明治十七年達官吏恩給令ニ依リ恩給ヲ受ケタル者ハ總テ其恩給令ニ依ルヘシ但其權利消滅及停止ハ此法律ニ依ル
第二十條　此法律施行前ニ退職シタル者ノ恩給ハ明治十七年達官吏恩給令ニ依ルヘシ但此法律施行ノ日ヨリ三箇年內ニ請求セサレハ之ヲ受クヘキ權利ヲ抛棄シタルモノトス
第二十一條　此法律ハ明治二十三年七月一日ヨリ施行ス
從前ノ命令ニシテ此法律ニ牴觸スルモノハ總テ廢止ス

○官吏遺族扶助法

明治二十三年六月二十日
法律第四十四號

第一條　文官判任以上ノ者左ニ揭クル事項ノ一ニ當ルトキハ其遺族ハ此法律ノ規定スル所ニ依リ扶助料ヲ受クルノ權利ヲ有ス但第二條ノ納金ヲナスヘキ義務ナキ者ノ遺族ハ此限ニ在ラス

一　在官十五年以上ノ者在官中死去シタルトキ
二　在官十五年未滿ノ者公務ノ爲メ死去シタルトキ
三　恩給ヲ受クル者死去シタルトキ
第二條　文官判任以上ノ者ハ其俸給百分ノ一ヲ國庫ニ納ムヘシ
第三條　交際官及領事貿易事務官等其俸給普通文官ヨリ多額ナルトキハ普通文官ノ俸給ニ依リ少額ナルトキハ現ニ受クル所ノ俸給ニ依リ第二條ノ納金ヲ爲スヘシ
郡區判任官臺灣總督府地方廳稅務吏ヲ除クノ外政府ヨリ俸給ヲ受ケサル官吏及商業ヲ營ムコトヲ得ヘキ官吏ハ第二ノ納金ヲ要セス（明治四十四年法律第三號改正）
第四條　寡婦扶助料年額ハ亡夫ノ受ケタル若クハ受クヘキ恩給年額三分ノ一トス
公務ノ爲メ受ケタル傷痍ニ原因シテ死去シ又ハ非常ノ勞働及困苦ヲ忍ヒ勤務ニ從事シ爲メニ發病死去シ又ハ公務ニ依リ傳染病者ニ接シ該病毒ニ感染シテ死去シ又ハ戰地ニ於テ若クハ公務旅行中流行病ニ罹リ死去シタル者ノ寡婦扶助料ハ亡夫ノ俸給ニ對シ官吏恩給法第五條ニ依リ算出シタル恩給年額三分ノ二トス
扶助料年額圓位未滿ノ數ハ圓位ニ滿タシム
第五條　寡婦ナキトキ又ハ扶助料ヲ受クル寡婦死去シ若クハ權利消滅シタルトキハ其扶助料ヲ孤兒ニ給ス
第六條　孤兒扶助料ニ數子アルトキハ家名繼襲者ニ給シ戶主ニ非サル者ノ孤兒ニ在テハ長子ニ給ス其繼襲者及長子死去シ若クハ權利消滅シ若クハ支給期限ノ滿ツルトキハ順次年少者ニ轉給スルモノトス但家名繼襲者ヲ除クノ外男子ヲ先ニシ女子ヲ後ニス
第七條　恩給ヲ受ケタル者ノ寡婦ニシテ其夫退官後結婚シタル者ハ扶助料ヲ受クルコトヲ得ス

第八條　此法律ニ於テ孤兒トハ年齡二十歲未滿ノ男女子ニシテ未タ結婚セサル者ヲ云フ但養男女子ハ家名繼襲者ニ限ル
第九條　扶助料ハ之ヲ受クヘキ事由ノ生シタル月ノ翌月ヨリ之ヲ給ス
第十條　扶助料ヲ受クヘキ寡婦及孤兒ナク若クハ扶助料ヲ受ケタル寡婦及孤兒戸籍ヲ去リ若クハ死去シ若クハ權利消滅シタルトキ父母又ハ祖父母アルトキハ寡婦ニ相當スル扶助料ノ全額ヲ其父母又ハ祖父母ニ終身給スルコトヲ得
其扶助料ハ先ツ父ニ給シ其父存在セサルトキ若クハ權利消滅シタルトキハ母ニ給ス母ヨリ祖父ニ祖父ヨリ祖母ニ轉給スルハ順次此例ニ依ル
第十一條　扶助料ヲ受クヘキ寡婦孤兒又ハ父母祖父母ナクシテ死去シタル者ノ戸籍內ニ在ル二十歲未滿又ハ癈疾若クハ不具ニシテ產業ヲ營ムコト能ハサル兄弟姉妹アリテ之ヲ給養スル者ナキトキハ寡婦ニ相當スル扶助料一箇年分ヨリ少カラス五箇年分ヨリ多カラサル金額ヲ人員ニ拘ラス一時限リ其兄弟姉妹ニ給スルコトヲ得
第十二條　扶助料ハ之ヲ受クヘキ權利ノ生シタル日ヨリ三箇年內ニ請求セサレハ其權利ヲ拋棄シタルモノトス
第十三條　扶助料ハ賣買讓與質入書入スルコトヲ得ス又負債ノ抵償トシテ差押フルコトヲ得ス
第十四條　扶助料ヲ受クルノ權利ハ左ノ時ヨリ消滅ス
一　寡婦死去又ハ婚嫁シ若クハ戸籍ヲ去リタル月ノ翌月
二　孤兒死去又ハ婚嫁又ハ他家ノ養子女トナリ又ハ年齡二十歲ニ滿チタル月ノ翌月
三　父母祖父母死去シ又ハ戸籍ヲ去リタル月ノ翌月
第十五條　孤兒二十歲ニ滿ツルモ癈疾若クハ不具ニシテ產業ヲ營ムコト能ハス他ニ給養スル者ナキトキ

ハ寡婦扶助料ノ三分ノ一ヲ其孤兒ニ各終身給スルコトヲ得但一戶籍內ニ寡婦ト同額ノ扶助料ヲ受クル者アルトキハ其間之ヲ給セス

第十六條　扶助料ヲ受クル者日本臣民タルノ分限ヲ失ヒ若クハ重罪ノ刑ニ處セラレタルトキハ扶助料ノ支給ヲ廢ス

公權ヲ停止セラレタルトキハ其間支給ヲ停止ス

扶助料ヲ受クル者公權停止中ハ其轉給ヲ受クヘキ者ニ之ヲ給ス

第十七條　在官十五年未滿ノ者在官中公務ノ故ニアラスシテ死去シタルトキハ其遺族ニ一時扶助金ヲ給ス

前項ノ扶助金ハ在職最終ノ俸給年額百分ノ一ヲ在官年數ニ乘シタル額トス但一年未滿ノ在官月數ハ計算セス

第十八條　扶助料ノ支給ハ地方長官ノ申牒ニ依リ恩給局ノ審査ヲ經テ內閣總理大臣之ヲ裁定ス

行政上ノ處分ニ因リ扶助料ニ關スル權利ヲ障害セラレタリトスル者ハ六箇月以內ニ恩給局ニ具申シテ裁決ヲ請フコトヲ得其裁決ニ服セサル者ハ一箇年以內ニ行政裁判所ニ出訴スルコトヲ得

第十九條　明治十七年達官吏恩給令ニ依リ扶助料ヲ受ケタル者及恩給ヲ受ケタル者ノ遺族扶助料ハ總テ其恩給令ニ依ルヘシ但其權利消滅及停止ハ此法律ニ依ル

第二十條　此法律ハ明治二十三年七月一日ヨリ施行ス

改正小學校法規要義　終

附録

小學校建築圖案
小學校建築（日本式木造平家建）仕樣書概要
小學校教員住宅圖案
小學校教員住宅建築（日本式木造平家建）仕樣書概要

本圖案及び仕様書は何れも文部省の考案に成れる圖案及び仕様書を摘載せるものなり

◎小學校建築圖案

第一圖

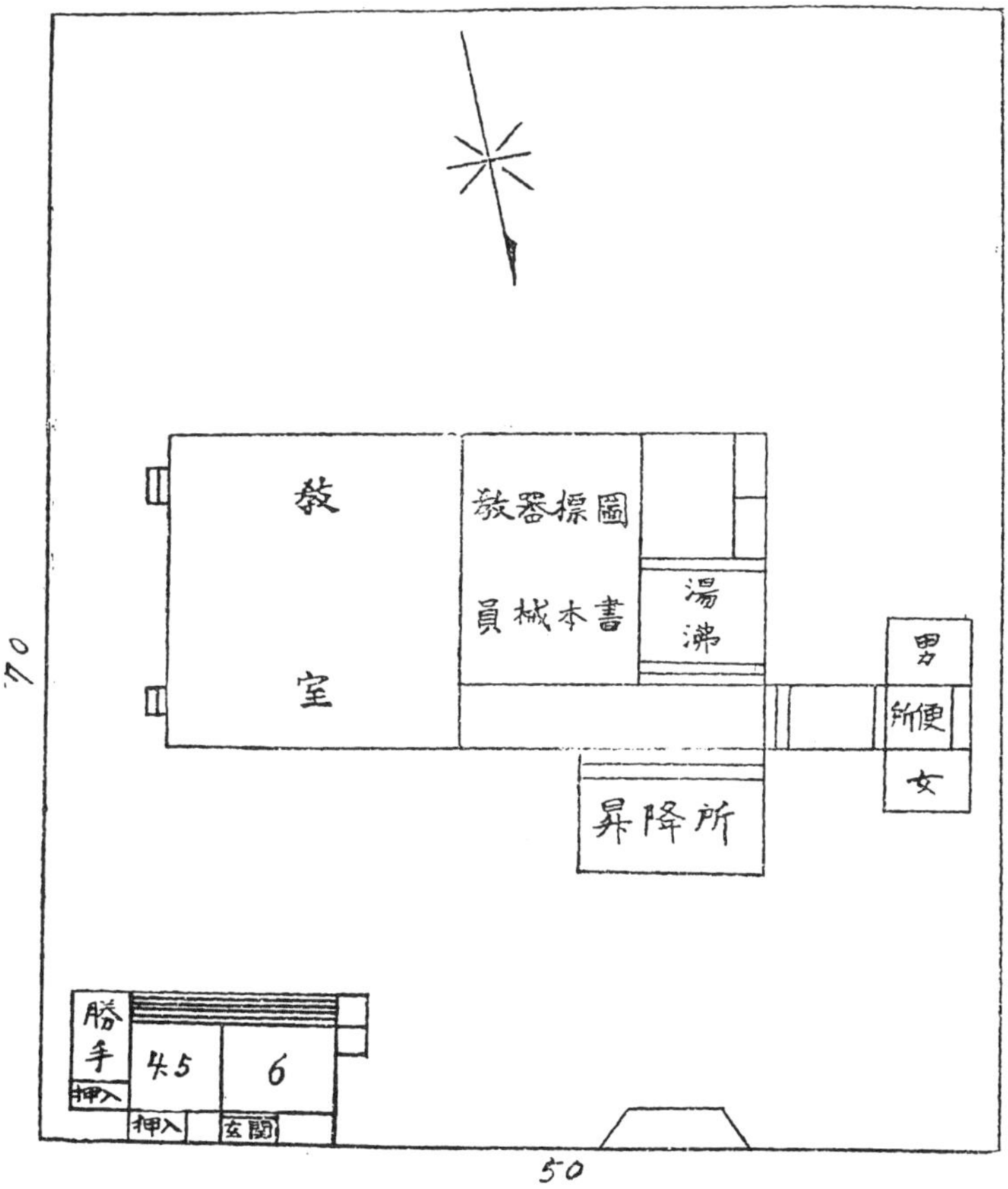

單級

敷地	參百拾五坪
校舍	五十八坪
便所	四坪五合
渡リ廊下	貳坪
教員住宅	拾貳坪五合

第二圖

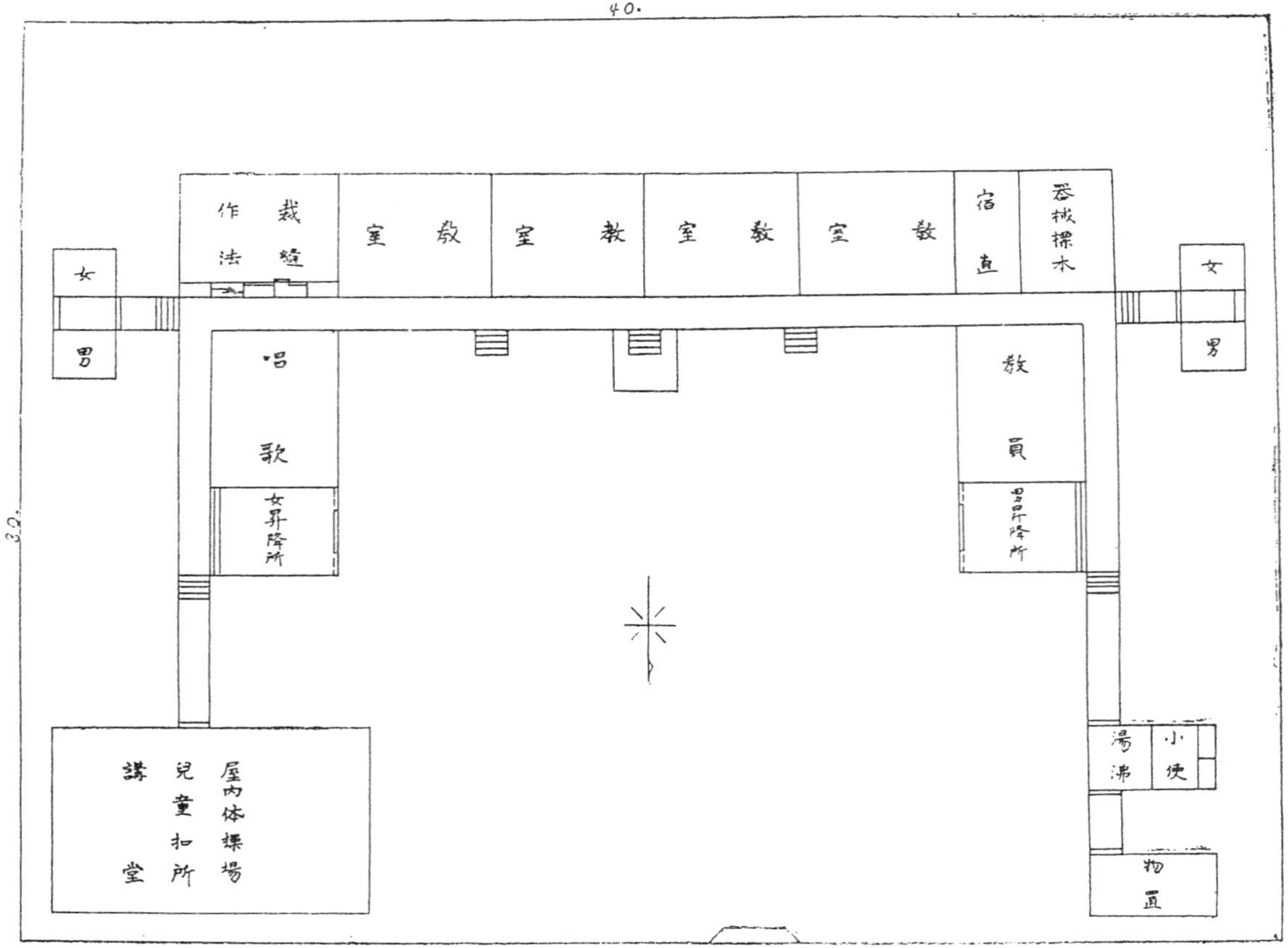

學級	兒童數	敷地	本校舎	全玄關	屋内運動場
四	参百二十人	壹千二百坪	貳百三十坪	四坪	六十坪

便所	小使湯沸所	物置	渡り廊下	屋外運動場
拾六坪	八坪	八坪	拾九坪	参百六十坪

第三圖

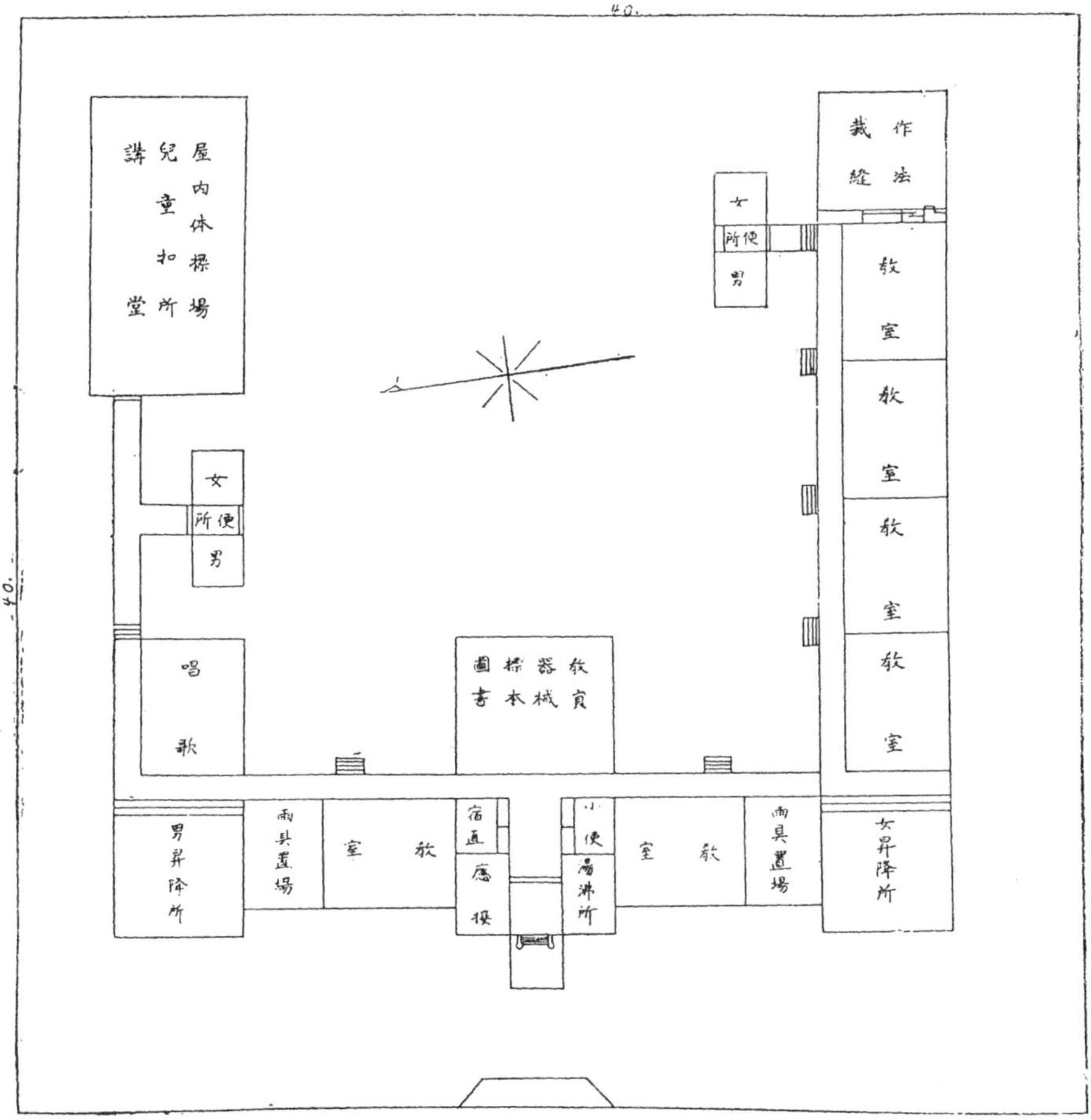

六學級

兒童數　四百八拾人

敷地　壹千六百坪

本校舎　參百五十六坪

仝玄關　四坪

屋内體操場　六拾六坪

便所　貳拾坪

渡り廊下　拾參坪

第四圖

學級	兒童數	敷地	本校舍	全玄關	屋內體操場
六	四百八拾人	壹千七百五拾坪	三百五拾坪	四坪	六拾坪

便所	小使湯沸所	物置	渡り廊下	屋外運動場
貳拾坪	八坪	八坪	拾七坪	六百〇八坪

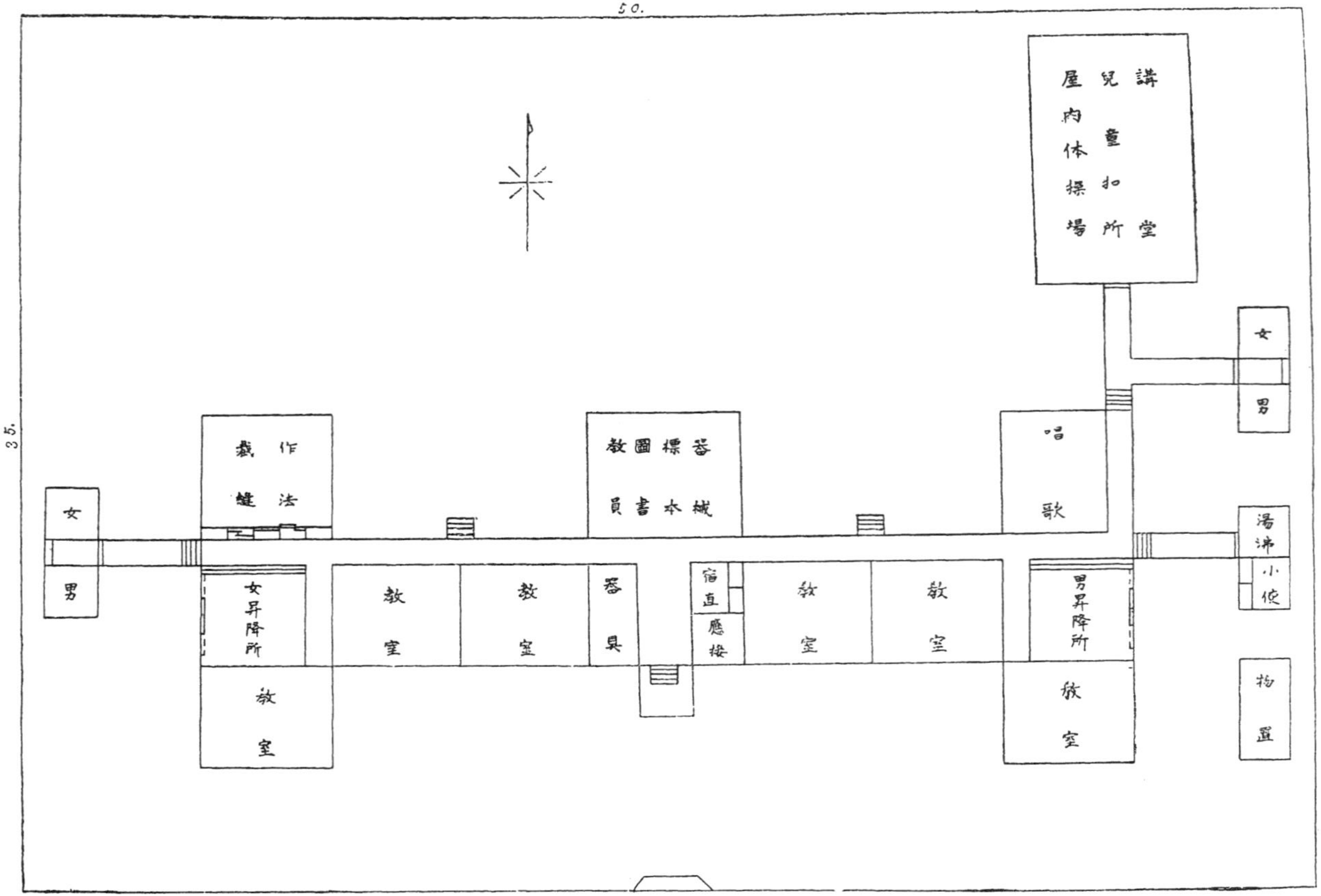

第五圖

六學級

兒童數　四百八十人

敷地　二千二百九十五坪

本校舍　四百三十六坪

内講堂　八十坪

仝玄關　四坪

屋内體操場　七十二坪

小使湯沸所　八坪

便所　二十坪

物置　八坪

渡り廊下　二十坪

屋外運動場　六百十二坪

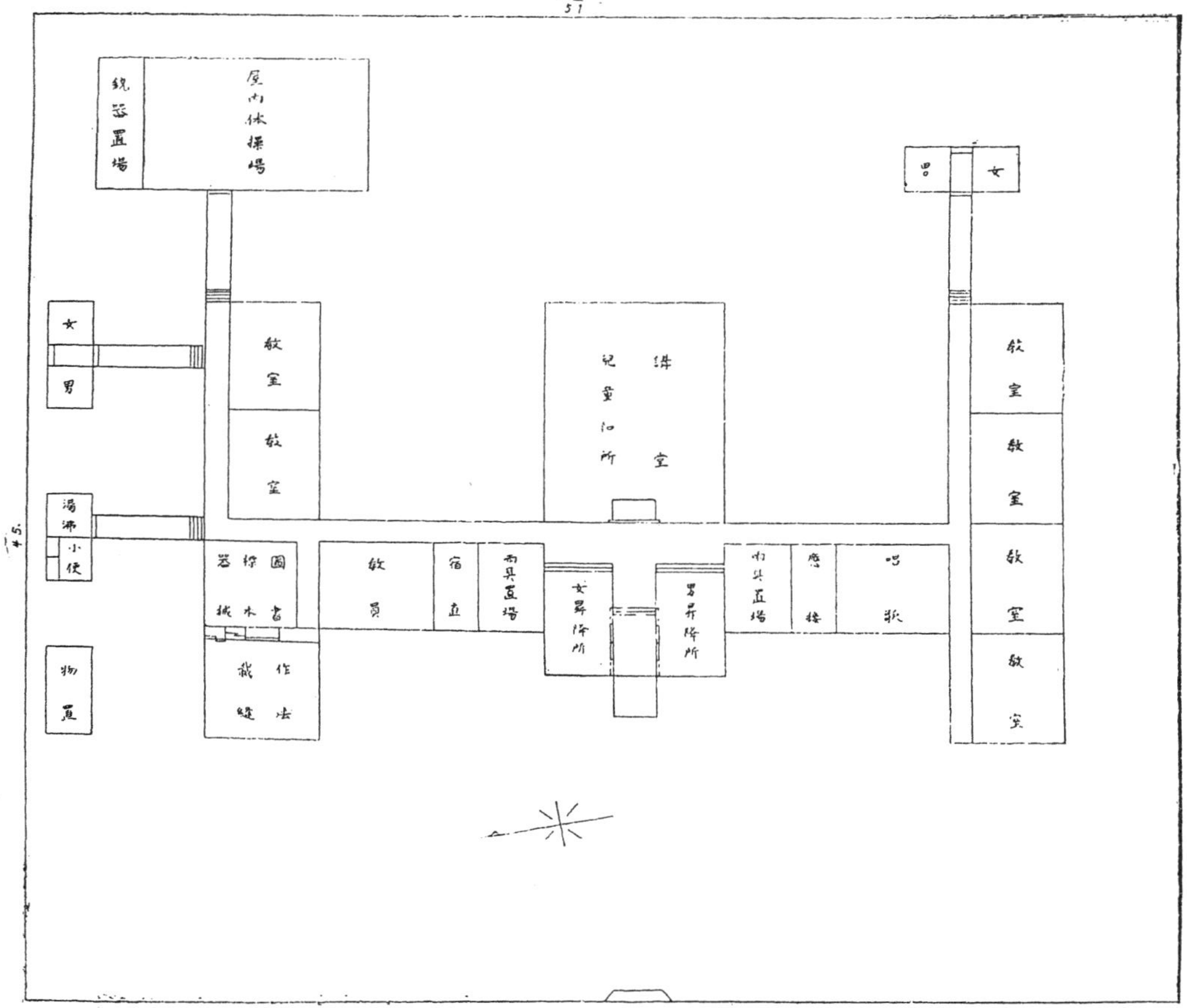

第六圖

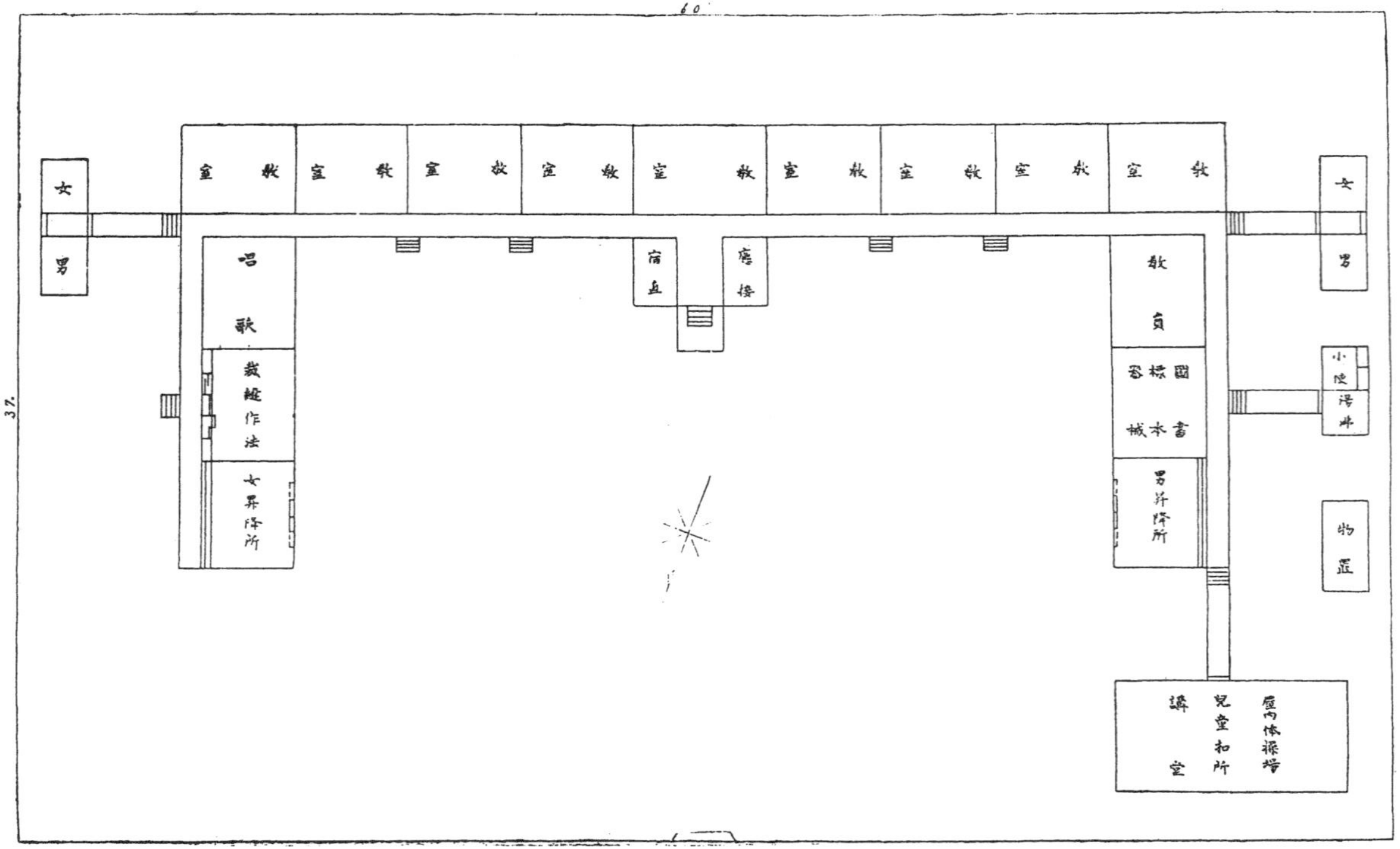

兒童數	七百二十人	屋內體操場	六拾坪
敷地	貳千貳百貳拾坪	便所	貳拾四坪
本校舍	參百九拾八坪	小使湯沸所	八坪
仝玄關	四坪	物置	八坪

九學級

渡り廊下 拾七坪
屋外運動場 八百六拾四坪

第七圖

仝玄關 四坪
內講堂 九拾六坪
本校舍 六百〇八坪
敷地 參千貳百拾六坪
兒童數 九百六拾八
拾貳學級

屋外運動場 壹千百六拾坪
渡リ廊下 參拾七坪
物置 拾四坪
小使湯沸所 拾貳坪
便所 貳拾八坪
及器具置場
屋內體操場 七拾八坪

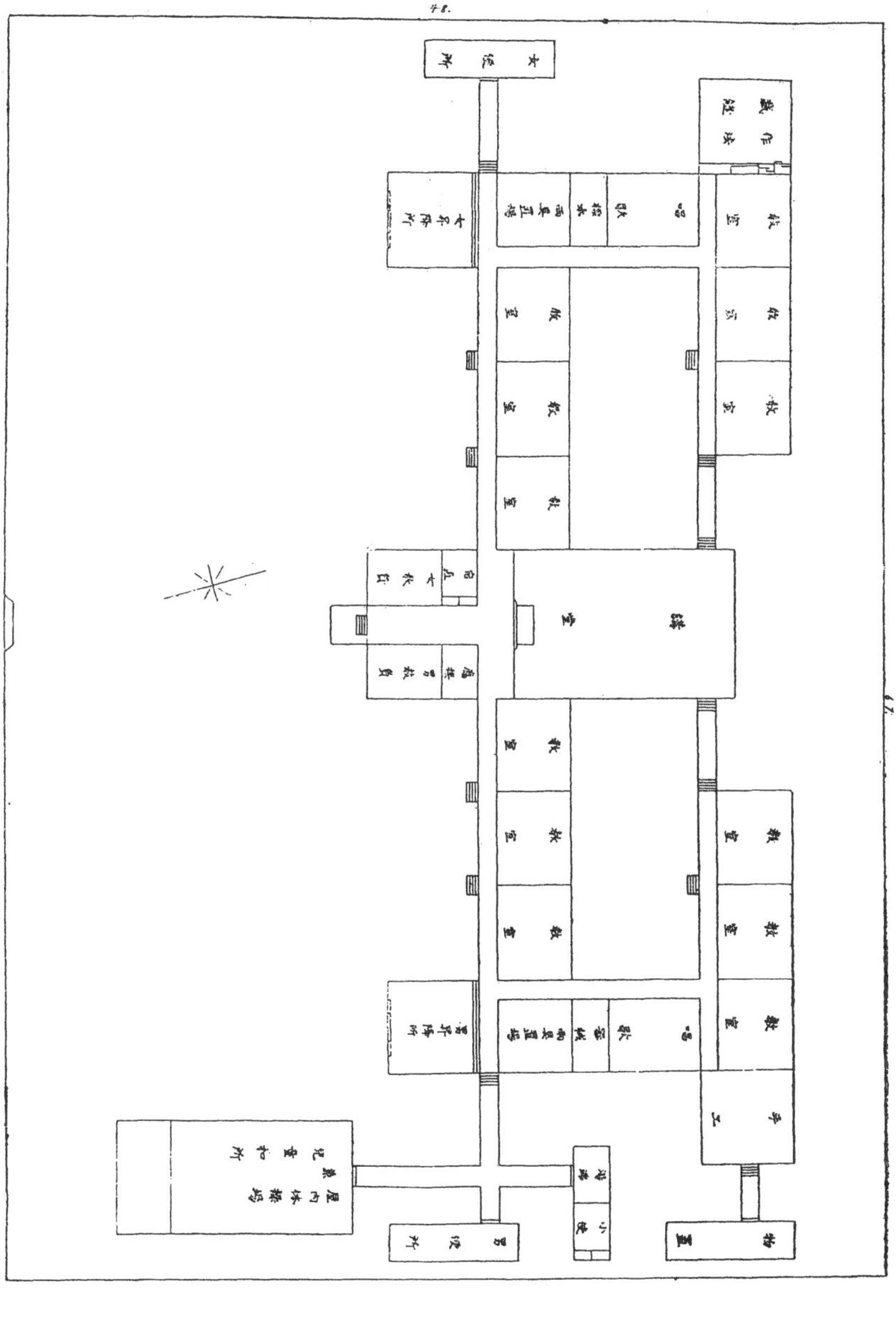

◎學校建築(日本式木造平家建)仕様書概要

一側通及間仕切共柱下根切大サ上口一尺五寸深同寸床極下同大サ上口一尺方深同寸ツヽ壺堀ニスヘシ

一側通及間仕切柱下竝ニ床極下共割栗石或ハ砂利等入レ突堅ムヘシ

但シ地形及掘方ハ地質ニヨリ差異アルヘシ

一側通及間仕切柱下据石ハ丸石横差一尺厚六七寸以上或ハ角石一尺立方以上床極石同石横差シ七寸以上ヲ据付クヘシ

但側石据ヘノトキハ長二尺以上幅厚共八寸程ノモノ根入二寸以上合口「モルタル」入レ据付クヘシ

一側土臺仕上四寸角以上繼手金輪繼キニシ隅ハ片木枘差シ入楔打ニスヘシ

一間仕切土臺四寸角以上ニシテ間仕切毎ニ置渡シ繼手鎌繼側土臺等ヘ枘差拔割楔打チ或ハ蟻掛ニシテ石付馴染能ク据付クヘシ

一土臺隅々火打貫巾五寸厚一寸八分以上隅々土臺上端ヘ欠込ミ大釘打ニスヘシ

一柱仕上三寸六分角以上六尺間以内ニ取建壁散リ決リ深二分ツヽトシ六尺間以内ニ

取建下モ土臺下端迄上ノ方ハ軒桁上端迄枘差拔込栓打ニスヘシ

但柱枘差通難キ處ハ土臺竝軒桁等ヘ四寸手違鎹ヲ以テ留方スヘシ

一通貫三尺間以内巾三寸八分厚九分差通シ繼手亂ニ楷或ハ込栓釘打ニスヘシ

一軒桁成五寸厚四寸以上繼手追掛大栓繼キニシ方形造リハ隅々枘差シ鐵物當テ「ボールト」締ニスヘシ

一間仕切梁竝廊下通リ敷桁共成五寸厚五寸以上仕口等都テ軒桁ト同斷ニシテ間仕切毎ニ置渡スヘシ

一隅々火打梁六寸角以上仕口軒桁ヘ枘差或ハ渡腮ニシテ大釘打ニスヘシ

一小屋梁ハ梁間五間ノトキ挽立材成八寸厚五寸梁間四間半ノトキハ成七寸厚五寸以上軒桁ヘ渡リ腮ニシテ六尺間以内ニ配置シ梁鼻ハ軒桁眞ヨリ八寸以上延シ置クヘシ

但丸太材ノトキハ長五間末口七寸以上兩側面付ニスヘシ

一眞極ハ五寸角以上上下枘差シ眞極及梁兩面ヘ鐵板或ハ添木ヲ抱合セ逆目釘ニテ繫止ムヘシ

一合掌ハ成七寸厚五寸以上下モ小屋梁上端ヲ五分程欠キ踏止リ枘差入上ノ方眞極ヘ五分以上「スクイ」込枘差入取付クヘシ

但小屋梁ヨリ合掌眞梔ヨリ合掌ノ各兩面ヘ鐵板或ハ添木ヲ抱キ合セ逆目釘ニテ繫キ止ムヘシ

一隅合掌ハ厚五寸成八寸以上仕口前同斷ニスヘシ

一枝梔四寸角眞梔及合掌ヘ枘差入レ上下鎹留メニスヘシ

一棟木ハ四寸角眞枘上端ヘ「ワナギ」込渡腮トシ繼手同上端ニテ鎌繼トスヘシ

一旅桁ハ棟木ト同寸ニシテ小屋梁上端ヘ渡リ腮トシ繼手ハ前同斷ニスヘシ

一母屋前同寸角以上三尺間以內ニ合掌上端ヘ渡リ腮トシ繼手前同斷一ト通リ置キ繼手ノ位置ヲ換ヘ置キ渡スヘシ

但母屋轉留メハ二寸角以上長六七寸程合掌上端ヘ大釘打ニスヘシ

一挾梔巾四寸厚二寸以上合掌及小屋梁ヘ馴染能ク兩面ヨリ抱合セ逆目釘打ニスヘシ

一隅木ハ枛取リ三寸五分角以上繼手ハ蟻掛ニシテ母屋ヘ合欠キトシ大釘打ニスヘシ

一梁挾ハ四寸角以上一通リ小屋梁上端渡リ腮繼手追掛大栓繼上端大釘打ニスヘシ

一棰ハ二寸角一尺五寸間以內繼手亂ニ母屋上端ニテ「ソギ」繼ニシテ上端ヨリ大釘打ニスヘシ

一野地ハ巾二寸一分厚四分二寸明ニ打付クヘシ

一廣小舞鼻隠ハ巾三寸八分厚八分及極形ハ巾七寸厚一寸程ノモノヲ取付クヘシ
一土居葺及柿葺杉拵板ノ類或ハ杉皮葺トシ押縁竝ニ瓦棧共打付ケ尤杉皮葺ハ一重子足毎ニ押縁ニスヘシ
一間柱ハ一寸八分角以上一尺五寸間以内取建釘打ニスヘシ
一側通リ筋違ハ三寸八分九分柱外部ハ欠合セ間柱及通貫柱及通貫ヘ大釘打ニスヘシ
　但筋違取付方ハ凡曲子勾配トス
一床大引ハ長二間末口四寸五分丸太或ハ四寸角以上ヲ以テ繼手蟻掛三尺間以内ニ配置シ柱ヘ枘差入込栓打ニスヘシ
一床橇ハ末口三寸五分以上丸太ノ類上枘付四尺以内ニ取建同根搦ミ貫巾三寸二分厚六分縦横ニ打廻スヘシ
一根太掛巾三寸八分厚九分打廻シ抱橇同木同寸柱ヘ添付釘打ニスヘシ
一根太及際根太ハ二寸角以上一尺五寸間以内繼手亂ニ「ソギ」繼上端ヨリ大釘打ニスヘシ
一床厚八分板以上幅六七寸敷目板或ハ合決ニシテ張立ツヘシ
　但二重床ノトキハ野床板厚三分板ヲ以テ根太間ヘ切入レ張立或ハ根太下端ヘ羽

重子又ハ目板打ニ張揚ケ押縁三尺間ニ取付クヘシ

一天井廻リ縁ハ一寸六分角以上隅々襟輪枘入下端留ニシテ差廻シ繼手目違入レ取付クヘシ

一竿縁巾九分厚八分以上繼手「イスカ」繼ノ類トシ一尺五寸間以内ニ廻縁ヘ彫込釘打ニスヘシ

一天井板ハ厚三分板羽掛リ正五分ツヽ廻縁竿縁等ヘ二寸間以内ニ釘打張立ツヘシ

一釣木裏棧ハ一寸角以上又釣木受ハ杉丸太長二間末口三寸以上四尺五寸以内ニ取付ケ釘打ニスヘシ

一窓敷居鴨居巾三寸四分厚一寸六分中央回轉無目同寸ニシテ柱ヘ片枘入一方待枘ニシ留釘打尤モ敷居内部ヘ水返シ及左右柱戸付外部ヘ付樋端共取付又回轉方立ハ巾三寸厚一寸六分上下寄蟻ニシテ取設ケ回轉障子ノ戸當細縁ヲ取付クヘシ

但引違建欄間ニスルモ差支ヘナシ

一窓雨戸建ノトキハ一筋敷居一寸八分角敷居竝ニ回轉無目横面ヘ大釘打ニシ戸袋等雨仕舞宜シク取設クヘシ

一窓上下雨押巾三寸六分厚八分勾配ニ取付クヘシ

一入口鴨居巾三寸四分厚一寸八分片枘入一方雇蟻トシ留釘打ニスヘシ

一敷居（巾三寸六分 厚一寸八兵）片内枘一方横栓止釘打ニスヘシ

一付鴨居一寸六分角柱間ヘ切込上端ヨリ大釘打ニスヘシ

一入口引戸一筋一寸六分角以上無目横面ヘ大釘ヲ以テ取付戸當一寸二分角以上釘打ニスヘシ

一内部巾木板（巾三寸八分 厚九分）上端羽目板板付決リ欠キ柱間ヘ切込一方枘入一方忍釘打ニスヘシ

一羽目板受胴縁（一寸八分 八分巾）二通以上柱ヘ彫入釘打ニスヘシ

一腰羽目笠木一寸六分角以上切面取下端羽目板小穴突柱間ヘ枘入一方待枘立見ヘ隠レヨリ釘打胴縁左右柱ヘ彫込釘打羽目板厚三分板笠木竝ニ幅木板柱等ヘ小穴入胴縁毎ニ釘打張立目板同板巾一寸六分ニシテ打付クヘシ

一土臺上雨押（巾三寸 厚八分）勾配ニ取付クヘシ

一外部下見板厚三分板ヲ以テ羽掛正八分ツヽ柱間柱等ヘ釘打張立押縁（一寸六分 厚八分）一尺五寸間以内ニ取付ケ釘打ニスヘシ

一軒通リ面戸板厚三分板極間ヘ切リ入レ釘打ニスヘシ

一同旅桁下綿板（八寸 七分）以上同桁下竝左右梁間ヘ小穴入切入レ釘打同下見板止リ縁二寸

角上端勾配ニ水垂レ付下端板決リシテ繼手目違枘入レ大釘ニテ取付クヘシ

一床下通風窓大サ巾一尺成六寸腰通リヘ凡二間間窓中眞ヘ取設クヘシ

一昇降口及廊下便所等本家ヘ取付ノ庇ハ棰掛巾四寸厚二寸柱又ハ釣極ヘ欠キ合セ大釘打腕木ハ柱及釣極ヘ枘差拔割枘打出シ桁四寸三寸腕木ヘ枘差シ屋根板巾八寸厚七分目板同板挽割リ鼻搦ミ等取付クヘシ

一壁下地塗小舞巾三寸三分厚六分以上三尺間以內間渡シ竹一寸二分廻リ以上上下左右共彫入レ通貫等ヘ釘打小舞ヲ搔立ツヘシ

一壁下付、裏返塗、大直シ村直シ塗、中塗、上塗、共塗立ツヘシ

但側通通仕切共總テ土臺上端迄塗立ツヘシ

一建具窓引違硝子障子或ハ紙張障子ノ內建合スヘシ

一同上欄間廻轉若クハ引違硝子障子或ハ紙張障子ノ內釣合スヘシ

一窓雨戸(欄間ヲ除ク)横棧一尺二寸間以內トシ指立建合スヘシ

一昇降口及各入口板戸ハ横棧七本以上雨戸若クハ唐戸仕立ニシテ建合スヘシ

一下見廻リハ生澁塗リトス

一軒樋竪樋共便宜鐵板竹樋ノ類ニテ釣リ設クヘシ

一家根瓦葺キトシ同漆喰ハ總漆喰又ハ軒踏下ケ漆喰共二返塗以上ニスヘシ
一家根谷ヘハ亞鉛引鐵板ノ類ニテ雨仕舞能ク張立ツヘシ
本文木材取付用釘長ハ都テ木厚ノ二倍半以上トス
本文木材大サ寸法ハ削上及挽立寸法ニシテ土臺ハ檜栗ノ類雜作廻リハ杉材ノ類小屋材等ハ松材ヲ使用シタル設計ノ程度ヲ示セルモノトス

◎小學校教員住宅圖案

凡例

一、本圖案及建築仕様書概要ハ小學校教員住宅建築上ノ參考ニ資スルノ目的ヲ以テ印刷ニ付シタルモノナリ
一、本圖案及建築仕樣書概要ハ土地ノ狀況、氣候ノ寒暖等ニ依リ便宜斟酌ヲ加フヘキコト固ヨリ言ヲ俟タサル所ナリ
一、本圖案ヲ七種ト爲シタルハ住宅ノ規模、經費ノ多寡、敷地ノ形狀廣狹及方位等ニ依リ成ルヘク適當ナルモノヲ選擇スルノ便ニ供センカ爲ニ外ナラス
一、本圖案中勝手ノ比較的ニ廣キハ必要ニ應シ適當ノ仕切ヲ爲シ湯殿、物置等ヲモ設クルヲ得シメンカ爲ナリ

小學校教員住宅平面圖

第一號

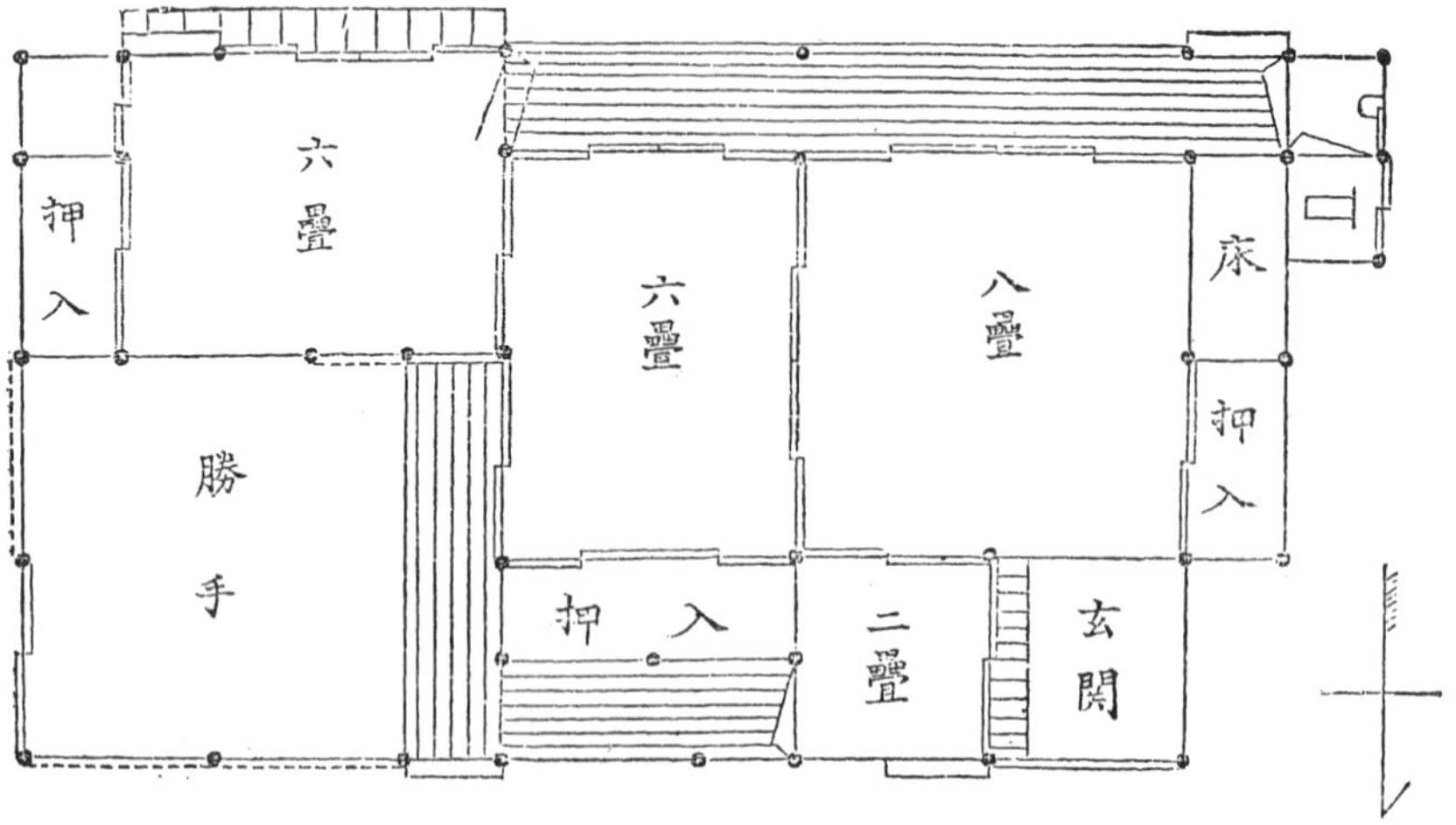

第二號

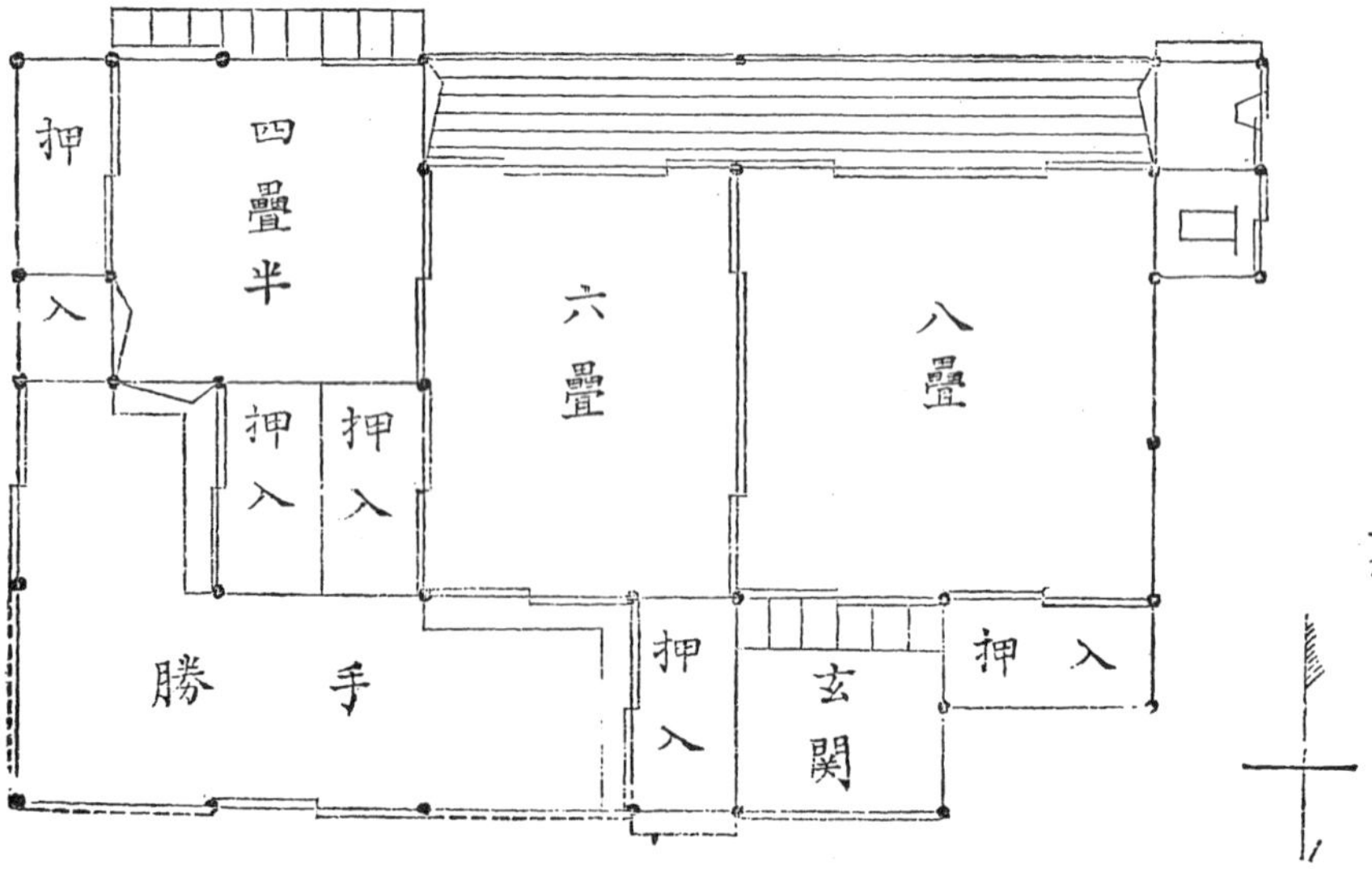

第三號

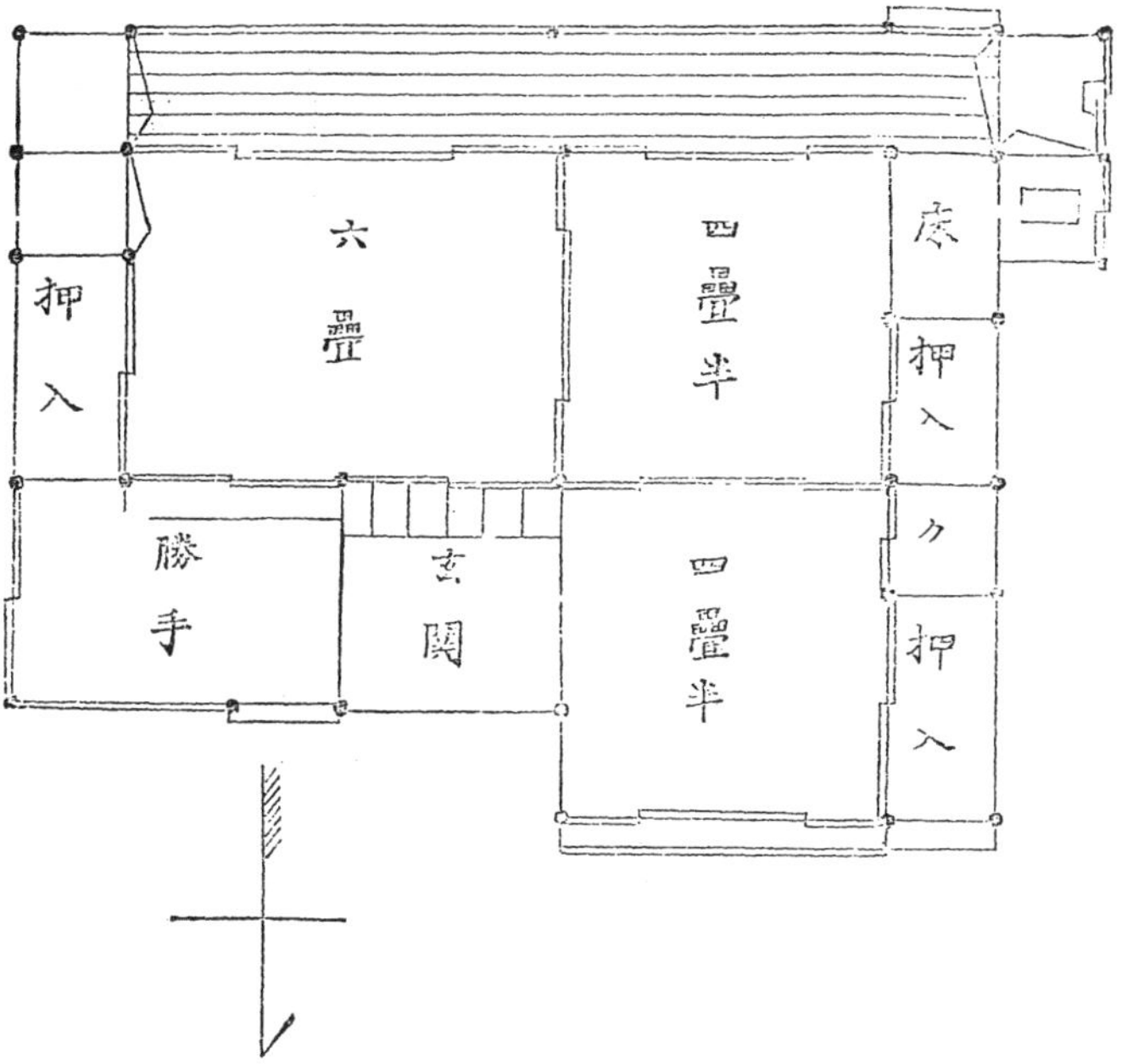

第四號

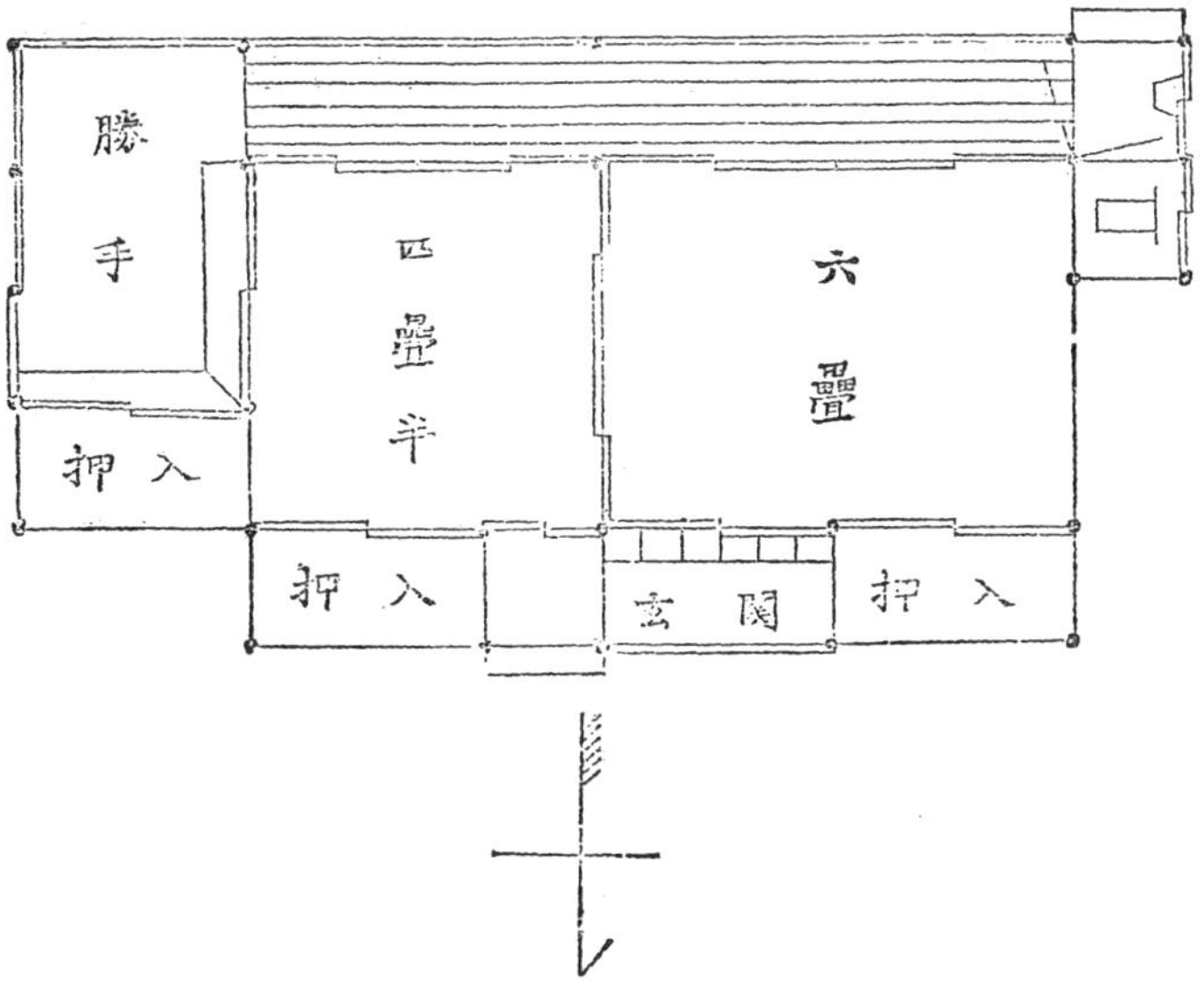

第五號

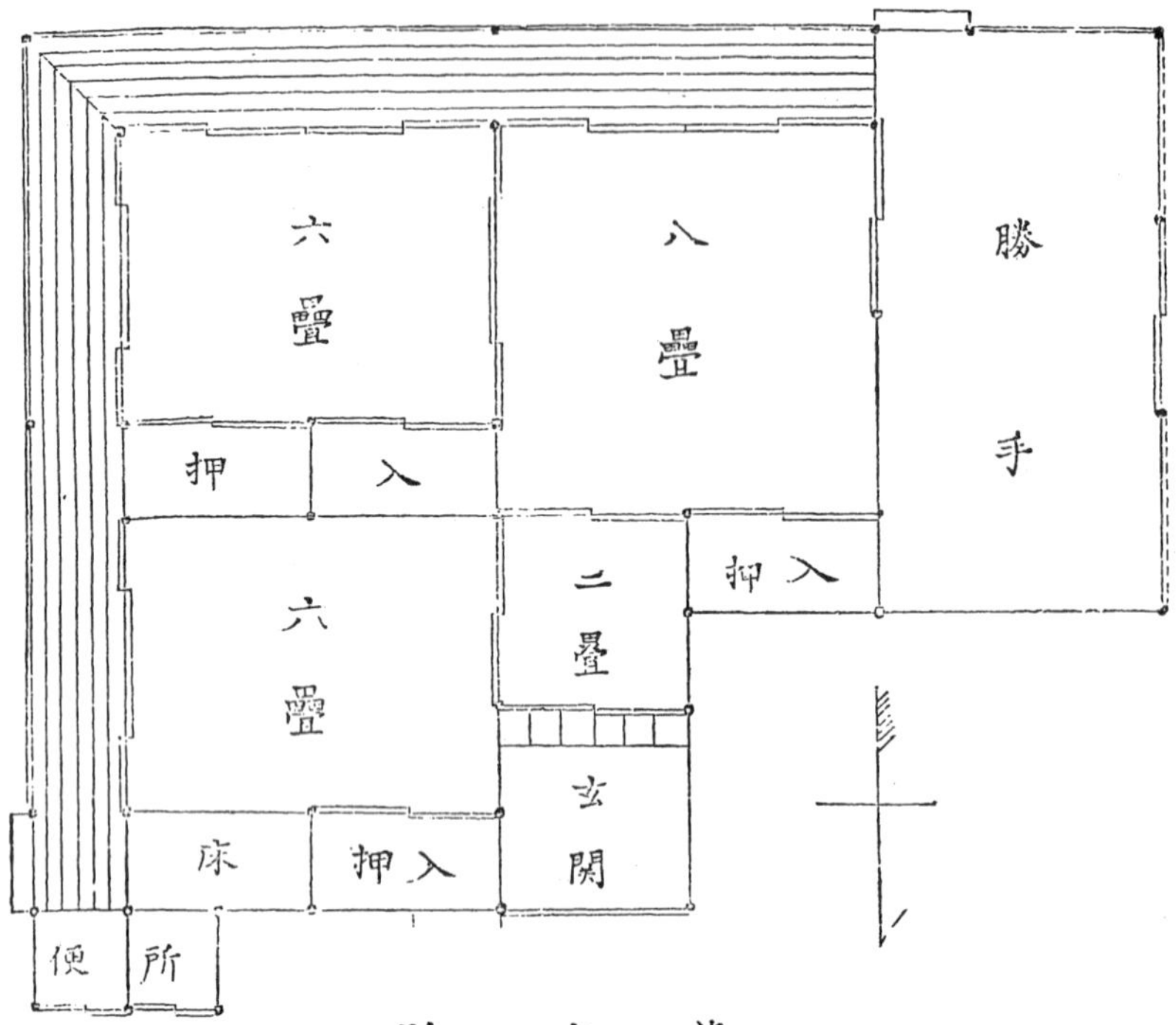

第六號

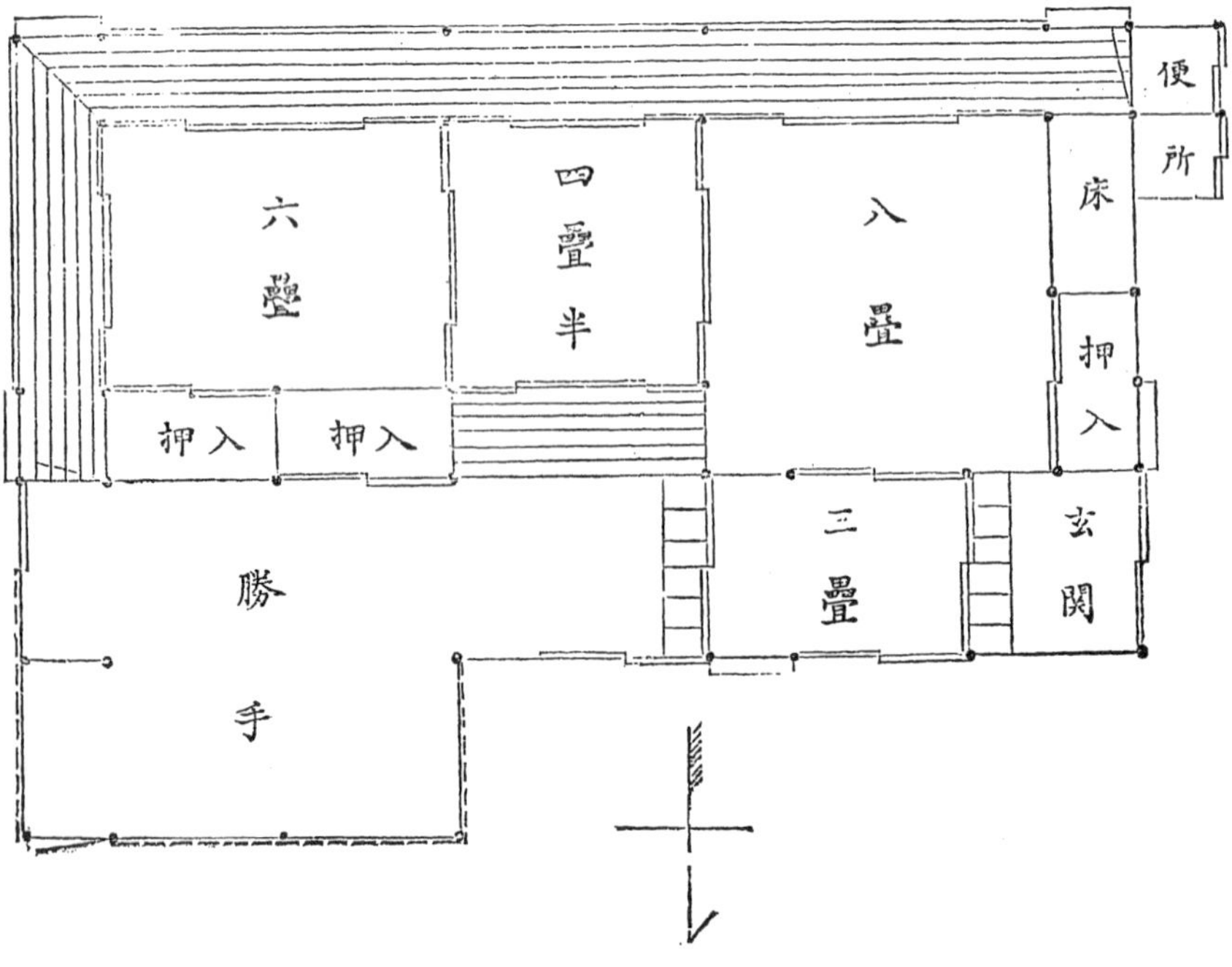

第七號

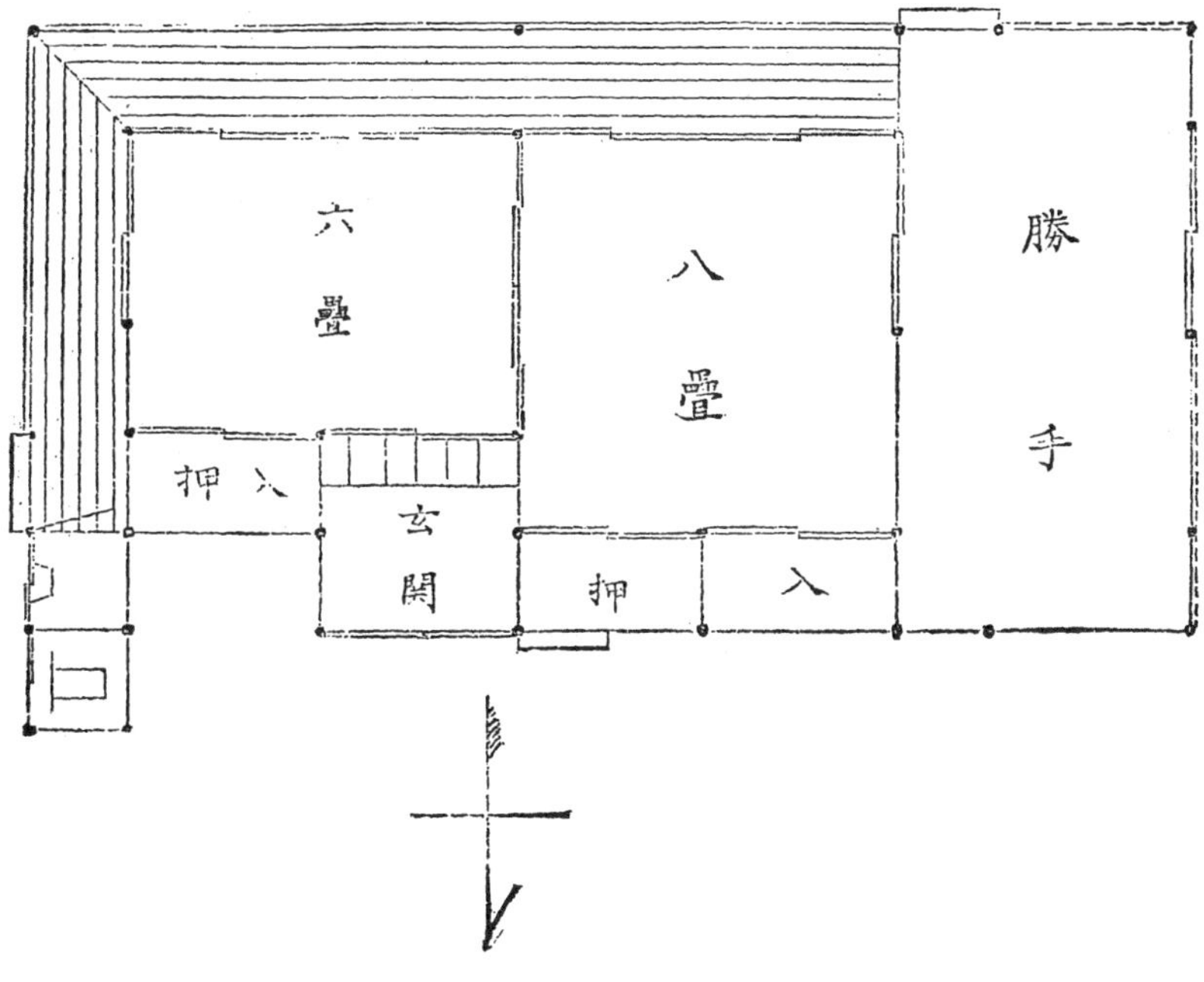

○教員住宅建築（日本式木造平家建）仕様書概要

一、側廻リ及間仕切共柱下根切大サ貳尺方深全寸床カ側下同大サ一尺二寸乃至一尺二寸方深同寸宛壺掘スヘシ

一、側通リ及間仕切柱下竝ニ側下共割栗石或ハ砂利等入レ突キ堅ムヘシ

　但シ地形ハ地質ニ依リ差異アリ又積雪ノ地ハ殊ニ深サヲ增スヘシ

一、側通リ及ヒ間仕切柱下据石ハ丸石横差壹尺厚六七寸以上或ハ角石一尺立方以上床カ框石同石横差七八寸以上大引毎ニ四尺間以内ニ据ヱ付クヘシ

　但シ側布石据ヱノトキハ長壹尺以上上幅厚共七八寸ノモノ地中三寸以上埋込ミ「モルタル」ニテ据ヱ付ケ合口注キ「モルタル」充分ニナスヘシ

一、側土臺仕上四寸角乃至四寸五分角接手金輪繼キ隅々片木枘差シ通シ割楔打チ石口馴染能ク据付クヘシ

一、間仕切土臺押四寸角以上ニシテ間仕切毎ニ置キ渡シ繼手鎌繼キ側土臺等ヘ枘差シ割楔打又ハ蟻掛ニシテ据ヱ付クヘシ

一、隅々火打土臺三寸五分角側及ヒ間仕切土臺上端ヘ蟻掛ケ木餘リ鬢太延シ蓋蟻仕口致シ大釘打堅ムヘシ

一、本柱仕上三寸六分乃至四寸角（下家建柱ハ之ニ準ス）上下長枘付ケ壁散リ決リ深貳分ツヽトシ建堅ムヘシ

一、通貫巾三寸五分厚七分又ハ巾三寸八分厚八分三尺間以内ニ差通シ繼手亂ニ楔締メ打堅ムヘシ

一、軒桁成五寸厚四寸乃至六寸五寸繼手追掛ケ大栓繼キトシテ方形造リ隅々組合セ置渡スヘシ

　但シ椽桁貳間持放シノ分ハ成八寸下ハ六寸乃至成壹尺下ハ五寸五分九尺持放シノ分ハ成七寸厚五寸ヲ用フヘシ又相當丸太

材ヲ使用スルモ宜シ

一、各間仕切柱受梁押四寸角以上其他軒桁ニ倣ヒ架渡スヘシ

一、隅々火打梁五寸角以上軒桁ヘ納差シ又ハ渡リ腮ニシテ大釘打ニスヘシ

一、小屋梁松丸太長貳間持放シノ分ハ末口六寸乃至七寸九尺持放シノ分ハ同五寸以上トシ其他之ハ之ニ準シ木造リ軒桁其他ヘ渡リ腮或ハ京呂掛ニシテ六尺間以内ニ配置シ太枘植込ミ架ケ渡スヘシ

但シ渡腮ノ場合ハ梁端中心マテ一尺以上延シ置クヘシ

一、小屋梴ハ三寸五分角以上下枘付ケ建入レヘシ

一、小屋貫ハ巾三寸五分厚七分差通シ楔締メ又ハ込栓打ニスヘシ

一、母屋棟桁共押四寸角夫々仕口致シ上端勾配ニ削リ繼手ハ持出シ鎌繼キニシテ掛渡スヘシ

一、隅木ハ四寸角木造リ繼手蟻掛ケニテ母屋桁等ヘ缺キ合セ大釘打チニスヘシ

一、棰貳寸角壹尺五寸間以内ニ割合セ繼手亂ニ母屋上端ニテ殺繼ニシテ上端ヨリ大釘打ニスヘシ

一、野地貫巾二寸五分以上明キ貳寸ニ釘打チニスヘシ

但シ椽側其他化粧屋根裏ノ部分ハ四分板又ハ五分板打ニスヘシ

一、廣小舞端隱シハ巾四寸厚八分及ヒ破風板ハ巾四五寸厚壹寸以上木造リ取付ケヘシ

一、屋根土居葺枌キ板又ハ杉皮等ニテ葺立テ瓦棧打付ケ瓦棧葺キト爲スヘシ

但シ屋根漆喰ハ地方ニ依リ差異アルヲ以テ適宜施工スヘシ

一、屋根谷筋ヘハ亜鉛板或ハ全鍜鐵板ノ類ヲ以テ兩仕舞能ク張立ツヘシ

一、屋根茅葺ノ場合ハ平又上端ヘ一尺廻リノ屋中竹又ハ相當丸太ヲ取付ケ棰竹四五寸廻リノモノ一間間ハ七八本位ノ割合ニ屋中竹ニ結ヒ付ケ蘆簀又ハ割竹簀張リ致シ茅又ハ藁ヲ以テ要スル屋根ノ厚ニシ二三寸位ノ押竹ヲ以テ葺立ツヘシ

一、外部間柱壹寸八分角以上壹尺五寸間以內ニ上下柄入レ取建テ通貫側筋違等ヘ釘打ニスヘシ

一、側筋違木巾四寸厚一寸乃至二寸軒桁柱土臺等ヘ缺キ込ミ四十五度勾配ニ取付ケ釘打ニスヘシ

一、內郎間他切柱間四尺五寸以上ノ部分ニ限リ塗リ木舞巾三寸五分厚七分鐍ニ木造リ細繩卷ニシテ三間尺以內ニ上下納入レ通貫ヘ釘打チ取付ケヘシ

一、床カ足堅メ要所ニ限リ四寸乃至三寸五分押角又ハ末口三寸五分以上ノ丸太上端面ヲ付柱ヘ缺キ合セ大釘打ニスヘシ

一、根太掛ハ巾四寸厚二寸以上柱ヘ缺キ込ミ大釘打チ抱キ椏同木柱ヘ添付ケ大釘打ニスヘシ

一、床カ大引ハ長貳間末口四寸五分以上ノ丸太或ハ四寸角以上ノ押角ヲ以テ繼手蟻掛ケ三尺間以內ニ配置シ柱ヘ納差シ込栓打ニスヘシ

但シ椽根太ハ二寸角以上一尺五寸間以內繼手亂ニ大引每ニ上端ヨリ大釘打ニスヘシ

一、床カ椏押三寸五分角上ミ納付ケ四尺間以內ニ取建テ根搦ミ貫巾三寸二分厚七分縱横ニ打付ケヘシ

一、椽框挽材成四寸五分上端三寸五分一ト筋溝突キ兩端柱ニ長柄差シ木餘リ鬢太延シ柱眞ニテ目違入レ仕合セ下端ニテ鯱栓打堅メ柄合木上ニ納入レ下モ石口取リ六尺間以內ニ取建ツヘシ

一、床カ板疊敷下ハ六分板傍削リ張リ立テ拭板張リノ部分ハ厚八分板幅相當割合セ合端削リ張立ツヘシ

但シ椽子板ハ巾三寸一分厚仕上七分繼手亂ニ大面取リ隱釘打張リ立ツヘシ

一、鴫居上釣椏ハ貳間又ハ一間半ノ中間ニ限リ取リ設ケ上下寄セ蟻ニシテ取付クヘシ

一、天井廻リ緣ハ成二寸以上厚一寸六分隅々襟輪柄入レ下端留メニシテ差廻シ繼手目違入レ取付クヘシ

一、竿緣壹寸角以上繼手ハ鯱繼又ハ鶍繼ノ類トシ壹尺五寸間以內ニ廻リ緣ヘ彫リ込ミ釘打ニスヘシ

一、天井板ハ四分板幅八寸乃至壹尺位ニ割合セ厚壹分以上辷リ羽削リ羽重八分以上トシ張立ツヘシ

一、同釣木野緣トモ一寸角以上釣木受ハ末口三寸以上ノ丸太及相當押角四尺五寸以內ニ配置シ釣木ハ竿

縁毎ニ取付クヘシ

一、間仕切敷居ハ巾柱ニ準ス厚一寸八分柱ヘ片枘入レ一方待枘竝ニ笄栓折チ同鴨居ハ厚一寸六分トシ仕口前同斷枘入レ釘打チニスヘシ

但シ欄間無目ハ之ニ準シ取付ケヘシ

一、床柱、同框、同板、違棚、長押等好ニ應シ建物相當施工スヘシ

一、外部窓敷居鴨居巾柱ニ倣ヒ厚一寸八分ト一寸六分前項ニ倣ヒ取付クヘシ

一、外部窓ハ四寸明キ以内ニ木格子釘打竝ニ貫二タ通リ内部ヨリ缺込打上部霧附ケ庇シ巾一寸以上厚八分上端猿棧打チトシ又所ニ依リ腕木庇トナストキハ厚板葺目板打ニスヘシ

一、同雨戸ニト筋ハ一寸六分角乃至一寸八分角敷居鴨居外ト面ラヘ大釘打戸袋大サハ雨戸ノ員數ニ倣ヒ相當施工スヘシ

一、椽側無目鴨居幷ニ釣リ椺ハ前項間仕切ノ分ニ同シク一ト筋ハ一寸八分角乃至二寸角大釘打戸袋方建板ハ厚一寸貳分内外ヲ以テ施工スヘシ

一、押入床カハ敷居上端揃ヒニ張リ立中棚取設クヘシ

但シ床カ及天井ハ前項ニ準スヘシ

一、外部下見板四分又ハ五分板幅八九寸羽重八分以上柱間柱ヘ釘打張立テ押縁一寸角又ハ巾一寸六八分一尺五寸間以内ニ釘打ニスヘシ

但シ入口窓等ノ周圍ハ取合能ク施工スヘシ

一、壁下地間渡竹廻リ壹寸貳分以上縦横壹尺間以内（各兩端ハ四寸間以内）ニ彫入レ通貫等ヘ釘打小舞ハ普通ニ掻立ツヘシ

一、壁ハ下付裏返シ塗リ大直シ村直シ塗リ中塗上塗共塗リ立ツヘシ

但シ側通リ間仕切共總テ上端迄塗リ立ツヘシ

一、外部入口窓雨戸ハ幅三尺內外ニ割合セ横桟壹尺壹寸間以內トシ普通板戸ニ指立建合セ締リ付ニスヘシ

一、同上幷ニ緣側土間上リ口其他採光ヲ要スル部分ハ普通紙貼リ障子二枚又ハ四枚引違ヒニ建合スヘシ

一、前項ノ外間仕切及押入等ハ襖貳枚又ハ四枚引違ニ建合スヘシ

一、間仕切ノ內適當ノ部分及便所入口ハ板戸或ハ鏡板又ハ舞良戸ヲ建合スヘシ

一、各室疊ハ床ヨ九通リ又ハ拾通リ刺立テ表ハ地方適當ノ品ニテ刺立ツヘシ

一、便所溜壺ハ石造煉瓦造又ハ大形內部本燒瓶汲ミ出シ能ク伏セ込ミ周圍ハ漏斗形ニ「セメント」叩キ若クハ漆喰叩キニスヘシ

一、樋堅樋共適宜亞鉛鐵引板鐵力板竹樋ノ類ニテ釣リ設クヘシ

本文諸材取付ケ用釘長ハ都テ本厚ノ二倍半以上トス本文木材大サ寸法ハ削リ上ケ又ハ挽立寸法ニシテ土臺ハ檜、栗、欅等ノ類小屋ハ松材軸及雜作ハ杉材ヲ使用シタル設計ノ程度ヲ示セルモノナリ建物程度ニ依リ材料ハ適宜使用スヘシ

改正小學校法規要義附錄 終

明治四拾四年拾月貳拾九日印刷
明治四拾四年拾壹月壹日發行

定價金壹圓貳拾錢

不許複製

明治四十四年改正
小學校法規要義

著者　澁谷德三郎

發行者　大葉久吉
東京市日本橋區本石町三丁目十七番地

發行者　吉岡平助
大阪市東區備後町四丁目三十七番地

印刷者　青木弘
東京市牛込區市谷加賀町一丁目十二番地

發兌
東京市日本橋區本石町三丁目
大坂市東區備後町四丁目
寶文館

印刷所　東京市牛込區市谷加賀町一丁目十二番地　株式會社秀英舍

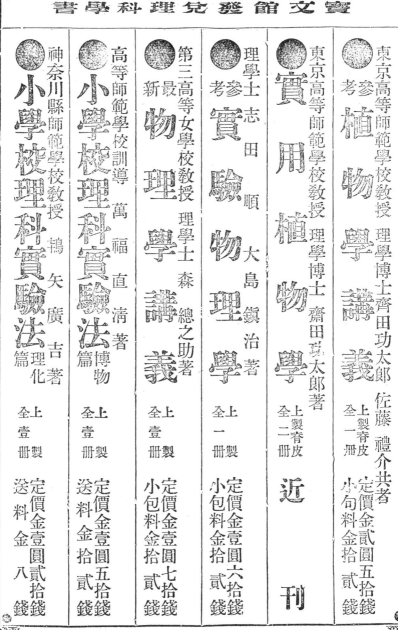

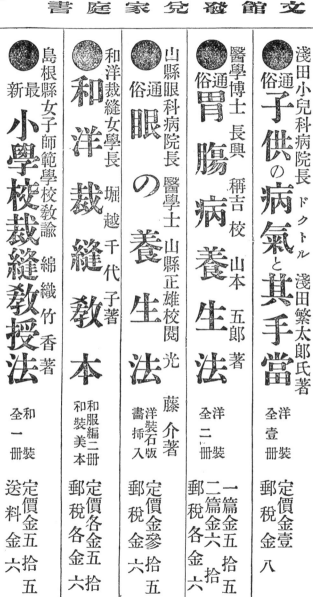

明治四十四年改正小學校法規要義　　別巻 1441

2025(令和７)年４月20日　復刻版第１刷発行

編纂者　澀 谷 徳 三 郎

発行者　今 井 貴

発行所　信 山 社 出 版

〒113-0033　東京都文京区本郷６-２-９-102
モンテベルデ第２東大正門前
電　話　03（3818）1019
ＦＡＸ　03（3818）0344
郵便振替　00140-2-367777（信山社販売）

Printed in Japan.

制作／（株）信山社，印刷・製本／松澤印刷・日進堂

ISBN 978-4-7972-4454-0 C3332

別巻　巻数順一覧【1349 ～ 1530 巻】※網掛け巻数は、2021 年 11 月以降刊行

巻数	書　名	編・著・訳者　等	ISBN	定　価	本体価格
1349	國際公法	W・E・ホール、北條元篤、熊谷直太	978-4-7972-8953-4	41,800 円	38,000 円
1350	民法代理論 完	石尾一郎助	978-4-7972-8954-1	46,200 円	42,000 円
1351	民法總則編物權編債權編實用詳解	清浦奎吾、梅謙次郎、自治館編輯局	978-4-7972-8955-8	93,500 円	85,000 円
1352	民法親族編相續編實用詳解	細川潤次郎、梅謙次郎、自治館編輯局	978-4-7972-8956-5	60,500 円	55,000 円
1353	登記法實用全書	前田孝階、自治館編輯局（新井正三郎）	978-4-7972-8958-9	60,500 円	55,000 円
1354	民事訴訟法精義	東久世通禧、自治館編輯局	978-4-7972-8959-6	59,400 円	54,000 円
1355	民事訴訟法釋義	梶原仲治	978-4-7972-8960-2	41,800 円	38,000 円
1356	人事訴訟手續法	大森洪太	978-4-7972-8961-9	40,700 円	37,000 円
1357	法學通論	牧兒馬太郎	978-4-7972-8962-6	33,000 円	30,000 円
1358	刑法原理	城數馬	978-4-7972-8963-3	63,800 円	58,000 円
1359	行政法講義・佛國裁判所構成大要・日本古代法 完	パテルノストロ、曲木如長、坪谷善四郎	978-4-7972-8964-0	36,300 円	33,000 円
1360	民事訴訟法講義〔第一分冊〕	本多康直、今村信行、深野達	978-4-7972-8965-7	46,200 円	42,000 円
1361	民事訴訟法講義〔第二分冊〕	本多康直、今村信行、深野達	978-4-7972-8966-4	61,600 円	56,000 円
1362	民事訴訟法講義〔第三分冊〕	本多康直、今村信行、深野達	978-4-7972-8967-1	36,300 円	33,000 円
1505	地方財政及税制の改革〔昭和12年初版〕	三好重夫	978-4-7972-7705-0	62,700 円	57,000 円
1506	改正 市制町村制〔昭和13年第7版〕	法曹閣	978-4-7972-7706-7	30,800 円	28,000 円
1507	市制町村制 及 関係法令〔昭和13年第5版〕	市町村雑誌社	978-4-7972-7707-4	40,700 円	37,000 円
1508	東京府市区町村便覧〔昭和14年初版〕	東京地方改良協会	978-4-7972-7708-1	26,400 円	24,000 円
1509	改正 市制町村制 附 施行細則・執務條規〔明治44年第4版〕	矢島誠進堂	978-4-7972-7709-8	33,000 円	30,000 円
1510	地方財政改革問題〔昭和14年初版〕	高砂恒三郎、山根守道	978-4-7972-7710-4	46,200 円	42,000 円
1511	市町村事務必携〔昭和4年再版〕第1分冊	大塚辰治	978-4-7972-7711-1	66,000 円	60,000 円
1512	市町村事務必携〔昭和4年再版〕第2分冊	大塚辰治	978-4-7972-7712-8	81,400 円	74,000 円
1513	市制町村制逐条示解〔昭和11年第64版〕第1分冊	五十嵐鑛三郎、松本角太郎、中村淑人	978-4-7972-7713-5	74,800 円	68,000 円
1514	市制町村制逐条示解〔昭和11年第64版〕第2分冊	五十嵐鑛三郎、松本角太郎、中村淑人	978-4-7972-7714-2	74,800 円	68,000 円
1515	新旧対照 市制町村制 及 理由〔明治44年初版〕	平田東助、荒川五郎	978-4-7972-7715-9	30,800 円	28,000 円
1516	地方制度講話〔昭和5年再版〕	安井英二	978-4-7972-7716-6	33,000 円	30,000 円
1517	郡制注釈 完〔明治30年再版〕	岩田德義	978-4-7972-7717-3	23,100 円	21,000 円
1518	改正 府県制郡制講義〔明治32年初版〕	樋山廣業	978-4-7972-7718-0	30,800 円	28,000 円
1519	改正 府県制郡制〔大正4年 訂正21版〕	山野金蔵	978-4-7972-7719-7	24,200 円	22,000 円
1520	改正 地方制度法典〔大正12第13版〕	自治研究会	978-4-7972-7720-3	52,800 円	48,000 円
1521	改正 市制町村制 及 附属法令〔大正2年第6版〕	市町村雑誌社	978-4-7972-7721-0	33,000 円	30,000 円
1522	実例判例 市制町村制釈義〔昭和9年改訂13版〕	梶康郎	978-4-7972-7722-7	52,800 円	48,000 円
1523	訂正 市制町村制 附 理由書〔明治33年第3版〕	明昇堂	978-4-7972-7723-4	30,800 円	28,000 円
1524	逐条解釈 改正 市町村財務規程〔昭和8年第9版〕	大塚辰治	978-4-7972-7724-1	59,400 円	54,000 円
1525	市制町村制 附 理由書〔明治21年初版〕	狩谷茂太郎	978-4-7972-7725-8	22,000 円	20,000 円
1526	改正 市制町村制〔大正10年第10版〕	井上圓三	978-4-7972-7726-5	24,200 円	22,000 円
1527	正文 市制町村制 並 選挙法規 附 陪審法〔昭和2年初版〕	法曹閣	978-4-7972-7727-2	30,800 円	28,000 円
1528	再版増訂 市制町村制註釈 附 市制町村制理由[明治21年増補再版]	坪谷善四郎	978-4-7972-7728-9	44,000 円	40,000 円
1529	五版 市町村制例規〔明治36年第5版〕	野元友三郎	978-4-7972-7729-6	30,800 円	28,000 円
1530	全国市町村便覧 附 全国学校名簿〔昭和10年初版〕第1分冊	藤谷崇文館	978-4-7972-7730-2	74,800 円	68,000 円